U0613574

中華大藏經

續編 13

漢傳注疏部（一） 第七册

中華書局

第一三冊目録

○二六三

金剛經註正訛[一]

金剛經註正譌序

夫般若真空，金剛妙義，使人悟自本性，達自本心，頓脱萬擾根塵，能虚一切身相，始爲詮註，咸從自心流出，圓明淨妙，渾如皎日，照耀多千佛土，淵悉無遺。然《金剛》一經，有五譯之異，獨秦鳩摩羅什創譯，廣大流通，盛行於世。吾鄉仲子士石，幼攻鄒魯衆聖典墳，晚訊竺乾諸經奥旨。每嘗讀誦《金剛般若經》，竟忘歲月，智慧從生。於夢、幻、泡、影，審其虚妄不真，於人、我、衆、壽，了其根元無相。彙纂諸註，删繁簡要。解義正譌，似懸金鏡於當臺，妍媸悉露，如納衆流於巨海，洋溢清澄，無論若緇與素，按覽咸明無上菩提矣。間得王際時廣文，久躭禪學，校正參詳，裒諸善信，剞劂流行。倘遇再來大鑒，聞誦因無所住，忽悟本來，庶幾功用不淺。貴當領取言外，知歸自然，虚空消殞，求文字相了不可得，真入不可思議，願讀者信受斯語，方有得焉。

旹[二]

校勘記

〔一〕底本據《卍續藏》。

〔二〕底本原校云：此處恐落一紙，然不得補。

金剛經註正譌序

西竺梵書來我華夏，歷千七百餘禩矣。會其旨者，明性復元，代有明喆，意其文似無舛譌。如《金剛》一經，自鳩摩羅什譯之長安，名舍衛國；嗣是支流，初譯于雒陽，名舍婆提；真諦再譯，於秖樹林；佛陀耶舍三譯，於祇陀林；後玄奘又譯，於誓多林。凡此五譯，其文其義，果同符協一與。如同符協一也，則一譯安用再譯。其否也，則此是彼非者，將何去何從。是誠啓譌之竇。即釋義，自謝靈運、曇琛註後，越今數十百家，行世者惟中峰、圭峰、長水三家言耳。然二峰之註果優於謝子乎。長水之言賢於二峰乎。否。意五經傳註朱程，是尚要朱程，亦屬射覆。若百世以下之人，能與百世以上之心，同符協一，又曷貴乎見知也。況於萬里外千載前之虫書鳥篆，欲詮其心法，即令其人再生自攷，不無今是昨非。而欲執我見，期印前人之志，譬之逐影，形愈勞而影愈馳矣，無惑乎譌之日滋也。竊願讀《金經》者，毋佞佛誹儒，毋重儒外佛，弗以儒傳佛，勿以佛泥儒，當以儒解儒，即以佛證佛矣。全部《金經》，約其指歸，只應如是住一語，與虞書安汝止之言，寧有差等。奈人强生分別，是猶土偶笑木偶也。樹若仲子，名儒也，於經於史，無不擷其芳、茹其英，篝燈研露之餘，旁獵《金經》，凡句讀之譌，音聲之譌，釋解之譌，一一正之，俾誦習者燎若藜火，其功當與丁鴻白虎觀攷正五經同異等，可云經獅律虎矣。然余竊有疑焉。如來説法鹿苑，以不立文字爲宗，余宗之素矣。今仲子以此書契，期證禪那，恐居余左。或云，慧業文人應生天上。仲子具慧心慧舌，有此慧業，余之不立文字者，又居仲子之後。奈何，請以一言，正余之譌，可否。

康熙丙辰六月同學徐來賓九一甫拜題

金剛經註正譌

清長水仲之屏士石甫彙纂
天都王維新際時甫校正

金剛般若波羅蜜經

此經釋迦文佛所説，阿難、迦葉述之以垂世者。金爲萬物之寶，其性最剛，遇火不變，喻人真性歷劫不壞。般若，智慧也。波羅，彼岸也。智慧明了之心，能斷一切執著，便是金剛不壞之身；非精力如金之剛，即無此智慧：故曰金剛般若。心迷則此岸，心悟則彼岸。衆生流浪生死，不離此岸；若能勤修般若，離生死此岸，便到涅槃彼岸矣；無住般若，即爲涅槃彼岸，非般若外更有彼岸也。蜜訓和，以一性和合衆性也。經訓徑，佛以言教明心之徑路，是超生死之捷徑。夫具善根者，始誦經，終悟理，得堅固力，金剛是也。具大智慧，般若是也。度生死海，登菩提岸，波羅蜜是也。全經俱詮般若妙義，故如來號爲《般若波羅蜜經》。

○法會因由分第一

此經三十二分，乃梁時昭明太子蕭統所分。自如是至敷座，是説法衆會之處，故稱法會因由。

如是我聞，

自此至五十人俱，是一經總序。如者，揣摹之義。是者，指證之辭，謂一經所言也。佛法無我，此云我者，就闡揚佛法之身而言，阿難、迦葉自謂也。聞者，耳根發識，緣彼名句而生慧解也。阿難昇座説法，因謂此經，所言如是之法，我從佛聞於某處某衆等，而初非有臆説也。

一時，佛在舍衛國祇樹給孤獨園，

西天東土，正朔不同，故不標年月，只云一時，乃機緣會合，説此般若時也。諸方時際，延促不同，故但言一。佛者，覺也。内覺無諸妄念，外覺不染六塵，自覺覺人，覺行圓滿，故獨稱佛。即世尊釋迦牟尼佛，名悉達多，父淨梵王，摩耶其母也。在者，明其處所，偶然卓錫，非是常居。舍衛國，在西域天竺之東，波斯匿王所居。祇樹，是匿王太子祇陀所種，因以爲名。給孤獨，匿王大臣須達拏長者别號。園本祇陀太子園，因須達常於其中布施孤獨貧人，故即名給孤獨。須達請佛説法，佛令先卜勝地，惟祇陀太子園方廣嚴潔。往白太子，太子戲曰：若布金滿園，我當賣之。須達歸家運金，側布八十頃園竝滿。太子不復受金，同建法林精舍，請佛住此説法。二句是記者以所聞所見，證如來現身説法。

與大比丘衆千二百五十人俱。

與者，并及之義。比丘，弟子之稱。去惡取善爲小比丘，善惡俱遣名大比丘。大者，以其通達道理，猶高座弟子，是阿羅漢之類。衆者，理事和合，多而若一也。佛成道時，先度憍陳如等五人，次度三迦葉，并其徒衆千人，次度舍利佛等百人，次度目犍連百人，又耶舍長者五十人。一一法會，常隨佛不舍，故諸經首列大衆，皆云千二百五十人俱。俱者，同處園中聽法也。此言佛在此地而從之者衆，見能化諸弟子處。

爾時，世尊食時，著衣持鉢，入舍衛大城乞食。

此爲別序。爾時，當是時也。佛爲世界之尊，故稱世尊。諸天神旦食，諸鬼夕食，諸佛日中食。食時者，午前辰巳之交。著衣者，服伽黎忍辱之衣；持鉢者，將維衛所傳之鉢，爲顯教示跡以出行也。入者，自城外而入。舍衛大城，舍衛國之豐德城，即波斯匿王所居。身爲王子，而乞食自卑，蓋以折己憍慢，感化衆生，又使後世比丘不積聚財寶也。

於其城中，次第乞已，還至本處，飯食訖，收衣鉢，洗足已，敷座而坐。

次第乞，不是如來一身去乞，尚有千二百五十人與俱者。迦葉行乞，捨富從貧，爲貧者造福。空生行乞，捨貧就富，爲富者易施。佛皆訶之。次第者，平等待人，無有選擇分別，不越貧從富，不捨賤從貴，次第徧及。彀足一己一日之食，明日從未乞者起，乃得周偏，見佛自如，無有忙迫。已者，竟也。乞過則已，竝不留一毫末已之想。本處，即給孤園，仍歸祇園食之。凡聽法伺候者，此時皆飯食訖矣。收字，照上著、持二字，乃安置袈裟，澣滌盂鉢，此日不再出也。洗足者，佛行跣足，以水濯之，亦淨身業意，洗去煩惱垢染，顯出清淨法身，故僧稱爲白足。敷，布也。布坐具而跏趺，正晏息入定也。凡臥則昏沉，行則掉舉，坐則疲倦，惟跏趺打坐，是爲正法。佛形相端嚴，不左右顧盻如此。此段描寫世尊及時中節，正顯甚深般若不出尋常日用，佛直從乞食、趺坐中和盤托出，俾上達根性，目擊道存也。周昭王二十四年甲寅歲四月八日，井泉溢，宮殿震，夜恒星不見，太史蘇繇占爲西方聖人生。其釋迦之誕降歟。

○善現起請分第二

須菩提先讚如來而後請問，故云善現起請。

時，長老須菩提，

時者，善現起問時也。德尊年劭曰長老，見與衆比丘不同。須菩提是梵語，此云空生，亦名善現，以其頓悟空寂之性，真是菩提，故名須菩提。空中能生萬物，故名空生。空性隨緣應現，利人利物，故又名善現。凡與釋迦問答者皆是，非止一人也。

在大衆中，即從座起，偏袒右肩，右膝著地，合掌恭敬而白佛言：

修行人了不求異，故云在大衆中，即千二百五十人内也。大衆因聽法而皆坐，獨善現從坐間起立而請法。自此至恭敬，乃弟子請法，先行五種威儀，所謂三業虔誠也。北土謝過請罪則肉袒，西土興敬行禮則偏袒。

其時所衣，則偏袒而掛之右肩，西域衣製皆然，非善現獨穿此也。右膝著地，今之跪禮，不言左者，省文也。右是正道，左是邪道，正能去邪，所以西土之儀尚右爲敬。合掌恭敬，只是求世尊説法意。白，表白也。

希有，世尊！

善現不率爾而問，先用讚佛之辭以誠感動之，然後啓請。希有者，佛性含容萬法，非尋常所能。世尊者，智慧超過三界，神聖無有能及，德高無上，一切咸恭敬也。此從日用極尋常之内，覷破千古極非常之人也。

如來善護念諸菩薩，善付囑諸菩薩。

既稱世尊，又稱如來，蓋如來是佛號，可以通稱者。如乃真性之本體，慧照而無有障礙；來乃真性之應用，感通而無不昭彰，兼佛體用言。護念二句，正所稱希有事。此先述佛之素行，以啓其慈也。護者愛護，念者注念，謂如來慈悲深重，於親得聞法者，曲加愛惜顧念：與智慧力，令自成就，與化導力，令亦度生也。付者委托，囑者叮嚀，謂如來智眼明淨，於天下後世不及親聞者，能委曲誨示，反覆精詳，令皆感悟，從大付小，爲之授記，囑大護小，使之有成也。兩稱善者，當理會機，既不勉强以導，豈可聲色而求。但循循善誘，爲最後垂範而已。諸者，不一之義。菩之言照，薩之言見。此菩薩乃初發心菩薩，即下善男子、善女人是也。梵語本云菩提薩埵，茲略其文而稱菩薩，以便於稱唤也。菩提華言覺，薩埵華言有情，謂之覺有情者，能起善念而猶未絶情想也。若到佛地位，直謂之覺，而不言有情矣。諸菩薩則人之有情而向善者，故佛護囑之。

世尊，善男子、善女人，

凡有咨啓，即稱世尊，以表敬也。此下四句，乃發問之端。善男女，在千二百五十人之外者。男子，該比丘、沙彌、優婆塞三衆。

女人，該比丘尼、沙彌尼、優婆夷、式叉摩那四衆，即經末所謂比丘優婆等。佛欲廣度男女皆向善也。

發阿耨多羅三藐三菩提心，應云何住，云何降伏其心。

應字在云何上，見李騰芳及朱恍劬諸本。此又深體護囑之心，以求誨示也。凡人有此心而溺於情欲，則不能發生。譬如萌芽方茁而爲物掩，則欲茁而不得茁矣。發者，萌芽之謂，順其所生也。阿是助語辭。耨多羅，猶言無上。三藐，正等也。三菩提，正覺也。謂真性高出情欲，是無上，物物具足，是正等，光明普照，無業緣染蔽，是正覺。上正字作證字解，下正字作中正字解。謂男女發此善念，日用之間，酬酢萬變，應若何而優游閒定，得近自然，於無住中而若有所住也。住者，止觀之義。有真心，即有妄心，須於邪心纔起時，以大覺力降伏之，如制毒龍，如縛猛虎，如禦强寇。稍不能降，反爲所中。所住者常，則所伏者潛消而默化矣。二句是求一入門路徑也。

佛言：善哉，善哉，須菩提，如汝所説，如來善護念諸菩薩，善付囑諸菩薩。

善現所問切於修心，妙稱佛意，故佛印可云：善得我心哉，善得我意哉。蓋既讚其是，又呼而述其説也。

汝今諦聽，當爲汝説。

諦聽者，了達聲塵，勿逐語言，詳審而聽也。佛將説法，常先戒敕，令聽者一心靜默。我當以微妙之旨，爲汝委細言之，則所説者皆真諦矣，下文所稱是也。

善男子、善女人發阿耨多羅三藐三菩提心，應如是住，如是降伏其心。

佛就所問而答之，謂一切男女菩薩，若欲修行，發無上真正無法不知之心，我有道理教汝。應如是般若法，無有過，無有不及，恰好到此地位而住。如是般若法，一切魔障惡道盡行銷歸住處，而降伏其妄想之心。蓋懸指下文所答之意，二句須串看，非一心住，又一心降伏也。蓋於所當住者住之，則所不當住者自然伏之矣。此非具戒定慧者不能也。戒是防非止惡，定則寂靜不動，慧乃明照先知。如海中現萬象，必須水清，欲清無過水靜，欲靜勿令起波。止波似戒，水靜似定，水清似慧，所現物像，似慧之達一切法，全在住與降伏處得之。

唯然，世尊，願樂欲聞。

佛纔説應如是題頭，未發明如是之實，善現即會佛意，不覺喜聲難禁，唯然應諾，呼佛名號，謂我願傾心樂聞「如是住」二句之旨也。善現恐來世衆生不能躬遇如來，更冀曲垂方便，俾衆生因有言而獲無言，由文字而證實相，欲護念付囑垂諸無窮也。一經之要，善現所問不過住、伏，如來所答不出破執、斷疑而已。

○大乘正宗分第三

此心不能降伏，爲有我、人、衆生、壽者四種情妄，馳逐去來，輪轉不息。故令度九類生皆入無餘涅槃，四相既盡，則此心不待別有降伏而自然寧謐，非正宗而何。此分與四分是一頭，猶《大學》之有聖經，《中庸》之有天命章也。一經大旨，已括於此二分。

佛告須菩提，諸菩薩摩訶薩應如是降伏其心：

善現言善男女，此云菩薩者，蓋未發心則是凡夫，已發心則是菩薩也。摩訶薩者，心量寬廣，不可測識，於諸菩薩中而又爲大菩薩也。言大菩薩，亦不過從此入門。入門之法只是一個降伏其心。問先住而答先降伏者，正以勇猛精進之法告也。人心最難降伏，惟能以勇猛力量，精進神思，得步入步，便是降伏工夫。故應如是下文即降伏之所以然也。

所有一切衆生之類：若卵生，若胎生，若濕生，若化生，若有色，若無色，若有想，若無想，若非有想非無想，

發心修佛行，以度生爲要務。調攝衆生，即是調攝自心，故爲降伏之實。自諸天及蠢動，皆不免有生，所以謂之一切衆生，該下九種言。類者，不可勝舉也。若者，是一一指點處。合三界衆生，有自殼而生者，如大而鳳、鸖，細而蟻、虱之屬；有脱胎而生者，如大而獅、象，小而猫、鼠之屬；有依濕而生者，如魚、蟹及水族細蟲；有從變化而生者，如蟬、蝶等。四種單指物言，不涉人類。若有色下，單指人言，不涉物類。有色者，是有色身，溺於情欲之輩；無色者，雖有色身而斷絶情欲之輩；有想者，近於神鬼之精靈；無想者，等於冥頑之木石。非有想非無想者，似呆蠢無思而又非真呆蠢無思也。

我皆令入無餘涅槃而滅度之。

我指發菩提心者言，非佛自謂也。之字，指上九種衆生。涅槃者，如來真性明覺，超脱輪迴，與天地終始，永無斷續，乃修行之極則。由小乘聲聞果，至大乘十地菩薩，然後及等覺，及勢至位，及觀音位，乃入如來而歸涅槃。必歷劫修持到此，衆生各有涅槃妙心，發心菩薩皆當令之見性，悟入如來之大涅槃。九種既分人物，便有靈蠢之殊，如何令皆滅度。惟不分靈蠢而皆滅度，所以爲無餘涅槃。四字相連。滅度，不是生滅之滅，是言如來度人，妙於潛移默化，使之盡行化度而毫無形迹也。然滅度工夫，總不出降伏其心時耳。

〇十地：歡喜地，達物境界。發光地，静極明生。離垢地，同異性滅。焰慧地，明極覺滿。現前地，同異不至。不動地，一真

如心。難勝地，性淨明露。善慧地，發真如用。遠行地，盡真如際。法雲地，覆涅槃海。如是滅度無量、無數、無邊衆生，實無衆生得滅度者。

承上言，我雖開悟此等無可限量、無可計數、無有邊際一切之衆生，化之皆得成佛，亦適還其本然，不以我之化度而成證果，何所加益而謂我得滅度之哉。

○度生，經中共有四處：此是世尊離我度生，於衆生自完本性，實無有度。二是佛家亦無法度生，何由自知有度。三是不見度生之爲真實，如云大身之止爲虛名。四是戒人莫執度生之相，總之念念在度生，念念皆忘執也。

何以故。須菩提，若菩薩有我相、人相、衆生相、壽者相，即非菩薩。

佛問何由不見有度，遂呼善現而反言之曰：若菩薩作一念，謂我當滅度衆生，而謂

我之一身可以度之，則菩薩心中不能了證無我，而有度生之我相。見彼沾我功勞得度，即是人相。則前此九種衆生，便分靈蠢高下，而存一衆生相。既有衆生相，將欲以我之身，永長於世而化度一切，便生壽者相。如此，則妄念紛紜，不能降伏；自己盡是生滅之相，安能度人。則非發菩提心、修菩提行者矣。此論人空，以明無我能度、無衆生得度之義。

○人與我對，自我之外，三界六道皆人也。衆生與壽者對，自衆生而上，一切賢聖、諸佛菩薩，皆壽者也。計著有諸佛菩薩涅槃，不生不死，便是壽者相也。了得四相，直下頓空，則妄心頓滅，所以云應如是降伏其心。降伏自相，即得自住無餘涅槃，亦能令衆生安住無餘涅槃。故上實無衆生句，正降伏之要也。

○我人四相，在根爲見，在境爲相，當境而起者多，故經中多言四相。

○妙行無住分第四

佛謂心有所住，即是愚癡，心無所住，乃是般若。自色之一法，至菩提涅槃，俱不令有所住。不惟布施一法，乃至六波羅蜜、四無量心，亦無所住。其無住而住之功，雖十方虚空之大不可比量，故稱妙行無住。

復次，須菩提，菩薩於法應無所住，行於布施。所謂不住色布施，不住聲、香、味、觸、法布施。

此答應云何住之問，見如是住，以無住爲住也。上説無四相，此問正發明無相之旨。是時善現從座起立，故世尊使復坐於位次而告之曰：人心原無住所，但菩薩修行離不得一法字，度生又執不得一法字。法即無四相之法也。極意執著四相，便不得空諸所有。故求正覺者，應當無所住著，更當以我無住者，教化衆生，行於布施，而令衆生之心亦無住著。篇中七住字，上六住俱作執著解，末住字作止住解。即以六度中布施一節言之，亦不可以執著行之也。布，普。施，散也。此段不重布施，世尊仍爲大衆説法，而借布施一事以發明無住相耳。不住色等布施，是以無住行施也。二句頂上來，布施而單説色者，凡人之念，只爲功德修於目前，福報留於身後，便刻刻爲自己地步，非普度之大願矣。故言不住色布施，不特於六塵中生此吝惜眷戀而爲住，即使盡蠲一切，其不忘福報之心終著色相。身不著觸，如冷暖勞佚之類。意不著法，如晨早想日中所爲，夜眠思明日欲行之事。若離六塵，即落斷滅。若不離六塵，又起輪迴。菩提之心息矣，衆生得滅度乎。佛所謂不住者，非離非即也。

○六度：一曰布施，爲檀波羅蜜。二曰持戒，爲尸波羅蜜。三曰忍辱，爲羼提波羅蜜。四曰精進，爲毗離耶波羅蜜。五曰禪定，爲禪波羅蜜。六曰智慧，爲般若波羅蜜。六者全，爲到彼岸，故曰六度。

〇六根：眼、耳、鼻、舌、身、意，如眼爲色根，耳爲聲根等是也。六塵：色、聲、香、味、觸、法，如色爲眼塵，聲爲耳塵等是也。六賊，根與塵相引，淆亂真性也。五藴：一曰色，著念物色。二曰受，心自領納。三曰想，思惟不已。四曰行，造作流轉。五曰識，分別取捨。以其積聚，謂之五藴，又遮掩本性爲五陰也。

須菩提，菩薩應如是布施，不住於相。

是字，即指上不住六塵。相即六塵之相也。佛又謂善現轉教菩薩應如是行施，了達體空，不住於相，蓋欲菩薩降伏其心也。夫不住六塵之法，即真空常住之法，以是行施，則内不見有能施之我，外不見有受施之人，中不見有所施之物，雖終日施，盡人施，而實未嘗施，是爲不住相之施。

何以故。若菩薩不住相布施，其福德不可思量。

善現問，施本求福，曰不住於相，其意云何。佛答云，學道之人，以法性了徹爲福德，不以世緣豐厚爲福德。人疑離相布施或無福報，豈知世福有盡，性福無窮。此不住相之施，雖不徼福，歷千劫而不古，超三界以長今，其福德何可思惟量度耶。此非以果報引誘衆生，只緣衆生布施一念，求福者多，故以福德聳動之。

須菩提，於意云何，東方虚空可思量不。不也，世尊。

於意云何者，是教善現於意中自去忖度一番也。菩薩教人，每每劈頭提唤，使之自證自驗，正提撕警覺諄切處。蓋鼓舞機關，勝於當場棒喝也。經中三十個於意云何及何以故，皆作是解。菩薩行施，心無希求，獲福如虚空之不可量，故又以虚空喻福德。以無爲福，非有心可較也。佛在西方，遠對東方，故問東方虛空可以意料窮盡否。善現謂東方虛空，我思量之，實無可思量也，故言弗也世尊。

須菩提，南西北方、四維上下虛空可思量不。不也，世尊。須菩提，菩薩無住相布施，福德亦復如是不可思量。

四維，四隅，上天下地也。佛又問南西北方及乾艮巽坤四隅，天地虛空法界，合之爲十方。佛眼立見十方世界，故借此以比福德之廣遠。須菩提會佛意，有十方便有處所，而此十方盡屬虛空，無有邊際，不可思惟量度，故又云弗也世尊。虛空中本無東南西北，若見東南西北，亦是住相，不得解脱。佛性本無我、人、衆生、壽者，若有四相可見，亦是住相布施。若菩薩將住相求福之念，一反虛空，則妄心盡而妄相亦除，只有性福無邊，亦復如上所云十方之無窮盡矣。此段正言不求福德而福德自至，蓋以其無執著也。空雖無相，非謂無空，福雖不住，非謂無福。況乎世界有盡，空虛無窮，有漏有窮，無漏無盡，然則無住之福，實稱法界，豈思慮所能及哉。

須菩提，菩薩但應如所教住。

所教，即上無住相布施之教。佛又恐人生果報心，又呼其名，汝轉教諸菩薩，但當依我所説之教，不住於相而降伏其心，則此心便有定向而得所住止矣。此言法空，蓋結無住相而并結降伏也。要見無住行施，乃發心者喫緊工夫，不得分爲兩事。自此以上，已竟降伏、安住之問矣。

○如理實見分第五

上言降住之法俱不住相，則佛果遠矣，將無落斷滅見乎。豈知如來正不在遠，著相即迷，離相即顯，所以汰其空見也。

須菩提，於意云何，可以身相見如來不。不

也，世尊，不可以身相得見如來。

自此至十六分，反覆發明住心、降心之義，亦猶《學》《庸》之分章也。不住相之外更無降伏，是住義，甚爲緊要。故又闡發上文無住相之旨，是現身説法處。上言無相無住，皆無心之修，佛恐其猶疑有身，故呼而使其自思。此兩身相，并下一句身相，皆指色身言。此兩如來皆指佛性，即佛法身。此是以色勘驗，是色非六塵粗色，乃發菩提所求佛身相好之色。若果於此不惑，方堪付囑。故以彼眼所見驗之問，果可以現在説法之身相見如來否，乃總收住伏二處文字也。時善現當下直認云弗也。又稱世尊而言，色身有相，地、水、火、風假合成人，法身無相，絶諸形體，不可以今日説法之身相得執著之以見如來也。

何以故。如來所説身相，即非身相。

善現隨自發明其意曰，何故不可身相見如來。即自答云，原佛所説色身之相，原無法身真實之相。即，猶是也。非，猶不也。文法似倒，正言不是也。如來以法爲身，身相不過真身所現之影像。若執影像誤□真身，則如來掩矣，故不可得見也。

佛告須菩提：凡所有相，皆是虚妄。若見諸相非相，即見如來。

佛因其悟色身非相，遂擴之云：汝知身相不是法身真實之相，則不獨佛身然也。有相之相，中無真實之理。凡世間所有變現之相，盡屬虚空妄設，無有實際。若能灼見紛紛外相不是實相，則不止佛有法身之非相，一切衆生皆有一非相之相矣。一切衆生既有非相之相，則一切衆生能見此非相，便生智慧；本性如來若真見之矣，何必但認佛爲如來耶。此二句明説人人有佛心，而不可存佛相。佛心刻刻在念，無相而相真；佛相或留於世，有相而相假。見得即心即佛，不落障礙，方爲無住相也。

〇見如來凡四處：此是執色身，則不得真性。二是色身有壞時，惟性爲真實。三是不離色身而想真性。四是不即色身而得真性。恐學佛者就佛身起念，故屢諭之。要識自己本性，即是如來耳。

〇正信希有分第六

今之信般若者，皆昔於無量佛所深種善根而來。夫般若之心乃名正信，得福無量，則不復執相滯見而墮虚妄。然不執相滯見之法，亦欲令捨，何況執相滯見之非法而不捨者，非愚而何。

須菩提白佛言：世尊，頗有衆生得聞如是言説章句，生實信不。

善現聞不可身相見如來之説，恐人因此一言而并佛言皆屬空虚，故白佛言，頗有疑其未必有也。衆生得聞應如是住，與不住於相等言説，及經中一章一句，生信心而奉持否乎。信佛者有，實信爲難。實信者，非泛然浮慕也。法華會上，猶有五千退席聲聞，況求實信於末世衆生，其可必乎。此慮末世不見佛相，但聞佛言而生懈心，故有是問。

佛告須菩提，莫作是説。如來滅後，後五百歲，有持戒修福者於此章句能生信心，以此爲實。當知是人不於一佛二佛，三四五佛而種善根，已於無量千萬佛所種諸善根。聞是章句，乃至一念生淨信者，

佛訶善現云「莫作是生實信」之説，此中章句，不論世代遠近，無有不信者。五百歲是如來約略之時，世運以五百歲而一治亂。此時出而復爲化度，所以視五百歲爲期也。不惟我現在時聞此般若法門不以爲難，即使如來於五百歲之前説此言，而五百歲後僅有言在，其有持佛戒而修福德者，遇此章句能生信心。汝所謂實信者，寧有他哉，正以此爲實也。一佛出世，謂之一佛。當知斯人之

善根已深，不特於一二善人及三四五之善人持戒修福，得此善根，已於無可限量之善人，至千萬善中，會著源頭，得此種子，根深蒂固。故聞此章句，乃至無住相一念中，生淨信心，信此經能除一切煩惱，成就出世功德。則是如來之言，雖世遠人湮而且信從，況近代乎。實信者，真確不虛，淨信者，純一不雜。蓋至淨信，則實又不足言矣。

○信心，經中凡四處。此是種善根之人難得，二是能離相之人希有，三是稱其人功德之大，四是引勸衆生。前云善護囑，正於此等人，所謂善男女諸菩薩是也。令入無餘涅槃，其根器辨於此。

須菩提，如來悉知悉見，是諸衆生得如是無量福德。何以故。是諸衆生無復我相、人相、衆生相、壽者相，無法相，亦無非法相。

即此淨信一念，正佛與衆生平等之心，如來即從今日照見未來衆生，從歷劫修行，得如是無量福德。何以故者，發明無量福德句也。後世衆生中特出其人是諸清淨心之衆生，夙世陶鎔，盡空諸相，無復一毫迷戀，不惟我、人等相皆空，并法相與非法相一切清淨，故得如來知見最深也。無法相者，章句說法，難於拘泥，無著有心也。無非法相者，法以垂教，不可不遵，并無著無心也。凡此皆爲淨信，而慧性即如來，所以得福無量也。

何以故。是諸衆生若心取相，則爲著我、人、衆生、壽者。若取法相，即著我、人、衆生、壽者。何以故。若取非法相，即著我、人、衆生、壽者。

何故要無諸相。此下反言之。是諸衆生若心中先有一相而取之，以爲我或求西方，或求天上，或求後世爲人，則爲著四相而念不淨。此句多一爲字者，以四相本無，而我自爲此相耳。若以世故留心，偏於有而認法相取之，我得般若波羅蜜法，則執心外有法，拘泥難通，及隨世態，即著四相而念不淨。若偏於無而認非法相取之，我不行般若波羅蜜法，則執頑空爲法，任意而行，即著四相而念不淨。凡此皆爲不種善根，安能淨信而得福耶。

是故，不應取法，不應取非法。以是義故，如來常説，汝等比丘知我説法如筏喻者，法尚應捨，何况非法。

上既正言反言以示勸戒，此復結言執取之非宜。惟如來之法不可偏有偏無，離了法便是非法。取法著有，取非法著無，是故不應取法而徒托於章句，不應取非法而竟入於斷滅。正以是無住相之義，皆不可以有無之心執著故也。知其故，則此義非從今日言之。如來常語諸弟子云，汝等今日聽法之比丘，當知我所説度生布施諸法不可倚靠，正如涉川之舟楫一般。筏字宜斷，此處不必補出。及其既渡，即爲捨筏。若是心體明淨之人，觀空照了，聞言頓悟，此喻者也。如魚飲水，冷暖自知。此時任是説玄説妙，廣大神通到此都無用處，故曰法尚應捨。此正所謂得魚忘筌，得兔忘蹄也。何况非法本無，出自己意，而可誤執也哉。惟其能捨，所以直到彼岸，而有如是無量福德耳。如此説來，文勢順而易曉，若如筏喻者爲句，理已難通，下法尚應捨句，又如何接得去。若解非法作邪魔外道，何喻及捨筏之已悟者耶。

○觀法尚應捨句，如來於此又超出章句，已深於前言説章句生實信矣。

○無得無説分第七

無爲法，三界惟心也。有差别，萬法惟識也。心無爲故説性，識差别故説相。總欲人會相歸性，轉識歸心，安得有法有説耶。故此分名無得無説。

須菩提，於意云何，如來得阿耨多羅三藐三

菩提耶，如來有所説法耶。須菩提言：如我解佛所説義，無有定法名阿耨多羅三藐三菩提，亦無有定法如來可説。

此承上法尚應捨來，是設疑以啓悟善現意。「無得」「無説」是大柱子，因善現疑佛得菩提，疑佛説法，故遂順其意問之曰：汝今意中若何，謂樹下得道，如來得菩提不得耶。諸會説法，謂如來説法不説法耶。則法不當捨矣。耶者，未定辭，蓋試其解不解也。善現答云：如我解佛所説不取諸相等第一義，若是有定，則可名而可得，此無上正等正覺之法，極其神化變通，無執無著，何有實相而名菩提。既無有得可名，只可性修，難以口喻，應機而酬，隨叩而答，何有實法如來而説之。蓋謂無道可證，無法可説也。此正所謂解佛所説義也。

○法不可定者，不是千條萬緒，多而難定。只因人人有此正覺，便應直造無上；一泥於法，即落窠臼，而覺性反爲法泥。下句説一亦字，見如來得之於己與喻之於人，皆從性真活潑處發出，竝非有成法而爲説法也。

○無得凡四處。此是原無定法故無得。二是師以心傳，不以言傳，故無得。三是菩提乃自己之心，何從而得。四是證果之後，自還本真，雖得而不謂之得。無説亦有四處。此是法非真實，則説亦無説。二是理入玄妙無容説。三是入門有得，不復待説。四是悟到真空，不可言説。

何以故。如來所説法，皆不可取，不可説，非法，非非法。

何故無定法、無定説。如來開示衆生，非不説法，然如來所説無上菩提，非有真實之法，此不可以一定之法取，亦不可以一定之法説。惟不可取，則亦不可説，到此説不得是法，亦説不得不是法矣。將以爲法，却又非法，將以爲非法，却又非非法。然如來隨應有證有説者，蓋得非有非無之體也。所以者何。一切賢聖皆以無爲法而有差别。

然所以不可取、不可説，既謂非法，又謂非非法者何。蓋有取有説，法非法等皆屬有爲，即經末所謂有爲法也。無相無住，順其自然，無假人爲曰無爲以用也。一切之菩薩而稱爲賢，如來之地位而稱爲聖，皆不假造作强爲造成賢聖。但其中先知後覺各自不同，故以後覺者爲賢，先知者爲聖，而微有差等分别耳。無爲乃自證之體，差别乃化俗之用。人之差别雖異，法之無爲則同。法惟無爲，所以不可取、不可説也。豈得以人有差别而疑之乎。無爲照上淨信句，淨則無爲，不淨則紛紛錯起而爲之不勝矣。

○依法出生分第八

佛謂有人於般若章句，自一句至無數等句而能受持，不惟超過河沙七寶布施之福，當知般若體中，能出生諸佛及阿耨菩提，故名依法出生。

須菩提，於意云何，若人滿三千大千世界七寶以用布施，是人所得福德寧爲多不。須菩提言：甚多，世尊。何以故。是福德，即非福德性，是故如來説福德多。

佛恐人聞是法不可取説，便欲毁棄言教，將何信解。使諸佛出生，故較量持説福德，謂捨財修福，不如施法修慧，以結六分以下一支也。不住相布施，非教凡夫慳貪，專爲凡夫昔種福田，今有財施，然彼但知求福而不知求慧，則福有盡而業愈深，故教其修菩薩行。佛問：假如人以三千大千而又滿此世界無有脱空，盡著七寶布施，爲種來生福因，是人所得之福德多乎不多乎。善現答言甚多。隨自究其甚多之故，即自答云：此寶施特世間福德事，而非般若福德性。若福德本之於性，更何處計其多少。如來就事相論，故説寶施之福德多，以其有限，得計多寡也。世間財有盡，福亦有盡，但可計其甚多，不得爲無量。此問答俱設詞。

〇心淨色空，如鏡無塵翳；心淨見色，如鏡無翳，即能現諸像也。人爲色身起妄心，遂分別爾我。於一切順情境起貪心；違情境起瞋心；力護自身，反受煩惱勞苦，其名爲癡。貪、瞋、癡壞其性矣。當思世人無有不死者，只死後靈性不能泯没，故佛教人修福德性，以性能歷劫常存耳。經只於此一露性字，其實一經所言無非要人見性。

〇日月所照，爲一小世界。中間有須彌山，日月繞山運行。南爲閻浮提，西爲瞿耶尼，北爲欝單越，東爲弗婆提，是名四天下。日月運行，在此山中腰，此山高出日月上。山上分四方，每方八所；中間又一所，共三十三所，謂之三十三天。日月運行於四天下，謂之小世界。如此一千小千世界爲小千，如此一千小千世界爲中千，如此一千中千世界爲大千，以三次言千，故云三千大千，其實只一大千耳，是謂一大世界。三千，極言世界之多。至於大千，多之已極。七寶，金、銀、琉璃、珊瑚、瑪瑙、真珠、玻瓈也。

若復有人於此經中受持，乃至四句偈等，爲他人説，其福勝彼。

世尊因以福德性言之，其惟持經乎。若菩薩於此經中先自明心見性，解悟真空實相妙理，受之而不忘於心，持之而不厭其久，多則全經，或自一句二句三句乃至四句偈。等字不單指四句言。復憫此衆生，隨機開導，此爲自性福德不可思量，豈寶施所能及哉。持説少許，尚有無量福德，况不止四句者，此是第一番較量經勝。

〇不明指四句爲何説者，欲人自悟偈在何所也。

〇持經較福，共有七處，各自爲意。此

以滿世界寶施不及持經。二、以河沙多世界寶施，則加廣矣。三、以河沙等身命施，不及持經。四、以一日三時無量身命施，又加廣矣。五、以世尊前生供養諸佛，亦不及持經，則佛因又加於布施矣。是外財兩次，内財兩次，佛因一次，較量已極，故後兩稱筭數譬喻所不能及。外又有兩處相似，一以見經有善法之當修，一以見演説教人之有功，非更有讚較而意多重疊也。

何以故。須菩提，一切諸佛及諸佛阿耨多羅三藐三菩提法，皆從此經出。

　何故持經者之得福勝於寶施耶。須知一切古今諸佛，何佛不從般若成一切道果。受持此經，則煩惱自斷，妙慧自新，妙慧即諸佛法身，是佛從此經出也。一切古今諸佛具般若真智，導引衆生，隨緣説法，從菩提心生，即菩提法，是法從此經出也。故知此經非指文句，謂般若性體也。蓋諸佛之身及所證之法，無不從般若而生，以此施人，則一佛化爲無數佛，一法演成無數法，性中福德豈不甚多也耶。

須菩提，所謂佛法者，即非佛法。

　然猶恐其拘泥佛法，又呼而告之，所謂佛法者，佛得之而餘人未得，故曰佛法，然其實人人自具，佛本非佛，法亦非法。佛法不出衆生日用，切莫執諸相爲佛法，向外尋求也。必自證本性，超悟法外，以之覺人，方爲福德性而可言無量耳。推勘至此，非法非非法之旨不益彰乎。

○一相無相分第九

　善現謂二乘人獨證四果，亦未免滯於所得，不能離四相四見。然後自述無心於事，無事於心，已至無諍，故佛稱善現爲解空第一。

須菩提，於意云何，須陀洹能作是念我得須陀洹果不。須菩提言：不也，世尊。

上無爲法有差别之語，大契如來本懷。佛慮其傚傚所得，或生執心，故復就賢聖位次，由四果至如來，極之六度萬行，莊嚴佛土之菩薩，一一探其見地虚實，以結住、伏也。此下三分，申言凡所有相皆是虚妄。此指無爲法有差别樣子，人心止有降妄法，别無住真法。故智慧愈大，心體愈空；無所取，無所得也。須陀洹者，謂初入門，已斷見惑，麤重煩惱不生，不受修羅異類之身，此聲聞所證初果也。作是念當玩凡人居一地步，貴其無念，蓋經意只要人斷念也。詰云：初果之人，能作如是證果之念，我得其果否乎。答以無所取而自成，若了無相法，即無得果之心。微有得果之心，即不名須陀洹，故言弗也。

○果字各有分别。因果者，以前之所因而得今日之果。證果者，以今之所證而得當下之果。果字又有二義：一是果決之果，一是果報之果。此處應以果決解。蓋四果菩薩，俱從勇猛精進而堅修以得之者。入流、一往來諸名，正是證果處。

何以故。須陀洹名爲入流，而無所入，不入色、聲、香、味、觸、法，是名須陀洹。

何故人住六塵，即滯凡流，不則入聖流，更無别法爲所入。彼初悟道果者，已斷見惑，離四趣生，故脱凡流而入於聖賢之流。究之何所謂流，便是入焉俱化，不著一念，知入於此，實無所得入流之心。只見塵緣可畏，而絶念不入六塵不淨境界，則煩惱不著，弗逆聖流，但我相未忘，此須陀洹之所以名也。此是一菩薩，是初入佛門者。

須菩提，於意云何，斯陀含能作是念我得斯陀含果不。須菩提言：不也，世尊。何以故。斯陀含名一往來，而實無往來，是名斯陀含。

次詰云：汝意若何，二果之人能作是般若之念我得二果否。答以無所取而自成。何故。

欲界有九品思惑，二果之人較之初果則已進矣。名一往來者，凡人於塵相有一往而不來，有既來而復往者。此則曾於其中一往來，而絶無顧變，實無往來，但人相猶存，斯陀含之二果無得也。此是二菩薩。

須菩提，於意云何，阿那含能作是念我得阿那含果不。須菩提言：不也，世尊。何以故。阿那含名爲不來，而實無不來，是故名阿那含。

又詰云：汝意若何。三果之人能作如是般若之念我得三果否。答以無所取而證果。何故。三果之人已悟人法俱空，念念不退菩提，較第二果則又進矣。於六塵、四相一一證空，通徹前後，了無障礙，不特不往，直覺塵相無可來之迹而實無不來者，心空無我，不作念有不來法，不知得是果，是阿那含之所以名也。然衆生見未爲遣盡，阿那含之三果無得也。此是三菩薩。

須菩提，於意云何，阿羅漢能作是念我得阿羅漢道不。須菩提言：不也，世尊。

再詰云：汝意若何。四果聖人能作如是般若之念我得四果道否。了悟所學，道幾有得，故不言得果，竟言得道，果通於四。阿羅漢獨稱道者，以得盡無生二智，聲聞道極，故謂之道。今問自知得四果道否，答言無所取而得道。

何以故。實無有法名阿羅漢。世尊，若阿羅漢作是念我得阿羅漢道，即爲著我、人、衆生、壽者。

阿羅漢，此言無學，謂無法可學也，較之第三果則更進矣。何故名無學。諸漏已盡，無復煩惱，雖名爲阿羅漢，似於壽者見或未盡除，然實無有法名阿羅漢。情無逆順，智境俱亡，蓋見道而不著於道也。再啓世尊而反言之，若使其見道而有所著，止成阿羅漢之道而已，豈能脱此四相哉。即爲著句，是反言以見念不可著，則前三果若作念云我得須陀洹等果，亦即著我、人等相矣。此可類推也。作念云我得此果，即是著相，著相即是取，有所取即是有爲。今言不作念、不著相，乃是得而無得，無所取而謂之無爲也。看一法字，總前四果皆法也。看一道字，見前四果未證道也。

世尊，佛説我得無諍，三昧人中最爲第一，是第一離欲阿羅漢。世尊，我不作是念，我是離欲阿羅漢。

此引自己所證離著，以所得無爲則同，而彼自取證有差別耳。述告世尊云：佛於往日曾稱我獨得無諍。凡人一念要明理，又一念要祛欲，兩念相爭，便内自諍矣。無諍，則理欲消亡，不起諍念。三昧者，梵語，譯之爲正定。人心不能覺則昧；正其覺，則正其昧矣。以其所覺而正其不覺，是爲三昧，非入神之稱也。十大弟子各有一長，皆爲第一，如阿難多聞，目連神通皆是。於此三昧人中，稱我爲最第一，不但是三昧人中作第一等人，亦於諸離欲羅漢中稱爲第一大羅漢也。細微四相不生，愛染不著，外無欲境，内無欲心，已離欲界而至於無諍，便是與欲相離，故謂離欲。道得於己，情欲盡絶，又四果之進級，此佛平日讚善現之言。善現謂佛雖如是許我，我實不作是念，云我是離欲得道果之人，與前四果同除所得心者。

世尊，我若作是念，我得阿羅漢道，世尊則不説須菩提是樂阿蘭那行者。以須菩提實無所行，而名須菩提，是樂阿蘭那行。

我者，善現自稱。須菩提，亦善現自稱也。阿蘭那，此云寂靜。相盡於外，心息於内，内外俱寂，何時不靜，即無諍之異名。樂阿蘭那行者，好爲無諍而見於行也。再啓世尊而反言之：假若我起意思，我得阿羅漢道，即著離欲之想。得心未除，便有凡心妄念，世尊必輕鄙之，於諸弟子中定不稱我是好樂無諍之行者。萌之於心曰念，見之於事曰行。又正言之曰：以我雖有是行，而實無所行其離欲之心。此照前不作是念，不謂得道，乃心之無著無得，然後稱説我得無諍，樂而行之者。此段是善現因聞四果，自述以無心而得離欲之果，以就正於佛也。則上四果，亦以無心而得愈明矣。要之四果無取無得，只此不入六塵功夫到絶頂處，便是無上菩提也。

〇莊嚴淨土分第十

如來自色之一法，至菩薩涅槃，皆不生所住之心，則於阿耨菩提不見有所得，於佛土不見有莊嚴，猶無相法身，隱於諸相，雖須彌山王之大，不可得比矣。如無所得之得，非莊嚴之莊嚴，無以異也。

佛告須菩提，於意云何，如來昔在然燈佛所，於法有所得不。不也，世尊，如來在然燈佛所，於法實無所得。

上説得果，便著一得相，故又將己所得問，是試善現認真得字否，恐疑佛有師傳，因先使之自思，再從當身指點云：我往昔在師處聽法，師必有法開示，不知果有法可得否。善現答以法無所得，葢法以發人清淨心，如來本自清淨，於本性中自得真悟，即在然燈佛所不過以心印心，不專靠師之授記而得。心若有得，即是住相，不能清淨，豈如來而有所得也耶。然燈是定光佛，即世尊授記師生時有光，於眼耳口鼻百孔中放出，偏照十方，如燈之明，至成佛時，遂名然燈。八王子皆師妙光得道，而最後成佛者然燈。十六王子出家爲沙彌，皆得如來之慧，最後者釋迦牟尼。是則世尊得無上菩提法，爲諸釋法王，於法寧無所得，第不存所得心耳。

須菩提，於意云何，菩薩莊嚴佛土不。不也，世尊。何以故。莊嚴佛土者，即非莊嚴，是名莊嚴。

上説然燈，因想諸佛現身説法，或尚莊嚴佛土。佛土喻菩提本念，莊嚴喻心之清淨，無邪妄牽擾也。佛問菩薩果以入定無倚，而具此菩提心否乎。善現會意，答云：實無此心也。何故無此心。莊嚴者，心入於定而不著依倚也。佛土二字，是就菩提心入定者言。人於操心時，存一分矜持，心意便不定。説到入定，心無可持，正所謂無爲法也。心言土者，方寸之地，本是良田，不侵削而加滋培，何在非佛土。凡言即非者，皆爲無異，乃破相顯理；凡言是名者，皆爲虛聲，乃就事顯理。原佛所説莊嚴之意，原無此莊嚴之想，故謂即非莊嚴，特名之爲莊嚴耳。

是故，須菩提，諸菩薩摩訶薩應如是生清淨心：不應住色生心，不應住聲、香、味、觸、法生心，應無所住而生其心。

上文得無所得，而莊嚴之想俱無；此心幾於枯槁，故此段説一生字，以見諸想皆空，而心從虛中生出，凡須菩提等，應如是而生此清淨心。心至清淨，則六塵俱斷，又何有於色、聲、香、味、觸、法以住其心。清淨心言生，六塵亦言生，二生字有别。上生字，言心中一無罣礙而生此心；下生字，因六塵所染而心反爲其所生。應與不應，一勉一戒，正相照應。無所住，心中毫無執著也。八字連讀。不言心之生而言生其心者，正以心本虛靈，原存生生之理，特爲情欲所制，生機漸消。人於一念不起時，反觀内照，覺得此心有油然而生者，非他心，其心也。應無所住句，全是心之覺處生之。無所住者，心中盡是覺處，不應的走不得來躲閃，便在在皆明覺之生心，靈光透出，何生之非其心。

須菩提，譬如有人，身如須彌山王，於意云何，是身爲大不。須菩提言：甚大，世尊。何以故。佛説非身，是名大身。

因上人心清淨，則其心大矣。惟人有此

大心，可譬有此大身，非反説到外也。身字即作心字看。佛欲廣善現之心，而復以身如須彌山王爲問。善現即悟佛意。色身雖如須彌山王，皆是法身顯化，故應曰甚大，謂人心大有如身大也。恐衆生不悟，遂自闡揚之曰：何爲信有大身。蓋佛自説清淨心，充滿六虚，乃生心之妙用，非説身軀之身。法界爲身無有形，將豈須彌山王足喻哉。非身，即無相二字，法身也，亦即清淨真心也。人不清淨其心而染於六塵，不爲小其身乎。以其遠離諸垢，名之爲非；以其尊崇奇特，名之爲大。然非心無住著，何以得此。

〇須彌，西域山名，猶云妙高。四寶所成曰妙，突出衆峯曰高。此山爲四天下中最大，廣三百六（二）十六萬里，爲衆山之長，故稱山王。人身豈有如是之大。世尊欲人從色身中悟法身，故托此爲問。蓋以須彌爲衆山之尊，法身亦爲衆身之尊也。

〇此段問答，言無所得，無有莊嚴，而至於心無所住，則此心方爲廣大。此又佛開悟善現一則也。

〇無爲福勝分第十一

此即莊嚴分不盡之詞，謂七寶施不免生心住相。若受持般若，於心無所生，於相無所住，是謂無爲福勝。

須菩提，如恒河中所有沙數，如是沙等恒河，於意云何，是諸恒河沙寧爲多不。須菩提言：甚多，世尊，但諸恒河尚多無數，何況其沙。須菩提，我今實言告汝，若有善男子、善女人以七寶滿爾所恒河沙數三千大千世界，以用布施，得福多不。須菩提言：甚多，世尊。佛告須菩提，若善男子、善女人於此經中，乃至受持四句偈等，爲他人説，而此福德勝前福德。

四果以下至非身大身，節節言佛法不可取。既法不可取，則持經有何利益。故此第二番又較量經勝，以見持説之不空也。上言山，此言河，俱是喻説。此段甚言世界之多。恒河者，西國祇桓精舍側近之河，從阿耨池東西[三]流出，周四十里。如來説法，常因衆見而取此爲喻也。佛問「如恒河中所有許多沙數，如是一粒沙等類一恒河，於汝意下若何，是諸多恒河沙寧爲多否。」欲令善現先悟此沙之多，爲下文張本。善現會佛意，如來不是妄説，佛具正偏知，照見盡虚空，偏法界，故先答言「甚多，世尊」；但一沙一恒河，諸恒河尚然無可算數，何況諸恒河中所有之沙，又可算數耶。佛呼善現，此喻非是謊言而可實信，我今實言告汝。上泛言物情，今説作福事，故爲實言。以如是沙類諸恒河，諸恒河中所有之沙一沙等一世界，其世界之多又何如。若善男女以七寶滿此世界，布施於人，其布施之多何如，得福之多何如。前只滿世界，今滿河沙世界，尤無數矣，亦無是理，只甚言其得福。善現會佛意，恒河沙固不可勝數，又況一沙是一恒河，又是一世界，如此布施，其得福豈不甚多。佛告善現：若有善男女受持隨分四句偈等，爲他人解説經義，使之明悟，此福德歷劫常存，勝前寶施著相之福德也。前説於此經中受持乃至四句偈等，此説於此經中乃至受持四句偈等，有别前兼説經。此單説偈，見得以四句偈與人説，其福尚然無量，則持全經者又不知何如矣。葢布施必待七寶而得福，若經與經中之偈，則不論貴賤貧富，隨人皆可持説也。

○世人住相布施，建塔造廟，莊嚴佛土，只爲福德之念不清。不知財寶布施，無論一大千世界，即無量大千之寶施，不出六塵，總屬有爲。不若此經四句自利利人，照徹本來面目，彼此可超生死，成無上道也。

○尊重正教分第十二

一是恭敬其説法之處，一是恭敬其受法之人，一是恭敬其藏經之所，是爲尊重正教。

復次，須菩提，隨説是經，乃至四句偈等，當知此處一切世間天、人、阿修羅皆應供養，如佛塔廟。

既言持經福勝，當知經可尊重，故復次及之。受持解説，不論何地，若隨地而説此經。乃至者，下及之辭。等者，綜貫之義。般若無多，舉一便該全旨，故四句可以度生。此處，雖謂有經之處，却謂此心也。以清淨心説法，即生人清淨心。一切世間存有爲之心，如天上之神，世間之人，及八部鬼神中兇狠之阿修羅，欲求化度，正當生恭敬心而供養之，視説經之人巍巍高顯如舍利所藏之塔，奕奕莊嚴如佛像所居之廟，而無不瞻禮也。人但恭敬塔廟，而不恭敬説法之人，殊不知説法之人便是法身，即爲塔廟，可不尊敬耶。

○阿修羅，魔王名，即羅刹國之主，有大神力，能與如來之法相敵者。如來説法時，作比丘相而至，如來能以慧眼覰破。阿修羅無可施其魔力，遂反邪歸正，所以此經每説一切天人阿修羅，正從此時證果者。

何況有人，盡能受持、讀誦。須菩提，當知是人，成就最上第一希有之法。若是經典所在之處，即爲有佛，若尊重弟子。

善言妙義與心相會，如膏助火，心觀益明。故此分加讀誦二字，承上言隨説少許，尚感得天人供養，何況於此一經全文盡能受持，坐則對卷而讀，行則釋卷而誦，其爲天、人、阿修羅所供養者，更當何如也。則知是人見性無疑，成就最上第一乘出世希有之法，更當何如恭敬乎。此言其人也。且不獨説經與持誦，若是經典所在之處，隨何方所，便同如來身歷之地，而佛無不在。不特佛在，并持戒修福而爲人所尊重之弟子，如菩薩摩訶薩，亦無不在矣，而可不崇敬乎哉。

○上從説經處，以及持經之人，自四句以及全經，是由淺入深也。此從持經之人，以及經所在處，自成就佛菩薩，以及有佛與弟子，是由深而又淺也。總反覆發明經勝。

○如法受持分第十三

般若非般若，名相空也。説法無所説，法相空也。塵界非塵界，世相空也。身相非身相，我相空也。一切皆空，方從經義解脱，是謂如法受持。

爾時，須菩提白佛言：世尊，當何名此經，我等云何奉持。佛告須菩提，是經名爲《金剛般若波羅蜜》，以是名字，汝當奉持。所以者何。須菩提，佛説般若波羅蜜，即非般若波羅蜜，是名般若波羅蜜。

上説經典如此之妙，善現因問此經當以何名。若有經名，我等何以敬奉而心持之。佛告其經之名則名爲《金剛般若波羅蜜》，謂用堅固之智慧，出生死苦海，而以一性和衆性，是此經之大旨。金剛所擬，物無不碎；智慧所照，物無不空：所以名爲金剛般若。凡人智慧之性，從無始而具，不著漸染，如金之出火，純潔而無夾雜，此時私欲不入，何等堅剛。一爲私欲軀遣，便柔軟而失其本然，不得登岸矣。惟率其最初而堅持固有之智慧，不使少有虧欠，則回頭是岸。以此名義，汝當奉持於心。然其所以行此奉持者何哉。言出於口，雖是佛説，止爲口説而已，必有默傳此心，超出言表者。法相本空，不可取著一名字相，況究實言之，只奉持其心，行住坐卧，弗令昏昧，何有般若可名。蓋學無要領，則汎而無歸，知有統宗，又執而不化，故曰即非般若波羅蜜。爲奉持之故，於無名中强立名爲般若波羅蜜，并般若而空之也。固知經可定名，經中之法不可名；法可師授，法之爲理不能授也。即非者，掃迹之談，是名者，本具之義。

須菩提，於意云何，如來有所説法不。須菩提白佛言：世尊，如來無所説。

名相盡掃，則智障悉空，智障既空，尤當并空言相。般若波羅蜜之名，既爲贅語，則又何有般若波羅蜜之法可以言説也哉。佛慮善現疑有名字該奉持，則如來有所説法了，故又以此詰之。而善現了知説即無説，乃答云：般若無法可得，如來亦不能以文字而説也。如來秖是傳心，何曾説法。會得箇中，則名亡説泯，經義全彰，言相何可執也。

須菩提，於意云何，三千大千世界所有微塵是爲多不。須菩提言：甚多，世尊。須菩提，諸微塵，如來説非微塵，是名微塵。如來説世界，非世界，是名世界。

言相不可執，則器界相亦何可執。因惟難説之理，先使其思。今以物之至細至大者觀之，衆生性中妄念，如三千大千世界中所有纖微塵埃，何處不有。是爲多否乎。善現會佛意，世界喻法身，微塵喻妄念，即答言甚多。一切衆生被妄念微塵遮蔽佛性，不得解脱，若妄念得盡，便現真如矣。佛又呼善現，謂般若所以爲金剛者，爲不同於塵界及色身也。不知微塵雖多，以清淨心對之，無非虚妄之散布，變幻無常，體非真實。但據形色，名之爲微塵耳。是微塵可説，而微塵之理無可説也。佛説世界，世界雖大，以明眼人觀之，只是虚妄之結聚；劫數窮盡，終有混沌，亦非真實，但據迹象，名之爲世界耳。是世界可説，而世界之理不可説也。微塵，該盡宇内人物；世界，該盡天地始終：此外更有何説。上句形起下句，重世界一邊。

須菩提，於意云何，可以三十二相見如來不。不也，世尊，不可以三十二相得見如來。何以故。如來説三十二相，即是非相，是名三十二相。

器界相既不可執，如來之身相亦豈可執乎。佛將三十二相現身説法，又呼善現，汝意如來所修三十二相爲實相否。善現會意，佛雖由於四大凝成，現三十二相報身，至涅槃考終，同歸烏有，故言弗也。相是色身，不可以此得見真佛。此如來謂真性佛也。下如來説三十二相，則謂色身佛也。何以故。是三十二相者，只就如來幻身言之耳。此身雖與衆生不同，而究竟色身終屬幻形，難久住世，是非真實相，特强名爲相。是佛身可説，而佛身之理無可説也。乃知一住著，即經義亦非般若，一解脱，即報身、器界無非般若波羅。以是心持經，方爲淨信，又何必捐身棄世以求度脱生死乎。此與上節大意，謂細而微塵，大而世界，妙而佛之色身，皆虚妄名，亦應上無有定法如來可説也。

〇三十二相：一、身相，修廣莊嚴，容儀端整。二、體相，上下等量齊肅。三、面相，如一輪滿，望日之月光彩可尋。四、頂相，高顯周圓，形如天蓋。五、髮相，右旋盤曲，一絲不亂。六、耳相，低垂過肩。七、眉相，灣環淨皎，如□□[三]弓，中高而兩垂。八、眉毫相，間有白毫，柔軟若綿，又如珂雪。九、眼相睫相，紺青而美色，平整若牛之長□□眼大而左右齊整不偏。十、眼睛相，色青鮮白，而眶環微紅。十一、鼻相，豐高而下垂。十二、脣相，潤若丹朱。十三、口相，閉若瓠形，開若海口。十四、牙相，上下四十，肉深根固，整齊平淨而密。十五、齒相，四齒潔白鋒利。十六、舌相，廣薄修長，吐垂面輪，至耳髮際。十七、音聲相，梵音詞韻，和雅而衆聞。十八、頷相，方正隆準。十九、肩相，平正圓滿，與項相稱。二十、項相，實而厚。二十一、背相，盎然周正，充滿廣豐。二十二、腰相，綆直有威。二十三、手相，十指尖圓，纖長豐白，骨節柔軟若綿。二十四、臂相，平立垂可摩膝，如象□[四]鼻。二十五、脇相，兩肋圍抱，如鹿之腨攝。二十六、毛相，皮上每孔生一毛，青宛如絲，軟如兜羅。二十七、皮相，望之金光晃耀，肌理細潤，不住垢膩。二十八、乳相，凝實不枯。二十九、臍相，窅深可容細菓。三十、足相，兩底平滿，下有千輪輻文。三十一、足指間有雁□紋，狀若綺畫。三十二、足趾廣長，坐與趺相稱，趺與距相稱。須菩提，若有善男子、善女人以恒河沙等身命布施，若復有人於此經中，乃至受持四句偈等，爲他人說，其福甚多。

善現但知身相不可取，未知身相亦不當捨。今人具有幻形，或能空其相。故又呼善現：若有善男女，欲求了悟，以爲捨此有漏之身，可得無生之理，於是敲骨擊髓，投岩赴火，刎頸割肉，燃指卸臂，將此身命如恒河沙等以爲布施，身施如尸毗王之代鴿，命施如薩埵之飼虎，如此種種可爲極矣。若復有人將此《般若經》義，受持於己，開導他人，比之捨身命者，其所得靜妙福德不更多哉。蓋身命之捨終有盡日，而修性之功歷劫常存，思及於此，真不可說也。此第三番較量持經。

〇離相寂滅分第十四

須菩提於此感悟，復歎後五百歲有信解受持般若者，決不爲四相所纏，既離諸相，即名爲佛。佛云不惟信解，但聞此般若，不生驚怖，已自希有。復引因中以持般若故，得離諸相，雖遭割截，了無嗔恨。復引不生心，不住法，及入闇處明之喻，此分名離相寂滅，旨哉。

爾時，須菩提聞說是經，深解義趣，涕淚悲泣而白佛言：希有，世尊，佛說如是甚深經典，我從昔來所得慧眼，未曾得聞如是之經。世尊，若復有人得聞是經，信心清淨，則生實相，當知是人成就第一希有功德。

自此至十六分，總明受持之難、功德之大也，深解大徹悟也。善現知捨身命所感之福不如持説之勝，遂悟真空無相義趣，感佛恩深，不勝欣喜之至，故反流涕發悲，讚言希有世尊：佛説如是般若甚深經典，我從昔日受教以來，夙植善根，所得如來慧眼，於無上菩提覿面成迷，自傷所聞之晚。昔未聞而今聞二句，正涕泣心事也。善現是阿羅漢，於五百弟子中解空第一，豈不聞如是深法。況世尊説時聞者不少，只恐聲聞小乘聞而未必能信。故以此策勵同學，謂信心而有善根，清淨而却六塵，便是無相之相，則生實相。信經如何能生實相。以經所詮皆無相之理，因經修證，離妄去執，諸相亡而實相見矣。當知是人成就出世大事，功成果滿，故言功而不言福，豈非第一希有乎。第一，即無上菩提也。

世尊，是實相者，即是非相，是故如來説名實相。

因説實相，隨遣之以表奉持。是實相者，不過借以生空相之資，其實理以無相爲真，欲人反求諸心，故曰實相，究非有執著之相。此如來平日之名言，非我今日之臆説，故又引以證之。

世尊，我今得聞如是經典，信解受持，不足爲難。若當來世，後五百歲，其有衆生得聞是經，信解受持，是人即爲第一希有。何以故。此人無我相，無人相，無衆生相，無壽者相。所以者何。我相，即是非相，人相、衆生相、壽者相即是非相。何以故。離一切諸相，即名諸佛。

信解者，信其義而曉解。受持者，受其義而持行。不足爲難者，起下希有之詞。言我今身親值佛，獲聞如是般若經典，親見如來印證信解受持，不足以爲難聞；而未來衆生不得遇佛，能依是法，即爲希有。前云成就，此言即爲，正以末世能信尤可快也。蓋佛在之日，雖有中下根基能往問佛，佛即隨宜開示，無不契悟。佛滅度後後五百歲，去聖遥遠，但存言教。人若有疑，無處咨決，於此時中，無緣面授，僅得耳傳，清心敬信，自解自悟，是最上根器；較之我聞，最爲難得。何以信經之人得爲希有。以此人依此經修行，盡離妄識，已是超脱四相也。所以無四相者，何哉。了悟四相俱妄想，不是本來心，故曰即是非相。非，猶無也。非相，即實相也。何故非相宜去。蓋佛以覺言，外覺離一切有相，内覺離一切空相；於相離相，於空離空，得真空無相之妙。故即名之爲諸佛中人，佛非第一希有乎。

佛告須菩提：如是，如是。

亟[五]稱如是，是接引世人意，不但以其言之是也。

若復有人得聞是經，不驚、不怖、不畏，當知是人甚爲希有。

大乘之法，非大乘根器，猝聞諸相不生，言下即佛之説，未免一往怪愕而驚，進退張皇而怖，恐懼阻難而畏。因策勵後世學者，若復有人信心清淨，得聞此理，歡喜受持，如有夙契而不驚，若曾行習而不怖，勇猛承當而不畏，此人悟入法門，速離衆生下劣之見，非久種善根，安能直造如來第一義諦，則豈非甚爲希有乎。蓋實難其人也。

○以下通説後世持經之人，反覆申明，在無實無虚句結穴。後説以要言之，而不説要言在何句者，佛不以一句實法生後人執著也。

何以故。須菩提，如來説第一波羅蜜，即非第一波羅蜜，是名第一波羅蜜。

承上言何故不驚怖畏得爲希有，蓋以此經爲萬法宗源，凡經皆從此一經會出。諸法波羅蜜，皆無以尚之，是爲第一波羅蜜。然是人正無第一相也，心中若存第一相，便落二三小乘，不爲第一希有矣。如來嘗説第一波羅蜜，非有第一相，所以名爲第一波羅蜜。前曰佛説般若波羅蜜，重在般若；此云如來説第一波羅蜜，重在第一。前曰即非般若波羅蜜，并般若而遣之；此云即非第一波羅蜜，并第一而遣之也。此又空善現第一相也。以上皆論智慧。

須菩提，忍辱波羅蜜，如來説非忍辱波羅蜜。

智慧必從實行證驗始真，故又告之曰：人聞第一波羅蜜而不驚怖畏者，法相空也。又不若試之利害生死，而證人相之亦空也。即如辱之所在，人不能忍，而有忍之者，是即入法之一門。故如來説忍念皆去，辱自消亡，而何有忍辱相乎。遇值嶮巇，恁地平平打過，方是真降伏。李、屠諸本俱無是名句。

何以故。須菩提，如我昔爲歌利王割截身體，我於爾時無我相，無人相，無衆生相，無壽者相。何以故。我於往昔節節支解時，若有我相、人相、衆生相、壽者相，應生瞋恨。

何故忍辱如無。人之於辱，不惟能忍爲難，而能忘則尤難，因自舉歷劫修行事證之。佛有時自稱佛，自稱如來，自稱我。我，特謂我身。如來與佛，則謂己與諸佛如來皆然，經中盡如是也。佛三世轉身爲如來，歌利事在第一世，受記於然燈在第二世。「如我昔爲」十一字爲句，蓋借此以證忍辱，并忍辱皆忘之意。乃見割截於王，非佛身自爲王也。割截即下支解。割至耳鼻，截及手足，辱斯甚矣；而佛能忍，毫不起四相之見，蓋五藴本空，縱患害相加，如吹光割水，湛然不動。此段是正説，因自問此何故哉。又反言之曰：我昔支解時，若有四相，則瞋恨往往而生，冤魂相報，莽撞投生，不復更去修行矣。所以無四相者，忘其辱，并忘其忍也。

須菩提，又念過去於五百世作忍辱仙人，於爾所世無我相，無人相，無衆生相，無壽者相。

不特此時爲然，從今追念前生五百世入山求靜，作忍辱仙人於爾所世。佛所歷之世，亦善現歷過者，又正言之曰：此時早無我、人等相，認爲宿世應受之報，乃不昏亂真性，托生再修，是忍辱之證。後人修行者亦宜如是。見苦是苦，由於我相不化。若離我相，則誰爲辱者。誰爲忍者。身空則無痛者，心空則無覺痛者，不見爲苦，自然成忍也。上是引已以證，此又引多生以證，然則如來之無瞋恨久矣，豈偶一能之者哉。

是故，須菩提，菩薩應離一切相發阿耨多羅三藐三菩提心。不應住色生心，不應住聲、香、味、觸、法生心，應生無所住心。

此承上無相之故來。佛累世行忍辱行，以無我故，得成菩提。故凡修行菩薩，於一切相盡應解脱而離之，發無上道心，不應住色、聲等相，生希求福利之心。蓋無上正等正覺心，乃清淨無相心，豈可染於六塵。住色者，眼前美好，屋宇器用服色之顯。聲、香五者，謂凡音樂、馨香、滋味、感觸事情利己者，凡住著處皆不起念。收上兩句，應前離一切句，兩應字、兩不應字甚著力。此「是故」及下「是故」，與上數「何以故」緊相呼應。此意已見四分、十分中，復詳言之者，恐弟子聽之不審，或有續來聽者，經中重疊處義皆如此。

若心有住，即爲非住。

前是正言，此又反言之。若心中稍有所住，此心終爲六塵把持，則妄念紛馳，已著諸相，取捨愛憎，無有休期，便落人天小果。不證無上菩提，何有住足之處。所謂應無所住而生其心者此也。上四住作住著住字，末一住作住止住字。

是故，佛説菩薩心不應住色布施。須菩提，菩薩爲利益一切衆生故，應如是布施。

論修行人之心亦應無住，菩薩所行六度，皆應離相，色爲六塵之首，施爲六度之初，故云不應住色布施。五識皆因色相而起，故此止以一色總該無住。如是行施，欲使含靈抱識，盡被恩澤，各得無相之體，即前所云「滅度無量衆生，實無滅度者」。不度而度，乃所以深爲利益也。菩薩爲普度衆生，而以布施利濟益物，原爲人而不爲己，則知不當復有嗔恨，應如是以我無住之法而布施之耳。

若存施受之心，即非無住矣。

如來説一切諸相，即是非相。又説一切衆生，即非衆生。

即以如來之説證之，一切人我諸相俱非真實，盡是空華，故不應住。又説一切衆生盡是假名，不見佛性，名爲衆生。若離妄心，見自性佛，即無衆生可得，故不應住相布施。下二句是明上二句之所以也。蓋以衆生若有，則説不得諸相爲無，若衆生既無，則諸相之無益可知矣。

須菩提，如來是真語者、實語者、如語者、不誑語者、不異語者。

此如來之語，人不信心，則以爲妄，孰知其真故不僞而切人，實故不虚而有據，皆適如其心之所言，而不加毫末，不減分寸，不以虚誑之言而使人惑，不以異同之言而使人疑，蓋以破衆心之狐疑也。此泛説平日如來所有的話，皆一一可信。如此則又何疑於持經證果之言爲不然乎。

須菩提，如來所得法，此法無實無虚。

向云如來無所得，今云如來所得法，即前無相無住之謂。數語即法之所在，此所説之法真體常存，以爲實耶。而六塵四相皆空，以爲虚耶。而四果所得皆有，無實故不住於有，無虚故不住於空，非空非有，執情盡化，乃爲真得。虚實合説，虚中想出實際，實中想出虚理，靠不得實，著不得虚，虚實相形，乃成如來妙法。

須菩提，若菩薩心住於法而行布施，如人入闇，即無所見。

無實無虛之法，佛已説出要領，故又言若悟得此法，則無所住之心，在在皆然矣，即以布施言。布施，謂法施教化衆生也。若菩薩自家修行，心住於法，而又以此行於布施，心爲法所拘，彼此都受法障，即以貪愛自蔽其明矣。便如人入闇中，有何所見。此行法之失也。

若菩薩心不住法而行布施，如人有目，日光明照，見種種色。

若自心不住於法，而又以此無住者行其布施，則觸處皆通，無有障礙。便如人之有目，加以日光照之，秋毫皆矚，何色不見。此色字，與六塵之色不同。滿眼乾坤，山河大地，無非是色，故謂種種色。此言法之所在，必能空而後能照，甚言執法者之不得法也。

須菩提，當來之世，若有善男子、善女人能於此經受持讀誦，即爲如來以佛智慧，悉知是人，悉見是人，皆得成就無量無邊功德。

汝計末法無傳，豈知不解脱則此經是文字，能解脱即是佛智慧。如來用此啓發後人者，耑望流通之人。當來之世，邪法競起，正法難行。若有善男女得遇此經，從師稟受，誦讀精進，非由口耳之傳，直究心學，這便真正是能了，何愧如來證果。即是一佛出世，如來豈庸釋我。無論世遠於五百歲，以自心之佛智慧照見自心，未有不洞徹者。以此流通佛法，豈不成就作佛功德乎。無量者，不可稱量，非特利一身，將普施羣生。無邊者，無有邊際，非特利一時，且徧千萬億劫也。言人能如此，則人人可爲如來，世世見有如來，故説功德之無窮耳。受持四字相因，欲受其文故讀，欲持其義故誦。如來悉知見，示非臆説也。

○持經功德分第十五

如來謂此般若章句專爲發大乘心者說，又能三時受持，即是負荷菩提良器。其樂小法、著四相者，烏足語此。又謂此般若章句在處即是佛塔，天人圍繞，豈過分哉。故云持經功德。

須菩提，若有善男子、善女人，初日分以恒河沙等身布施，中日分復以恒河沙等身布施，後日分亦以恒河沙等身布施，如是無量百千萬億劫以身布施，若復有人聞此經典，信心不逆，其福勝彼，何況書寫、受持、讀誦、爲人解說。

此第四番較量持說福德也。初日分者早晨，中日分者日午，後日分者晚間。日有六時，舉此以該終日耳。恒河沙及無量劫俱借言，蓋身命人所最重，以此爲施，比七寶施尤甚矣。故佛呼善現而言：若有善男女於一日三時中以身命布施，如恒河沙之多，且歷百千萬億劫之久，其布施之願極矣。若人能以其心實信此經而無違逆，其受出世福已勝彼身命之施，何況書寫傳布，行解相應而受，勇猛精進而持，心不散亂而讀，見性不迷而誦，兼以爲人解說，化導多方，捨身豈能及之耶。此較前加書寫二字，欲人利導以廣濟度也。佛恐人執著如來忍辱之說，徒以身施，於己性人性毫無利益，故十三分已言之，此復救其失也。

○人不悟道，欲破生死，捨財不已，至捨身命。不知捨身修福，不如施法修慧，縱三時捨身，都是住相布施，有何利益。若聞般若經典，信之於心，不逆於理，以之自度，則超生死，得涅槃，福已勝彼三時布施，何況受持、讀誦之餘，加以書寫、解說，廣爲流傳，以之度生，而成無上道者乎。

須菩提，以要言之，是經有不可思議、不可稱量、無邊功德。

承上文來三時捨身亦是有盡之言。若據實理而以經義之簡約者言之，説經之要原自無多，過心境界不可思惟，過言境界不可擬議、不可名物稱、不可淺深量，其中有大無邊際及人功德。然則前云身命之施，尚在思議稱量有邊之域，烏足與此較哉。

如來爲發大乘者説，爲發最上乘者説。若有人能受持、讀誦、廣爲人説，如來悉知是人，悉見是人皆得成就不可量、不可稱、無有邊、不可思議功德。如是人等，即爲荷擔如來阿耨多羅三藐三菩提。

何言乎經之功德，此經如來非爲修因種福説，耑爲發度己度人之大乘心，像車乘之大，普載一切衆生者説，亦非爲權淺之大乘説，爲發菩薩、阿羅漢等登大乘之最上乘心者説。大乘者，諸菩薩是也。爲大乘説者，説此六塵四相之應空而入於法也。最上乘者，佛如來是也。爲最上乘説者，説此空相之心，皆歸於空而并無所謂法也。第一句是引衆生而證入諸菩薩，第二句是引諸菩薩而證入於佛如來也。此正以要言之之意。乘取通遠之義。乘有輪，始可轉行，故以法爲法輪。諸經皆謂大乘者，取法輪轉通之義也。若有最上機發大心之人，能持誦廣説，則其所知見與如來合體，如來自悉知其所知，悉見其所見，超情量，絶名稱，直入不思議地。成就者，滿足之意。此再述前言，以見其必然也。如是人等，即爲大乘最上乘之法器，荷擔自性如來在身内而共成無上菩提，必至物我一時解脱，方捨此擔也。背之所負曰荷，肩之所承曰擔，此應前即爲如來也。如來所以將此經啓發此人，使繼往開來，而諸佛賴之也。其所成就何如乎。世間上乘之人入聖至易，中材之人超凡最難，故佛往往從第一等佛菩薩直説到學爲佛菩薩者，是成就中材不使其恍惚無據也。

○佛家三乘：一曰聲聞乘，羅漢得道，全仗佛語指示，爲聲聞。二曰緣覺乘，辟支佛得道，緣已感觸而心悟，是佛緣特達，爲緣覺。三曰菩薩乘，能修六度，已爲佛矣。此則通修萬行，功非爲己，志在廣濟，故以大道爲名，是登大乘。

何以故。須菩提，若樂小法者，著我見、人見、衆生見、壽者見，即於此經不能聽受讀誦、爲人解説。

此反結上文，以明大乘最上乘之旨也。何以見其荷擔之故，若鈍根下劣之徒，爲聲聞、緣覺，其所好樂不脱於小乘法，不發大心而沾沾章句之末，即爲妄著四見，毋論能持，且不樂聽受讀誦，寧得於如來深法解説以度人耶。則信此經非易語，而菩提非易擔矣，此言其人也。

須菩提，在在處處，若有此經，一切世間天、人、阿修羅所應供養。當知此處即爲是塔，皆應恭敬，作禮圍繞，以諸華香而散其處。

然荷擔之人不易得，則經宜護持，以待後之能信者。故囑善現云：衆生果能因經悟此法性，便是心上工夫，所在之處不一。若有此經，一切天神、世人、兇神抱有爲之心求解脱者，固應敬事崇奉此經。當知此般若經卷所在之處，如牟尼寶珠，瑞光輝映，即爲如來法身舍利寶塔，發心菩薩豈不皆應恭敬而以清淨心供養，皈依頂禮，環繞拜頌而以清淨身供養，四撒華香而以清淨物供養也。華香散處，即所謂恭敬之文也。持經功德，不亦大乎。

○能淨業障分第十六

佛謂受持之人，以今生輕賤之微垢，能易當墮惡道之重愆。復引因中供養諸佛之功，不如末世受持般若少分之福，故云能淨業障。

復次，須菩提，若善男子、善女人受持讀誦

此經，若爲人輕賤，是人先世罪業，應墮惡道，以今世人輕賤故。先世罪業即爲消滅，當得阿耨多羅三藐三菩提。

此特說出果報，爲下乘人開自新法也。世人喜惡嫉善，一見是人爲人輕賤，便謂受持無益，福報虛語，使人生退轉心，不知輕賤亦忍辱中事。故佛言持經之人該天人恭敬，或因疾患、貧窮、衰老反被世人輕賤，何哉。佛申明之曰，是人雖今生無業，或宿世業重，應墮地獄等惡道，以今生持經力，止爲人輕賤罵辱，前生大過即爲消除。時雖忍辱，力加進修，當證無上佛果，持經功德可謂大矣。豈可因輕賤而隳精進哉。

須菩提，我念過去無量阿僧祇劫，於然燈佛前，得值八百四千萬億那由他諸佛，悉皆供養承事，無空過者。若復有人於後末世，能受持讀誦此經，所得功德，於我所供養諸佛功德，百分不及一，千萬億分，乃至算數譬喻所不能及。

此第五番佛舉自行較量福勝，以見經不可不持也。阿僧祇，無數也。那由他，甚無數也。言此時之佛實有千千萬萬耳。佛自追思前生，於過去無量劫數未遇然燈佛之前，此時無此經典，求道甚難。得相值百千萬億之佛，悉皆敬奉承事之，與之參究宗旨，而無一人空過，不與說明此經義者。今有此經，非法非非法，若復有修行之人於後末世，雖目中不見有諸佛，只須受持讀誦，會諸佛之源，從自心性一日了悟，則較我歷劫事佛之功德，彼得一分勝於我之百分，彼得百分勝於我之千分，豈算數譬喻如微塵恒河沙等所可及哉。用力何其省而悟道何其易也。

〇供佛雖感福報，但是事相，終屬有盡。況供養承事，無關自性，自性若迷，福無可救。若持經，則能生理解，得證菩提。故供佛雖多，總不及持經者百分中一分，千分萬分億分中一分也。上節爲罪重者說，以持經力，罪滅之後，漸漸修行，方得成佛。此節爲無罪者說，故因經力，一悟本性，遂超入如來地也。

須菩提，若善男子、善女人於後末世有受持讀誦此經，所得功德，我若具說者，或有人聞，心則狂亂，狐疑不信。

此結上文也，再言其人，深寓屬望之意。此經非大乘根器不能持誦，末法衆生德薄垢重，嫉妬彌深。若善男女於此時中受持讀誦，心求真諦，超登覺岸，所得自性功德在人神悟，豈容辭説而使人可聞乎。具者，詳盡之義。與上以要言之相反，如來非不欲詳晰言之，無如下乘之人便謂如來與上乘説者又與下乘不同，則將疑如來不一其説，其心因入於狂亂，以致如來之經反生狐疑而不信，所以不欲具説耳。狐性多疑惑，每渡河氷，且聽且渡，故曰狐疑。

須菩提，當知是經義不可思議，果報亦不可思議。

義者，般若妙義，即性體也。果者，如華結實。報者，如響應聲。言理之必然也。自此已後，讃較都絶，故此結上無住無相之妙，又結上佛不具説之旨，餘所較量但是別意斷疑，與前次第不同。

○此處果字加一報字，與前四果果字不同。前説得深，此説得淺。前是自證自果，此則以果得報。此段全要發出下愚自新求善，而又恐其爲善不卒，以致狂亂狐疑，故以果報結之，是如來開導庸愚一片婆心也。

○究竟無我分第十七

善現復理最初之問，世尊亦如前答。又引因中以無法可得，契空有兩融，故蒙然燈授記作佛，使我當時有少法可得，則不與我授記矣。必至通達無我法，始是真菩薩，故爲究竟無我。

爾時，須菩提白佛言：世尊，善男子、善女

人發阿耨多羅三藐三菩提心，應云何住，云何降伏其心。佛告須菩提，善男子、善女人發阿耨多羅三藐三菩提心者，當生如是心，我應滅度一切衆生，滅度一切衆生已，而無有一衆生實滅度者。

　自此至末，偏重法空，總欲淘汰二乘人所得心，遣除凡夫業福心，故每説經一番，問以較福一番也。降住之法，佛前此已爲詳答，何必再請。蓋善現見佛所説皆破除我執，無佛可求，無生可度，未嘗實言何處可以住心，何法可以降心，將令初發心菩薩茫無住向。又自前身相見如來下十段，總説無我，謂除却我，則誰爲住心、降心。若有住心、降心，則又乖無我之義。所以因上不可思議，覆思前所問住伏之説亦不可思議，而又申明無我之旨也。不知人我之相不立，即無降伏之降伏；得法之想不生，即無安住之安住。故下仍以無生可度、無法可得告之。佛告以下，是答住心人惟一點靈心運用，凡發菩提心者何嘗有我。當生如是無我之心，謂我當化度一切卵、胎、濕、化等衆生出於輪迴。已，盡也。度生那有盡時。一度即有一已，即化度之盡，只了得我性作用，豈可於清淨虚空中妄生執著，而起一衆生可度之心及我能度之之念乎。

何以故。須菩提，若菩薩有我相、人相、衆生相、壽者相，即非菩薩。

　以何義故普度衆生而不起衆生念耶。若有滅度念，謂我得度生之法，人得我法而度，衆生得我法而度，生生不已之衆生俱得我法而度，則私心未絶，執而不化，四相總成一我，何能伏住而名菩薩清淨心乎。

所以者何。須菩提，實無有法發阿耨多羅三藐三菩提心者。

　所以不能破除四相者何。前説當生如是心，似發心有法，豈知真性虚空，原無有菩提心，心既强名，發豈有法。非徒無一切衆生，即發此度生之菩提心亦不可得；菩提心不可得，又安有可住、可降之心乎。發菩提心之法不可得，又安有住心、降心之法乎。住心、降心之法且無，則所謂我者安在，而無我之旨益明矣。

須菩提，於意云何，如來於然燈佛所，有法得阿耨多羅三藐三菩提不。不也，世尊，如我解佛所説義，佛於然燈佛所，無有法得阿耨多羅三藐三菩提。佛言：如是，如是。

如來，佛自謂也。然燈以下，歷舉如來無得法之果，以明學者無得法之因。如來以昔在師所，有法得菩提爲問，善現深解無相之理，故言弗也。所説義義字，指上實無有法句，謂從心自發，外心無法，有何所得。正悟如來之得法得之於心，不執師之法以爲有得。佛然其説，重言如是以印可之，不但稱其言之是，而謂我之所得真在心而不著於師之説耳。此皆無我意。

須菩提，實無有法如來得阿耨多羅三藐三菩提。須菩提，若有法如來得阿耨多羅三藐三菩提者，然燈佛即不與我授記：汝於來世，當得作佛，號釋迦牟尼。以實無有法得阿耨多羅三藐三菩提，是故然燈佛與我授記，作是言：汝於來世，當得作佛，號釋迦牟尼。何以故。如來者，即諸法如義。

此反覆告之者，欲善現知法無所得也。覺本非發，何況有法。諦審於是，乃知人法俱空，一念不起，是爲真降伏耳。佛深當意，故隨順善現所説，而先正言其實無所得。凡僧初入門祝髮，其師訓言曰授記。然燈没後即是來世，非兩人又隔世代也。如來法法皆空，心心無住，謂我若得法爲來世化度衆生之人，此時授記師應以法傳我，令今世就成佛道，即不以我爲來世當得作佛而有佛之名號矣。釋迦，此云能仁，言能以至仁之心而普度一切也。牟尼，此云圓通，言有此普度一切之心而能圓通四大，靡所不徧，毫無窒礙也。當日命名之意如此。已上蓋反言之也。又正言之曰：我惟不存一得法心，所以授記時，師曾作是當得作佛之言，而以釋迦牟尼名之。然燈但作是言，則知然燈自成然燈，釋迦自成釋迦，實無有法可授受，明矣。此正結引證意，總無無上菩提心從心自發而已。所謂無法得者，何以見其無所得。諸法千條萬緒，而其一貫之旨，總歸於如言如義而不言如法，如如中著不得法相也。言諸法而同歸於如義，正是百川之流，銷歸大海，不見增益，又何有一法之可獨名乎。當生如是心至此，是前後照應。

若有人言如來得阿耨多羅三藐三菩提，須菩提，實無有法佛得阿耨多羅三藐三菩提。須菩提，如來所得阿耨多羅三藐三菩提，於是中無實無虛。

此反覆推明以釋人疑也。得者，自外而得。真性豈由外得哉。言如來得菩提者，不過凡人之言耳，如來實無有法得菩提也，故呼而告之，以正人言之妄。然不可謂如來不得菩提，但得之於真性。性本無法，故其中據以爲實，則全無憑藉，見以爲虛，則觸處圓通。無實無虛，法安所施。前無實無虛是言如來所得之無相，此無實無虛是言如來豎義之無法。

是故，如來說一切法皆是佛法。須菩提，所言一切法者，即非一切法，是故名一切法。

因是之故，即以如來平日所言證之，天下之可恃者皆法也。法至一切，則無論大小，何處不是修行成佛之法，不必於諸法外另覓菩提也。此釋諸法如義。佛又恐人泥法，故呼善現：所言一切法者，假此修行，不得認爲真實。有所得，則不用之，原無有實，不過是虛名耳，不可於諸法之内執有菩提也。人可泥法而不知真性乎。

須菩提，譬如人身長大。須菩提言：世尊，如來說人身長大，即爲非大身，是名大身。

此承上起下之辭。人身長大，喻一切法之多，法非真有可譬。前云人身等須彌山之長大，善現會無實無虚之意，謂如來所説人身長大祇是幻形，豈有真實大身。惟此清淨無爲之心，離一切相，徧一切處，是法身大，功德無量，是報身大，是名大身耳。明大身非身，則無實無虚愈可知矣。

〇此性不明，雖有長大之身，終爲虚殼，以喻雖有一切法而不能得之於心，則一切法總屬成法，非我獨得之真諦矣。

須菩提，菩薩亦如是。若作是言，我當滅度無量衆生，即不名菩薩。

前言如來無滅度法，恐人以佛爲然而菩薩未必然，故呼善現云：如來無法得記，菩薩亦當無法度生。然菩薩之果亦豈真實也耶。不過如大身之虚妄，徒有其名而已。葢以菩薩通乎佛性，所差一間，若使菩薩作是言謂我當化度無量之衆生，便是執於化度之法，而不可名之爲菩薩矣，以菩薩著相即是衆生也。

何以故。須菩提，實無有法名爲菩薩。是故，佛説一切法無我，無人，無衆生，無壽者。須菩提，若菩薩[六]作是言，我當莊嚴佛土，是不名菩薩。何以故。如來説莊嚴佛土者，即非莊嚴，是名莊嚴。

佛又自問：何故一切衆生爲有情，不名覺衆生。隨呼善現而自答云：實無有法名覺衆生也。修行賴有佛法，此云實無有者，謂非真性有之也。又推其故，佛説一切緣覺、聲聞之法以除四相爲主，四相無而念中豈有滅度衆生之由我者。言佛，則菩薩之不落於化度法可知。菩薩既不存化度心，則心中清淨，不爲清淨所拘。若菩薩作是言，我當飾金寶於世間，見有佛可取，則滯於法相，是凡夫之見，不得名爲菩薩矣。此何故哉。如來只説心爲佛土，清淨無相，不假外飾。若是觀想西方，不達一真法界，外飾即非莊嚴，惟以定慧之寶，莊嚴心之佛土，乃是真相，非虛名耳。然佛土是假名，莊嚴是假法，則菩薩豈可作意莊嚴佛土哉。

須菩提，若菩薩通達無我法者，如來說名真是菩薩。

度衆生是大悲，嚴佛土是大智，皆菩薩分內事；一作於念，便非菩薩。然則起何等心方名菩薩耶。凡相皆是有我：如度生著相，歸功於我；莊嚴著相，徼福於我。今曰無我法，只前無相、無住之說，必也以天下之身爲我，不以一己之身爲我。而人無我，當布施，不惜己有以濟物；當忍辱，雖割肢體而無嗔。而法亦無我，觸處洞然而得心契圓融之妙者，斯則如來稱名真正修行，而可授記作佛耳。章內三言非菩薩，謂有我故；此言真菩薩，以足實無法得之旨。法尚本無，云何而求於住也。世尊到此，却把四相收爲一我相，要除四相，只在通達無我。下皆明我法意也。

○上言六塵而單說色相，以聲、香等從色起也。此言四相而獨說無我法，以人、衆、壽皆從我而起也。通達則彼此無礙，便是一箇正覺心，何所容其爲法乎。

○一體同觀分第十八

前言五眼，後說三心，中云河沙佛世界所有衆生心如來悉知，雖優劣善惡不同，皆如三心不可得，萬法歸一，一更無異觀，故此分名一體同觀。

須菩提，於意云何，如來有肉眼不。如是，世尊，如來有肉眼。須菩提，於意云何，如來有天眼不。如是，世尊，如來有天眼。須菩提，於意云何，如來有慧眼不。如是，世尊，如來有慧眼。須菩提，於意云何，如來有法眼不。如是，世尊，如來有法眼。須菩提，於意云何，如來有佛眼不。如是，世尊，如來有佛眼。

此答降伏。上言無我，而此以五眼問者，眼亦我身之一官。無我，便應空眼相。不知無我相者，但無我身之累，非并其身而無之也。身累盡忘，而我之慧性便從眼光透出，所以有此五眼。佛問五根，一步説深一步；善現答五眼，一步見高一步。要之五眼總是一眼，分言之有淺深，合言之無高下也。肉眼者，色身之眼。人有色身，即具此眼。而或見正或見邪者，此肉眼之所以相遠也。凡人與如來同此眼，而如來有之，便能從此眼得證上果，則謂如來之肉眼可也。天眼者，能普照衆生邪正，若登高視下，纖毫畢見，此從肉眼證果後得之也。慧眼者，如來具三世慧光，不徒見一已之生滅去來，并晰衆生之種種色相，此從天眼中看出。法眼者，所視一軌於法而非法之事不得再迷，故如來曾以此眼看破阿修羅之假道亂真，使反魔入正。佛眼者，見衆生皆可成佛而并無善惡之分，正是開眼憫衆生，合眼盡法界，而無所不入其眼也。

須菩提，於意云何，如恒河中所有沙，佛説是沙不。如是，世尊，如來説是沙。須菩提，於意云何，如一恒河中所有沙，有如是沙等恒河，是諸恒河所有沙數佛世界，如是寧爲多不。甚多，世尊。

善現雖知如來具五眼，而未知如來灼見衆生心而爲眼，故復問汝意作何理會。恒河所有以下凡五層，一、河，二、沙，三、世界，四、衆生，五、衆生心也。欲明衆生有種種妄念，故舉無窮之沙以喻，如恒河中沙。佛説是沙否，善現即答以是沙，極細而無數，故先言之。佛又問汝意若何，一恒河中沙，沙類恒河，謂一粒沙一箇恒河也，如是則恒河不勝其多矣。是許多恒河中所有之沙數，是沙數多不可言；諸佛世界又如諸恒河中之沙數，是世界多不可言，寧爲多否。善現即應以甚多。佛世界謂一佛所設化之世界。此起下文也。

佛告須菩提，爾所國土中所有衆生若干種心，如來悉知。何以故。如來説諸心，皆爲非心，是名爲心。

上説世界多，此則説人心多。國土是世界中所分者，蓋住心、降心，宜一切無心，無心則無相，寂若太虛，烏可得而知。若妄心即有形相，故爾所國土中所有衆生，衆生何其多；一切衆生所具若干種難計數之心，心又何其多。欲明如來之智，微妙能知，故約所知之境廣多，以顯如來所具五眼無不知見。心數雖多，總名妄心，故云悉知。此何以故而悉知。如來説諸差別若干種心，皆屬後起，絶非清淨本心。識得妄心非心，是即心之所以名也。若干，數也。

所以者何。須菩提，過去心不可得，現在心不可得，未來心不可得。

此釋非心之所以也。前言若干心，此止説三種心者，見非心不外三種耳。過去心者，此事已過，此心尚留，便多眷戀顧惜，終身迷惑而不悟也。現在心者，即如富貴貧賤各有其位，不得越位而求。人惟看不破，以我當久於此，則眷戀之心出矣。又以我特暫於此，而厭常之心又出矣，故現在而莫知其爲現也。未來者，此境不在目前，而設一或然之想，此境尚在後日，而設一預期之端，便多患得患失之心。三箇不可得，不是婉轉商量，直是斬釘截鐵語也。則夫著相心，并有得有法，度生、莊嚴心俱不可有，況所謂降伏哉。應無所住而生其心者，此也。

○法界通化分第十九

如來重引布施因緣，所得福德皆虛妄非實，雖[七]所施之福多，較之持般若無盡之福，特泰山之毫末耳，故云法界通化。

須菩提，於意云何，若有人滿三千大千世界七寶以用布施，是人以是因緣得福多不。如是，世尊，此人以是因緣得福甚多。須菩提，若福德有實，如來不説得福德多，以福德無，故如來説得福德多。

前説諸心非心，乃知無心是爲真心，無福德是爲真福德，故揭出因緣二字，并結十七分以下一支也。因者，因其舊也。凡事必有因，而後緣之以起：因其善者，即緣善而起；因其惡者，亦緣惡而萌。人以滿大千世界寶施作如是善因，結如是善果，得少得多，似有分寸，故問得福多否。前世是因，今世是緣，今世修因，後世受緣，故言如是。凡是果德，皆彼因成，故施多得福亦多。佛諭之曰：世間福德，緣會而生，緣離則滅。若能離却因緣，方顯自性，自性顯露，是真實福德。福德在性，則不求而得。無相無量，如來不得言多。有實，非住著之謂，蓋布施若關自性，便不墮入頑空，此已超過算數境界，反説不得多了。此二句説福德性也。惟因緣果報，極富貴繁華轉眼皆空，生滅萬狀，寶施之福，不關自性，縱施徧河沙，於己性毫無利益，是有而若無也。因其有涯涘可測，得計多寡，所以如來説福德多。福德尚不可得，而欲得非心可乎。知此則前非福德性，及福德多明矣。

○離色離相分第二十

佛以具足色相問，而善現了解空義，皆云不可得見，故世尊許之。

須菩提，於意云何，佛可以具足色身見不。不也，世尊，如來不應以具足色身見。何以故。如來説具足色身，即非具足色身，是名具足色身。

此與下結前身相三十二相節意也。上説諸佛所證乃無爲之法，云何佛身有八十種隨形相好可見耶。故有此問。色身，皮肉血氣之身具足者，五體無缺少也。佛有五體，衆生亦有五體，故言佛可以無所虧欠之肉身相見否，言有此身，見之者必生歡喜心也。善現以隨其身形一一皆好，終非真相，故言弗也。又謂此身不離肉身，仍歸烏有。佛性如虚空，安得執此不可恃之色身以見如來耶，此其故何哉。蓋如來法身固非形色可見，卒未嘗離於形色而不可見，故云即非具足色身，是名具足色身。

須菩提，於意云何，如來可以具足諸相見不。不也，世尊，如來不應以具足諸相見。何以故。如來説諸相具足，即非具足，是名諸相具足。

諸相，是神通變現之相，不止三十二相也。不應以相見，謂相亦非性也。此何故哉。如來所説諸相之具足，從佛觀之，亦是幻妄，原非具足，此具足之所以名也。相到具足，是爲完人。然貌足而性不全，即非踐形之人，與官之不全者何異。如來發問，意在掃除色相，欲人於自性中求見真佛法身。善現能悟佛旨，即一切掃去，則凡所有相皆是虚妄益明矣。如來説出衆生色相之不可恃，隨言已三十二相之亦無足據，其旨歸於無相無法，故下文即以無法申明之。

○非説所説分第二十一

解般若，故通達無我法者名菩薩；不解般若，故有若干種心是名衆生。然般若無説而説，乃悲願深重，隨感而應，若有所説，則謗佛也。此理豈可爲執相滯見者道哉。

須菩提，汝勿謂如來作是念，我當有所説法，莫作是念。何以故。若人言如來有所説法，即爲謗佛，不能解我所説故。須菩提，説法者無法可説，是名説法。

上言無相，此言無法，蓋以法相名因，故必相空而法亦空也。佛言：汝勿謂我先作是念，將有所説法以度生。使我先有是念，便是我爲法拘。即人之聞我法者，亦莫先作是聞法之念，謂如來將有所説法，而我今得聞之也。此何故哉。蓋無説而説，説即無説。若使其人不達是意，而謂如來有所説法，是徒惑於章句之末，不明説經大旨，即爲謗佛，不能解我所説無相般若之故矣。然莫謂如來不説法也，但真性難言，無法可説，即此是真説法，不妨稱性而示也。前如來無所説，謂莫著言説相也；此言如來無説處即是説，謂莫著無説相也。

爾時，慧命須菩提白佛言：世尊，頗有衆生於未來世聞説是法，生信心不。佛言：須菩提，彼非衆生，非不衆生。何以故。須菩提，衆生衆生者，如來説非衆生，是名衆生。

上言説法與聞法者皆無法可恃，則來世何所爲據而使人信從耶。善現是天生聰明，以慧爲命。慧從性命中來，不緣後起，已得正覺，故以是稱之。謂佛説般若甚深，人雖具亦不識，説亦不信，況末法駑劣之秋，無佛開導，從文字遺教中能信如來者，可有其人否。前章實信淨信，指後日得道者言。此信心，是大凡修持之人，故下文只論衆生。佛曉之曰：汝慮末法難信者，執著衆生相也。豈知衆生皆有佛性，卵、胎、濕、化諸種，或有變化而脱於凡者，一脱其凡，便是登岸，故不可以衆生名之，亦不可以非衆生名之。自問何故非不衆生，蓋衆生之所以爲衆生者，我佛嘗謂汝等皆當作佛，則非衆生可知，是蓋泥其迹而名之爲衆生耳，則不必作衆生相也。此結前無衆生相句。凡佛自言而云如來説者，謂諸佛亦如是説也，見必能生信意。惟世有信心之衆生，由有説而悟無説，由有相而悟無相，則聖凡不足拘，而如來亦可見矣。

○無法可得分第二十二

有法可得，即非真空法性。謂無可得者，以本來各各具足故也。

須菩提白佛言：世尊，佛得阿耨多羅三藐三

菩提，爲無所得耶。佛言：如是，如是。須菩提，我於阿耨多羅三藐三菩提，乃至無有少法可得，是名阿耨多羅三藐三菩提。

此段見佛於正覺之性一歸於空也。前四論無得，善現雖知無定法名菩提，尚不脱一法字。佛屢爲遣除，此因聞上無法可説，故復問：佛得菩提，果無所得耶。世尊見其意氣相投，真爲以空合空，以水投水，故印證之曰如是如是。人心以覺爲體，因不覺而有覺，只爲倚著法相求覺，所以不能直下承當。豈知心體湛寂，本如虛空，無論萬法消融，即使其中稍有幾微之法可留，便非真覺性矣。加一少字，甚言其無也。

〇淨心行善分第二十三

依般若行，所作皆名善法，了無高下，體性平等，安容四相復入哉。世尊初答以無法可得爲正覺，達妄即真也。二答以平等爲正覺，法無高下也。三答以正助爲正覺，離四相而修善也，故名淨心行善。

復次，須菩提，是法平等，無有高下，是名阿耨多羅三藐三菩提。以無我，無人，無衆生，無壽者，修一切善法，則得阿耨多羅三藐三菩提。

上言無少法可得，落斷滅見矣，故復以實法實修告之曰：此法之所以無可説者，正以此菩提法千佛同源，無奇異而甚平，無分數而有等。故於其中若智若愚，共聞共見，不分別諸佛是高，衆生是下，所以名爲高而無上，均而正等，悟而正覺。惟此覺性人人同具，則先覺者正當覺其後覺，而何有四相可存。若觀佛作光明超絶相，觀衆生作垢惑暗昧相，則心不平等，縱勤修一切，不得菩提以用也。佛法即用此不著相清淨之心，修一切日用常行之法，化其不平不等，何善如之。用心行善曰修，復還性體曰得，真性我本有之，强名得耳。

須菩提，所言善法者，如來說即非善法，是名善法。

前言佛法非佛法，統言之而法不可執也。此言善法非善法，析言之而法亦不可執也。法無所爲善，因性而善，真性無我，豈法有所助益而爲善。善與非善，只在著意不著意間。若執定善法，便落法相。恐人執有，故隨説隨剗云：所言善法者，即非善法，但虚名之耳。然説到覺性中之善，則善仍不在法上説矣。

○福智無比分第二十四

重言受持之功，雖以七寶聚如須彌之高而用布施，不惟百分不及一，雖千萬億分亦不及持經般若之一分，宜乎稱福智無比。

須菩提，若三千大千世界中所有諸須彌山王，如是等七寶聚，有人持用布施，若人以此般若波羅蜜經，乃至四句偈等，受持讀誦，爲他人說，於前福德百分不及一，百千萬億分，乃至算數譬喻所不能及。

因言善法，又推到布施，因説布施，又歸到受持解説，是從善法連絡下來。佛謂一四天下，則有一須彌山，若大千世界，所有百億須彌山矣。人能以須彌山王大之七寶，集聚一處，而不分人我之物以行布施，較三千大千世界更多矣。種因得果，生生享之不盡，然終無解脱之期，故修福不如修慧。若上根人自得領會者有幾，中下根人必須將此教典爲入道梯筏，故前止言四句偈等，此處特提《般若波羅蜜經》，自行持誦，以之教人，其福德萬劫無量，皆因其法之善故也。算數譬喻總以明其善法耳。自平等句至下即非凡夫，是因無法可説，生出善法一番問答。自凡夫句以下，則又以無相可説，生出一合相一番問答也。

○化無所化分第二十五

受持般若，即是度衆生。久之般若智圓，自然衆生見盡。若欲離此，別起心而謂度衆生，則四相儼然，是謂化無所化。

須菩提，於意云何，汝等勿謂如來作是念，我當度衆生。須菩提，莫作是念。何以故。實無有衆生如來度者。若有衆生如來度者，如來即有我、人、衆生、壽者。

上言經義之妙如此，則此經之度人多矣。而如來又言：汝等聽法之學人，勿謂今日説經時，如來設一念，以爲我之説經單爲我當度脱後世衆生也。須菩提莫作如此之念。何以故。覺性平等，誰有是性而爲能度。誰無是性而爲所度。但衆生自復本性，佛實不曾度之。前是佛自視，此是他人視佛如此也。若作念如此，則佛本不著相，人視其有四相矣。二句反言，以明果無衆生可度也。

須菩提，如來説有我者，即非有我，而凡夫之人以爲有我。須菩提，凡夫者，如來説即非凡夫，是名凡夫。

此發明無度衆生之我。如來既無四相，云何假名稱我。蓋對所度衆生言。然如來平日雖未嘗不自稱曰我，心中却不著我相，不自私已，何有四相。故度我即是度衆生，本不差別。而取相凡夫，亦思度人，乃自謂此經非我不能誦，非我不能解，誤執爲有我，則安可以凡夫之執，遂謂有我度生，有生我度哉。此結前無我相也。佛又恐分別聖凡阻其精進，故又結前無人相而言。凡夫者，如來説當其既悟無我，便是佛菩薩心腸，即非凡夫，則亦是從其在迷，名之爲凡夫而已。并凡夫而無之，而又何處有我乎。此見聖凡一體，正所謂是法平等。此正如來借已以喻望後人不作凡夫度世想也。

善現謂觀如來心不可離相，佛言轉輪聖王亦具色相，若果以色相見，音聲求，則遠皆法身非相之義也。

○法身非相分第二十六

須菩提，於意云何，可以三十二相觀如來不。須菩提言：如是，如是，以三十二相觀如來。佛言：須菩提，若以三十二相觀如來者，轉輪聖王即是如來。須菩提白佛言：世尊，如我解佛所說義，不應以三十二相觀如來。

此段又以色相反覆申明，結前無壽者意也，總是啓發善現悟到一合相處。前言三十二相不可得見矣，此復問可以相觀如來者，正欲善現認清不應以色相見如來意。如是如是，是迎如來之機，且順佛而說以相觀如來。佛恐其執著應身，不達法體，故又以輪王即如來爲難。轉輪，即法輪也。輪王管四天下，業福既多，亦同佛具三十二相。若執相觀如來，則輪王亦當是佛。豈知佛相由法身現，王相依業因生，雖似而實異，何可執相論耶。善現迷心頓釋，遂云：如我解佛所說轉輪王之義，輪王雖修三十二行，終不契清淨本來心，則未可遂以如來目之，如來仍不應以三十二相觀也。

○前說見如來，是令善現一眼覷定意；此說觀如來，是令善現一心會著意。前說在外，後說在內，此二字之不同解也。故善現已應如是而復悟不應也，總之實得不在外見意。

爾時世尊，而說偈言：

善現便能解佛難意，佛遂說偈以證之。

若以色見我，以音聲求我，是人行邪道，不能見如來。

法身之體不離於聲色，然亦不在三十二相上認取我，謂真我是佛性也。佛不於三界現身意，豈可以光明相好而見。四十九年不說一字，亦豈可以聽受文字而求。若以色相見，音聲求，便失真空無相之旨，悞入於邪道，安得見如來真面目乎。此深闢著相之非，見人當收視返聽，即性而修，不在色相音聲幻妄處求如來也。

○無斷無滅分第二十七

般若性體，離一切法與一切相。苟不悟無斷無滅之理，謂有則墮常見，謂無則墮斷見，皆失般若中道也。

須菩提，汝若作是念，如來不以具足相故得阿耨多羅三藐三菩提。須菩提，莫作是念，如來不以具足相故得阿耨多羅三藐三菩提。須菩提，汝若作是念，發阿耨多羅三藐三菩提心者説諸法斷滅，莫作是念。何以故。發阿耨多羅三藐三菩提心者，於法不説斷滅相。

身相既不可執以觀如來，又烏可緣以得菩提哉。佛又恐離相觀如來，謂人空則法亦空，竟成斷滅見，故説此以見菩提，不滯諸相，正所謂無實無虚也，只重「斷滅相」三字。如來既具此相，而不以一相自存，所以無處不具足耳。是念者，謂以生相觀如來也。若作、莫作，反覆言之者，申明色相音聲之不可泥也。若作者，指其失也；莫作者，開其悟也。具足相，即福德相。佛先反其詞曰：若作是取相之念，則如來原不以具足相得菩提。遂正其詞曰：莫起是滯相之念，如來原不以具足相而得菩提。相是外相，菩提是真性，豈因外相而得。是申明上文，乃叮嚀諄切處。佛又反其詞而曰：汝若設念，發菩提心者於一切法皆棄置之，斷滅而不用，如説佛身相，幻形終屬有盡，是爲斷滅故説。佛又正其詞而示之，不可作是念也。何故不可作是念。蓋發求真性心者，須依布施、忍辱諸法修行，不可遂斷滅佛法。當知無爲是有爲之體，有爲是無爲之用，故不用法者爲斷滅相。理從心得，奚干外相。法以證心，奚能斷滅。大乘所修福德之因，所得福德之果，但離取著之相，不同小乘斷滅見，故曰於法不説斷滅相。前闢著相，爲已渡者説，此闢斷見，爲未渡者説也。

○不受不貪分第二十八

佛謂持般若故，則知一切法無我，能成就無生法忍。其七寶布施之人，豈可與此福德比量。彼布施有貪受，此持經無貪受；以其不受，是名正受，如海納百川，安有已哉。

須菩提，若菩薩以滿恒河沙等世界七寶持用布施，若復有人知一切法無我，得成於忍，此菩薩勝前菩薩所得功德。何以故。須菩提，以諸菩薩不受福德故。須菩提白佛言：世尊，云何菩薩不受福德。須菩提，菩薩所作福德，不應貪著，是故説不受福德。

夫諸法雖不應斷滅，然亦不可執著。今不與持經者較，而與得法者較，乃形容佛法之妙。受福德受字，對上布施二字，以其所施，得其所受。作字又對上受字，因其所受，見其所作。此又借布施一段，説出得成於忍，不重布施也。前以布施屬衆生，此又屬之菩薩，非謂菩薩去布施，正從此印證菩提心耳。假使菩薩以無量世界寶施，較須彌山王聚更多矣。祇爲著相布施一念，貪受福報，便落人天小果，不能成就自性功德。若復有人知從前所説一切法只無我，盡之其所由，成在於能忍。忍者，堅忍不動之義，即前無諍及一切善法與忍辱波羅蜜是也。人惟不能忍，便不能有成。忍則六塵愛戀之情悉堅固無漏，能制妄念，不使之起，便可件件放下，到得人法兩空，智與理冥，纔是得成於忍。蓋佛以不忍度世，以忍捐我，有大忍於我，斯能大不忍於世也。既得無生法忍，自與住相行施者不同。此菩薩所得無爲功德，豈不遠勝寶施有爲之功德乎。然所得之故，何以勝於前也。蓋以得之者，我所固有，不假外來，非因一施而一受，以菩薩不受有漏法報故也。善現又疑福所必得，奚曰不受。不知所謂不受者，非云却而不受。我所自有，非人授之，何處可容其受。福德是性，非有損益，從何而受。故又言菩薩所作福德，不應貪著。福德自作之，自受之，若據爲我有，求多於福德則貪矣。此貪字，須會上無爲法有差别，則知有爲處即是貪矣。貪則未有不著於相者，菩薩所以不受也。

○威儀寂靜分第二十九

般若智體與十方虚空湛然常寂，而不拒諸相，寂而常照，照而常寂，行住坐臥四威儀中，常住寂滅，無不清淨，故此分名爲威儀寂靜。

須菩提，若有人言如來若來若去，若坐若臥，是人不解我所説義。何以故。如來者，無所從來，亦無所去，故名如來。

上言不應貪著，則是法相尤不可著。前論佛之身相，此論身相中之運用也。此段是借來去坐臥四字以喻如來之意。四若字，見非真有去來坐臥也。人惟信如來是有形色的，則心中忽設一來念，便覺其若來，而瞻禮敬肅之事起矣。設一去念，而以爲若去，則枯禪槁性之説起矣。設一坐臥念，而以爲若坐臥，則凡遇一塔一廟，便謂此中有如來趺坐寢息，而依藉之想又起矣。故概以不解所説義，解後人之惑。無所從來二句，不對下句，只帶言之耳。如來者，如其所性而來，便有與生俱來意，非言來時一無所從也。但此性虚靈，若説從何處發脚，便有影子，故説一無所字。下句玩一亦字，則知佛但説如來，不曾説如去。來曰從來，去曰所去，蓋即以所從來者而還歸於所去也。來者完全而來，去者不欠缺而去，即使去而復來，依然如此，何得不謂之如來乎。

由此細而微塵，大而世界，分與合無非此理，下文遂暢言之。

○一合理相分第三十

佛謂微塵世界，乃事相也；能受微塵者，乃理性也。事相理性，混合爲一，無所可分。凡夫貪著事相，而不悟理性，所以狥生滅而罔究涅槃，不容無斷說也。

須菩提，若善男子、善女人以三千大千世界碎爲微塵，於意云何，是微塵衆寧爲多不。須菩提言：甚多，世尊。何以故。若是微塵衆實有者，佛即不說是微塵衆。所以者何。佛說微塵衆，即非微塵衆，是名微塵衆。

此與下發明微塵世界之義。說微塵，說世界，是言小之難容一芥，大之可藏須彌，而大小之形，皆不可著，故又反覆申明之。世界原係塵聚而成，非將世界碎作微塵，今言其碎，指妄念言，見有所造作耳。學道之人不達諸法皆空，將廣大世界一念分別，使卵、胎、濕、化紛紜膠轕，剖析爲微塵，汝意謂何，寧爲多否。此以人所易曉者開發善現：塵甚多，可喻應身歷世務。即悟答云：碎世界爲微塵，以凡夫心量計之，不勝其多矣。又白世尊而自問：彼微塵何故甚多。自答云：微塵之多，無非影響虛妄之建立。若微塵衆爲實有，佛即不說碎爲微塵衆矣。蓋謂真性爲實有，則不可說；而微塵衆非實有，故佛說之。是可說皆虛妄，所以謂不可說、不可取。又自問：所以不說是微塵衆者何。即自答云：佛所說碎世界爲微塵衆，隨風則散，隨水則凝，本無定體，可執之以爲實乎。執之無可執，離之不必離，但有微塵衆之名耳。知此，則知如來應身，凡其去來坐臥，不過虛應世而歸於空者。

世尊，如來所說三千大千世界，即非世界，是名世界。

世界，身之別名。善現悟微塵，并悟及世界。區宇雖大，然元會運世，凡十二萬九千六百年，天地亦終，即非世界，此世界之所以名耳。然則如來法身無來無去，亦不過虛住世而妙於空者。

何以故。若世界實有者，即是一合相。如來説一合相，即非一合相，是名一合相。

又自問：何故世界非真實。自答云：若世界爲實有，則聚微塵衆而成世界。建世界於衆微塵，即爲一合之事相，而無從解脱矣。一合者，一合而不可復分也。未有合之事，先起合之心，心合於事，而相形矣。即如耳目口鼻未起一念，色聲香味全然無形。及念起而欲視，則合於色相矣；念起而欲聽，則合於聲相矣；念起而欲口鼻如其意，則合於香味相矣：此因一念所發，遂與事相相牽。如來常説一念相則不然，如來既空塵相，正性所存，俱無執著，其中自有不求合而合之理。納世界於微塵世界，即具於一微塵而不見有餘；納微塵於世界，一一微塵各現十方世界，而不見不足，非合非離是之謂一合相，豈嘗有一合相可名乎。凡言即非，皆謂實無；凡言是名，皆謂虛名也。前由微塵世界及佛相論其皆非真實，而理無可説，以見如來之非有説；此由佛身及微塵世界論其皆無真實無，同歸於空，以見貪夫之不知空也。

須菩提，一合相者，即是不可説，但凡夫之人貪著其事。

恐人妄生執著，故并一合相而掃去之。佛謂此理當俟悟者若以言語爲説，不惟中下凡夫説微塵著微塵，説世界著世界；即上根凡夫亦説一合著一合，安能超悟哉。事者，對理而言。真性即理、即事，縱横無礙。凡夫不明真性，妄著性中所現五蘊六根之事，貪戀而不肯割去，泥一切色身爲我，沉淪六道，無由脱離，所以不能空世界而下等微塵也。

○合而言一，如膠膝著物，始不相合，纔合便堅固而不可解，所以合相易於貪著。一者，舉其初念而言。初念一起，即合到底著迷，故謂之凡夫云爾。如來無所説之意，至此盡明。

○知見不生分第三十一

佛言發菩提心者，諸法無相，應如是知見信解，自然於四相中不生知見也。

須菩提，若人言佛説我見、人見、衆生見、壽者見，須菩提，於意云何，是人解我所説義不。不也，世尊，是人不解如來所説義。何以故。世尊説我見、人見、衆生見、壽者見，即非我見、人見、衆生見、壽者見，是名我見、人見、衆生見、壽者見。

以下明離我法二見，此節初離我見也。經首降伏章，若菩薩謂有生可度，即著四相。安住章，若心取相，即著四相。四相乃一經所遣之執，故佛問善現，若人言佛處處説有四見者，須菩提，汝且思量，此言佛所取義必與世人四見不同，能解之否。善現謂如來有真四見，不同凡夫，故言弗也世尊。凡人迷妄之習，在境爲相，在根爲見。外不住相，原於内不住根。世人見相不化，無有真見，見猶不見，安能解佛所説義耶。説義何如。世尊説真四見，即非如世人之有已，無人分別愛、憎、壽、夭之妄四見。若是人明得真上起妄，妄上起真，真妄不分，合而爲一，是名四見。何謂真四見。如來説一切衆生皆有佛性是真我見，説一切衆生有無漏智性是真人見，説一切衆生本無煩惱是真衆生見，説一切衆生本性萬劫不壞是真壽者見。

○前言我、人等相，而此言見有别，言相則尚有相在，言見則并無無相之見矣。見非見之於目，而直見之於心，心有此見，則相雖無而仍著於有。如來此言，恐後人誤信如來說法，因有四見，欲强制以歸於無，故申言之。

須菩提，發阿耨多羅三藐三菩提心者，於一切法，應如是知，如是見，如是信解，不生法相。須菩薩，所言法相者，如來說即非法相，是名法相。

此離法見也。究竟正覺中，何有四相之名。三如是指菩提心言，照前「應云何住」及「如是住」句也。不生法相，應前「云何降伏」及「如是降伏」。蓋法相不生，則更無起滅也。此已收到「應無所住」，又起下「如如不動」句，收到「如是我聞」句矣。佛見善現所悟已徹，即其問詞而結之曰：凡聞經修法，發無上覺心者，於經中一切所言修行之法皆當清心解脱。以如是心知覺，如是心見識，如是心解說；不必生諸法相而有所取著也。能布施不知施，忍辱不知忍，便不生法相矣。蓋法相者，入門之路而非造極之處，所以借此引導，不可以此證心。佛又恐善現不知何爲法相而令不生，故釋之曰：所謂法相者，非有非無，法到悟時，且不用矣。原不執著，亦豈有相。是法相亦虛名，上達必由心悟耳，蓋通收經中離即離非無住之理也。前於初學則曰不取法相，此於成學則曰不生法相。前言立法者，則曰即非佛法；此言用法者，則曰即非法相。能不生相而無貪著，庶超塵界，證如來，所以結全經住伏之理也。

○應化非真分第三十二

聞如來教而生信解，斯則人因法悟，法假人弘，人法相傳，流通無盡。當機大衆，天龍八部人等，歡喜信聞，流通於遐方矣。

須菩提，若有人以滿無量阿僧祇世界七寳持用布施，若有善男子、善女人發菩提心者，持於此經，乃至四句偈等，受持讀誦，爲人演說，其福勝彼。云何爲人演說。不取於相，如如不動。

何以故。

此總結全經無住布施，并前後二問也。前此無相之故已了了分明，此只借布施發出不取於相以證如如之旨。菩薩見道之後，福報一念未忘，縱以無量無央數世界中之七寶與人，較恒河沙更爲大且多矣。得福終歸消滅，發心已差。若善男女發心度生，修菩薩行者，只須於此經中四句偈等，心手不釋，悲憫衆生，復爲敷演其辭，解說其義，雖不計福而其福更勝彼寶施。演字與解字不同，解者只以其大意而解之，演則并其字句而演之，使天下後世無不推求詳衍，而無一字一句稍存疑義也。佛自問演說之法何如，正以無有人我之相故耳。故說法者不破所有，只破所取。取則差別熾然，不取則有無平等。故凡一切相皆無足取，而但如其心以應之。上如字虛，下如字實，謂適如其所如也。雖當紛擾之處，而此中却如如不動。二句是演說之方，無爲法要旨也。

○如如者，如其所來，如其所往，諸法如義，即佛智慧也。不動者，不爲得心所動，不爲因果所動。蓋佛設化不過應緣而說，緣了則寂，乃自如之甚，而心體未嘗動也。不取於相則無住，如如不動則降伏矣。與人演說即是相，云何不取於相耶。

一切有爲法，如夢幻泡影，如露亦如電，應作如是觀。

不動是無爲法，取相是有爲法。佛以無形相而無所爲爲真性，故以有形相而一切有爲爲僞妄，總屬因緣，無有自性，縱得福報，倏忽變滅。就如夢之得醒而夢境成虛，術之有幻而形聲莫據，水之有泡而泡滅即無。有泡影之隨身，影息而即無有影。與朝露之晞於日，電火之熄其光，六者皆瞬息無形，何有爲之法可執乎。人能識真空無相之旨，則在在皆如是矣。觀即般若妙智，能如是觀，則知如來不動之體，可以爲人演説，而住心、降心究竟無餘矣。一經始末皆稱如是，始云「如是住，如是降心」，至此又云「如是觀」，故知妙智實一經之宗也。

佛説是經已，長老須菩提，及諸比丘、比丘尼，優婆塞、優婆夷，一切世間天、人、阿修羅，聞佛所説，皆大歡喜，信受奉行。

釋迦在祇園説法已畢。爾時，弟子中之長老，則有須菩提。前説善男女是何等人：僧衆之比丘男，即千二百五十人之輩；又後來者比丘尼，乃出家尼姑也。在家之優婆塞，此言持戒男，是居士，即經中善男子也。在家優婆夷，是道姑，此云近事女，言其親近比丘尼而承事，即經中善女人也。天神，謂欲界、色界，無色界諸禪天也。人類，謂王臣兆庶。鬼王之名阿修羅。有鬼道、天道、人道，六道中之三道也。聞如來説此微妙經義，皆得解脱，無不歡喜之至，信之切而領受其言，身體力踐而奉行之。夫聞法醒夢，喜心易生；而身體力行，談何容易。不篤信者不領受，信受而不奉行，雖喜猶弗喜也。必智慧真肖金剛，纔斬六根斷絶，佛法之能感人如此，豈非護念付屬之善歟。如來從鹿苑至跋提，中間四十九年未嘗説一字，茲與須菩提問答成經，無非爲化導羣生而設，然此理説亦無説也。

金剛經註正訛終

校勘記

〔一〕「六」，疑爲「三」。

〔二〕「西」，疑爲「面」。

〔三〕「□□」，疑爲「天帝」。

〔四〕「□」，疑爲「王」。

〔五〕「丞」，底本作「丞」，據文意改。

〔六〕「菩薩」，底本脱，據《金剛般若波羅蜜經》（《大正藏》本）補。

〔七〕「雖」，底本作「離」，據文意改。

（李勁整理）

○二六四

金剛般若波羅蜜經淺解[一]

姚秦三藏法師鳩摩羅什奉詔譯
奉佛弟子翁春　王錫琯解釋

金剛般若波羅蜜經

釋：金剛者，金中精堅者也。剛生金中，百煉不銷，利能斷物，譬如智慧能斷絶貪嗔癡一切顛倒之想。梵言般若，此云智慧。梵云波羅蜜，此云到彼岸。欲到彼岸，須憑智慧。經者，此經乃學佛之路徑也。

校勘記

[一]底本據《卍續藏》。

法會因由分第一

此分敘説法聚會因緣之所由起。考《大般若經》有六百卷，凡説十六會。此則五百七十七卷，給孤園第二處第九會也。按前此佛在鹿野苑轉四諦十二行法輪，恐人遂著有相，因於般若會上闡無相正宗，要人見性成佛，不許向心外一絲著取。所以埽求佛相，埽取菩薩相，埽能度生相，埽泥言説相，埽著修行相，而併不生斷滅相，空而不空，有而非有，見性如如。法會大事畢於斯矣。

佛有大弟子阿難、迦葉二人，共述此經。其言曰：如是經之所言，乃我聞之於佛者，彼一時也，佛在舍衛波斯匿王之國，城外有太子祇陀所施之樹給孤獨長者須達拏所買之園，内建精舍，請佛説法，佛與得道深者大比丘之徒衆千二百五十人俱在焉。於爾之時，佛爲世界之尊當將午食時，著僧伽之大衣，持四天王所獻之鉢，往入舍衛大城向人家乞食。於其城中，不擇貴賤，作平等觀，次第而乞乞食已竟，還至本處園中，將乞來之食，各飯食訖，收其衣鉢，洗其跣足已畢，乃敷陳高座而結跏趺以坐。於是可以隨宜明道矣。

釋：佛滅度時，阿難啟請一切經首當置

何語，佛命置如是我聞四字爲句。佛者，梵云婆伽婆，唐言覺，自覺覺他，周遍法界。舍衛國有一長者，名須達拏，常周給孤貧煢獨，因有是稱。彼欲卜勝地供佛，惟祇陀太子園方廣莊嚴，往問太子。太子戲曰：若布金滿園，我當賣之。須達拏運金側布八十頃園並滿。太子不受，因同建精舍，故統明祇樹給孤獨園。梵云比丘，此云乞士，乞法以明己之心，乞食以種人之福。佛爲三界之尊，故稱世尊。三界者，欲界、色界、無色界也。

善現起請分第二

此分，空生致敬起請，所問皆菩薩分上事。三、四分，佛亦以菩薩之事答之。如是，指所問三藐三菩提心。故十七分問答仍前，正增應生如是心及無有法二句，其寔無有法，正以離四相故而降伏之問以明。

維時有年長而老者名須菩提，在於大衆中，即從座上起立，偏袒而露其右肩，以示奉持之便，右膝跪著于地，合掌以致其恭敬之心，而啓白於佛前乃言曰：我佛萬法圓融，真三界希有之世尊也。以真如之性，明慧通徹，隨所而來現，善能護衛眷念諸學佛之菩薩，俾信受是法，不受魔侵，善能委付囑託諸學佛之菩薩。俾奉行是法，無時斷絶，其慈悲導引如是。今敢請問世尊，有奉佛子善男子、善女人，思斷塵緣，求生定慧，因發阿耨多羅三藐三菩提心，應云如之何得安住此心，只在真性内，云如之何降伏其一切妄想之心。不使動摇真性乎。佛歎美之而言曰：善哉，善哉，如爾之問也。須菩提，果如汝所説，如來慈悲導引，善護念諸菩薩，惡魔不侵，善付囑諸菩薩，退轉不生，我將説此廣大之法，汝今審諦聽受，當如汝所問，爲汝詳説之。今有善男子、善女人能發阿耨多羅三藐三菩提心者，欲求安住真性，應知如是安住，欲求降伏安心，即當如是降伏其心。何也。心亡則境空，境空則心滅矣。詞未畢，而須菩提即應曰：唯唯然哉，我世尊之言，乃弟子心願愛樂所欲聞者也。

釋：梵云須菩提，此云善吉、善現、空

生。尊者初生時，相師占之，唯吉唯善，後解空法以顯前相。如者，佛之真性變現自如，明以照無量世界，慧以通無量劫事也。來者，真如發現，隨處顯應也。二字者，兼體用言之。梵云菩提，此云覺。梵云薩〔一〕埵，此云有情，言能覺悟在有情之中也。梵云阿，此云無。梵云耨多羅，此云上。梵云三，此云正。梵云藐，此云等。梵云菩提，此云覺。總云無上正等正覺也。

校勘記

〔一〕「薩」，底本作「菩」，據底本原校改。

大乘正宗分第三

大乘者，言如大車之無不載也。正宗者，言爲嫡裔而非旁枝也。空生以安住、降伏並舉，今惟標降伏者何。蓋欲安住真心，須先降伏妄心。然趨寂猶易，若推向度生，則心與境接，倘降伏稍不得力，此中微細無明，隱隱生動，即離真常，不得名住矣。

佛因呼而告之曰：須菩提，諸菩薩摩訶薩欲求安住此心，須先降伏妄心，應如是不思善，不思惡，降伏其心，心滅境滅，如我度脱衆生然，豈可著一毫塵相乎。世間所有一切衆生之類，其類有九，則有若迷性造業而爲卵生者，有若習性流轉而爲胎生者，有若邪氣結聚而爲濕生者，有若觸趣變化而爲化生者，此四種皆欲界衆生也，離此則天人矣。若夫分別是非，未契無相之理，但有色身而無男女之形，已絶情欲矣，此謂色界。若夫執著空相，不修福慧，惟有靈識而全無色身，若夫口説佛法，心不依行，靜寂無爲，而惟有想念，此二者，皆謂無色界。若無想者，坐禪除妄，無有作用。若非有想非無想者，不著二法想故云非有，求理心在故云非無，此于三界諸天爲極高，壽爲極長，不止八萬劫而已。凡此皆有不生滅之妙心，仗佛法力，我皆令悟入圓滿清淨義，無餘剩習氣煩惱與形相知識，直到不生謂涅不死謂槃之地，將歷劫受生之累，而斷滅淨盡，度脱生死苦海。至此，則佛與衆生本性自如，同登彼岸矣。然衆生雖有本性，不能自度，今全仗道力開悟之。及至如是滅度無限量、無數目、無邊岸如許衆生，可云多矣。其實衆生自明本性，自度苦海，佛法原不曾有增加于彼，本無衆生得滅度者。此何以故哉。總爲佛心平等，不將衆生分別形相耳。須菩提，設若菩薩心有能所，輕慢衆生，是有我相也。自恃持戒，輕破戒者，是有人相也。厭三塗苦，願生諸天，是有衆生相也。心愛長年，勤修福業，執法不忘，是有壽者相也。則已墮貪、嗔、癡、愛四惡業矣。有相即衆生，無相即佛。惟不以度衆生爲功，而了無所得，以其四相盡除也。設若起能度衆生之心，是衆生之見，則非菩薩也。只這無相之心，便是降伏妄心之法矣。

釋：梵云菩薩摩訶薩，此云覺衆生也。摩訶言大也。

妙行無住分第四

上問如何住，此答無住者何。常住者，體也。無住者，用也。無住之住，是名真住。又言如所教住，即答安住、降伏意。

兩大弟子復敘次佛言，佛又呼而告之曰：須菩提，菩薩於此法，要應當絶無方所住著此心，將此無住著之心，行於布施之事，是所謂不住著于目之色塵，冀有所獲而布施，不住著于耳之聲、鼻之香、舌之味、身之觸、心之法諸塵，冀有所獲而布施。須菩提，大布施而住著于六塵，與我本性何與。菩薩受如來無相教法，但以法施利益一切衆生，應如是布施，物我兩空，不住著於形相。是何以故。蓋凡人布施，止爲求滿情欲，先施財于人，後得福于己，施財有盡，則得福亦有盡。若菩薩一心清淨，利益一切，不住著于形相，内不見我之能施，外不見我之受施，布施遍滿虚空，斯其福德，誠不可思想度量也。須菩提，我謂菩薩功德莫量。其於意云何哉。蓋菩薩不著形相，法施廣大，世界萬有，包含無遺。今試看東方虚空可能思量窮盡不乎。須菩提答曰：虚空而以思量盡之乎。不也，果如世尊之言也。佛又曰：須菩提，南西北方以及四維上至天、下至地，其虚空處所，可能思量窮盡不乎。須菩提答曰：虚空而以思量盡之乎。不也，果如世尊之言也。佛因告之曰：須菩提，菩薩無住著形相之布施，其應受福德亦復如是十方虚空之不可思量也。須菩提，菩薩今欲受如來教，得住心妙法，但應依不住相之言，如所教以存住此性真可也。蓋有住著，都是六塵，無住著者乃是本心安住之所，故無住爲住，乃真住也。

釋：觸法之法非謂佛法，是凡夫心中思想的法術也。

如理實見分第五

如者，猶俗言自在也。性體常常自在，全無更變，此爲真性之理，故曰如理。凡夫不能認著如理，只爲眼見虛妄形相，將真寔本性撇去腦後。就見如來三十二相，與我真性有何干涉。

佛又呼須菩提，欲明無相真性，於意果是云何。我試問汝：如來既全佛性，又有佛身，可以三十二種莊嚴身相，謂即此是見如來不乎。須菩提答曰：但見如來身相，豈可謂便見如來。不也，世尊。蓋如來原不在身相上發現，是不可以身相得見如來也。何以故哉。如來所說之身相，原非形色，蓋是虛空中法身，即非有真寔身相可見也。佛又告須菩提曰：凡世上有所一切諸形相，雖然有此軀著，而無真寔本性，須臾消化，還歸虛空，豈非皆是虛妄，若能識得此理，見諸形相都非寔相，則如來法身真相，立便現前，則見如來矣。就色身中看出法身，蓋自性原有箇如來也。

釋：太子名悉達多，漢言頓吉。生時三十二相，八十種好，放大光明，普照三千大千世界。

正信希有分第六

此分說人正心信受，絶去一切形相，良爲希有也。前空生初執有相因，佛以不住相破之。後疑無相因，不能契有相果，是執佛有相矣，佛以如身非相破之。以無相因，契無相果，豈不因果俱空，人法雙泯。此義甚深，殊難信解，故疑而問佛云云。大抵㈡衆生情念所動，一有取著，便涉非法。誠使情念忘而智慧開，降伏安心，直下誠當矣。

須菩提又白佛言曰：世尊，今世人多迷少悟，不誠衆迷之中，頗有衆生，得聞我佛如是言説之一章一句，生真實信心，當下了悟不耶。佛告須菩提曰：如來以度脱衆生爲心，深願其聽受我言，汝切莫作是信否之説也。如來滅度之後，後五百歲，此時有持戒而諸惡不作、修福而衆善奉行者，於此一章之大意、一句之解説，能生信受之心，以此爲真實而無疑，當知是信心之人，自度度人，利益無窮。於將來作佛之衆生，不止於一佛二佛三四五佛令之如我信心而種善根，已能於無量千萬佛所皆令信心無二而種諸善根也。可見此衆生聞是章句，乃至一念生清淨信心、去塵絶垢者。須菩提，此豈猶人之福德已乎。如來悉知之，悉見之，是諸信心之衆生，便得如是種無量善根之福德是果，何以故哉。因爲是諸衆生聞佛妙法，本性圓明，形相都化，無復有執定之我相、對立之人相、厭苦之衆生相、貪愛之壽者相，且無有傍依佛法智識相，亦無捨去佛法、塊守空寂之非法相。諸相盡捐，斯名淨信，必須無相，方是無量。又何以故哉。蓋以是諸衆生，若心中取有形相，是則爲牽著我、人、衆生、壽者，豈能真性到處圓滿。若心中取有法相，即爲牽著我、人、衆生、壽者，豈能了悟真性無爲自在。夫何以故也。良以真性原無容一毫牽著也。豈惟是哉，即令心中若取有非法相，亦是即牽著我、人、衆生、壽者，豈能使真性空明，方便應現乎。職是之故，所以不應取法而有法執，并不應取非法而有空執，總以是無妙相義，原無可著故耳，試觀如來度人，常説汝等學佛之比丘，須知我所説之法，未明性時，不可無言，如未渡河，不可無筏，然一渡則棄之矣。猶如取筏爲喻可見到彼岸者，佛法尚應捨去，何况非佛正法乎。真實生淨信者，宜直下見性，不受諸相隔礙矣。

釋：信心者，信般若波羅蜜能除一切煩惱，能成就一切出世功德，能生出一切諸佛，信自身佛性本來清淨，無有污染，與佛無二，信六道衆生，本來無相，信一切衆生盡得成佛，是名淨信心也。

校勘記

〔一〕「抵」，底本作「祇」，據底本原校改。

無得無説分第七

真性空寂，無有形相。人若能悟性空，即佛法與我何干，却得個甚麽。佛所説都是方便指迷的引子，及到真性上，一切言語總用不著，却又説個甚麽。此雙遣佛法知見也。文中無有定法四字，正是宗眼，不但爲空生指示。無爲法三字同。

法尚應捨，則佛將安在耶。須菩提，汝於佛法大意亦知其云何哉。如來無上正覺，本自空寂，豈于心外別有所得。若指此覺性爲如來所獨有，則如來真有所獨得之阿耨多羅三藐三菩提耶。且如來以此正覺廣爲人説，即謂如來之法，直在言語上見，則如來果曾有所説法耶。須菩提答言曰：如我之意解説，佛所發問言説之義，要知無上正覺深妙難名，隨人證入，無有一定之法，斯名爲阿耨多羅三藐三菩提，則如來寔無所得也。如來憫衆生沉迷，以方便法引導性真，所謂依病發藥，可見亦無有定法如來可説也。斯何以故。法既不定，則聽法之人又何可執以爲定乎。

須知如來所説法，可以性修，皆不可以色相取，可以心傳，亦不可以言説求，必人自悟自解，乃得之耳。蓋法原無法，斯云非法，亦不離法見性，斯云非非法，有法無法俱不是，從此得一是處，方是真法。所以學佛人不能立見如來者何。止因一切修行賢聖，皆以真性無爲之法爲證向，但根器有淺深，意解有偏正，毫釐千里，而有差等分別，不能齊一，與如來同體也。是空生深契無相之理如是。

釋：或持戒忍辱，或精進禪定，或聚沙塔頂禮，或念南無佛號，隨人所修，是無定法。或爲志求勝法者説，或爲求無上慧者説，或爲求聲聞者説，或爲求辟支者説，應機而酬，是無定法。

依法出生分第八

此分言諸佛妙道，皆因此經生出。教人依從法要，總此一念，散爲千法萬法，所謂福德性也。

空生固契無相之理矣，而未契無相之理，得無相之福也。佛告之曰：須菩提，佛法究竟，於大意云何解說也。試以身外享用之福德，與心內自有之福德，相提而論，便見虛寄在形爲有盡，真寔在心爲無量矣。設若有人廣以財施，直到積滿三千大千世界之七寶都，以用布施，如此浩大，是人所得福德亦當如布施之數，寧爲多不乎。須菩提言曰：此福德甚多，有如世尊之言也。然我說其福德多者，何以故。蓋是等福德，都是身外享用，與真性無干，即非福德出于真性者，著在形色，終是有數可筭，是故如來但說其享用福德如許之多耳。佛因須菩提已知身外福德如此，乃取心內福德示之曰：設若復有人，於此經中所說真寔性義，了悟明白，一心承受，時時把持，勿令怠忘，又能省却經文多句，乃歸至直明性體之四句偈等，自己明悟，又爲他人解說，令人共明本性，如此則利人利己，較之施財，其福勝彼。夫何以故哉。須菩提，汝當知經文直明真性，圓滿完足，世上一切諸佛得成佛果，乃〔一〕諸佛所說阿耨多羅三藐三菩提之法，皆從此經中悟出。然此經文，亦如河筏耳，直認本性，尚在語言文字之外也。須菩提，若人錯會經文所說法便是佛法，不曾于性真寔有體認，則其所謂佛法者，皆有相之見耳，即非真寔明心見性之佛法矣。

釋：三千大千世界者，此日月所照爲一小世界。其中間有須彌山，日月繞山腰運行。南爲閻浮提，東爲弗婆提，西爲瞿耶尼，北爲鬱單越，是名四天下。此山之高，半出日月之上。山上分四方，每方有八所。中間爲一所，謂之三十三天，梵云忉利天是也。如此日月運行于此四天下，謂之一小世界。如此一千小世界，謂之小千。如此一千小千世界，謂之中千。如此一千中千世界，謂之大千。以三次言千，故云三千大千，其寔一大千耳。七寶者，金、銀、琉璃、珊瑚、瑪瑙、赤真珠、玻瓈也。四句偈，諸解不一，唯彌勒指無人、我、衆生、壽者言，要當活看等字也。

校勘記

〔一〕「乃」，疑爲「及」。

一相無相分第九

此分言四果菩薩各有一相，然不過就他地位略有次第。其實悟到真空，豈有形可執。

佛告須菩提，今已證四果之菩薩，各有名目，豈彼尚有分別形相心耶。於其意果云何也。如第一果之須陀洹，已離欲界，去凡入聖，將其心尚能作是念，見得我已證入，得此須陀洹果位不乎。須菩提答言曰：須陀洹無得果之念，不也，世尊。是何以故。蓋須陀洹離塵見性，名爲入聖之流輩，而真性本空，原無所入，只此不入色聲香味觸法之塵，便爲入流，豈是真有所入，是名須陀洹耶。佛又曰：須菩提，其他亦復如是。汝於意中亦知其云何也，又有第二果之斯陀含，已離塵生天，將其心尚能作是念，見謂我已證入，得此斯陀含果位不乎。須菩提答言曰：斯陀含無得果之念，不也，世尊。何以故。斯陀含色身一往天上，一來人間(二)，不復再來人間，名一往來，而其前念起妄，後念即覺，止見一生滅，無第二生滅，雖有往來，不著往來之相，而實無往來，豈真著塵緣去留之相，而始曰是我纔得名斯陀含耶。佛又曰：須菩提，汝於意云何也。復有第三果之阿那含能作是念，謂我已證入，得此阿那含果不耶。須菩提答言：阿那含無此念，不也，世尊。何以故。蓋阿那含內無欲心，外無欲境，已離欲界，心無執著。雖名爲不來，而實無不來之相，是故但名爲阿那含耳。豈遂有得果之見哉。佛又言：須菩提，汝於意云何也。復有第四果之阿羅漢能作是念，謂我已證得，得阿羅漢道不也。須菩提言：不也，世尊。何以故。佛法本空，有何定法。唯其實無有法，故第名爲阿羅漢耳。世尊，若阿羅漢作是念我得阿羅漢道，即爲著我、人、衆生、壽者四相之妄念矣。豈得成人法雙遣之阿羅漢道乎。且須陀洹、斯陀含、阿那含皆言果，而阿羅漢言道者，至此方爲證道也。夫阿羅漢與須陀洹造就不同，有淺深而異名耳。即道與法亦是假名，在教爲法，在行爲道，無法則無道，無道則無得矣。且世尊不常念之乎。我佛說我無爭念，無人、我之相，有正定，故能得無諍三昧，人中明了真性，最爲第一，是第一等離去六欲超出物表之阿羅漢也。佛雖如此稱道我乎，我却不作是念，得見我是離欲阿羅漢。世尊，我若作是念，自謂我得阿羅漢道，便是執法不忘，著於有相，世尊即不稱許説須菩提已證無諍三昧，是悦樂阿蘭那行者之人矣。今之稱許者，正以須菩提法性都空，實無有所執之道行，而名之以須菩提是能樂阿蘭那行也。我佛以爲何如。可見四果菩薩既空塵相，猶恐一絲未斷，故如來與須菩提反覆問答，一一解破，使之悟徹無相真寔了義，不受纖毫牽挂耳。

釋：梵云三昧，亦云三摩地，亦云三〔二〕摩提，此云正定，言入定之法正也。亦云正見，遠離九十五種邪見也。亦云正受，言定中所想境界而受之，非是妄想也。梵云阿蘭那，此云無諍。

校勘記

〔一〕「間」，底本作「來」，據底本原校改。

〔二〕「三」，底本作「王」，據文意改。

莊嚴淨土分第十

真性不散亂便是莊，邪妄不能入便是嚴。淨土者，清淨心也。無所住而生其心，即生清淨心也。此經十七分應生如是心，即此無所住而生其心也。無所住之心便是無心，而如是生清淨心，便是不滅。無生之生，何礙于生。知不滅便是生，不必更求生相矣。二十七分中于法不生斷滅，即此義也。

佛告須菩提曰：人到修行成佛時，於彼意中，是云何等心境乎。即我如來往昔之時，在本師然燈佛所，於佛法果寔有所得不。須菩提答曰：我佛心空萬有，豈尚存有得之心。不也，世尊。如來在然燈佛所，雖有傳授，然返觀本性，原所自有，於佛法實無所得也。佛又言曰：須菩提，法既無得，其於意中，畢竟是云何等乎。菩薩住之所在果是莊嚴佛土不也。須菩提答曰：不也，世尊。我説菩薩不是莊嚴佛土。何以故哉。蓋以莊嚴佛土者，止在真性中清淨自如耳，不著形相，即非有莊嚴迹象，獨見真性光明，是名爲莊嚴佛土也。佛許可其言，因曰：以此非莊嚴，是名莊嚴之故，須菩提，彼諸菩薩摩訶薩，應當亦如是自生其清淨本心，離去一切塵相，不應住著目之見色別生其心，不應住於聲、香、味、觸、法而生種種塵心。我之本心原來清淨，衆物靈明獨照，應當于六塵中一切無所住著，本心孤露，時時發現，而生其清淨之心。則此所生之心，方是我本心之自生耳。此心一生，遍滿虚空矣。須菩提，譬如有人焉，其身如須彌山王，高廣至三百三十六萬里，如是之大，於汝意中云何，見如是等之身，信爲大不乎。須菩提答言：若止言形骸之身，果然甚大矣，然僅形體耳。世尊，是何以故。蓋佛所説是指人本性，不著形相，乃法身，非色身也，法身到處應現，是名爲大身耳。

釋：然燈即定光佛。須彌於山中最尊，故曰王。

無爲福勝分第十一

前言無證、無得、無嚴，似乎因果涉空矣。不知無爲之修，其福更勝。蓋法施總就他本然之性，令人自悟，原無施爲也。

一切空相，乃現成公案，不假施爲，故佛又呼而告之曰：須菩提，世人求福，係是身外作爲，究竟有盡，如彼恒河中所有沙石之數，不可計量，又如是沙等之恒河，於汝意中云何，是諸恒河沙，寧爲多不耶。須菩提答言曰：爲數至此，可謂甚多矣，世尊，但説諸恒河，尚多無數，何況其沙，愈不可計量乎。佛因呼須菩提曰，我非泛論河沙也，今以真實之言告汝，設若有善男子、善女人以七寶充滿爾中處所之恒河沙數三千大千世界，都以之用爲布施，如此則得福多不乎。須菩提又答言曰：布施至此，亦云甚多矣，世尊以爲多乎。佛又告須菩提曰：布施如河沙，雖得福德多，畢竟有盡期。設若有善男子、善女人，於此所説經中，乃至承受持誦四句偈等，盡爲他人解説，令人已各明本性，同登彼岸，而此福德無量，勝前所説施財福德。可見法施豈落有爲之迹乎。

釋：恒河，西方河名。

尊重正教分第十二

此分足上未盡之旨，分兩截看。先從説經之處，以及於持經之人，自四句偈至全經，是由淺以入深。後又從持經之人，以及於經所在處，自成就菩薩至有佛與弟子，是由深而入淺也。

兩大弟子重復編次，佛言曰：須菩提，若有人隨身所到之處，即爲他人解說是經，乃至四句偈等法語，盡皆爲人解說，當知此說經之處，不著形象，行一無所得心，一切世間天、人、阿修羅皆應歡喜敬信，供養此說經之人，即其說時，皆如來全身舍利所發現如來塔廟，咸生嚴敬說法者。尊重加此，何況有人奉此經文，盡能一身承受、一心謹持、對卷而讀、離卷而誦，其法力更何如耶。須菩提，當知是人已到無相之地，成就世間最上第一希有之佛法，悟到性空，與佛無二。若是持誦經典，此人所在之處，即爲有佛在之處，自性即佛也，爲人說法亦佛也。了悟不疑，如親受如來傳示者，豈非此人即若如來之可尊可重之大弟子乎。

釋：阿修羅，嗔恨心重者，天、人、畜生中皆有之。

如法受持分第十三

此分標般若實際也。根上無相無住，福德無量來，要人知佛所說法，在人自悟，不在語言文字尋取，連名目總是假象，人當照依此法受持也。

當爾時，須菩提白佛言曰：世尊，目前所說之經文，當何名此經，我等既聞是經旨，又當云何奉行持守於心也。佛因告須菩提曰：是經當名爲《金剛般若波羅蜜》，以是名字之意，汝當奉持。其所以奉持之者宜何如。須菩提，佛所說之般若波羅蜜，正以本性空明，不著塵相，還我本來，佛法都假。若有一定之智慧可稱彼岸可到，即此非是般若波羅蜜，是名般若波羅蜜也。須菩提，汝於此意云何。須會如來住世，普度群迷，到處爲人說法，其寔真法自在人本性中，非語言文字所能了。其有所說法不耶。須菩提白佛言曰：世尊，法自在人性中，如來實無所可說也。佛又告之曰：須菩提，我思世界都空，原是如此，於我所見之意又云如何哉。試觀三千大千世界亦至廣矣。其中所有微塵，處處布滿，是爲多不乎。須菩提言曰：甚多，世尊。佛因言曰：須菩提，是諸微塵，總是衆生心上因緣轉流變現。若性本清淨，一塵不染，則萬象俱空，故如來所説微塵，是説非微塵所能污之本性，是名微塵，而在塵離塵也。積塵成世，倘微塵都空，世界何有。故如來所説世界，是説非世界所能囿之性法，是名世界，而在世離世也。微塵世界，若不如此理會，便逐幻相，生死輪迴，不得出頭矣。須菩提，於汝意中云何理會，今要見如來者，可以三十二相見如來不耶。須菩提答曰：不也，世尊，不可以三十二相見如來者。何以故。蓋如來三十二相，皆從三十二行得之，非實有形相也。所以如來説三十二相，即是非衆生所見之相，乃其法性圓明自然，形體光輝，是則名爲三十二相。夫然則要見如來，定須於本性尋取也。佛因告之曰：須菩提，設若有善男子、善女人，以恒河沙相等之身命用爲布施，助行善事。設若復有世人，於此經中所説，乃至受持四句偈等法意，盡爲他人解説，指迷成覺，以視身命布施，雖得福報，畢竟不明本性，豈如自度度人共登彼岸，其福爲甚多乎。

釋：如來妙相：一、足下有平滿相。二、足下千輻輪文，無不圓滿。三、手足並皆柔軟，如兜羅綿。四、兩足一一指間猶如雁王，文同綺畫。五、手足諸指圓滿，纖長可愛。六、足跟廣長圓滿，與趺相稱。七、足趺修高光滿，與跟相稱。八、雙腨漸次纖圓，如鹿王腨。九、雙臂平立摩膝，如象王鼻。十、陰相藏密。十一、毛孔各一毛生，紺青宛轉。十二、髮毛右旋宛轉。十三、身皮細薄潤滑，垢水不住。十四、身皮金光晃耀，諸寶莊嚴。十五、兩足兩掌，中頸雙肩，七處充滿。十六、肩項圓滿殊妙。十七、髆腋悉皆充實。十八、容儀洪滿端直。十九、身相修廣端嚴。二十、體相量等圓滿。二十一、額臆并身上半，威容廣大，如獅子王。二十二、如來常光，面各一尋。二十三、齒相四十齊平，淨密根深，白瑜珂雪。二十四、四牙銛白鋒利。二十五、如來常得味中上味。二十六、舌相薄淨廣長，能覆面輪至耳髮際。二十七、梵音詞韻和雅，隨衆多少，無不等聞。二十八、眼睫猶若牛王，紺青齊整。二十九、眼睛紺青，鮮白紅環。三十、面輪猶滿月，眉相皎淨，如天帝兮[一]。三十一、眉間有白毫相，柔軟如綿，白瑜珂雪。三十二、頂上烏瑟膩沙，高顯周圓，猶如天蓋。

三十二行者，眼、耳、鼻、舌、身五根中，具修六波羅蜜，謂布施、持戒、忍辱、精進、禪定、智慧也，於意根中修無住、無爲也。

校勘記

〔一〕「兮」，底本原校疑爲「弓」。

離相寂滅分第十四

此分分四段：自白佛言，至第一波羅蜜，乃是印契佛心，入佛知見。自忍辱波羅蜜，至即非衆生，乃逆空生疑，施身命之難，破以五蘊寔法，暗結無住之問。自真語，至無寔無虛，又結令諦信佛心，莫起疑念。自菩薩無住法，至無邊功德也，總是塵相之宜空，受持功德之難及。

於爾時，須菩提聞説是經，深解其意義趣味，自恨解悟之晚也，涕淚悲泣而白佛言曰：此經真世所希有者乎。世尊，佛今説如是甚深奧之經典，我從昔日受生以來所得智慧法眼，未曾得聞如是之經義。世尊，設若如今復有人得聞是經，遂起信心，悟得本性清淨，埽除幻影，真體發現，即生自有之實相，當知是人已能成就第一等希有之功德。世尊，然是實相者，豈真實有之，即是非相，就其本性圓明，與向外之幻相逈別，是故如來信説名之爲實相耳。世尊，我今親在佛前，得聞如是經典，真信不疑，曉解妙義，合下領受，永久持守，不足以爲煩難。設若當將來世界，後此五百歲，佛已滅度，僅存像法，其時倘有衆生得聞是經，如我之信解受持，是人則爲第一希有。何以故哉。蓋此人從經悟入，即已無我相、人相、衆生相與壽者相矣。所以能無四相者何也。種種幻相，本性原無，知我相即是非相，方得真空。其一切人相、衆生相、壽者相即是非相，總可例觀之也。又何以故。蓋形相俱六塵染著之空華，故有此形相，便已埋藏本來真性，所以離一切諸相，便是佛性，則名爲諸佛矣。佛因告須菩提曰：汝之所解果然如是如是，設若後世復有人得聞是經，歡喜領受，絶不驚疑，沉思靜悟，了不恐怖，勇猛精進，毫不畏阻，當知是人甚爲希有。又何以故。須菩提，如來所說之波羅蜜，原有十種，只此等布施爲第一波羅蜜，蓋此布施並不著相，已能直明本性，萬行都圓。豈但無四相，并無法相。即此非有第一波羅蜜之心，盡空無相，是方可名爲第一波羅蜜也。須菩提，且如凡人最難遣者，瞋恨之心，極能壞亂性行，所以學佛之人，忘人我相，任行淩虐，付之不聞，此爲忍辱波羅蜜，然使形相未空，根芽尚在也，如來說非有忍辱波羅蜜心。此何以故。蓋忍辱亦極難耳。須菩提，如我昔在前世，曾爲歌利王割截身體，辱亦至矣。我於爾時，無我相、無人相、無衆生相、無壽者相也。何以故而能然也。我於往昔節節支解之時，設若有我相、人相、衆生相、壽者相，塵心未盡，應生嗔恨，如何似刀斫虛空乎。須菩提，我又思念過去於五百

世前，曾作忍辱仙人，於爾時處所之世，無我相、無人相、無衆生相、無壽者相，所以能作忍辱功行耳。知是之故，須菩提，凡求佛性之菩薩應離一切形相，而發阿耨多羅三藐三菩提之心，不應住著於色而生其心，不應住著於聲、香、味、觸、法而生其心，應生一切形相無所住著之心。若此心一有住著，便失真性，則爲非我本來常住之妙體矣。是故佛說求菩薩之心不應住有色相方行布施。須菩提，若菩薩六根清淨，心無住著，豈是欲求福利，不過慈悲衆生，皆有佛性，故以法施開悟之，爲利益一切衆生，應如是布施。所以如來常說一切諸相，即是非有真寔形相，總爲虛幻。又說一切衆生，同一佛性，迷則衆生，悟即是佛，即非有一定不移衆生之相也。須菩提，如來所說之法，是真切語者、是誠實語者、是如如不動之本性非幻妄無常之語者、是真心慈悲不爲欺誑之語者、是至常之理，不爲怪異之語者。須菩提，如來真性中所得之法，此法盡滅形相，不可謂真實，法性普現，不可謂虛空，無實無虛，斯真法性耳。須菩提，凡所說性，總隨人迷悟淺深，迎機化導。若悟本性，佛法都假。若菩薩之心住著於法解而行布施，是將法障遮蔽性體，如人

入黑暗中，即無所見。若菩薩之心不住著於法解而行布施，法本無法，真性獨露，如人有目，日光明照，見種種形色，此其所以無住心也。須菩提，當將來之世，設若有善男子、善女人，能即於此經典受持讀誦，契悟無相無住妙義，便知己性即爲如來，此人智慧即佛智慧。以佛之智慧普照衆生，悉知是等人，悉見是等人，若悟無相，便得真如，永劫自在，皆得成就無限量無邊岸之功德也。

釋：歌利王是梵語，此言無道極惡君也。昔如來修忍辱行，證初地菩薩，在山中宴坐，遇歌利王，即憍陳如，出施獵。王乃憩息，睡醒，不見左右彩女，遂親入山，尋見衆妃宮人圍繞禮拜仙人。王乃大怒，問曰：云何恣情觀我女色。仙人曰：於諸女色，實無貪著。王曰：云何見色不貪。仙人曰：持戒。王曰：何名持戒。仙人曰：忍辱即是持戒。王乃持刀割仙人身，問曰：還可痛否。仙人曰：寔不痛。王即節節支解之，問曰：還可痛否。仙人曰：寔不痛。其時輔相大臣諫曰：彼之大士逢斯患苦，顔色忻然，無所摇動，奈何大王如斯刑害。王乃止。

持經功德分第十五

此分兩言功德，前言經所有之功德，後言人所成就之功德。一日三時，言其勤。以恒河沙，言其多。以身布施，言其難。如是無量劫，言其久。人爲荷擔之人，是人以經重也。處爲供養圍繞之處，是處亦以經重也。

佛又言曰：須菩提，設若有善男子、善女人，於初日出時分以恒河沙等身體，行方便布施，中日分復以恒河沙等身布施，後日晚時分亦以恒河沙等身布施，有如是無限量百千萬億劫數，都以身體行方便布施，可云多矣。然受福報，止在一身，終有盡期。豈若復有求佛之人，聞此經典，信心順受，曾不拒逆，悟明真性，何止享用頑福，其獲福已爲勝彼。何況不止利益一身，又將此經書寫、受持、讀誦、廣爲衆人解說，其獲福更何如乎。須菩提，設以經中切要旨意言之，是經有不可心思論議、不可稱數計量、無有邊岸之功德。蓋人能受持經典，自度度人，此豈小乘因果，所以此經如來不止教人修身出世，成就一己而已，寔爲發大乘者說，大乘者，普載一切衆生同到彼岸，已是菩薩地位矣，猶未也，直爲發最上乘者說。最上乘則不止普度衆生，并菩薩而兼載之，方是成佛地位也。其法力廣大如此，故設若有人能受持讀誦，廣爲人說，便是了徹原來真性，開悟無窮衆生，如來悉知是人，悉見是人，皆得成就不可計量、不可稱數、無有邊岸、不可思議功德。如是信經人等，即爲一肩荷擔得如來阿耨多羅三藐三菩提者矣。是何以故。須菩提，若喜樂小乘法者，止知有己，何知有人，便是著我見、人見、衆生見、壽者見，惑于幻相，迷失真空，即於此經中無相妙義，毫無領受，於己不能聽受讀誦，爲人不能解說開悟，是將不可思議功德輕棄之矣。須菩提，隨世界在在處處，若有此經，一切世間天、人、阿修羅所應供養者也。當知此經所在之處，即爲是佛住之塔，衆生皆應起恭敬心，作禮圍繞以致恭，以諸種華香供養而散滿其處。蓋此經爲無相真性，佛與衆生同向此中皈依，烏得不信受奉行也。

釋：後日分，晚時也。

能淨業障分第十六

福罪從來相對，言福不言罪，則此疑不破。但能生清淨心，業障自無處安著，總顯受持之益耳。

兩大弟子復編次，佛言曰：須菩提，設有善男子、善女人能受持讀誦此經，宜有福報矣。若反爲人輕賤，必是人先世造有罪孽，今世應墮惡道中，以今世人輕賤之故，准抵得先世罪孽即盡爲消滅，免受惡報。罪孽既消，真性亦悟，當得阿耨多羅三藐三菩提，是皆持經之報也。須菩提，即以我證之，我思念過去無量阿僧（二）祇劫數，在於然燈佛之前，得值八百四千萬億那由他諸佛，我悉皆供養承接奉事，無空過者。以此求福，恒情必以爲多。設若復有人，於後來末法之世能受持讀誦此經，其所得功德，於以較我所供養諸佛之功德，我百分尚不及其一分，直推到千萬億分乃至筭數、譬喻所不能窮盡之數，亦所不能及。蓋供佛止求福報，而持經則圓明本性、永脱輪迴，是豈有可較量者耶。須菩提，若有善男子、善女人於後末世，有受持讀誦此經，所得功德，以前所論亦約略言之耳，我若詳細具説此持經功德者，或有人聞我所説，將驚怖其言，阿漢無極，反致其心即顛倒狂亂，狐疑不信，以故我尚未具説耳。須菩提，當知是經義深遠，不可以心思意議窮盡，則持經功德，其果報亦不可以心思意議窮盡也。蓋經義爲般若本性，無相無住、非有非無之妙法，悟後境界固有如是耳。

釋：梵云阿僧祇，此云無央數也。梵云那由他，此云一萬萬也。

校勘記

〔一〕「僧」，底本作「耨」，據底本原校改。

究竟無我分第十七

此問重興，較前深邃，辭句不移，意不相侔。因從前都是破除我執，纖塵不留，真如界内，絶無佛生之假名，故無佛可成，無生可度，無法可建，無土可嚴。前言降、住，至此則降住之法亦不可有也。總之，究竟來只是無我，菩薩通達無礙，覿體真如故耳。

於爾時，須菩提白佛言曰：世尊，善男子、善女人發阿耨多羅三藐三菩提之心者，云何應是我性所安住，云何降伏其幻妄之心。佛告須菩提曰：善男子、善女人能發阿耨多羅三藐三菩提心者，當生如是之心：我應滅一切衆生不善之心，度一切衆生皆悟本性，滅度一切衆生已畢矣，而我心中不起一念，無有一衆生實是我滅度者。此何以故。能忘故也。須菩提，若菩薩有我相、人相、衆生相、壽者相，便是妄想現前，豈是真空本性，即非菩薩。所以如此者何。須菩提，真性本來具足，實無有法發阿耨多羅三藐三菩提心者耳。須菩提，於意將云何哉。如法可得，宜如來先得之矣。試觀如來昔於然燈佛處所，曾傳有何法得阿耨多羅三藐三菩提不乎。須菩提知之，答曰：不也，世尊，如我解佛所説之義，佛於然燈佛所，寔無有法可得阿耨多羅三藐三菩提，良由本性止在自求故耳。佛印可其言，曰：如是，如是。須菩提，果是實無有法令如來得阿耨多羅三藐三菩提也。須菩提，設若有法而如來得阿耨多羅三藐三菩提者，然燈佛即當以法相授，即不當與我空授記號，説汝於來世，當得作佛，號爲釋迦牟尼。以此本性只在自修自證，略借言語解説，總屬掃除。以實無有法得阿耨多羅三藐三菩提，以是之故，然燈佛但與我授記，因作是言云：汝於來世，當得作佛，號釋迦牟尼。此外別無付囑也。何以故。所稱如來者，即此一切諸法空得淨盡，便是我真如妙義卓卓現前也。設若世人有言如來是明真性以得阿耨多羅三藐三菩提者，須菩提乎，是真知實無有法佛得阿耨多羅三藐三菩提者也。佛説只是渾話，菩薩總是假名。須菩提，須識如來所得之阿耨多羅三藐三菩提，其於是箇中萬相盡空，即是無實，真如獨露，種種現前，即是無虛。無寔無虛，真如來所得法也，是故如來説一切法皆是佛法。若有分別，便著形相，有棄有取，都是錯認。須菩提，我所言一切法者，以我真性無相可著，即此一切法，原非寔有，若論真空，法盡消滅。非一切法者，是即法之本來面目也，故名爲一切法耳。須菩提，譬如人身，若據形相，不過尋丈，豈可言爲長大乎。須菩提深契佛旨，乃言曰：世尊，如來説人身長大，即其真性爲能遍滿虛空，非是形色之大身，是故名爲大身也。佛因言曰：須菩提，菩薩亦同如是大身，不著形相，若其作是言，謂我當滅度無量衆生，則是我相未除，真性隔礙，即不名爲菩薩矣。夫何以故。須菩提，實無有法存我本性中，斯名爲菩薩。是故佛説只此世間一切法都是虛假，若論真性，渾然無別，原無我、無人、無衆生、無壽者耳。須菩提，設若菩薩作是言云，我當離却塵俗，別求莊嚴佛土境界，便落幻相，未契真如，是不名爲菩薩矣。此何以故。如來所説莊嚴佛土者，只在本性淨清，即非在形色上見莊嚴，是名爲本性莊嚴也。須菩提，若菩薩不著形相，遍現真如，四通八達，總是佛法，無有執定我法之心，以迷障虛空法性者，如來方説此菩薩之名真是菩薩耳。究竟末後一段一切盡空，方完本性也。

釋：梵云釋迦，此云能仁，謂其包含一切。梵云牟尼，此云寂默，謂其如如不動。一是作用，一是本體也。

一體同觀分第十八

此根上不見衆生可度，無土可淨，通達無我，而來見得真性妙明，與衆生過、現、來一體同具。衆生不露本來心眼，遂至種種。菩薩只一如如，攝五爲一，以一束萬，無所不見，無所不照，三際平等，萬法歸一，絶不分別看待也。

佛言曰：須菩提，於汝意中果且云何，如來無法之法，圓照不窮，可有照見衆生胎卵濕化起滅因緣之肉眼不。須菩提答曰：誠如是也，世尊，如來有肉眼也。佛又曰：須菩提，於意云何，如來有照見天界日月風雲運行因緣之天眼不。須菩提答曰：誠如是也，世尊，如來有天眼也。佛又曰：須菩提，於意云何，如來有照見二乘慧性淺深、輪迴度脱之慧眼不。須菩提答曰：誠如是也，世尊，如來有慧眼也。佛又曰：須菩提，於意云何，如來有照見菩薩法身廣大、充滿三界之法眼不。須菩提答曰：誠如是也，世尊，如來有法眼也。佛又曰：須菩提，於意云何，如來有照見佛身放光普照、了無障礙之佛眼不。須菩提答曰：誠如是也，世尊，如來有佛眼也。佛又曰：須菩提，如來何以能普照如是乎。於汝意中將云何也，如恒河中所有沙，固已纖細無數，佛説是沙不。須菩提答曰：如是，世尊，如來説是沙也。佛又曰：須菩提，於意云何，如一恒河中所有沙，有如是沙等恒河，合是諸恒河所有之沙數，以數佛世界亦復如是，寧爲多不乎。須菩提答曰：果甚多也，有如世尊之言也。佛因告須菩提曰：即爾所在國土中，猶恒河之一沙耳，其所有衆生，又復無數，各自有心，各成起滅若干種心，如來悉能知之。何以故。蓋如來説衆生之諸種心總從六塵影現，皆爲非真寔本心，若本心，則歷無量劫，圓明不變，是則名爲本心耳。所以然者何哉。須菩提，汝試觀衆生已過去之心，當時則有，一往便無，能常留不滅乎。不可得也。再觀衆生現在之心，忽然著相，究成虚妄，能寔守不變乎。不可得也。又觀衆生未來之心，時事未臨，於何疑議能豫設不失乎。不可得也。可見一切妄心盡是幻相，若能除却三心，便是佛心，又何菩薩通達無我法者而不能滅度之耶。

釋：過去、現在、未來，所謂三際也。

法界通化分第十九

此分言佛身充滿法界，無不流通度化，不住相布施然也。修菩薩心者，亦復如是。前言福德，皆以布施與持經較量。此不言比量，但言布施者，以是因緣從上無心生來，能施人、所施物、受施人三緣和合而有。既知緣合，則全體是空，故無我也。無住無相，可與持經等。第八分中言福德即同此義。如來知空生已悟到此，而又重言之者，欲再發明無住色福德不可量耳。

佛言曰：須菩提，汝於意云何，設若有人布滿三千大千世界七寶以之用爲布施，是人以是布施因緣，得福可爲多不。須菩提答曰：如是，世尊，此人以是因緣，得福甚多。佛因曰：須菩提，若是等福德所有但實在，財施享用有盡，如來不說得福德多也。如來所說福德多者，是說本性菩提自度度人，各悟無相真空，以福德原無所著故，如來說得福德多耳。

釋：佛以大悲爲因，衆生爲緣。

離色離相分第二十

此分與五分、十三分相呼應，總爲衆生每每以色相求佛，故以是破之耳。十七分內，如來以己分上事示菩薩教，其亦如是。至十八分言如來以五眼觀衆生，通因徹果，皆是無相。十九分之福德因無相，二十分之具足果無相，向後二十一分之于法無說，二十二分之于法無得，一一皆如來事。至二十三分，顯是法平等，教菩薩以無相行善，正以明佛果也。故二十四分，仍以福德結之。

佛言曰：須菩提，於汝意云何，人欲見佛可以三十二相具足之身色見之不耶。須菩提答曰：不也，世尊，如來不應以具足色身見也。是何以故。如來所說具足色身，乃至三十二行中所呈露，即非從形色上見此具足色身也，而真相無相，已在其中，是名具足色身耳。佛又言曰：須菩提，於意云何，如來可以八萬四千具足諸相見不耶。須菩提答曰：不也，世尊，如來不應以具足諸相見也。是何以故。如來所說諸相具足，乃智慧光明，神通廣大，即非外貌上見此具足也，而無相無法，已具于是，是名諸相具足耳。則離却色相，反觀自性，如來真面目在此矣。

釋：諸相者，種種變現之相也，又不止于三十二相而已。如來離色離相，以淨行則具足三十二，以智慧則具足八萬四千，具足三明、六通、八解脫。此之具足，即非諸相之所謂具足也。然此之具足乃其寔，而諸相具足乃其華耳，充其寔則華自副之，是以有諸相具足之名。

非說所說分第二十一

佛爲覺悟衆生，只得以言語化導，其寔都是借來的比方。若認定言語就是真法，便像指人影子說是真形，反把真形瞥眼失之。要知所說法正在那非說處，方是佛之真性也。空生已悟法身無說矣，又恐此法甚深，未來衆生不信，故如來破其衆生之見，令知本自如如也。

佛言曰：須菩提，汝勿謂如來作是念，謂我當爲衆生另有所說法。是法障也，切莫作是念也。何以故哉。設若人言如來有所說法，反是違背真諦，即爲傍佛，蓋如來說法，本意原欲人明心見性，不欲人依文傍義，如拘滯言下，是不能解我所說真諦之故，便爲傍佛也。須菩提，當知如來說法者，法在人心，本無法可說，是名真說法耳。爾時，具智慧、通命源之須菩提深契佛旨，因白佛言曰：世尊，頗有衆生，於未來世，聞說是無法之法，能生信心，當下明悟不耶。佛言曰：須菩提，彼衆生總是業相變現，業盡即空，非寔有衆生形相與佛異性，然而業相現在，不得解脫，又非不是衆生。是何以故。須菩提，此亦一衆生，彼亦一衆生，雖有種種不同者，如來說咸非寔有衆生形相，俱有佛性，隱于其中，是以名衆生。形相自假，本性自真，則安得聞佛所説不生信心也。

釋：命者，壽之意。壽者，老之意。慧命者，言須菩提既得慧眼，且年高矣。唐長慶二年，僧靈幽入冥所，加此慧命以下六十字。

無法可得分第二十二

妙性本空，無有一法可得，此等前已言之。前標般若之法，此則以自己分上事示菩薩，故不妨重言也。

無所説者爲真説，則亦無所得者爲真得矣。故須菩提白佛言曰：世尊，我佛妄盡覺滿，得此阿耨多羅三藐三菩提，豈非以萬法俱空，一靈獨炤，正爲無所得乃爲真得耶。佛深然之，因言曰：如是，如是，須菩提，我於阿耨多羅三藐三菩提，直覺廓然空寂，無名無相，乃至無有纖毫少法可得，止爲覺世故，是以名之爲阿耨多羅三藐三菩提，使人知所皈依耳。倘錯認有法可得，便失之矣。

淨心行善分第二十三

上言菩提無法可得，正以是法平等。故是佛勸化衆生，絶去塵想，淨心行善，便證菩提也。既曰無法可得，恐人落無，故曰平等，不妨修一切善法。既曰修一切法，恐人執有，故又言一切善法即非善法。步步回顧無相法，不失無寔無虚之旨，而下分又以福德結之。

無法可得，是名無上菩提，而菩薩欲得無上菩提，當以何修耶。弟子因復編次，佛言曰：須菩提，是法性原自平等，佛與衆生同然，無有高下，若是空去根塵，真性顯露，無論佛與凡夫，總是名爲阿耨多羅三藐三菩提也。蓋此真性本來清淨，一切衆生都以無我、無人、無衆生、無壽者之相，修一切善法，則以平等心，合平等法，與如來同一，無法可得，即得阿耨多羅三藐三菩提矣。須菩提，要知所謂善法者，不過借以接引衆迷耳。及到彼岸，善法俱空，如來説即非膠滯此善法，方是真寔了義，是名善法也。要之得無所得，亦修無所修故耳。

釋：一切善法，如布施、忍辱、持戒、精進之類是也。

福智無比分第二十四

真性上福智，歷劫無盡，無可比方。上言善法皆空，恐人又以經文爲空言，故又較量福德之殊勝。

然修無可修，非爲可以不修也。佛言曰：須菩提，設若三千大千世界之中所有百億諸須彌山王，積如是山等之七寶以成聚，有人持用布施，其福德亦已無量。若人以此《般若波羅蜜經》乃至四句偈等法語，自己受持讀誦，且爲他人解説，利益無窮，包盡虚空。於前所説布施福德，雖再有如是百分不及持經功德之一，即加至百千萬億分乃至筭數不盡，直到譬喻極多之分數，亦所不能及此一分也。自度度人之功德，固如此。

釋：須彌山，東方玻璃峯紅色，南方琉璃峯青色，西方真金峯赤色，北方白玉峯白色，以喻報身佛有四相也。

化無所化分第二十五

衆生本來寂滅，原無所藉，于如來化無所化，即是法平等之一證。十七分云菩薩通達無我、法，真是菩薩身上事。至此分起，復以如來本分之無我者示之。

然而寔無有度人之法也。佛言曰：須菩提，於此中之意其云何耶，汝等勿謂如來作是念云：我當用佛法施以度一切衆生。須菩提，如來莫作是念，其何以故哉。蓋般若真性，如來不增，衆生不減，度其所自有，非益所本無也。實無有衆生是如來度者耳。設若見有衆生爲如來所度者，便生分別相矣。使如來見得我能度化，即爲有我，又見人因我度，即爲有人，度他離塵，登我法界，即爲有衆生，度他出生死，不入輪迴，即爲有壽者。一念不忘，我相畢具，如來豈有此耶。須菩提，然如來所以説有我者，對人言之耳。若論真性，人我何別。有我即非有我也。而凡夫之人，認錯幻相，以爲有我。須菩提，此眼前未度之凡夫者，如來常説其元來真相空寂自在，即非寔有凡夫相也，是則爲凡夫已耳。然則如來凡夫一也，又豈有能度之如來，所度之衆生也哉。

釋：前就説即非説上起議，次就得亦無得上起議，此文就度亦無度上起議，次第秩然。

法身非相分第二十六

不可以三十二相觀如來，須菩提前答已明，非前解後，轉不解也。求其意，須菩提以應身相好，從法身流出，若見相好，即見法身，故答云如是。然佛又恐衆生但執相好以觀如來，故難以轉輪聖王，後又決明之。二我字指人人自有之性，見如來見我也。

夫非我之我，充滿法界，則亦可於此深思而得矣。故佛言曰：須菩提，汝於此中之意果云何也，今欲見如來者，可以三十二相觀如來不也。須菩提答言曰：如來即相非相，不必離相目見真相。如是，如是，即以三十二相觀如來，無不可也。佛又恐凡夫之見，因須菩提言，遂執色相以求如來，故呼而言曰：須菩提，若但以三十二相觀如來者，則轉輪聖王亦具是相，即是如來矣。彼真正如來，將於何見之。須菩提如佛覺人深意，因白佛言曰：世尊，如我解會佛所説妙義，如來自有性中法相，豈區區色身可盡耶。不應以三十二相觀如來也。爾時，世尊即將此法義而説爲偈言曰：若人以色身端好上見我，以説法音聲上求我，不離聞見，悞認法身，是人所行墮入邪道，永隔性真，不能見如來真面目矣。故曰：若見法相非法相，即見如來。

釋：轉輪聖王，是爲四天王。正、五、九月，炤南閻浮提，二、六、十月，炤西瞿耶尼，三、七、十一月，炤此[一]鬱單越，四、八、十二月，炤東弗婆提。

校勘記

[一]「此」，疑爲「北」。

無斷無滅分第二十七

寔際理地，固不受一塵，佛事門中，初不可舍一法。雖無衆生可度，而六道常援。雖不住相布施，而財寶樂施。雖無法可說，而常轉法輪。雖無道可修，而常行精進。雖夢幻一切，而因果歷然。只說有相即空，原非指空爲性也。因前教菩薩離一切相發心，又教寔無有法發心，恐不解佛所說第一義諦無寔無虛，又近聞前章，以色相聲音爲邪道，皆無法可得，恐人認作頑空，故戒以不可斷滅一切法也。

法相固非法矣，然非頑空之謂也。佛又告之曰：須菩提，汝設若作是念，謂如來不以具足色相之故得阿耨多羅三藐三菩提。將必離舍形體，別生解識乎。須菩提，切莫作是念而謂如來不以具足相故得阿耨多羅三藐三菩提也。須菩提，汝設若作是念，纔發阿耨多羅三藐三菩提心者，是說度人諸法一切可斷滅矣。法如斷滅，則將何以爲渡河之筏也。汝切莫作是念也。夫何以故。凡人發阿耨多羅三藐三菩提心者，於諸法相正是從入之借徑，法雖不是性，然性不離法，不得說法相都捐，竟生斷滅妄相也。乃知色空雙泯，亦復兩存，迨至存泯俱忘，而後爲般若菩提耳。

釋：就佛果已成，言曰得菩薩心。就須菩提修，因言曰發菩提心。

不受不貪分第二十八

當知此分是悟無我之果。言菩薩法施度人，心本無我，故雖有法施之福德，誰其受之，況有貪愛之念乎。其福勝七寶布施，前說疊見，於三千大千世界至以恒河，恒加一等字，寶施又進于上，此所謂菩薩布施也。

不著色聲相，不著斷滅相，斯真通達無我法也。佛呼而告之曰：須菩提，設若菩薩以滿恒河沙等世界之七寶，持之以用布施，其多如此，若復有人，知一切法都是平等，毫無我相，雖以法施普度，而不自有其功，能得成就於無生法忍，則此菩薩功德勝前菩薩寶施所得功德。何以故。須菩提，以諸菩薩雖有法施，而心本無我，則積聚于虛空，永不消滅，以此不受福德故，勝前菩薩也。須菩提因白佛言曰：世尊，云何菩薩不受福德。佛告之曰：須菩提，蓋菩薩法施，福德祇爲利益衆生，不應爲求福而生貪著想，以是之故，所以説菩薩不受福德也。

釋：《大般若》有安受忍、觀察忍，修此二忍，便得無生法忍。此處知字，是觀察忍，成字便是安受忍也。知一切法無我，得無生法忍，是諸佛心印。

威儀寂靜分第二十九

上言如來既不可以身相觀，又不可以斷滅説，不落斷，又恐執常，故此言如來不斷不常也。佛四威儀，應迹耳，不可以見如來。是人不解我所説義即如來所説諸法如義之義，又即所説不應以身相見如來之義。知此二義，則知如來不以威儀應化爲身，而以德性寂靜爲身矣。

然則無相本體，於何見之。佛又呼而告之曰：須菩提，設若有人，言如來法身，若其呈現而來、若其涅槃而去，以及若坐、若卧，只在形迹動靜上求，是人不能解會我所説無相之義。其不解者，何以故哉。所謂如來者，充滿虛空，總是法身，隨衆生業緣淺深，各成所見，而如來本性不曾動移，無所從來之處，亦無所從去之處，如如自在，靈應無方，是故名爲如來也。

釋：衆生心淨見佛，非是佛來，心垢不見，亦非佛去。諸佛本無去來，衆生妄見去來耳。

一合理相分第三十

微塵世界，十三分中已明言之。至此專爲應、化、報三分，而釋其非一非異也。蓋言微塵則非一，世界則非異，微塵聚爲世界即異而不異，世界散爲微塵則一而不一。總喻佛説應化身，由大悲所現，非寔有應化身，爲報身所分也。可見應、化本無可析，報身本無所合，則猶微塵非世界所析，世界非微塵所合也。都非寔有，悉是假名，若認爲寔，則是一合相矣。故如來説合相非真云云。然則佛身真相從可知矣。佛言曰：須菩提，設若善男子、善女人以三千大千世界粉碎爲微塵，於汝意云何，是微塵衆矣，寧爲多不乎。須菩提言曰：甚多，世尊。何以故。若是微塵之衆實有其相者，則是人身中一切雜念不可消滅，言之何益。佛即不説是微塵之衆。所以説及者何。佛所説微塵之衆，乃衆生業緣起滅，即非寔有微塵衆，人心清淨，微塵不染矣，是假名爲微塵衆耳。世尊，又如來所説三千大千世界，亦是幻相所成，即非寔有世界，劫數盡時，世界亦壞矣，是假名爲世界耳。唯是真性不變不移。夫何以故。若此世界實有者，即是衆塵和合爲一世界，成一合相也。彼世界終壞，豈如真性不分聖凡，渾合成一，歷劫自在乎。然真性渾淪，直如虚空，無相無名，如來説是一合相者，即非真有一合相，亦是假名一合相也。佛曰：須菩提，真性虚空，無空擬議，此一合相者，即是不可説之虚空真性，但凡夫之人聽佛言語，不能證悟，淺則貪著色塵，深便貪著法相，遂貪著其事而不能解脱耳。然則一合之理相，可以言語求乎。

釋：一切無佛無生，無斷無常，無去無來，總是理相一合也。理者，乃真空實理。相者，乃世界幻妄諸相也。一合者，理與相一而不二，合而不分，謂此真空寔理，融通和合世界諸相也。

知見不生分第三十一

真性本來空寂，故到證入菩提時候，凡心中有知有見，盡滅不生矣。如是二字，是無知之知，無見之見，無信解之信解。緊頂三菩提心來，覺心本空，相歸烏有，是真住、真降伏、真菩提也，方是第一波羅蜜。夫理相一合，固無相也。佛又言曰：須菩提，設若有人言佛所説真寔有，我見、人見、衆生見及壽者見，種種情識如此。須菩提，汝於意中云何，是人可能解我所說語義不。須菩提答曰：不也，世尊。是人不解如來所說義者，又何以故也。世尊所說我見、人見、衆生見、壽者見，原是外現假像，不是性中真諦，即非有我見、人見、衆生見、壽者見，是不過假名爲我見、人見、衆生見、壽者見耳。佛言曰：須菩提，大凡發阿耨多羅三藐三菩提心者，不但四相盡空，於一切法皆是無相，應如是證知、如是觀見、如是信心解會，絶不生一毫法相，方爲得之耳。須菩提，凡是所言法相者，總是接引初學，令其漸進。若至了徹真性空寂，法相何著。如來說即非寔有法相，乃是假名法相耳。蓋不知、不見、不信解，則生斷滅相，不如是知、如是見、如是信解，則生滯著相。即非法相，埽除名相之盡也。是名法相，顯著寔相之盡也。非寔非虛，如此可悟般若真性矣。

應化非真分第三十二

釋：法所現者曰相，心所取者曰見。

此言演說法義，總是應現化導之幻迹，了非真寔也。前云貪著其事，皆是妄生知見，凡夫我執未除耳。故破執離相，出一見字。因凡夫不能離有無一異二邊見解，所以不達三身之理，如何得理事無礙，進佛知解。迷倒于相見，執之堅固，佛逐一以金剛明智破之。如以無住破行施著相，以無得破菩提執相，以無土破莊嚴妄相，以非具足破報身影相，以非真破三身滯相，以非相破法身蔽相，以無我破執法身非有我相，以非一非異破（二）執如來三身定相。重重逐破，俾情見俱空，逼歸如如不動，一言蔽之矣。

佛言曰：須菩提，設若有人以充滿無盡量阿僧祇世界之七寶持用布施，福非不多也。更若有善男子、善女人發廣大度人之菩薩心者，信心奉持於此經中，乃至四句偈等，自己受持讀誦，爲人演說乎。蓋演說之時，我與衆生都是幻相假合，不可取著於形相，良以真如之性無不如意應現，不逐相移動也。是何以故乎。凡諸相中，一切有所作爲之法，都假非真，如夢寐、幻妄、水泡、物影，如露水，亦如電光，倏忽頓空，須應作如是觀也。知有相皆空，本性自湛，方得如如不動耳。

佛說是經已畢，長老須菩提，及諸比丘、比丘尼，優婆塞、優婆夷，一切世間天、人、阿修羅聞佛所說經旨，皆大生歡喜，信心受教，奉持經說，而行其修證，如所教住，人已應皆得度矣。

大要全經之旨，自空生問菩提心當于何住，妄心於何降伏，佛告以四生九有皆爾衆妄心，所當滅度。無我、人等四相，乃爲大乘正教。以此行施無住，等于虛空。以此見相非相，心即如來。以此篤信，不著非法。以此自悟，不假言說取舍。曾知三世諸佛依經流出，四果羅漢於此印證。心能清淨，即是莊嚴，而妙法大身，無有剩義。心能無爲，福德最勝，而信受解說，隨處尊重。因而夙障清淨，究竟無我之法空，過、現、未來三心之體湛渾通。法界色相，離言說空，無法可說，無說可得。惟悟平等性施，妙智福果，凡聖盡融，無生可度，如來非可相見。無相法尚不可執，豈涉頑空，故知法無斷滅，妙湛圓通。布施不貪，去來非有。三身一身，理事合一。妄見既融，應化不二。真空本性，如如不動已耳。一切有相，當於何著耶。經中阿耨菩提、般若、四句偈、如來、真藏，總水中鹽味，色裏膠青也。

釋：究明經義曰演，播釋經義曰說。僧謂之比丘，尼姑謂之比丘尼。居士謂之優婆塞，道姑謂之優婆夷。

金剛般若波羅蜜經淺解畢

校勘記

〔一〕「破」，底本作「故」，據文意改。

跋

世尊說法四十九年，經總三藏十二部五千卷。達磨西來，傳法二祖，以《楞伽經》四卷印心，五祖易以《金剛經》傳授。性相宗教分途。性宗輒直指單傳，雲門至於駡佛，藥山示人不得讀經，此固爲大根器說法，而耳食之徒遂真擬《金剛經》亦可高束。蘇長公謂，近歲婦人孺子，抵掌嬉笑，爭談禪悅。嗚呼，是病未瘳而廢藥，河未渡而舍筏也，不終於痼疾迷津乎。姑無論應無所住一語，即可立證直超，而《金剛因果録》中，有望空寫經遇雨不濕者，有持偈言虎舐惡瘡頓愈者，有持經題七字命盡立生兜率者。蓋般若爲諸佛母，深廣不可思議。當日靈山一會，得度弟子雖出生死，而疑根未拔，本智不現。及至般若會上，如來以金剛智而決斷之，直使聖凡情盡，生滅見忘，而本有智光豁然披露。以是義故，爲正法眼藏，寶函所在，天人擁護。註解歷唐宋明，計八百餘家，獨天親列二十七疑，以顯教外之旨。憨山復有《決疑》一刻，叢林盛行。然初入者尚苦旁註汗漫，義深語奧。獨此直解單行，續於本經，一覽如指掌果因。竊念余以疎慵之質，推排人間世，到今五十餘年。髫歲泥首一經，屢遭按劍，翻然易轍，猥列簪裾，弩力戎行，勉立寸功，以報聖天子知遇。寅卯役祁門與潢池，對壘披堅，身冒矢石，登山涉江，呼吸生死，默膺庇覆，履險而安。又以異夢驚疑，潛心白業。戊午量移皖上，瞻禮三祖道場，爲丙申舊遊，地得不寒，五嶽之盟，亦憶慰夙因。偶獲是編，如覯良師益友，勇猛持誦，兼捐貲以廣布流通。又竊思如來一片金剛妙心，與千二百五十諸大比丘徒衆，朝夕給孤獨園，著衣持鉢，多方淘汰，既盡妙密鉗錘，而就裡一兔毛頭金剛藏光明，尚費金篦磨刮。矧此《直解》數行，烏能竟涅盤妙諦。但爲發心懽喜地諸善男子引手遞入，從茲《直解》，以歷窮諸解，從茲一經，以遍悉諸經。乃至大乘了義，無一句可説，無一法可得。遥知十方諸佛，將各伸金色臂，展兜羅綿手，皆以相好莊嚴，妙網光舒，香流欲發，摩諸善男子頂，引入三世諸佛甚深智慧海，彈指間轉大法輪，則茲刻亦未始非顧衣見珠、得魚忘筌之一助也。因合十而述於卷末云。

峕康熙歲在辛酉嘉平月奉佛弟子趙嶽生視公甫謹跋。

（李勁整理）

〇二六五　金剛般若波羅蜜經部旨（二）

金剛般若波羅蜜經部旨科

一 總題
二 別文 三
一 序分 二
二 正宗 二
三 流通 ○
一 約發心後住降 離相明金剛般若 二
二 詳住降前發心無法 顯般若波羅蜜 ○
一 讚問 希有
二 答釋 三
一 印許 佛言
二 領旨 唯然
三 正明 二
一 約廣略研釋明住降 二
一 重拈相福爲較本 如恒
二 廣顯性功生佛法 二
二 寄聞持名義顯功德 二
一 持名功德 二
二 聞義功德 二

一 通序 如是
二 別序 爾時
一 略答住降離相 二
二 廣釋住降離相 二
一 以果法驗明降心離相 二
一 舉身相驗明 二
二 舉果法驗明 如來
二 約性福廣釋無住生心 三
一 提相福較福德性 二
二 歷諸法點無住心 二
一 歷明無住 四
二 結示生心 二
三 結相施重顯性福 二
一 略持人處福勝 二
一 人獲勝福 佛告
二 處如塔廟 復次
二 廣持人處福勝 二
一 問 爾時

一 答降 諸菩
二 答住 復次
一 明身相俱非 於意
二 顯聞義俱深 二
一 能聞人勝 白佛
二 所聞義勝 何以
一 出相福爲較本 若人
二 示性功生佛法 若復
一 佛法 所謂
二 四果 須陀
三 佛得 於燃
四 莊嚴 菩薩
一 正示 是故
二 喩顯 譬如
一 人成勝法 何況
二 處如聖賢 若是
一 出名敎持 二
一 直示 佛告

一 正明二
二 總結 當知
一 開義二
一 委出經義離相二
二 結示離相生心二
一 無住生心 是故
二 無住行施二
一 正明 是故
二 重釋二
二 功德三
一 標示 須菩
二 正明二
一 生福德二
二 滅罪功二
三 結具 於後
〇二 詳住降前發心無法 顯般若波羅蜜二
一 問 爾時
二 答二
一 示發心平等故稱性本無二
二 歷諸法顯無歸平等衍門二

二 答三
一 空生伸解二
一 幸已解以歎能聞希有 爾時
二 輕已解以歎當聞希有 世尊
二 如來述成二
一 印證 佛告
二 深述二
一 約理釋疑三
一 標離相 如來
二 示實語 如來
三 明合理 如來
二 約慧顯用 若菩
一 人成勝福三
二 處如有塔 在在
一 正明 須菩
二 引教 我念
一 稱性故無所度生 須菩
二 平等故無能發法 所以
一 歷果釋顯二
一 正明二意二

二 重釋 所以
二 歷顯無住 如來
三 結示功德 若有
一 述能聞希有 若復
二 約事理釋成二
一 約第一理 第一
二 約忍辱事二
一 由安忍故不驚怖 忍辱
二 引往事釋忍離相 如我
一 較示持說福勝二
一 出相施爲能較本 初日
二 點初隨況出後位 若復
二 釋明經義離相 以要
三 結顯人成佛法二
一 正明 若有
二 反顯 若樂
一 釋實無所得 於意
二 釋所得平等 所得
一 正結 所言
二 喻顯 譬如

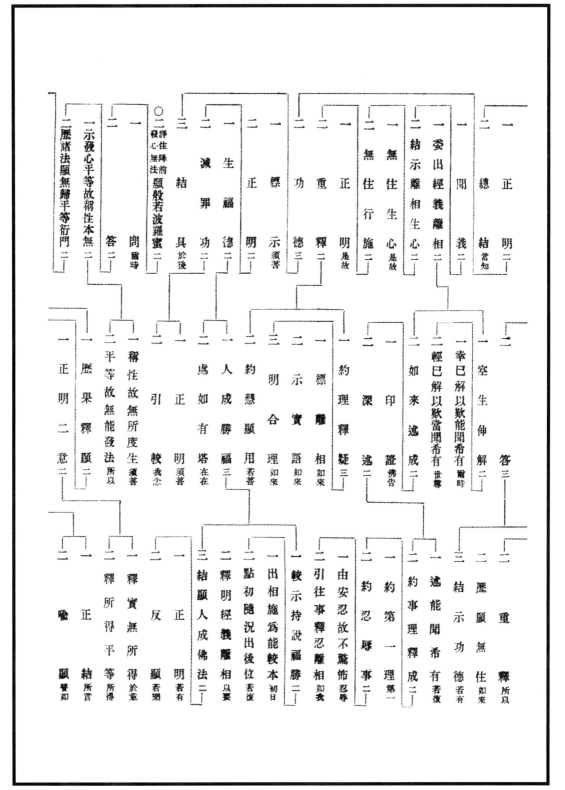

一正歷諸法釋無顯平等二
一歷二法二
二歷三業三
一歷意釋顯二
二歷身釋顯（佛可）
三歷口釋顯二
二複疎所歷釋無顯平等二
一疎歷二法二
一疎歷果釋顯二
二疎歷因釋顯二
一標起（汝勿）
二釋明二
二疎歷三業三
一超疎歷身釋顯二
二追疎歷意約施貼顯（若菩）
三疎歷口釋顯二
〇三流通二
一結勸通流二
二結益流通（佛說）

一結顯二意二
二歷因釋顯二
一約境智釋顯二
二以施福貼顯（若有）
一無所說法（汝勿）
二無能聞生（慧命）
一正疎二意二
一疎實無所得（佛得）
二疎所得平等二
二結顯二意二
一釋度生二
二釋我當二
一直顯中實平等（可以）
二雙遮有無二著二
一正約三法三
二倒透一切（發阿）
一舉益勸通（若有）
二示流通法（云何）

一離相度生因（菩薩）
二無住莊嚴因（若菩）
一出能照智（五眼）
二融所照境二
一約實無所得蕩相（須菩）
二約平等常住釋明（所以）
一直示性體（復次）
二稱性修證（以無）
一約善法結明（所言）
二引施福貼顯（若三）
一正釋（莫作）
二反釋（若有）
一正釋（如來）
二轉釋（凡夫）
一遮著有（若以）
二遮斷無（汝若）
一所說果人平等（若人）
二所說器界平等（須菩）
三所說諸見平等（佛說）

金剛般若部旨科終

校勘記

〔一〕底本據《卍續藏》。

金剛般若波羅蜜經部旨上

天台比丘靈耀撰

○一、總題

金剛般若波羅蜜經

般若即凡聖共有之心，而凡小迷之不顯者，由四相、六塵之所染汙，而不得起乎金剛大用故也。今貫之以金剛，則真空慧觀當前，不但破六凡四住，抑且蕩二乘疑執矣。凡前半卷明住、降、離相、一切俱非處，皆是也。波羅蜜即衍門實相，元無彼此到否，秖是對凡夫全迷，二乘執著，俱未開秘藏未見寶渚者，名爲到彼耳。凡後半卷明發心平等一切俱是者是也。良由總者總于別，別者別于總，總別雖二，所詮只一，故不可離去總題，別開解釋。況此經部旨惟在蕩疑會法，不但別文顯著，即此總題，大義了然。金剛般若，大空蕩相也。平等彼岸，會一切皆摩訶衍也。總別顯映，驪珠宛抱。若曰即三般若，亦秘密藏，名分通別，義開五重，如常所明，茲不臚列。

△二、別文，三。一、序分，二。一、通序。

如是我聞：一時，佛在舍衛國祇樹給孤獨園，與大比丘衆千二百五十人俱。

△二、別序

爾時，世尊食時，著衣持鉢，入舍衛大城乞食。於其城中，次第乞已，還至本處，飯食訖，收衣鉢，洗足已，敷座而坐。

要顯如來全體大用，究竟深智，乃假世間日用尋常衣食淺事而爲發起，正如《法華》開爲合序，《觀經》苦爲樂序之意，不可勉作寂滅、忍、第一空等表法而釋，亦不用戒爲定慧之基而説。蓋一作法律奇特之談，即失尋常事用爲序之意矣。

△二、正宗大分，二。一、約發心後住、降、離相，以明金剛般若。二、詳住、降前發心無法，以顯般若波羅蜜。

○夫般若部旨，在以空慧水徧蕩執情，會八十一科皆摩訶衍。前半卷明住降脩入工夫，重在蕩執消塵，故多明一切即非，以顯金剛大用。而從便會入真空實相，故雖有是名等説，然而破正會傍，大判屬於明金剛般若。後半卷空生既解住、降、離相，名義翛然，却顧本因，則最初尚有一發心之法在。無明未去，則源頭未清，秘藏難開，地、住難入。雖有修功，恐仍有相，未免住不得善住，降不得善降，而因果修證均不究竟平等矣。故有重問，而如來直示之曰：真如界内絶生佛之假名，平等慧中無自他之形相。若有一發心之法可得，即于平等體上有增有減矣。須知實相般若，湛然常住，纖塵不立，曾無有無之名相可得。苟一言有，即有對有之無，成對待增減之法，非平等性體也。故言實無有法，發阿耨菩提心。此實無有法，不但無有，抑且無無。有無雙遣，平等斯彰。既于初因，了知性自齊平，則從因至果，皆無得，無脩，無莊嚴，無度生，一切俱無，俱會平等。故雖熾然因果脩證，莫不全性起脩，脩全在性，性脩一契，入究竟摩訶衍彼岸矣。凡文中諸法如義，無實無虚，皆是佛法，是法平等。如如不動，及一切是名處，皆點衍門彼岸，從淺至深，先破後會，法應爾也。

○或曰：前半卷亦有無實無虚、一切是名等説，後半卷亦有一切俱非之言，何得前半卷只屬金剛般若之蕩相，而後半卷只屬般若波羅蜜之會法耶。答：此有二意：一、前後部旨各有傍正。二、彰體用圓融，不同歷別。蓋前半卷空生乍見離相般若，而自己相心未絶，未可即會聖凡諸法，以歸平等實相，宜以真空慧觀遍蕩執情，故明破明非之言多，而間露是名之説。及至最後結義中，佛方少少點出無實無虗之旨者，正一代教主意在圓也。儻空生于此即會實相，下半卷皆不必矣。其如當機只在六根淨位，只領一切俱破以蕩執情，未了一切俱是盡入衍門，此則前半卷但屬真空蕩相明矣。由是重起入住有法之問，佛知機宜漸已通泰，堪以諸法實相之旨加于可加矣。故言雖帶于即非實無之説，而義實彰夫實相平等之旨。從此而愈入愈深，隨會因果三業，世出世間八十一科，八萬生滅等法，俱入實相摩訶衍，而波羅蜜之義全顯矣。是則兩章言稍相帶，而義實條分，各有傍正，不可混亂也。又復前有俱是雙遮之言，後存俱非夢幻之説，所以彰體用圓融不關歷別者。蓋前雖破執，明慧觀之用，而意不離實相之體，故有是名，無實無虗之説。後雖會法，顯彼岸之體，而意不外用。故亦有俱非實無之言，正破顯相須而不相離，體用各重而互相即之圓旨也。

△今初分二：一、讚問。

時，長老須菩提在大衆中，即從座起，偏袒右肩，右膝著地，合掌恭敬。而白佛言：希有世尊，如來善護念諸菩薩，善付囑諸菩薩。世尊，善男子、善女人發阿耨多羅三藐三菩提心，應云何住，云何降伏其心。

空生忽讚希有者，因如來日用尋常不異庸人，不露絲毫圭角，而其内證慈智，迴超九界，是以希有。蓋行與人同，而心與人異，如樵者在山，隱者亦在山，在山則同，所以在山則異也。若在如來，出世至今，靡不皆爾。然在空生，向來不知，而今日乍見，不覺忍俊不禁，三業踴躍，驟然而讚曰希有。只此一讚，自不同於如聾若啞，爲除糞穢，默受彈訶，脱衣悲泣時矣。

○隨即釋出希有所以，曰：如來善護念諸菩薩，善付囑諸菩薩。當知世尊自《華嚴》至今，時時護付，無不護付時，但可曰護付，不可曰善護善付。葢已涉言詮，故加駭動，偏而非圓故也。今則與同衣食，略不現奇，而悲心内護，實爲最親切者，故名爲善。如第五倫之于侄病，夜十起問視，而歸則安臥，其於子病，雖不起問視，而終夜不寐是也。又復應知，希有不即是護付而不外乎護付，護付非即希有而初不離希有。如世間聖人之一貫，不即忠恕而不外乎忠恕，忠恕非即一貫而初不離一貫。要之在聖人自是混全，第可曰一，曰希有。而在賢者未免分疏，即視爲忠恕、護付矣。善男子、女人發阿耨菩提心應云何住降者，空生未見已前，得少爲足，不願好者，今既窺見一斑，陡發大心，忻慕上乘，故曰我等已發希有之心矣。但發心之後，直欲造脩至如來護付地位，恐難頓入，必從住、降工夫漸次而入。我知如來當日亦由住、降發軔，方至今日善護善付。僧既求佛，宜從佛行，故問發心之後，應云何住，云何降伏耶。

△二、答釋，三。一、印許。

佛言：善哉，善哉，須菩提。如汝所説，如來善護念諸菩薩，善付囑諸菩薩。汝今諦聽，當爲汝説。善男子、善女人發阿耨多羅三藐三菩提心，應如是住，如是降伏其心。

當知善護善付是如來之行到，而空生之見到，二心不别，故佛垂印許。

△二、領旨

唯然，世尊。願樂欲聞。

△三、正明，分二：一、約廣略研，釋明住、降。二、寄聞持名，義顯功德。初又二：一、略答住、降、離相。二、廣釋住、降、離相。説於《般若》，有廣略二門，雙被利鈍是也。

一、略答，二。一、答降。

佛告須菩提：諸菩薩摩訶薩，應如是降伏其

心：所有一切衆生之類，若卵生，若胎生，若濕生，若化生，若有色，若無色，若有想，若無想，若非有想，若非無想，我皆令入無餘涅槃而滅度之。如是滅度無量、無數、無邊衆生，實無衆生得滅度者。何以故。須菩提，若菩薩有我相、人相、衆生相、壽者相，即非菩薩。

△二、答住

復次，須菩提，菩薩於法應無所住，行於布施。所謂不住色布施，不住聲、香、味、觸、法布施。須菩提，菩薩應如是布施，不住於相。何以故。若菩薩不住相布施，其福德不可思量。須菩提，於意云何，東方虛空可思量不。不也，世尊。須菩提，南西北方、四維上下虛空可思量不。不也，世尊。須菩提，菩薩無住相布施，福德亦復如是不可思量。須菩提，菩薩但應如所教住。

佛之所以印證空生者，因其所見不謬也。至於求至護付工夫，曰云何住、降，則又局在小乘見解矣。意謂我空生已能安住偏真矣，今又應如何棄去萬緣，得安住實相耶。我已視四生如桎梏而降伏四住矣。今又應如何降伏無明耶。佛知一切小乘保證已來，未堪加大，第與彈訶而已。今空生既見希有，頓發大心，堪以大空開拓小空，大智擴充小智，故直反其所問而進之曰：汝向視四生如桎梏，欲離生降心，乃小乘境界也。今既發大心，當改途易轍，廣度衆生，方是降心。而度生處，必須離相。此竟將圓乘大任，一肩付與空生，使其轉教，正加者加于可加時也。即汝向來沉空住寂，執守偏真，亦小乘境界也。今既求作佛，亦不可守定故武，當廣行六度，方是安住。然行六度時，又不可著諸法相，須從無住本立一切法，則行行皆全性起修，與虛空等。此又將大乘妙行，而勉進空生，正付與財物，一任出内取與也。乃如來時時欲誘小乘向大，始于今日得其機宜，故一并付予。此兩答的是般若會上付財令其轉教也。

至于以身相、果法重重勘驗而引進之，是使諸法融通，汰盡餘疑，皆入衍門矣。此廣略等釋中皆先降後住者，在空生向來沉空住寂，故問亦急於住理而後於降心。在如來因其發心向大，貴乎先歷事行，而住理自在其中，故亦反其所問，而先降後住，非降心文略，安住文廣之謂也。

△二、廣釋住、降、離相，二。一、以果法驗明降心、離相，二。一、舉身相驗明，二。一、明身相俱非。

須菩提，於意云何，可以身相見如來不。不也，世尊，不可以身相得見如來。何以故。如來所説身相，即非身相。佛告須菩提：凡所有相，皆是虚妄。若見諸相非相，即見如來。

已上空生發問，如來委答，理雖明了，未知當機領與不領，故換一問頭，如探竿影草，以驗試之曰：因中度生離相，果上成佛身相，爲復是有是無。儻猶著身相是有，則渠行因離相之旨未全透脱。今空生如俊鷹快鷂，見鞭影即歸正路，故直答之曰：發心究竟二不别，因既離相，果何身法哉。要知空生此時已用金剛慧抉四眼之膜，故盡情呈露無相之解。此中有三層領解：不也，一層。不可以身相見，二層。如來所説身相即非身相，三層也。此解若邪，佛當訶斥。此解若正，佛當讚許。佛則二俱不用，而開深其解曰：汝將謂佛身離四絶百，清淨無爲，爲非相乎。須知染淨聖凡一切皆非也。又汝向來但知六凡世相皆爲虚妄而棄去之，豈知即二乘、菩薩、佛相亦皆虚妄不實耶。蓋因其分見而開令圓滿，引其小空而歸于大空。在佛成道已來，即循循善誘，欲開小空小智，無奈機宜未可，且爾默默。今得可開之機，稱佛本懷，故即引而申之曰：凡所有相，皆是虚妄。若見諸相非相，即見如來。正加于可加時矣。一切虚妄諸相非相，金剛般若也。即見如來，般若波羅蜜也。須知此等顯實之言，據佛意在圓，故處處點出，而機情未熟，只領真空破蕩之功，不可於此執文害意。

△二、顯聞義俱深，二。一、能聞人勝。

須菩提白佛言：世尊，頗有衆生，得聞如是言説章句，生實信不。佛告須菩提：莫作是説。如來滅後，後五百歲，有持戒修福者，於此章句能生信心，以此爲實，當知是人，不於一佛二佛三四五佛而種善根，已於無量千萬佛所種諸善根。聞是章句，乃至一念生淨信者，須菩提，如來悉知悉見，是諸衆生，得如是無量福德。

空生意謂此真空妙説，我積劫至今，方一聞見，降我已後，恐聞信無人，斯道或絶。佛謂金剛般若，人人本具，在汝乍見，以爲奇特，在佛圓照，代不乏人，豈惟佛世多機，即如來滅後，後五百歲，鬬諍堅固之時，猶有火裏青蓮，聞此《般若》能生實信，但其夙植深厚，爲佛見知，非聊爾人也。一念淨信，即是金剛得用，掃盡千念萬念情塵，而獨露般若靈知之一念。正萬法歸一，識得一則萬事畢也。此初心一念般若，與佛證窮甚深般若孱齊，故爲佛悉知悉見。

△二、所聞義深

何以故。是諸衆生，無復我相、人相、衆生相、壽者相，無法相，亦無非法相。何以故。是諸衆生，若心取相，即爲著我、人、衆生、壽者。若取法相，即著我、人、衆生、壽者。何以故。著取非法相，則著我、人、衆生、壽者。是故，不應取法，不應取非法。以是義故，如來常説，汝等比丘，知我説法，如筏喻者，法尚應捨，何況非法。

既顯此一念，則如迷方既悟，不復更迷，精金一出，更不雜鑛。諸相懸離，圓明莫染，故曰無復我相、人相、衆生相、壽者相。無復者，不更、不再之謂。豈但無凡夫四相，且無聖證法相，及觀智能空之非法相。觀智不忘，如《大經》之闍樓衣未脱，故曰若一著非法，即爲生死四相。所以法非法相，均不可著。次即引事而釋成之曰：我所説法，如對此岸人説渡河之筏一般，此筏即法，非法相也。對著有者説空爲筏，對著空人説實相爲筏，因病發藥，病去藥除，初無定在。既渡岸已，二俱應捨。出《阿含經·筏喻品》。

△二、舉果法驗明

須菩提，於意云何，如來得阿耨多羅三藐三菩提耶，如來有所説法耶。須菩提言：如我解佛所説義，無有定法名阿耨多羅三藐三菩提，亦無有定法如來可説。何以故。如來所説法，皆不可取、不可説，非法、非非法。所以者何。一切賢聖，皆以無爲法而有差別。

佛既示般若體露，則四相、法相、非法相俱離，不但度生之當離而已。恐空生未領，故復舉如來度盡衆生、乃證菩提、脩行既滿、爲生説法，以試驗之，曰：如來得菩提耶，有説法耶。此有二意：一、欲開深空生大智。二、即會一切法摩訶衍也。空生至此，心已融通，故開口答辭，便融通含畜，不如前之率爾。其曰若論如來歷劫修行，自然得果，出世已來，在在説法，但我解佛比來所説，筏喻無定之義，則無定法名菩提。不過對凡夫低下，而假名無上，對衆生邪雜，而假曰正等，對迷人在夢，假名正覺，其實般若體上，無生可得，又何得有對生説佛之阿耨多羅三藐三菩提。名尚無定，何有實得哉。即所説之法，如對病發藥。衆生病尚叵得，又何對空説有等之定法。法既無定，何可説耶。猶恐無定之旨未明，故復釋之曰：若有所説，即墮四相矣，是以皆不可取、不可説，此領上無四相也。非法，即領上無法相也。非非法，即領上亦無非法相也。此一番已謹對領上所示旨趣，而猶恐俱非之義未顯，故復釋之曰：若論脩行證智，雖有淺深、大小、賢聖之分，其實所顯離相般若，一切皆同也，勿謂我小智小空，不同如來大空般若也。蓋若有四相，非無爲法。若存法相，即非無爲。若有非法相，即非無爲矣。略中但云離四相，今點無爲般若上併無法相、非法相，豈非廣前降心、離相。

△二、約性福，廣釋無住生心，三。一、提相施較福德性，二。一、出相福爲較本。

須菩提，於意云何，若人滿三千大千世界七寶，以用布施，是人所得福德，寧爲多不。須菩提言：甚多，世尊。何以故。是福德，即非福德性，是故如來説福德多。

由前略答布施無住，而猶未明如何布施，如何無住福深，故重提前相福之多，以爲較量無住性功之本。非福德性，即著相布施。布施，兩提大千七寶。無住，不住十界聖凡。福勝，委出人處功德，豈非廣前無住行施。

△二、示性功生佛法

若復有人，於此經中，受持乃至四句偈等，爲他人説，其福勝彼。何以故。須菩提，一切諸佛，及諸佛阿耨多羅三藐三菩提法，皆從此經出。

於此經持説，即安住無住般若而自行化他。今云出諸佛菩提，即略答中虛空不可思量之福也。至下重較量中，并其人處廣略委出福相。

△二、歷諸法點無住心，二。一、歷明無住，四。一、佛法。

須菩提，所謂佛法者，即非佛法。

所謂二字，即牒前所出諸佛菩提，即非二字，即金剛般若。

△二、四果

須菩提，於意云何，須陀洹能作是念，我得須陀洹果不。須菩提言：不也，世尊。何以故。須陀洹名爲入流，而無所入，不入色、聲、香、味、觸、法，是名須陀洹。須菩提，於意云何，斯陀含能作是念，我得斯陀洹果不。須菩提言：不也，世尊。何以故。斯陀含名一往來，而實無往來，是名斯陀含。須菩提，於意云何，阿那含能作是念，我得阿那含果不。須菩提言：不也，世尊。何以故。阿那含名爲不來，而實無不來，是故名阿那含。須菩提，於意云何，阿羅漢能作是念，我得阿羅漢道不。須菩提言：不也，世尊。何以故。實無有法名阿羅漢。世尊，若阿羅漢作是念，我得阿羅漢道，即爲著我、人、衆生、壽者。世尊，佛説我得無諍三昧，人中最爲第一，是第一離欲阿羅漢。世尊，我不作是念，我是離欲阿羅漢。世尊，我若作是念，我得阿羅漢道，世尊則不説須菩提是樂阿蘭那行者。以須菩提實無所行，而名須菩提是樂阿蘭那行。

更歷四果者，因空生已脩已證之法而提問之，令渠自招無住。在空生一一言無者，正一切聖賢皆無爲法之明證也。

△三、佛得

佛告須菩提：於意云何，如來昔在然燈佛所，於法有所得不。不也，世尊，如來在然燈佛所，於法實無所得。

佛於然燈佛所於法無得，是舉釋迦脩證而勘問之，與前通説佛法不同。

△四、莊嚴

須菩提，於意云何，菩薩莊嚴佛土不。不也，世尊。何以故。莊嚴佛土者，即非莊嚴，是名莊嚴。

此舉菩薩六度萬行以顯無住，從不住六塵、四果、菩薩、佛法以顯無住者，是佛復於無住行施章内，以圓空實智開空生小空小慧，會一切法皆摩訶衍處也。此旨不但于此正説兩章中疊明，即下持名聞義内，亦莫不會一切皆歸無住云。

△二、結示生心，二。一、正示。

是故，須菩提，諸菩薩摩訶薩應如是生清淨心：不應住色生心，不應住聲、香、味、觸、法生心，應無所住而生其心。

是故二字乃結定之辭，良由無住性德當

前，佛法、四果、如來莊嚴俱不可著。是故汝最初問應云何住，我即答汝曰，諸菩薩應如是不住生心，不應住六塵萬法而生六度萬行之心。此説乃直提初問初答之語而結顯之也。不應住色生心，即上不應住色生布施心，乃至不應住色生萬行心。若一有所住，即生死四相之染汙心。一無所住，而生萬行之心，乃金剛般若現前，一一悉皆稱性起脩。是以雖終日生心，而其心終日清淨也。又復不應住者，乃金剛寶劍直掃十界情塵也。若二乘人執之以爲究竟，即沉空住寂，孤調泥洹矣。故更策進曰應無所住而生其心，其有所指也，蓋謂六度萬行、迎賓送客、著衣喫飯等心耳。良以著衣喫飯、六度萬行，一一皆依無住般若而起妙行，故行行無非般若。所謂入理般若名爲住，以無住法，住般若波羅蜜中也。即釋迦牟尼佛最初與同人法持鉢乞食，亦深安此理。所以空生一見，即便驚嘆希有。又復無住生心，不但所生善心爲般若，即一切惡、無記業報等心靡不皆然。《淨名》云：從無住本，立一切法。一切法者，理則性德緣了，事則脩德三因，迷則三道流轉，悟則果中勝用。如是四重皆依迷中實相而立。若不即性，則無厭足王、勝熱婆羅門、調達、和須密女，皆實惡法矣。所以從無住而生，雖惡亦性，苟有著而起，雖善亦邪也。

△二、喻顯

須菩提，譬如有人，身如須彌山王，於意云何，是身爲大不。須菩提言：甚大，世尊。何以故。佛説非身，是名大身。

即舉非身大身而譬明之曰：若住于有，雖山王亦小。若了非身，雖毫末亦大也。若欲委簡法相，當依幽溪大師不住而生、生而不住諸句，及六即明無住等釋。

△三、結相施重顯性福，二。一、重拈相福爲較本。

須菩提，如恒河中所有沙數，如是沙等恒河，於意云何，是諸恒河沙寧爲多不。須菩提言：甚多，世尊。但諸恒河尚多無數，何況其沙。須菩提，我今實言告汝，若有善男子、善女人以七寶滿爾所恒河沙數三千大千世界，以用布施，得福多不。須菩提言：甚多，世尊。

前但云大千寶施，今復云恒沙大千寶施者，秖是舉相施之多，益顯無住受持功勝耳，非有優劣之分也。縱使能較相施，容有多少，若夫所較性功，斷無軒輊。秖如今略持中人獲勝福處如塔廟，況出廣持，則人成勝法處如聖賢。以對前略答中出無住福勝，則曰虚空不可思量。次廣釋初無住福勝，則曰出生諸佛菩提。足以見説法融通照映之妙，何可分淺深優劣之殊哉。

△二、廣顯性功成佛法，二。一、略持人處福勝，二。顯性福而必約廣略持説者，正説于般若有廣略二門。説既有二，持者亦然。又廣略中必有自持、教他，即般若付財令其轉教意也。《法華》云：其中多少，所應取與。略爲少，廣爲多。自行爲取，教他爲與。受持、讀誦是佛付財，爲他人説是佛令轉教，例之前後靡不咸爾。

△一、人獲勝福

佛告須菩提，若善男子、善女人於此經中，乃至受持四句偈等，爲他人説，而此福德勝前福德。

△二、處如塔廟

復次，須菩提，隨説是經，乃至四句偈等，當知此處，一切世間天、人、阿修羅皆應供養，如佛塔廟。

△二、廣持人處福勝，二。一、人成勝法。

何況有人盡能受持、讀誦。須菩提，當知是人，成就最上第一希有之法。

最上第一希有，即《金剛般若波羅蜜》之褒名也。故至下問名中，佛直以《金剛般若》

之全名答之。

△二、處如聖賢

若是經典所在之處，即爲有佛，若尊重弟子。

究竟者爲佛，分證者爲弟子。即爲若三字，是如聖賢而非即聖賢也，不必依魏譯倒讀釋之。

△二、寄聞持名，義顯功德，二。一、持名功德，二。一問。

爾時，須菩提白佛言：世尊，當何名此經，我等云何奉持。

上來約廣略詳明住、降、離相之旨已盡，理當問名以便流通。當何名此經者，在空生聞此經義意超脱，功用難思，似乎不可得而名名之意，況受持此説即能成就最上第一希有之法，則又不可標偏名以該圓德矣，故曰當何名之。

△二、答，三。一、出名教持，二。一、直示。

佛告須菩提，是經名爲《金剛般若波羅蜜》，以是名字，汝當奉持。

佛謂名者所以召實，此經既有最上、第一、希有等三德之實，固當即以金剛、般若、波羅蜜等三德之全名而名之，不可偏字矣。

△二、重釋

所以者何。須菩提，佛説般若波羅蜜，即非般若波羅蜜，是名般若波羅蜜。

所以者何下，即出命名之義。曰，凡六百卷經皆曰《般若波羅蜜》，而今特加金剛二字者何也。次即釋出加金剛二字之所以，曰：良由此金剛慧劍當前，不但掃淨六凡四相之著，即般若之法亦不許著。所謂般若大火聚，四邊不可取，取之則燒。若於般若取著，亦以金剛大用而斬斷之。故曰般若波羅蜜，即非般若波羅蜜，然後得顯無相之般若波羅蜜也。即非二字，乃金剛大用，此一答已盡加金剛二字之旨趣矣。

△二、歷顯無住

須菩提，於意云何，如來有所説法不。須菩提白佛言：世尊，如來無所説。須菩提，於意云何，三千大千世界所有微塵是爲多不。須菩提言：甚多，世尊。須菩提，諸微塵，如來説非微塵，是名微塵。如來説世界，非世界，是名世界。須菩提，於意云何，可以三十二相見如來不。不也，世尊，不可以三十二相得見如來。何以故。如來説三十二相，即是非相，是名三十二相。

如來因便用上無住妙慧，徧蕩聖凡一切相著，以顯金剛勝用，曰即非世界、身相、説法也。此於持名中，融通一切而歸摩訶衍之部旨也。

△三、結示功德

須菩提，若有善男子、善女人以恒河沙等身命布施，若復有人於此經中，乃至受持四句偈等，爲他人説，其福甚多。

今但持名而已，何必功德亦勝身命布施耶。諺云，聲價千金。名之所存，即實之所存。如至尊一名，群臣莫及也。

△二、聞義功德，二。一、正明，二。一、聞義，二。一、委出經義離相，二。一、空生伸解，二。一、幸已解，以明能聞希有。

爾時，須菩提聞説是經，深解義趣，涕淚悲泣而白佛言：希有，世尊，佛説如是甚深經典。我從昔來所得慧眼，未曾得聞如是之經。世尊，若復有人得聞是經，信心清淨，即生實相，當知是人成就第一希有功德。世尊，是實相者，即是非相，是故如來説名實相。

此章先明經義，次明功德。直至經義不可思議，果報亦不可思議，是雙結。今且師資合歎，所聞經義希有。聞説是經，乃言語也。深解義趣者，言下所詮之義，即金剛般若大用現前，掃盡十界情著，以歸真空離相，乃前處處所明即非是也。趣，是言外所顯之意。真空不空，一一皆歸實相彼岸，會一切皆摩訶衍，乃前處處所明是名者是也，故直歎之曰希有。希有與前不同，前是初窺如來尋常日用，莫非無住般若現前，如天王華屋一時乍見曰希有。今則宛轉問答，委曲詳明，深知真空不空，法法皆實，如已覩彌勒樓閣重重，細見五步一樓十步一閣，而不暇遍，言宮裏事矣。是則前窺廣大，今悉精微，故曰希有。然而今復悲淚者，良由從得慧眼以來，未曾得聞如是之經，儻一錯過，所失彌多，故復悲淚。次歎他聞希有中，得聞是經乃聞慧，信解是思慧，受持乃修慧，三慧既足，亦當如我今日深解義趣矣。信心清淨即上義也。用金剛大用掃空一切，而真空體露，不著十界情塵爲清淨。衆生心水淨，諸佛影現中。真空不空，即顯實相，如春池喻，內水清珠現，鏡淨明生，諸法不生而般若生，爲即生實相。當知實相無能生所生，不過開顯如來藏體，假名曰生，所謂千年常住一朝生耳。此是前所解之趣也。既空萬有，此人豈非第一般若耶。既生實相，此人豈非已到寶所彼岸之希有人耶。

△二、輕已解，以歎當聞希有。

世尊，我今得聞如是經典，信解受持，不足爲難。若當來世後五百歲，其有衆生得聞是經，信解受持，是人即爲第一希有。何以故。此人無我相、無人相、無衆生相、無壽者相。所以者何。我相即是非相，人相、衆生相、壽者相即是非相。何以故。離一切諸相，即名諸佛。

意謂我等已去見思，開入大乘，即六根淨位之人，況承佛諄諄善誘，令我得開性藏，以窺究竟，不足爲難。但後五百歲剛強難化之時，聖賢月没，人根淺鈍，其有衆生得聞是經，但能入思修兩慧相似見性，當知是相似即佛，即爲第一希有。次即釋明第一希有之故。何以故三字，是徵問之詞。言前邊信心清淨即生實相，已分證秘藏，可曰第一，今但信解受持，不過五品六根在修之人而已，何得亦曰第一耶。下釋之曰：當知此人既能信解受持，已是思修二慧之人，時時以金剛大用現前，永離四相，獨露真空者矣。故六根淨位，實道能通，可爲第一。何以故。離一切諸相，即名諸佛，乃釋明希有二字。此中何以故三字又是徵詞，曰六根淨位可與前信心清淨相同而名第一矣，其如此人但在脩慧，未得分證實相，何得名曰希有耶。故即釋之曰：但恐人心不空耳。既能空諸所有，即是真空不空。不空即實相。所謂鏡淨明生，淨極光通，不真何待。故此人即名到實相彼岸之相似諸佛爲希有也。又復應知，離一切諸相處，即前深解之義，即名諸佛處，即前深領之趣，皆詳明住、降、離相中宗旨。今空生于所聞義内結要出之，非離前文别説他法也。空生既自解此法，即以此法歎擬後人，在文宛爾，學者知之。

△二、如來述成，二。一、印證。

佛告須菩提：如是，如是。

雙言如是者，以空生歎聞經之人雖有證脩差别，至于均得第一希有功德，殊非謬濫，故雙印之。

△二、深述，二。一、述能聞希有。

若復有人得聞是經，不驚、不怖、不畏，當知是人甚爲希有。

此即反其領歎之詞而述成之，曰：須菩提，爾何求全于人如是之深也，必欲其信心清淨，即生實相，及信解受持而後，許其爲第一希有耶。須知有人得聞如來所説，以金剛慧徧掃十界情著，即顯實相希有之旨，能安忍領解而不驚怖，即是五品初心，能一念隨順之人矣。故卒聞一切俱空、佛法亦空而不驚，向來倚第一般若爲導六度萬行之主。今亦非去而不怖，向倚般若爲歸趣之處。今亦空去而不畏，蓋已了知吾人心體，一真未迷之前，無般若之名相，究竟極果之後，又何般若之主導哉。故聞此真空蕩相之旨，而能安忍不驚怖也。當知此人已能圓伏五住，觀行如佛，如《法華經·隨喜品》中歎其功德難思，與佛比次，故云甚爲希有。言一甚字，即發心、究竟二不別，如是二心前心難也。如來既深許五品初心但不驚怖即爲希有，於理難信，故雙約事理以釋明之。

△二、約事理釋成，二。一、約第一理。

何以故。須菩提，如來説第一波羅蜜，即非第一波羅蜜，是名第一波羅蜜。

何以故三字是徵詞，此人云何不驚怖即希有耶。釋曰：般若乃萬行六度之主。今金剛大用當前，并第一般若之相不許著。若著般若，亦同四相，故掃除之，曰即非第一波羅蜜。凡夫小乘聞如此説，未有不驚疑怖畏者。今圓人已深合真空實相，隨順歡喜，故不驚怖。真空之下，即實相常住，復能安住不動，是觀行如佛，與佛同心，故許之曰甚爲希有也。

△二、約忍辱事，二。一、由安忍故不驚怖。

須菩提，忍辱波羅蜜，如來説非忍辱波羅蜜，是名忍辱波羅蜜。

聞深理而不驚，良由已得伏順二忍。忍成于己，故寵辱不驚，逆順俱安。天龍恭敬，不以爲喜，惡王割截，無有瞋恨。十乘止觀中，能安忍則不退轉皆是也。今聞境智俱空，在不忍者必多驚疑怖畏，此人已能圓伏忍成，故不驚怖。《法華》云：菩薩住忍辱地，柔和善順，而不卒暴，心亦不驚是已。此一句乃釋忍成不驚者甚爲希有義也。蓋忍辱之人一有我爲能忍、彼爲能辱之念，即墮四相，不得爲究竟彼岸之希有忍矣。今此人深安辱境而人我俱忘，四相俱掃，故曰即非。既即非之後，一一成究竟實忍，豈非希有耶。

△二、引往事釋忍離相

何以故。須菩提，如我昔爲歌利王割截身體，我於爾時無我相、無人相、無衆生相、無壽者相。何以故。我於往昔節節支解時，若有我相、人相、衆生相、壽者相，應生瞋恨。須菩提，又念過去於五百世作忍辱仙人，於爾所世無我相、無人相、無衆生相、無壽者相。

何以故，又是徵起之詞。難曰：人能安忍至理，故不驚怖，今如來復曰即非忍辱，則并能忍亦空，有何證成而知行忍者無人、我相耶。即舉如來已脩已驗之事，而證成行忍並無四相。蓋平時可以虛假，至于生死大難跟前，不可絲毫勉强，故曰我於爾時無有四相也。何以故者，又問：般若可無四相，至于忍辱，因有我能忍，彼爲所忍，故成此行，是則即有四相何咎。答：若有我相、人相，即生死非相矣。何以故三字，又是徵詞，何以證知如來行忍之時了無四相耶。即釋明曰：我方節節支解時，若少有我相等四，即生瞋恨矣。良由人、我俱忘，故瞋恨不生，支節完復耳。以由行忍離相，故逆順俱安，惡境不生瞋恨，好境不生喜著，聞深不生驚怖耳。又復四相遠離，故曰即非忍辱，乃般若真空現前也。法法皆是，故曰是名忍辱，乃真空不空，到實相彼岸也。故許此初隨不驚之人即爲希有。此章許多何以故，乃經中血脈聯絡處，字字俱要著落，經旨方現。

△二、結示離相生心，二。前廣釋中初歷顯無住已，然後結無住以示生心。今出經義內，先委明離相已，然後結離相以示生心。而生心處仍曰無住者，須知離相即無住，無住即離相，可得互舉而復互顯之也。一、無住生心。

是故，須菩提，菩薩應離一切相發阿耨多羅三藐三菩提心，不應住色生心，不應住聲、香、味、觸、法生心，應生無所住心。若心有住，即爲非住。

是故二字，乃結攝之詞。良由無住之旨，

雖般若深理猶不可著，即忍辱相待之行亦離四相。是故我先答汝曰：無住菩薩即發心，亦應離一切相，及不應住色等生心布施也。

△二、無住行施，二。一、正明。

是故，佛説菩薩心不應住色布施。

此乃結前廣略住、降中無住之旨，以點明經義也。但前無離相發心之語，今佛直欲顯無住之旨究竟，故并其住、降前發心無相而和盤托出。其如空生雖聞此語，未深領解，故有下邊菩薩既有發心則云何應住、云何降伏之問，若於此了知最初發心無法之旨，下半卷問答均可已矣。生心所該甚廣，六度、萬行、善惡等心皆是也。而今别提出無住布施之一端者，以由如來最初略答時，即有應無所住行于布施之語，故今結出。況布施爲六度之首，若此度詳明無住之旨，餘者皆可比知矣。

△二、釋疑。一、約理釋疑，三。一、標離相。

須菩提，菩薩爲利益一切衆生故，應如是布施。如來説一切諸相，即是非相。又説一切衆生，即非衆生。

菩薩行施時人我未忘，與衆生結怨愛之緣，互爲子孫父母、寃家債主，纏結無已，焉得離脱輪迴生死耶。若菩薩雖熾行六度而四相俱空，則一一咸歸無相般若，成究竟彼岸之行，乃大利益一切衆生，不可謂不住行施，無益于六道也。所以如來教人行施決不可住相者，良由一切諸相即是非相，即所施一切衆生即非衆生，如翳眼空華，妄有能所起滅耳。若在如來以金剛慧眼觀晴明空，于中欲求能施、所施了不可得，故曰非相非生。

△二、示實語

須菩提，如來是真語者、實語者、如語者、不誑語者、不異語者。

前云菩薩爲利益一切衆生，又云一切衆

生即非衆生，母乃空有矛盾，二三其説乎。釋曰：如來是真語、實語，決不詿誤后人。況佛所説法，必契理契機，佛證三諦，説必依之。真語、如語，乃稱真諦即空而説也。實語，稱中道實相而説也。是爲遮則法爾空中，若佛依俗諦門頭，教化一切，亦無不當于二理，故曰不誑、不異。

△三、明合理

如來所得法，此法無實無虚。

良由此法無實，故如來説一切衆生即非衆生。良由此法無虚，故如來説利益一切衆生。是則如來所説莫非稱理，皆真語、實語，非誑惑于人也。

△二、約慧顯用

須菩提，若菩薩心住於法而行布施，如人入闇，即無所見。若菩薩心不住法而行布施，如人有目，日光明照，見種種色。

我之所以教諸菩薩不住生心者，以由菩薩之心苟住於法而生，不惟惡心不好，即布施之心亦如人之入闇，長夜漫漫，永無所見。若得金剛無住之大用而離相行施，則諸相俱空，般若炳現，滿目河山莫非實相，如人有目，日光明照，見種種色矣。須知入闇之人，如大富盲兒，本有家珍，反爲困苦。雖般若本智，彼岸實境，一著世相，均爲無明，日日奔取，隨業受報，自心取自心，非幻成幻法，故一無所見。若不住法，如人有目等者，日即本有大光明藏之般若，種種色即諸法實相之彼岸，以得金剛大用，掃淨相著，故得如智如境一一照明。又復應知，即今日、目、色三，一一顯了，並無所增，當其住暗，亦無所減，只在當人迷悟背向之間，差之毫氂，失之千里。于三德中枉受輪迴，如演若迷頭，得失無改，而自生忻戚，爲可憐愍。

○試觀佛於最初對答，且爾汲引凡心，遠離相著，重在金剛蕩相之用。今則機宜稍深，堪開全德，方示無實無虚之中道，徧開三德三因之全體，在暗不增，處明不減。金剛般若波羅蜜之秘藏和盤托出，更無剩法，即可結益，以勸流通矣。

△二、功德，三。一、標示。

須菩提，當來之世，若有善男子、善女人能於此經受持讀誦，即爲如來以佛智慧，悉知是人，悉見是人，皆得成就無量無邊功德。

上邊結攝經義，既即廣略中義，則今結顯功德，亦不離前。但在前散漫多端，今則結成兩章，義彌顯了。又此功德即廣前十方虚空不可思量，及廣略持説人處福勝之義也。

△二、正明，二。一、生善德，二。一、人成勝福，三。一、較示持説福勝，二。

〇此章大意，結出《般若》部旨，以顯教相利益也。夫般若帶通別二正説圓教，故曰爲大乘者説，爲發最上乘者説。人能荷擔無上正覺，及滅罪中當得菩提等益，皆由一

代教主意唯圓，不詮凡小故也。是以因反釋而復揀去三藏小乘。

△一、出相施爲能較本

須菩提，若有善男子、善女人，初日分以恒河沙等身布施，中日分復以恒河沙等身布施，後日分亦以恒河沙等身布施，如是無量百千萬億劫以身布施。

△二、點初隨況出後位

若復有人聞此經典，信心不逆，其福勝彼，何況書寫、受持、讀誦、爲人解説。

信心不逆，即重指如來述成中不驚不怖之人，以況出受持演説五品深信之功德。

△二、釋明經義離相

須菩提，以要言之，是經有不可思議、不可稱量、無邊功德。如來爲發大乘者説，爲發最上乘者説。

大乘，即經中離相無住。處處明即非二字，皆通無生門及別教初空觀也。最上乘，即經

中無實無虛，日光明照處處。是名二字，乃純圓法也。問：如來往往教人植福感報，因必有果，皆可詮量，纖毫不爽，何故今日持説之福佛叵思量。答：《阿含》等經，因果分明可思可説者，但爲小乘人天説耳。今之《般若》，乃爲大乘通別兩種人説，正爲最上純圓人説，故不可思量。若必欲出其五品功德，當知是人即爲荷擔菩提之觀行相似佛矣。蓋五品六根已相似，得百界分身化度衆生之任，故曰即爲荷擔菩提也。

△三、結顯人成佛法，二。一、正明。

若有人能受持、讀誦、廣爲人説，如來悉知是人，悉見是人，皆得成就不可量、不可稱、無有邊、不可思議功德。如是人等，即爲荷擔如來阿耨多羅三藐三菩提。

△二、反顯

何以故。須菩提，若樂小法者，著我見、人見、衆生見、壽者見，即於此經不能聽受、讀誦、爲人解説。

△二、處如有塔

須菩提，在在處處，若有此經，一切世間天、人、阿脩羅所應供養。當知此處，即爲是塔，皆應恭敬、作禮、圍遶，以諸華香而散其處。

二、滅罪功，二。一、正明。

復次，須菩提，若善男子、善女人受持讀誦此經，若爲人輕賤，是人先世罪業，應墮惡道，以今世人輕賤故，先世罪業即爲消滅，當得阿耨多羅三藐三菩提。

金剛利用當前，不但能破四相、六塵之惑障，又能破二種生死之業障、報障也。

△二、引較

須菩提，我念過去無量阿僧祇劫，於然燈佛前，得值八百四千萬億那由他諸佛，悉皆供養承事，無空過者。若復有人於後末世，能受持讀誦此經，所得功德，於我所供養諸佛功德，百分不及一，千萬億分乃至算數、譬喻所不能及。

△二、結具

須菩提，若善男子、善女人於後末世有受持讀誦此經，所得功德，我若具説者，或有人聞，心即狂亂，狐疑不信。

△二、總結

須菩提，當知是經義不可思議，果報亦不可思議。

金剛般若波羅蜜經部旨上

金剛般若波羅蜜經部旨下

△二、詳住、降前發心無法顯般若波羅蜜。

○凡經中無實無虛，一切諸法無非佛法，是法平等，無有高下，以三十二相見如來，如如不動等，皆明彼岸實際之體，乃般若歸宿究竟地也。此中雖亦有無法無相、一切即非之言，然其正意皆點平等無二之彼岸，不可以辭礙意爲二。

△一、問

爾時，須菩提白佛言：世尊，善男子、善女人發阿耨多羅三藐三菩提心，云何應住，云何降伏其心。

生佛本元平等實際，所謂究竟泥洹，常寂滅相，終歸于空，圓滿菩提亦歸無所得，則是纖塵不立、澄清湛寂者，是其本體也。今空生前窺希有，特發此心，欲證其元，先問降、住，如來曲爲開示，已知住降離相。既知脩行離相，却顧本因，則從發心而來。若有一能發之法，所發之心則是對待宛然，人我叢立，正是因名立所，所既妄立，生汝妄能，能所叢立，四相紛紜。源頭既濁，流派難清，至度生時，如何能降人我塵勞耶。況平等法界，澄靜無波，若有一發，則似于靜生動，動即有苦，果不離因，三細六粗糾纏紛動，如本形既曲，迹影自凹，如何能安住實理耶。向下如來直示中，菩薩度生，了無四相，是答其降伏也。實無有法發菩提心，是答其應住也。須知空生此問似與前同，而其義意深入堂奧，直欲究明最初能發一點根元，所謂希更審除微細惑也。若此根不清，則枯椿舊處仍爲繫驢，生相無明還爲種子，是大有所有，焉會無相彼岸乎。正前箭猶輕後箭深，直向脚下拔根也。故如來答示，亦直明發心無法，截斷最初能發生相根元，然後歷八十一科，以顯彼岸平等，乃此經中甚深妙談，言語似同，而旨歸迥別。若只作重說，再爲鈍根而判，則佛意經旨恐永沉矣。

△二、答中，二。初、示發心平等故，稱性本無，二。一、稱性故無所度生。

佛告須菩提，善男子、善女人發阿耨多羅三藐三菩提心者，當生如是心：我應滅度一切衆生，滅度一切衆生已，而無有一衆生實滅度者。何以故。須菩提，若菩薩有我相、人相、衆生相、壽者相，即非菩薩。

此直答其云何降伏其心之問。菩薩發心，上求佛道，必先下度衆生。度生時，必先了知生佛齊平，一如無二，故度盡一切而實無衆生得滅度者，一切衆生俱涅槃相，不可復滅，一切衆生俱菩提相，不可復得。佛乃已證之衆生，生乃在迷之諸佛，此真如界内，絶生、佛之假名，平等慧中，無自他之形相。菩薩雖知平等實際不受一塵，而不妨佛事門頭不捨一法，晏坐水月道場，建立空華佛事。諸佛時時度心内衆生，衆生時時成自性諸佛，故終日度自性如幻之衆生，而終日無能度所度之相可得，不過點示衆生本有，令之復還元覺而已。如醫目者，但去其翳，非別與光明也，故曰實無衆生得滅度者，此稱性而示，無所度生也。何以故三字，乃徵出無所度生之義。問：菩薩發心度生，乃成佛根本，非分外事也。既度盡矣，何必曰實無得度耶。故即釋曰：平等真法界，佛不度衆生，若有一所度之生，即是汝問能所宛然、四相叢立、根源不清，即度生時，不能降伏其心矣。既有四相，全是凡夫，豈得謂之圓解生佛齊平之菩薩哉。須知熾然度生時，尚稱衆生性體實無所度之生，況菩薩稱性發心時，塵淨光生，又豈有所發之心哉。

△二、示平等故無能發法

所以者何。須菩提，實無有法發阿耨多羅三藐三菩提心者。

此答其云何應住之問。渠問若有發心之法，未免寂體起動，麤細相生，波翻浪鼓，何能安住實際理地耶。故答菩薩圓解初開，不唯顯佛，九亦同彰，從此全性起脩，俱體俱用，如全水爲波，發一切功德。智慧境界，不縱不橫。發得本有，强名爲發，實無能發所發，只是離去妄塵，復完本有，但盡凡情，別無聖解。正忽悟本頭，非從外得也。豈實有能發之法哉。

○此實無有法之無字，不但無其有，抑且無其無，無凡無聖，無染無淨，無高下虛實。葢當人心體元無法相，稱此顯發，發得平等，即是無發而發，發而無發。由是無住而住，住而無住，以無住法，住般若波羅蜜中，何疑有發心時即不能安住哉。此一句直截痛快，掃盡生相疑根，托出衆生平等法界，乃下半卷經中大主腦、大關節。答前疑，申後義，凡歷八十一科破相，以顯無相般若，只完得此無字也。復會一切皆摩訶衍，以歸平等彼岸，亦此無字也。若云對有言無，則得偏失圓矣。所以者何四字是徵問，云何度生有相，即非菩薩耶。故即答云：菩薩最初發心時，尚無有法，其源自清。豈可度生時反存所度之相哉。

△二、歷諸法釋無顯平等衍門，二。一、正歷諸法釋無顯等，二、複疏所歷釋無顯等。

○《般若》大旨在以空慧水淘汰執情，會一切法皆摩訶衍，以空破執。上半卷已明，自此至終，皆歷一切法釋無。而方當釋無之時，處處點歸平等彼岸，正會一切皆入衍門也。言會入者，《大般若》中如舉空，則色空、受空乃至識空、六入空、十二處空、十八界空，四諦、因緣、六度乃至一切種智空，歷八十一科，章章皆爾。空則俱空，無我則俱無我，乃至實則俱實。秖如《心經》照見五蘊皆空，故無蘊、無入、無界，無諦、緣、智、德，以無所得故，得菩提涅槃，皆歷聖凡、迷悟、因果等法而歸于一，是爲會一切法皆摩訶衍也。今經會法歸衍，與大小般若宛爾孱齊，葢八十一科之法雖多，界内陰、界、入處只一三業也，界外大小、漸頓只一因果也。複疎云者，正大部中一一皆歷諸法以入衍門意也。故今只歷因果三業以釋無法，而旨歸平等實相，的是會法歸衍部旨也。當知釋無之處正般若空慧，無實無虚即實相彼岸。至歷法中所説，雖有多少缺具不同，而莫不一一呈露平等波羅蜜也。但前後問答中互有傍正，前半卷雖有無實無虚等語，而正意重在金剛慧用。下半卷雖有即非無相之語，而正意重在是法平等。不可因前後互出之言，以礙此經大旨也。今初爲二。

△一、歷二法，二。一、歷果釋顯，二。

一、正明二意爲，二。一、釋實無所得。

須菩提，於意云何，如來於然燈佛所，有法得阿耨多羅三藐三菩提不。不也，世尊，如我解佛所説義，佛於然燈佛所，無有法得阿耨多羅三藐三菩提。佛言：如是，如是，須菩提，實無有法如來得阿耨多羅三藐三菩提。須菩提，若有法如來得阿耨多羅三藐三菩提者，然燈佛即不與我授記：汝於來世，當得作佛，號釋迦牟尼。以實無有法得阿耨多羅三藐三菩提，是故然燈佛與我授記，作是言：汝於來世，當得作佛，號釋迦牟尼。

發心、究竟二不別，故舉如來於然燈佛

時實無所得，以顯菩薩于初因時實無所發。下之實無有法得菩提，謹對上實無有法發菩提句。蓋此二無字，俱指平等性體，增不得絲毫，減不得絲毫。若最初有法發心，則是因增謗，非平等矣。若後有法得果，即是果增謗，非平等。今果既平等無增，顯出因亦平等無增，如大圓鏡光，第去浮塵，光體自現，不可以强加顏色爲得光明也。但恐圓義難彰，乃假問答播弄而斷定之。如我解佛所説義，無有法得菩提。在空生意謂，論如來今日成佛，由得菩提而來，似不可無，但我解佛無法發心之語以推之，則又似乎無法得菩提矣。此空生解義言無，未敢決定以爲無所得，佛即決定其旨曰：汝不可首鼠狐疑，語仍兩可。須知十方如來究竟果成，不過復還本有，于平等體上實無所增，所謂圓滿菩提歸無所得也。此句乃千金不易決定之詞，仍恐其義不顯，復加反顯以明無，更以順説以明無。若有法如來得菩提，是反説。以實無有法得，是順説。如此而實無有法之旨盡矣。

△二、明所得平等

何以故。如來者，即諸法如義。若有人言如來得阿耨多羅三藐三菩提，須菩提，實無有法佛得阿耨多羅三藐三菩提。須菩提，如來所得阿耨多羅三藐三菩提，於是中無實無虚。是故，如來説一切法皆是佛法。

以上反正研詳以明初後無得，意歸平等，而語似真空，故復提能得所得人法二件，以顯平等衍門。何以故三字，是徵詞，問：一切衆生不得菩提，故不得成如來，今佛因得了菩提，故得成如來。若據佛比説實無有法得菩提，則與衆生同矣，何得稱如來哉。若稱如來，應有所得。故即釋曰：如來者，豈真有所得而稱如來乎。不過妄去本彰，復還平等如體而已。諸法乃十界十如等法，一一皆住真如本位。凡夫迷之，枉受生死，名衆生。諸佛悟之，無非自性。稱如來如義者，如名不異，顯十界齊平也，如名不異，完千如全體也，如名不異，點諸佛證同也。經云衆生如，彌勒如，一如無二如。又云周行十方界，還是瓶處如，世尊證如，混虚空爲體性。東西南北，瓶内空，十方空，一體無異。復完平等本覺，總是法王之身，是爲諸法如義。既完本有，不可贅疣名字，但異于衆生之迷，而不得完乎平等如如以來歸正覺者，强名之曰如來而已矣。此能證之如來，尚只反本，别無他得，豈所得之菩提實有法哉。故曰，若有人言如來得菩提者，非也。須菩提，實無有法佛得菩提。須知如來所得菩提，亦只完本有平等，如大明鏡，纖埃不立。若加一有法，即增謗之實也。加一無法，即減謗之虚也。此乃圓滿菩提，無欠無餘，無實無虚，本元心地也。以由無實故，實無所得。以由無虚故，十方諸佛熾成如來也。是故如來説一切法皆是佛法者，此是結顯平等之語。是故二字，乃結攝前義。既能證如來，只完得本有諸法如義，所證菩提，亦只完本有無實無虚，則未悟之先，已證之後，同此一體。所謂是法住法位，世間相常住，未悟之時，何曾有絲毫減異，故一切法皆是法身全體，何必證菩提、成如來而後名爲佛法哉。斯即歷如來得果之法，而廣會一切法皆摩訶衍，顯平等彼岸也。向下歷法釋無中，或文有缺具□□皆然。

△二、結顯二意，二。一、正結。

須菩提，所言一切法者，即非一切法，是故名一切法。

即非結上釋實無所得，是名結上明所得平等。

△二、喻顯

須菩提，譬如人身長大。須菩提言：世尊，如來説人身長大，即爲非大身，是名大身。

非大身，喻顯即非佛法，是名大身，喻顯是名佛法。凡下所明如此等句，皆點空慧般若、平等彼岸二意。然以人身之淺事，以顯佛法之深微，宛有二意，至下約施福貼顯中當明。

△二、歷因釋顯，二。一、離相度生因。

須菩提，菩薩亦如是，若作是言我當滅度無量衆生，即不名菩薩。何以故。須菩提，實無有法名爲菩薩。是故佛説一切法無我、無人、無衆生、無壽者。

實無有法名爲菩薩，與實無有法發心、實無有得果，血脈照映，如驪珠不失。

△二、無住莊嚴因

須菩提，若菩薩作是言我當莊嚴佛土，是不名菩薩。何以故。如來説莊嚴佛土者，即非莊嚴，是名莊嚴。須菩提，若菩薩通達無我法者，如來説名真是菩薩。

《經》初無住行施，但舉六度莊嚴中最初布施一度，其實意該六度。今言莊嚴佛土者，乃舉六度之全缺具不同，義則一也。

△二、歷三法釋顯，三。一、歷意業，二。一、約境智釋顯，二。一、出能照智。

須菩提，於意云何，如來有肉眼不。如是，世尊，如來有肉眼。須菩提，於意云何，如來有天眼不。如是，世尊，如來有天眼。須菩提，於意云何，如來有慧眼不。如是，世尊，如來有慧眼。須菩提，於意云何，如來有法眼不。如是，世尊，如來有法眼。須菩提，於意云何，如來有佛眼不。如是，世尊，如來有佛眼。

五眼，即如來般若圓照，遍了法界，十方不隔，恒沙心非恒沙心，同一般若無相也。三際不遷，三世心無三世相，同一實相常住也。問：所照之心屬意業，則可了知，能照之智是五眼，如何會通。答：如來五眼即四智，本是圓通，不必致疑。即衆生眼見，莫不由心。蓋心識在眼即眼識，眼若無心，則何能見。如木人已死，二俱無見。《楞嚴》云：如是見性，是心非眼。《書》云：心不在焉，視而不見。

△二、融所照境，二。一、約實無所得蕩相。

須菩提，於意云何，如恒河中所有沙，佛説是沙不。如是，世尊，如來説是沙。須菩提，於意云何，如一恒河中所有沙，有如是沙等恒河，是諸恒河所有沙數佛世界，如是寧爲多不。甚多，世尊。佛告須菩提：爾所國土中所有衆生，若干種心，如來悉知。何以故。如來説諸心，皆爲非心，是名爲心。

恒河諸心，則塵勞種種，迷暗般若圓明。今以空慧蕩之，即爲非心，則復還離相之實無所得也。

△二、約平等常住釋明

所以者何。須菩提，過去心不可得，現在心不在得，未來心不可得。

三際遷流，則生死無常，背于常住彼岸。今亦以圓智融之，十世古今不離當念，則復完平等實相矣。夫如來以般若妙慧，會一切聖凡、因果等法而歸摩訶衍，乃事從聖起，先直點圓人發心稱性本無，體自平等，由是順勢以無得果度生、嚴土，而出世聖人初中後因果等心，悉歸衍門空慧矣。聖法既融，勢如建瓴，以融界内在纏凡法。恒沙之心叵得，則金剛般若顯，三際之心了無，則常住彼岸彰。皆爲非心，稱性本無也。是名爲心，衍門平等也。融八十一科之法，至矣盡矣。此《般若》部旨極廣大精微之最章明較著處，推此以例前後，文或出没，理實盡焉。故歷三際中，度身口而先歷意業，從便從要，佛意甚深。

△二、約施福貼顯

須菩提，於意云何，若有人滿三千大千世界七寶以用布施，是人以是因緣得福多不。如是，世尊，此人以是因緣得福甚多。須菩提，若福德有實，如來不説得福德多。以福德無故，如來説得福德多。

引福德無故，以貼顯皆爲非心，引得福德多，貼顯是名爲心。凡當說法至深微處，反引世間淺事貼顯使深義明了者，一是如來以種種因緣事相開示衆生，使之解悟之大慈也。二是如來說法巧妙，令異人機解活潑，如珠走盤之師子擲兒法也。如上一切法即非一切法，何等深妙。而忽换轉話頭，以曉機情，曰譬如人身長大等，皆是族矣。又復舉極好布施之心，猶不可著有，若一著有福，即非無住般若，何況損人利己、五逆十惡之恒沙三際心哉。

△二、歷身業釋顯

須菩提，於意云何，佛可以具足色身見不。不也，世尊，如來不應以具足色身見。何以故。如來說具足色身，即非具足色身，是名具足色身。須菩提，於意云何，如來可以具足諸相見不。不也，世尊，如來不應以具足諸相見。何以故。如來說諸相具足，即非具足，是名諸相具足。

歷身業中只舉如來身業者，以如來具足身相猶屬有爲，非般若一塵不染之本體，抑況三乘尚帶無明之身相乎。又況六凡具足五住之身相乎。當知一落身相，皆爲四相，染汙般若體矣。故云不可以身相見也。佛身既非，一切俱非，俱非之後，法法全體，相相實相，則不但佛身是名身相，即九界身相亦皆實相波羅蜜矣。故舉一佛身，空則佛身尚空，何況九界不空，會則佛身尚會，何況九界不會。

△三、歷口業釋顯，二。一、無所說法。

須菩提，汝勿謂如來作是念我當有所說法。莫作是念。何以故。若人言如來有所說法，即爲謗佛，不能解我所說故。須菩提，說法者無法可說，是名說法。

此具能說如來，能聞衆生，聖凡均具。佛說屬口，生聽屬耳，六根可得互舉也。若言如來有所說法即爲謗佛者，佛之所說乃對病之藥，初無定在，不過去衆生之病著耳。衆生病去，其藥則除。若謂如來定有空有之法，則是謗佛有定法矣。此約對機非實有也。二者即所説之法，乃言下所詮之理。理不屬言，言不及理，所謂寄言談于象外。而其理絶精麤，諸法寂滅相，不可以言宣。正如標月指，指非是月，月非是指，認指爲月，不解所指，認言爲理，不解所説矣。此約契理之説非實有也。須知如來爲衆生故，不得已示衆生見理之説。下情迷之，尚以藥爲毒，執言生障，況九界言説乎。又如來口説，於離言説相之般若體上，猶爲多事，況衆生口四業乎。

△二、無能聞生

爾時，慧命須菩提白佛言：世尊，頗有衆生於未來世聞説是法，生信心不。佛言：須菩提，彼非衆生，非不衆生。何以故。須菩提，衆生衆生者，如來説非衆生，是名衆生。

衆生衆生者，非重言也，乃牒前所指兩種衆生而言。蓋能信般若者，或五品深信，或六根十信，此等衆生已是觀行相似即佛，故曰彼非衆生。然而此身猶是五陰和合而生，故曰非不衆生，此非衆生之衆生，非不衆生之衆生，二皆有相，俱非般若正體，悉宜掃除以入空慧，故曰即非衆生。此句雙掃前觀行相似即佛，及五陰假合之二種衆生，入真空妙慧也。既空之後，則法法皆真，一一實相，名體不轉，均入衍門，故曰是名衆生。

△二、複疎所歷釋無顯等，二。複者，重也。疎者，通也。如前已歷因果、三業等八十一科之法，釋無以歸平等摩訶衍矣。今重提前所歷之法，廣略互出，疎通決擇，以入衍門。蓋佛説《大品般若》，歷八十一科入摩訶衍，則法法始從色心終一切種智。今約單複釋無顯等以歸衍門，義實同之。但前半卷約住、降、離相明般若，則以廣略二門釋之，今之單複，或前略者後廣，或前廣者後略，彼此互顯，

等義彌明。

△一、複疎二法，二。一、疎歷果釋顯，二。一、複疎二意，二、結顯二意。初中二。一、疎實無所得。

須菩提白佛言：世尊，佛得阿耨多羅三藐三菩提，爲無所得耶。佛言：如是，如是，須菩提，我於阿耨多羅三藐三菩提，乃至無有少法可得，是名阿耨多羅三藐三菩提。

前佛明於然燈佛所實無有法得阿耨菩提，反復釋明。今云乃至無有少法可得是名菩提，四相爲有，法相爲法，非法相爲少法也。此疎通前實無所得之文甚明。

△二、疎所得平等，二。一、直示性體。

復次，須菩提，是法平等，無有高下，是名阿耨多羅三藐三菩提。

前云諸法如義，無實無虛，一切法皆是佛法。今直點之曰是法平等。

△二、稱性脩證

以無我、無人、無衆生、無壽者，脩一切善法，即得阿耨多羅三藐三菩提。

所謂染汙即不得，脩證即不無，無四相而脩善法，乃名無所住而生其心。從性善起脩善，脩善即性善，性善即顯阿耨菩提也。

△二、結顯二意，中二。一、約善法結明。

須菩提，所言善法者，即非善法，是名善法。

即非善法，結上實無所得。是名善法，結上所得平等。前之佛法者，即非佛法，是名佛法，乃約性説。今之善法，乃約脩説。

△二、引施福貼顯。

須菩提，若人滿三千大千世界中所有諸須彌山王，如是等七寶聚，有人持用布施，若人以此《般若波羅蜜經》，乃至四句偈等，受持讀誦，爲他人説，於前福德百分不及一，百千萬億分乃至算數、譬喻所不能及。

七寶布施乃是相，福不及離相般若，此反顯上實無所得。受持般若波羅蜜法，乃平等性功，故其德不貲，此貼顯上所得平等。須知初歷果中但約性説，故結中亦約性，而顯中乃約喻。今複疎中約修説，故結中亦約脩，而顯中乃約施。脩不離性，性不妨脩，脩性各出，互顯彌明。

△二、複疎歷因釋顯，二。一、標。

須菩提，於意云何，汝等勿謂如來作是念我當度衆生。

衆生著四相而輪迴，雖因依正二境，然不怨於飄瓦虚舟，多分於有情愛憎境上起。即如來以慈悲度生，若一作念，即四相叢立，同于下凡矣，況六道乎。前歷因中約菩薩度生，今約如來度生者，在因名菩薩，因極即如來，舉果則益顯離相之因，功不唐捐。

△二、釋，二。一、釋度生。

須菩提，莫作是念。何以故。實無有衆生如來度者。若有衆生如來度者，如來即有我、人、衆生、壽者。

平等真法界，佛不度衆生，故云實無有度者。然菩薩如來熾然度生，不過如夢勤如，空名惑絶，幻因既滿，鏡像果圓而已。豈真有所度之衆生哉。若有下即反顯之詞。如來既無四相，則亦無所度衆生矣。

△二、釋我當

須菩提，如來説有我者，即非有我，而凡夫之人以爲有我。須菩提，凡夫者，如來説即非凡夫，是名凡夫。

上云我當度衆生，度生之義前已釋明，今復除人疑曰：即如來比説我當度生之我字，不過假名説我，于平等慧中實無自他之形相，故曰即非有我。其如凡夫之人處處膠著，見如來假名説我，即執之以爲實有我相也。況平等體上初無諸佛、凡夫之相，又不可因如來頃説凡夫二字，即執之以爲實有凡夫之相可得也。須知無有高下、凡聖齊平者，方是真空般若。故曰凡夫者，如來説即非凡夫。

既會真空，即顯實相，故曰是名凡夫。上曰即非莊嚴，即非衆生，今疎通中云即非有我，即非凡夫，一義也。

△二、複疎三業，中三。一、超疎歷身釋顯，二。一、直顯中道平等。

須菩提，於意云何，可以三十二相觀如來不。

須菩提言：如是，如是，以三十二相觀如來。

前正歷身業，意雖含于顯等，而語且偏在真空。今愈入愈深，理宜直顯中實，故復舉前事問云：可以三十二相見如來不。空生至此，已領大乘財物，深知諸法實相，相相法身，故即應云以三十二相觀如來。蓋毗盧遮那遍一切處，一切諸法皆是佛法。夫百界千如森羅諸法，皆即實相，如四念處、惟色惟聲等義，何況三十二相而非平等法身耶。此與《法華》中龍女讚佛，微妙淨法身，具相三十二，以八十種好，用莊嚴法身同也。須知此處既是重提前邊所歷身業，而疎通決擇，使平等顯了，固當直顯中道實相，不可仍前約真空蕩相説也。

△二、雙遮二邊相著，二。一、遮著有，二、遮斷無。

○須知直顯中道實相，即是法平等，無有高下也。若著有無，即非平等，即非中道。況實相者，無相無不相，若著有無，即是相不相矣。實相何能彰乎。故文雖雙遮，意顯中實，今初。

佛言：須菩提，若以三十二相觀如來者，轉輪聖王即是如來。須菩提白佛言：世尊，如我解佛所説義，不應以三十二相觀如來。爾時世尊，而説偈曰：若以色見我，以音聲求我，是人行邪道，不能見如來。

諸法實相唯佛究盡，而空生今日分見一班，故可與家裏人説家裏事。然此事深妙，但可你知我知，儻凡心不解，隨語生著，即起有見，便謂生死輪王之相即是平等法身矣。

斯則豈但圓實永沉，抑且真俗混亂，如之何其可也。須菩提答言，若論我與世尊已了真空實相者，無可無不可。今言三十二相即如來，此指諸法實相也。前言不可以三十二相見如來，指此真空離相，所謂已過關者，掉臂而行，左右具宜，初無執礙。但我今解如來所問之義，惟恐衆生不解，以詞害意，執有生見，則真空不彰矣。故今當破去著有之心，即曰不應以三十二相觀如來也。

△二、遮斷無

須菩提，汝若作是念，如來不以具足相故得阿耨多羅三藐三菩提。須菩提，莫作是念，如來不以具足相故得阿耨多羅三藐三菩提。須菩提，汝若作是念，發阿耨多羅三藐三菩提心者，説諸法斷滅。莫作是念。何以故。發阿耨多羅三藐三菩提心者，於法不説斷滅相。

前言勿以具相觀如來者，不過破其著有之心，以顯中實平等耳。其如衆生處處著，纔見破有，即便執無，妄謂如來證菩提者，必無具相，若具相者，即非證菩提之如來。此則方出于有，即墮于空，于平等法上，又爲下矣。故復遮其斷無之執曰：當知實相無相無不相。若汝執如來平等法身必無具相者，此即墮于斷滅外道矣。故曰勿謂如來不以具足相故得阿耨菩提也。復以發菩提心不説斷滅相以轉釋者，良由初發如來菩提之心，故得後證如來菩提之果，發心、究竟二不別。若發心時有斷滅，則證果時亦斷滅。既發心時不斷滅，則果成時豈可以斷滅相而目之曰不以具足相得無上菩提哉。有無高下之見既遣，則中實平等衍門自彰矣。如來身相既會衍門實相，其九界森羅諸法不言可知矣。此如來圓顯平等彼岸之最深切著明處，勿割碎强配，失經脈絡也。發菩提心，於法不説斷滅相者，圓人名字開解，尚爾九亦同彰，況發心乎。發心者，發一切功德智慧境界，不前不後，因該果海，果澈因源，萬德性具，詎云斷滅。夫說斷滅者，乃二乘灰滅，外道斷無也。

△二、追疎意業中約施貼顯

須菩提，若菩薩以滿恒河沙等世界七寶，持用布施，若復有人知一切法無我，得成于忍，此菩薩勝前菩薩所得功德。何以故。須菩提，以諸菩薩不受福德故。須菩提白佛言：世尊，云何菩薩不受福德。須菩提，菩薩所作福德，不應貪著，是故說不受福德。

前正歷意業釋顯中，以如來離相眼智，淨盡恒沙三際妄心。今云知一切無我，不貪著福德，莫非離相般若現前，而恒沙心息，三際俱忘矣。隨其無我不著工夫淺深，以判成忍五種高下不同，不必執定生法二忍名相，以凝圓經。應知前正歷意中，能所廣明，故今複疎，但須略點，正彼此互顯，令平等義彰，法應爾耳。

△三、疎歷口釋顯，中二。一、正歷三法，二、例通一切。初中三：一、所說果人平等，二、所說器界平等，三、所說諸見平等。前正歷口業中，但云不能解我所說，不知所說何等法是衆生不解處。故今略舉三法，廣例一切，則世出世間，若聖若凡、若依若正、若染若淨、若色若心等八十一科，及例三千百界、八萬四千塵勞生滅，俱入真空實相之摩訶衍矣。

今初所說果人平等。

須菩提，若有人言如來若來若去、若坐若臥，是人不解我所說義。何以故。如來者，無所從來，亦無所去，故名如來。

欲會所說諸法入波羅蜜衍門，先舉出世如來果號。既是諸法如義，同一實相，則何有生滅去來。人見來去，此無去來，所說平等義彰矣。

△二、所說器界平等

須菩提，若善男子、善女人以三千大千世界

碎爲微塵，於意云何，是微塵衆寧爲多不。須菩提言：甚多，世尊。何以故。若是微塵衆實有者，佛即不説是微塵衆。所以者何。佛説微塵衆，即非微塵衆，是名微塵衆。世尊，如來所説三千大千世界，即非世界，是名世界。何以故。若世界實有者，即是一合相。如來説一合相，即非一合相，是名一合相。須菩提，一合相者，即是不可説，但凡夫之人貪著其事。

器界無常，碎爲微塵則小而多，合爲世界則大而一。若在如來藏中，求于生滅大小了不可得，故皆曰即非。即非，乃真空體露也。然而真空不空，一一皆本如來藏妙真如性，故皆曰是名，是名即波羅蜜平等衍門也。一合相者，即是不可説。但凡夫之人貪著其事者，一合相雖是虚名幻相，然而不外法界，當下即離名字言説之不思議境，故曰即是不可説之實相也。然則如來何不説明。若如來一加言説，但恐凡夫之人不解所説，即生貪著，于事相上隨語起見，故不可説耳。

△三、所説諸見平等

須菩提，若人言佛説我見、人見、衆生見、壽者見，須菩提，於意云何，是人解我所説義不。不也，世尊，是人不解如來所説義。何以故。世尊説我見、人見、衆生見、壽者見。

四見雖是衆生迷極心法，若至真空體上，不留毫妄，故皆即非。然阿毗依正全處極勝自心，地獄色心尚皆究竟，況此諸見而非平等實相耶，故曰是名我見、人見等也。須知前後凡言是名處，即波羅蜜實相，一切法皆摩訶衍也。是人解我所説義不者，佛謂我已究盡，汝已分知，固不必説，但世間人能解此所説皆實相否。空生答：斯旨甚深，衆生低下，談何容易，故曰是人不解所説義。隨出所以不解之義曰：此等四見一一體空，即非四見，故不解。又此四見一一性真，即是實相，故不解。空生至此，已深解諸法實相，了知諸法皆衍，故呈露見解如是透脱圓淨。佛則因其圓解而盡情開示會入之，故曰發菩提心者，應如是知等也。

△二、例通一切

須菩提，發阿耨多羅三藐三菩提心者，於一切法，應如是知、如是見、如是信解，不生法相。須菩提，所言法相者，如來説即非法相，是名法相。

前來已會聖凡色心等法皆摩訶衍，猶恐法門未盡，故復因其解悟而開廣之曰：發菩提心者，皆應如是知見。蓋謂凡夫小乘，心外有法，執相起見，固不足與語諸法實相矣。但此經爲大乘者説，爲發最上乘者説，既發十界齊平、權實不二之大心，則豈但於上如來器界諸見上如是知見哉。當於百界千如、八萬生滅諸法上一一了知信解，皆真空實相，并其法相亦皆會入。如是方是領知庫藏、克家之子，不辜如來付財之重，能自行化他，轉教無疆也。以般若正慧，蕩汰執疑，會八十一科皆摩訶衍部旨，至此至矣盡矣。故下只須結益，以勸流通。

△大章第三流通，二。一、結勸流通，二。一、舉益勸通。

須菩提，若有人以滿無量阿僧秖世界七寶持用布施，若有善男子、善女人發菩提心者，持於此經，乃至四句偈等，受持讀誦，爲人演説，其福勝彼。

可知。

△二、示流通法

云何爲人演説。不取於相，如如不動。何以故。一切有爲法，如夢幻泡影，如露亦如電，應作如是觀。

正宗經旨既皆會入衍門實相，境如如智，智如如境，則後人流通此經，亦當如經正住，不動有爲，不取諸相，然後可以所行如所説，所説如所行，而爲人演説矣。須知動即有爲，有爲即動，取相即不如如，如如即不取相。下即徵出須不動不取之所以。何以故三字是徵辭。問：何故爲人演説者必須不取不動耶。答曰：良由一切有爲之法，皆如夢幻不實，弘通般若波羅蜜衍門實相之人，當如是觀之，不當反生取著也。

△二、結益流通

佛説是經已，長老須菩提，及諸比丘、比丘尼，優婆塞、優婆夷，一切世間天、人、阿修羅，聞佛所説，皆大歡喜，信受奉行。

金剛般若波羅蜜經部旨下終

（李勁整理）

金剛經註釋（二）

清溥仁乩釋　子真乩訂

序

夫自羲皇畫卦，倉頡造書，天地始開文字，自文字開而後有三教，是三教文字之祖出於一原，尚已。迨其後，三教分而遂各爲一教之文字，要其立言之旨，總以盡性致命爲歸，用開人心明覺，闡大道宗源，以垂訓天下，初無異同。降而異端紛起，附會之徒各分門户，互相犄角，彼此詆非，是使三教文字本以正天下，天下反因之以擾。此不特如來皺眉，孔老亦爲蹙額。獨自性命之説不能相岐，故三教書典，往往文字相異，立説自同。此如來《金剛》一經，直通於孔孟，高於老聃。蓋以是經之義，大要以覺性爲旨，一切求通覺性之論，似淺而深，似虛而實。其説原於天命，合於性善，而明於《道德》五千言，故能使上知下愚無不開悟發蒙，明心見性，此經之所以爲諸經祖也。但其間六塵、四相、福德、布施之説，始終問答，不出於是。總見覺性因由不從後起，而借以啟人之迷，引人入道。若其功之至要，則不外降伏一言。其反於自然，尤著力無所住而生其心一語。故説是經者，不可以虛無寂滅之論誣我如來正旨也。

辛丑二月望後，道人適訪道匡廬。子真行者亦復來遊江右，遇我於竹林精舍。相與言世外事，了無剩義。而子真力欲於塵寰中作度人想，道人因與偕至尉山。尉山，子真舊遊地也。其地山環水瀠，實可棲隱，道人喜而留之。中有二三弟子，頗好精進，子真向與二三子有宿緣，遂以《金剛》一經欲我解釋。道人始難之，既而見其有誠可終始竟事者，因請於如來，得慈悲旨，開壇設講，凡四十日告成。諸弟子復請道人爲之序。道人因念此經解者，什伯大半多屬宗門語録、釋氏公案，不得如來説經之要。故特以經中字義，就字參義，總以歸於正覺，不使見者聞者稍存疑闕。雖於釋氏之論微有不同，然開如來之真面目，以發如來之真玅諦，則不出乎如是知、如是見、如是信解而已。要之釋教真空，原於實理，未有其理不實而泛泛言空者。夫如來之言，真空無相，原以覺性本無虚靈，無相可著。而後之解者，舍其正旨，掇其粗跡，一切經中六塵、四相、福德、布施，敷衍成篇，便同癡人説夢，何益於覺性。所以道人之解獨重三藐三菩提一語也。蓋是語實一經之綱領而合三教之源流。得其旨趣，則諸經之説與三教之道，一以貫通，初未嘗有疑玄難信者，爲後世藉口。但凡人耳提口授，尚多所疑，況憑一乩之言，何以爲據。惟是不作誕語，不設浮辭，止有盡性致命之理曉暢明白，庶乎不罪於如來，而亦可使從事孔老者皆以道人爲非欺世之言耳。後有作者能以道人之意，刊而布之，此解亦可當寰中一鑑也。

時辛丑四月望前五日雲峰道人乩書

校勘記

〔一〕底本據《卍續藏》。

敘

夫人之與僊，相隔於形而相合以神。其所得合者，非偶然也。必合之也有因，故能相聚而成功焉。我嘗論僊踪於世，若即若離，譬如風之有聲，觸物成響，不可執聲以爲風，又不可謂聲之非風也。然以爲無形而有聲者，事近於誕，則凡乩書之言，皆涉於虚渺而難稽。故周穆漢武並好神僊之術，乃始而信，既而疑，終而盡返平生之所爲。則神僊之不足據，見於經傳者，亦大明矣，我敢自托於神僊，憑一乩以惑天下乎。然我則有説焉。夫憑一乩，而言不可知之言，述無可考之事者，幻也。若天壤間有書典而神僊能讀之，書典中有奥義而神僊能釋之，幻乎，非幻乎。此我不敢自居於神僊，而好爲不可稽之言也，獨以如來《金剛》一經，參演成帙者，不但爲諸弟子言，直以剖天下後世之疑而共證此解。葢是解也，我得之於雲峰大師，而雲峰大師又得之於天竺國土，親受如來之教，始得傳於乩書，我何嘗有參解之功哉。但不得不竊附於參解之末者，良以參解之法有三難耳，一難在於解直而未得深也，二難在於言簡而未得詳也，三難在於蠲棄一切宗門語録、釋氏公案而未得動時俗之耳目也。試以經中摘要言之。即如祇園、恒河、須彌等名，舊本俱有圖樣，確指里數，而今皆删矣。如阿修羅、歌利王、轉輪王，俱有名號出處，今亦盡删矣。如三菩提，則從舊解正覺三昧，直以昧字對覺字矣。四果菩薩，舊解須陀洹等，皆屬名號，今即作入流、一往來解矣。涅槃作彼岸解，佛土作艮土解，皆異於別解矣。先世及過去、未來、現在，向作夙世、今生解，今已顯然照字義解矣。種種名色可傳而不可考者，無不删煩就約。或經文只一言而參解必晰，或經文有纍言而大略點過，此皆説是經之摘要處也。所以雲峰大師獨於世所未盡解者，明白通曉言之，則我之得參此經，其中不過什之二三。然我又有説焉。此經之得釋，幸遇大師於匡廬，亦幸遇諸弟子於新邑，乃得共襄厥功。夫雲峰大師之來，原以諸弟子之堅誠所致。但我於諸弟子言之，皆産於雲間，客於江右，向與我世有夙緣，得復合遇斯土，遂發是願，迎大師至新邑，開壇設講，閱四十日告成。其始則辛丑二月十九日，其終則四月初九日也。夫以四十日之中，大師之與諸弟子，僊凡雖隔而神氣自通，所以不覺其成之速。而我與諸弟子皆獲證如來之玅旨，得附大師之後以傳其名，諸弟子亦不無有補焉。嗟乎，天人非遥，僊凡豈迥，能以覺性自存，便可作合於今日，則今日之得書是經於乩，以布刊於世者，不爲非無因矣。諸弟子惟相勗而奉持解説之，不使天下後世以神僊爲誕妄，亦庶幾共見如來真面目也。

時辛丑孟夏四月既望谷口子真乩書於尉山故里。

金剛般若波羅蜜經

姚秦三藏法師鳩摩羅什譯

雲峰大師乩釋

谷口子真乩訂

○法會因由分第一

如是我聞：一時，佛在舍衛國祇樹給孤獨園，與大比丘衆千二百五十人俱。爾時，世尊食時，著衣持鉢，入舍衛大城乞食。於其城中，次第乞已，還至本處，飯食訖，收衣鉢，洗足已，敷座而坐。

子真説：《金剛》一經是如來説真空無相之旨。首言如是，終説如如不動，前後相應。

雲峰説：如則是，不如則不是，如如則并無所是，不可竟作開講語。如是則我得而聞之，不如是則雖有説法，不可得爲我聞矣。一時佛在者，見佛之在此一時。欲聞法而不見佛在，則此心未堅。今佛已在，而我所聞不已確乎。此二句，是記者欲以所聞所見證如來現身説法意。

子真説：舍衛國在西域天竺之東，時佛偶到其國而非常住。祇樹，祇陀太子所種，因以爲名，是文家寫景意。給孤獨園者，乃昔迦尼給散孤獨之處。時佛在其園中，與比丘衆同居。比丘，弟子之稱。比丘言大者，以其通達道理，猶高座弟子也。時有千二百五十人，同住於此。

雲峰説：此一段言佛在此地而從之者衆，

見其信而從之也。與之俱，則必與之聞矣。三句是説佛之能化諸弟子處。

子真説：爾時世尊，非佛之外另有世尊，以聖人之稱謂佛，以人之尊佛而謂世尊，總一佛也。著衣，著褊袒衣，有云柔和之衣。持鉢，是持優龍鉢，有云天王所獻之鉢。入此舍衛國城中而乞食者，未説法前，先以乞食，而動諸衆之見聞也。次第乞已，便是無住相圖畫，不必論其多寡有無，乞過則已，竝不留一毫未已之想。還至，還到給孤獨園中也。於無住相中而仍有一住處，故曰本也。飯食訖而收衣鉢，便完一段乞食供案。洗足已，不過清淨意。

雲峯説：飯食訖三句，可作一串説。

子真説：敷座者，獨設高座於千二百五十人之上，時已坐而世尊將欲説法也。

雲峯説：乞食而已完，洗足而已過，俱是佛之得心處，故敷座而絶無倚著。人常靜坐一刻，萬緣皆起，非是不足，便求有餘，則躍然而起。世尊於此已忘卻乞食事，是無我相張本矣。

○善現起請分第二

時，長老須菩提在大衆中，即從座起，偏袒右肩，右膝著地，合掌恭敬而白佛言：希有，世尊，如來善護念諸菩薩，善付囑諸菩薩。世尊，善男子、善女人發阿耨多羅三藐三菩提心，云何應住，云何降伏其心。佛言：善哉，善哉，須菩提，如汝所説，如來善護念諸菩薩，善付囑諸菩薩。汝今諦聽，當爲汝説。善男子、善女人發阿耨多羅三藐三菩提心，應如是住，如是降伏其心。唯然，世尊，願樂欲聞。

子真説：長老，即千二百五十人中之有德行者。須菩提有三名，一曰空生，一曰善現，一曰須菩提，此其得證果之號也。在大衆中，即從座起者，時世尊先已敷座，而大衆亦已皆坐，獨須菩提從坐間而起立。其時所衣，則偏袒而掛之右肩，是西域衣製皆如此，不是須菩提獨穿此衣也。右膝著地，則今之跪禮也。言右不言左者，是文字中減省法。言合掌恭敬而白佛言，只是敬求世尊説法意。希有二字，是須菩提稱讚説言之，世尊是當世希有者而獨尊於世也。

雲峰説：如來即是佛，即是世尊。如來二字有二義，以其靜而言之則若止水，以其感而言之則如流泉，當其止時萬感不動，當其流時百念不滯，故曰如來也。如來二字，尚有奥義。舊説寂然不動，感而遂通，此但言如來之字義耳。夫來者必有所自而來，惟適如其來者，其來也不藉乎法相。法相者，來以後之事，未來之前無有法相，只有一如。蓋如者覺性之源也，故當其源之未發，則如含於性，當其既發，則如覺於心，此如字之不可以虛解也。如來者，如則可，來則不，如者不得來矣。如來則未及如者，亦不能即來矣。合而言之，何在非如，則何在非適如。其所如以來乎此，又進於寂然不動。二句之解，前言近於喻，今仍以本文字義釋之，總以如字合到覺性説，則無不如矣。

子真説：善護念諸菩薩，諸菩薩即千二百五十人。菩薩是通稱。善護者，言如來能以善念保護諸菩薩。念者，即如來之念。善付囑者，即足上句，意如來能保護眷念諸菩薩，則必能以此法付委而囑托之矣。此段是須菩提冀望，如來説法話頭。

子真説：世尊二字，是須菩提呼佛名而求説法也。凡後世尊二字，俱是須菩提尊稱如來者。男子、女人在千二百五十人之外，言有善念之男子、女人同集於此而發阿耨多羅三藐三菩提心也。

雲峰説：發者猶生發之法。阿字是語助辭。耨多羅三字，譯作無上二字講。三藐二字，譯作正等二字講。三菩提，譯作正覺二字講。葢人有此心而溺於情欲，則不能發生，譬如萌芽方茁而爲物所掩，則欲茁而不得茁矣。故下一發字，發者順其所生也。何謂無上。無有一物更可以加其上也。正等者，言此無上之心，自如來及諸菩薩以迄衆生，在在平等，俱得此無上之正覺。正覺者，此心不偏不倚，如日懸中，表影方正，上下四方無不偏照。無有不覺故，謂正覺此從最初一點靈光，不滓物欲，而無論上、中、下三乘，個個皆具此覺心。上正字作證字解，下正字作中正字解。合而言之，總謂諸菩薩今日聽如來之法者，皆能發生。此無可加上共正之正覺心者，特未知所以住、所以降伏耳。釋氏言此句，猶儒家言慎獨也。獨則無對，此是無上註脚。凡事有對，如先後之類是也。說一無上，便無配耦。正事是從無始以來言，猶儒家性善之説也。儒家單説人，如來兼説九種，此是度盡一切衆生之意。但人人有是明覺至上之心，而不知所以修之之法者，何故。葢緣善念方起，邪念踵生，故不得覺，即覺之而不得至上之心也。今問世尊，此等男子、女人既具善念，云何應住。云何者，如何意也。應住者，凡人起此善念，何以使之堅守不去而常住於心也。

雲峰又說：應住不是强執定之而使之住。只要於發念時見得真確，便不走脱。云何降伏其心者，此心非另有一心也。善心方解，邪心即隨，故須於邪心續起之時，以大覺力降伏之耳。降伏者，如制毒龍，如伏猛虎，如禦强寇，少不能降，反爲所制，即降之而復萌，其熾愈甚矣。降而伏之，不是强伏，所住者常，則所伏者潛消而默化。此二句，是求世尊一入門路徑。

雲峰再說：應如是住、如是降伏其心二句一串看，不是應如是住，又如是去降伏。

所當住者住之，則所不當住者自然伏之矣。只因人於不應住處住脚，便多一番不自在心，那住得久。住不久時又去，則所以制我者皆跳躍而至矣。

子真説：佛言善哉善哉者，讚其問之甚善也，故呼其名曰須菩提，正是儒家呼門人名一般，意如汝所説。説字即是下二句，添如來二字者，見得善保護眷念諸菩薩而付委囑托之，正是佛之本意，所謂因其問[二]而發之也。亦是迎機啟悟法，言世尊説善男子、善女人等，有此無上第一等共證明覺之心，便應如是住、如是降伏也。如是意是如來説，人有所住之地而不能住，則不能降伏其心矣。故應於所住之地，無有過，無有不及，恰好到此住位故。佛言如是住，猶儒家言知所止也。止其所當止，即是如是住註脚也。人患在不知住，便將此心付之，烏有何以降伏。故凡愚之心，蠢而不靈，中人之心，觸而始動，聖賢之心，靜而能通者，其分別區畫，只在一住時相違耳。何以故。能住者，適如其住而止。不能住者，有過心便落魔障，有不及心即墮惡道。人若於此得適中法，則一切魔障惡道盡行銷歸住處，而何有不降伏者乎。唯然是應而信之之辭，故稱世尊願傾心樂聞如是住二句之旨也。聞言欲聞，是須菩提見解欲進未進關頭故。下即以正宗指示，汝今諦聽，不是竟説審視，言汝今當以其微妙之旨審而聽之，則爲汝説者皆有真諦也。

○大乘正宗分第三

佛告須菩提：諸菩薩摩訶薩應如是降伏其心，所有一切衆生之類，若卵生、若胎生、若濕生、若化生，若有色、若無色，若有想、若無想、若非有想非無想，我皆令入無餘涅槃而滅度之。

子真説：爾時，佛聞須菩提之請説而告之。此一段文字，是説入門大頭腦也。須菩提三字，是呼其名而告之，不連下諸菩薩摩訶薩在内。摩訶二字，是大者之稱，於諸菩薩中而又爲大菩薩也。言此大菩薩，亦不過從此入門。入門之法，只是一個降伏其心。前此言如是住、如是降伏其心，此專言下句者，正以勇猛精進之法告也。人心最難降伏，惟能以勇猛力量，及精進神思，得步入步，便是降伏功夫，故應如是也。但生類不一，且概舉而言之，所以有一切衆生之類，此句是冒該下文九種而言。數若字，是二指點處。非無想句，不下若字，已到實地位矣。卵、胎、濕、化單指物言，不涉人類。若有色下，單指人言，不涉物類。言卵、胎、溼、化四種之生各自不同，而總一生也。有色色字，不專指情欲，言人有此身，即有此色故，謂之色相。有色則聲、香、味、觸、法皆爲色動而即爲色迷，此有字仍對有色相者言。若無色，非專言無色也，空諸相則著不得色，而色自無矣。有想想字，不專指私稱言。凡人有心必有想故，謂之思想，視聽言動從思想而出，想之正則視聽言動皆正，想之邪則皆邪，惟其有想，便有邪正二端，故此想字，仍從正邊説。若無想，則邪正之念陶融入化，而想歸於無矣。若非有想，則想雖有而想已入微，不見有想之迹，故有想而非有也。非無想句，即從上句連絡，無想已不落想矣，非無想并不落無想。蓋緣想入無上，則心性明覺，無可更著想處，何有於無想。若此想真落空處，則前此從想而得者反墮落矣。所以此句，竟將以無量無邊作非字解也。

雲峰説：我字是佛自稱。皆字指上九種説。令字是佛以覺性而通於九種之覺性，故能令之也。入字最有功夫，不可作出彼入此看，直是令一切衆生造入法門，而佛以無剩義之法使之盡覺。涅槃二字，解者多悮。有以涅槃爲死者，釋氏之悮也。有以如來另有《涅槃經》者，再悞也。夫涅槃者，是如來之真性明覺。自有天地到今，無分今古，此真性常存不失。所以如來以三世轉身法界，如去復來，愈到愈熟，永無迷路，故得以其真性，與天地終始，永無斷續，謂之涅槃。無餘涅槃者，言此涅槃毫無剩義尚待補塞，所以將此真性普度一切衆生也。言滅度者，不是生滅之滅，是言如來度人，全無形跡，潛移默化，使之盡行化度也。

子真說：涅槃竟作到彼岸看，是否。

雲峯說：是，是，但不説得明白。竟云到彼岸，從何處作津梁。故須以前之降伏二字下一杖子，如無餘則不消降伏矣。若論到無餘地位，則涅槃仍是無餘，有餘非涅槃矣。求其無餘，則亦非涅槃矣。四字相連而解，何有不明乎。

子真說：滅度之如來有心否。

雲峯說：有心滅度，便有度不得處。功夫不在滅度時，而在降伏其心時。如來惟不待降伏，便能令衆生無不化度矣。九種既分，人物便有靈蠢，如來如何令皆滅度。惟不分靈蠢而皆滅度，所以謂無餘涅槃也。

如是滅度無量、無數、無邊衆生，實無衆生得滅度者。何以故。須菩提，若菩薩有我相、人相、衆生相、壽者相，即非菩薩。

子真說：上文言佛滅度衆生而如來以爲衆生皆有佛性，皆可作佛，則是此等無可限量，無可指數，無有邊際。一切衆生俱是可以化度，不以我之化度而成證果故，謂實無衆生得滅度也。

雲峯說：實無句，是言如來以無餘涅槃滅度衆生。到衆生滅度之後，使九種衆生俱已入化，則是衆生已無如來滅度之形跡，故謂之實無有得。譬如魚在水而忘水，與之俱化，何得之有。此句不是如來自讚能度衆生，正言無量無數無邊在在可度，實由衆生可造入無餘，而非我之功也。何以故三字，申明實無有句之故。如來以爲，若菩薩欲滅度衆生，而謂我之一身可以度之，便先設一我相。有我即有人，人我相形，便有人相。有人相，則前此九種衆生其中便分別靈蠢高下，而存一衆生相矣。有衆生相，將欲以我之身永長於世而化度一切，便生壽者相，即非菩薩地位中人矣。所以如來度盡衆生而不留四相故，謂之皆入無餘涅槃也。

子真説：如此説有我相四句是一串矣。何謂四相。

雲峰説：我相即是人相，則雖有四相，仍從我相而起。

○妙行無住分第四

復次，須菩提，菩薩於法應無所住，行於布施。所謂不住色布施，不住聲、香、味、觸、法布施。須菩提，菩薩應如是布施，不住於相。何以故。若菩薩不住相布施，其福德不可思量。須菩提，於意云何，東方虛空可思量不。不也，世尊。須菩提，南西北方、四維上下虛空可思量不。不也，世尊。須菩提，菩薩無住相布施，福德亦復如是不可思量。須菩提，菩薩但應如所教住。

子真説：上文説無有四相，而此問正發明無相之旨。是時須菩提從座起立，而世尊使復坐於位次，而告之曰：所謂四相者，不可住著於心故，菩薩應無所住。此問內有七住字，上六住俱作執著意解，末一住字仍作止住意解。於法法字，即無四相之法也。應無所住者，即下文色、聲、香、味、觸、法是也。六者謂之六塵，極意執著人、我、衆生、壽者四相，緣此六塵，便不得空諸所有，故應無所住也。無所住，即以六度中布施一節言之，亦不可以執著行之。不可行者何。如色聲等是。色者形色，聲者音聲，香者馨香，味者滋味，觸者情所感觸，法者法所引導，此六項於布施時，尤易漸染。惟布施時不住色、聲、香、味、觸、法想，則亦無求福報想矣，故言菩薩無住相布施。蓋因人於布施時每每著相，將謂我施於人，人人可施而願世人同沾我澤，而又願我常常布施，四相俱不空矣。其故實由色、聲等而起，就如見一人而思布施，便動形色相，聞一人而欲布施，便生音聲相。布施之時，馨香、滋味必求全美，而又因求福德之心觸動，欲使接引衆生同歸大法，便是六塵不淨。此段不重布施，世尊仍爲大衆說法，而借布施一事以發明無住相耳。布施者，布陳己之所有而施之於人，最著色相，故世尊於六塵中單提言之。

子真又說：上言無住相布施，其故何。以此句是申明上文意，故言若菩薩不以四相、六塵執著而行於布施，其於福德不可思維而度量。

雲峰說：上文既說無住相，此又說到福德，不是如來以果報忻動衆生，只緣衆生布施一念求福者多，故以福德聳動之。其實是對下乘者說，非謂無住相註脚也。總之，無住相中自有福德，若求而得之便是有限，何不可思量之有。此二句上重下輕，福德又在布施中說出。

子真說：如來又言於意云何者，是教須菩提於意中自去忖度一番。說東西南北、上下四維，指十方而言也。有十方便有方嚮，而此十方盡屬虛空，則無有邊際，不可思維度量矣。故如來問其可思量不，而須菩提直言不可思量也。言菩薩無住相布施，其於福德亦復如上所云十方虛空不可思量也。此段正言不求福德而福德自至，蓋以其無執著也。故如來說，凡菩薩但應如我所教，不住於相而降伏其心，則此心便有定嚮而得所住止矣。

雲峰說：此句結無住相而并結降伏其心之旨。如所教說得，自然不由勉强，故能斷絶塵根，一空諸相，乃能住止。若使諸相稍存，心中有所，更何住處。

子真説：住在何處。

雲峯説：住在空虛處。

子真説：空虛處住得定否。

雲峯説：空虛處住得久，若涉六塵，便刻刻欲遷矣，何處是我安心處乎。

子真説：布施一端，不説到福德，布施何用。

雲峰説：若説到福德，布施又何用。

子真説：然則不布施者，反有福德乎。

雲峯説：布施有限，福德無窮。人若於布施前後打算一回，反爲布施所拘，而果報亦從此分限矣。故此段深言淺解，與後義不同。

○如理實見分第五

須菩提，於意云何，可以身相見如來不。不也，世尊，不可以身相得見如來。何以故。如來所説身相，即非身相。佛告須菩提：凡所有相，皆是虛妄。若見諸相非相，即見如來。

子真説：此段是如來詰問須菩提，以令之言下自悟。意總發明上文無住相之旨，亦是如來現身説法處，故言，心中揣度何如，果可以現在説法之身相見如來否。此句正是進須菩提一層也。時須菩提於當下直認不也，故稱世尊不可以今日説法之身相，得執著之以見如來，而復自解其故。凡一切所見之相，皆是虛空妄説，無有實際。故云見得一切之相非真相，即知今日説法如來之身，尚是幻相，不可執此相以爲見如來也。此句明説人人有佛心，而不可存佛相。佛心刻刻在念，無相而相真，佛相或留於世，有相而相假。見得即心即佛，不落障礙，方爲無住相也。時佛又言此者，正使須菩提認定非相，是見如來之本旨，不可又自疑惑也。此段一問一答，而問答中又一結以終不可以身相見之義。

○正信希有分第六

須菩提白佛言：世尊，頗有衆生得聞如是言説章句，生實信不。佛告須菩提：莫作是説。如來滅後，後五百歲，有持戒修福者於此章句能生信心，以此爲實。當知是人不於一佛二佛三四五佛而種善根，已於無量千萬佛所種諸善根。聞是章句，乃至一念生淨信者，須菩提，如來悉知悉見，是諸衆生得如是無量福德。何以故。是諸衆生無復我相、人相、衆生相、壽者相，無法相，亦無非法相。何以故。是諸衆生若心取相，即爲著我、人、衆生、壽者。若取法相，即著我、人、衆生、壽者。何以故。若取非法相，即著我、人、衆生、壽者。是故，不應取法，不應取非法。以是義故，如來常説，汝等比丘知我説法如筏喻者，法尚應捨，何况非法。

子真説：此段是須菩提於信後復設疑端以問。蓋以上言成佛之言，下言成佛之事。是時須菩提聞如來説不可以身相見如來，恐世人因此一言而并佛言皆屬空虚，故白佛言：頗有一切衆生，得聞應如是住之言與無住於相之説，及此經中之一章一句，生信心而奉持否乎。此段問意，單恐人不見佛相，但聞佛言而生懈心，故言莫作是生實信之説。此中章句，不論世代遠近無有不信者，即使如來於五百歲之前説此言，而於五百歲之後，如來此時僅有言在，其有持佛戒而修福德，聞此章句，實實能生信心。正以此言非空説，而有實理也，故是人得奉持其言。當知是人之善根已深，不特於一二善人及三四五之善人得此善根已，於無可限量之善人至千萬善中，會著源頭，得此種子根深蒂固。故聞此章句，乃至於無住相一念中，生清淨心，信其實而無疑者，則是如來之言，雖世遠人湮而且信從，况近代乎。故又言如來不分遠近，人人實信是如來之心，無有不知之而見之者，則悉知悉見之諸衆生，應於清淨中得此無可限量之福德矣。

雲峰說：人人是如來心，則無不信。人人信如來言，則此心無不生清淨。清淨心中，便具無量福德。正以此福德原不假求而得者，故能得之無量也。

子真說：悉知悉見，則衆生即是如來，何分衆生。

雲峰說：已知者，如來也。見而知之者，衆生也。能見而知，便可造如來地位矣。

子真說：何以故者，是發明上得無量福德句也。此下作三段看。蓋言是清淨心之衆生不可一毫迷戀，若心中先有一相而取之，以爲我有，即爲著四相。言爲字者，四相本無，而我自爲此相，故下文不著爲字，而此獨添言之。此段應單講，下二段應對講。大意云，若心中著相，則四相齊至。此爲不能空相者言。下二段云，若心中偏於有，而認定法相取之，

即著四相。若偏於無，而認定非法相取之，則亦著四相。正以如來之法不可偏有偏無，是故不應取法而徒托於章句，不應取非法而竟落於斷滅。正以是無住相之義，皆不可以有無之心執著故也。知其故，則汝等今日聽法之比丘，皆當知我所說之法不可倚靠，正如渡人之筏，方其未渡，人人欲登，既登而及岸，即捨之不用矣。則信今日所說之法尚如此筏而有可用不必用之時，況於非法而可悮執之乎。

雲峯說：此三段，第一段言心取相者，相隨心生也。第二段言取法相者，相隨法起也。第三段言取非法相者，因欲去六塵而未得無住相之真旨，竟墮空魔，了無所得，是以非法相而生相也。但下文只説法相非法相句，而不及心取相句，則知心字是貫串三段之義。末句是足明上句，竝不深一層。從來講非法太粘，應耑重法尚應捨句，以見如來於衆生

言説章句生實信，後又超出章句，便得如來真面目矣。

○無得無説分第七

須菩提，於意云何，如來得阿耨多羅三藐三菩提耶，如來有所説法耶。須菩提言：如我解佛所説義，無有定法名阿耨多羅三藐三菩提，亦無有定法如來可説。何以故。如來所説法，皆不可取、不可説，非法、非非法。所以者何。一切賢聖皆以無爲法而有差別。

子真説：此段是如來設疑端，以啟悟須菩提意，故言汝今意中揣度如來果得阿耨多羅三藐三菩提耶。蓋謂如來已成證果，而於無上正等正覺果有所得否。故如來有所憑藉而今爲之説法耶。此一問要見上文無住相而至於無法可説微矣，但非法不可取易明也。法而應捨，則後之求法者無有入門處，故設此以問耳。須菩提即答云：如我解如來有所説法之義，其實無有定法，名此無上正等之正覺亦無有定法，而爲今日如來可説之法也。

雲峰説：法不可定者，不是千條萬緒多而難定，只因人人有此正覺，便應直造無上，一泥於法，即落窠臼，而覺性反爲法泥。下句説無有定法，而下一亦字是連上句説下。見得如來，得之於己與喻之於人，皆從性真活潑潑處發出，並不有成法而爲説法也。何以故者，釋上無有定法之故。言如來説法，皆不可以一定之法取，故不可以一定之法説。所以如來之説法，不可説是法非是法也。二句三非字，一作是字解，一作勿字解。是法則有實相，勿字法則落空相，非有非無，法無不備，乃爲無爲法也。故即解云，所以説非法非非法者，何以故。蓋緣如來所説之法原從覺性中來，不倚於法者。若有倚，則必有所取。取者，因我之所無就彼之所有以取之，便知法在外而不在內。不可取者，非謂法之不善而不可取。如來所説之法俱從覺性説出，則凡假法以説者，法雖善而皆不可取矣。惟不可取，則亦不可説到。此説不得是法，亦説不得不是法矣。非法者，我明上無法可説句。非非法者，我明上法尚應捨，何況非法二句絶不支離。則知一切之菩薩而稱爲賢，如來之地位而稱爲聖，皆不假造作强爲，而實以無爲之法造成賢聖。但其中先知後覺各自不同故，以後覺者爲賢，先知者爲聖，而微有差等分別耳。究之其原，同出於無爲之法而未嘗有別。

子真説：無爲法，正照上文一念生淨信句。淨則無爲，不淨則紛紛錯起而爲之不勝矣。

雲峰説：無爲不是一無所爲，縱爲之到底，仍返於無爲。人若未嘗有爲，先求無爲，便是踏空而行，何有實效。人若既經爲過，但恃所爲，則又踱實而走，何有靈機。所以法至無爲，而幾幾於賢聖矣。

○依法出生分第八

須菩提，於意云何，若人滿三千大千世界七寶以用布施，是人所得福德寧爲多不。須菩提言：甚多，世尊。何以故。是福德，即非德福性，是故如來説福德多。若復有人於此經中受持，乃至四句偈等，爲他人説，其福勝彼。何以故。須菩提，一切諸佛及諸佛阿耨多羅三藐三菩提法，皆從此經出。須菩提，所謂佛法者，即非佛法。

子真説：若有人滿三千大千世界，三千者舉成數，而言大千者，又以三千之數言，猶云三千箇三千，此極言世界之多。至於大千，多之已極，而又滿此世界，無有脱空。將此世界之七寶，用以布施。七寶者，金、銀、琉璃、瑪瑙、玻璃、珊瑚、明珠是也。此七寶者，世界中之希珍，用以布施，其所得之福德多乎，不多乎。此一段又借布施一端，以啟其問。而須菩提直言多者，亦只就布施言其多耳。一問一答俱是設詞，不作實有，如是布施以得福德也。

雲峯説：如來即言所得之福德，仍是性中固有，不假布施而有增益。何以故。是如來[三]發明福德多之故，故言福德本之於性，何處計其多少。則知言多者，猶著布施相。見得布施如此之多，而得福德究竟，返歸性分，不著多相，是故如來説得福德之多耳。

子真説：四句偈，不單指四句言，故説一等字。有經而後有偈，故下乃至二字，則知四句偈前後皆偈矣。受持二字，各有解受者。口受持者，心持能口受，心持而復爲人解説。此經中之義，則其所得之福更勝於布施之福。何以故者，解明其福勝彼之故。蓋以一切已成正果之諸佛及將成正果之諸菩薩，而會悟諸佛無上正覺之法，皆從此經中解出真義，故呼須菩提言，此即佛法也。而一有執著於法，便非法矣。

雲峰説：此一問答只重受持、爲人解説二句，上句自修功，下句及人功。

○一相無相分第九

須菩提，於意云何，須陀洹能作是念，我得須陀洹果不。須菩提言：不也，世尊。何以故。須陀洹名爲入流，而無所入，不入色、聲、香、味、觸、法，是名須陀洹。須菩提，於意云何，斯陀含能作是念，我得斯陀含果不。須菩提言：不也，世尊。何以故。斯陀含名一往來，而實無往來，是名斯陀含。須菩提，於意云何，阿那含能作是念，我得阿那含果不。須菩提言：不也，世尊。何以故。阿那含名爲不來，而實無不來，是故名阿那含。須菩提，於意云何，阿羅漢能作是念，我得阿羅漢道不。須菩提言：不也，世尊。何以故。實無有法名阿羅漢。世尊，若阿羅漢作是念，我得阿羅漢道，即爲著我、人、衆生、壽者。

子真説：上文言佛法無相，而無相中其實有果，但相不可著，果亦不可定。故此段以四菩薩之四果言之，以見四果一果進一果，而究竟以果名者，猶是法門之小乘。其須陀洹、斯陀含、阿那含、阿羅漢是四等入道進修之人，其名不同，證果則一。須陀洹是梵語之稱，即譯作下入流二字。下三段皆倣此。如來言須陀洹者，能作是證果之念，我得其果否乎。而須菩提答云：不也。蓋以此須陀洹者，於六塵中脱出，能生清淨心故，已入於賢聖之流。而究之何所謂流，便是入焉。俱化則不入於人我相，而何有於色聲等。故雖名須陀洹，而實無可名也。此爲初果。斯陀含者，較之初果，則已進矣。名一往來者，曾於此中往來一番也。凡人於塵相有一往而不來，有既來而復往者，此則曾於其中一往來而絶無顧戀，所以謂之一往來也。則名爲斯陀含，而實無可名也。此爲第二果。阿那含者，較之第二果，則又進矣。而此阿那含於六塵四相一一證空，并無可名，而特於此中通徹前後，了無障礙，故不特不往，直已不來，覺得塵相已，無有可來之迹。此爲第三果。阿羅漢者，較之第三果，則更進矣。而阿羅漢，實無有法相者，蓋以阿羅漢見道而不著於道也。若其見道而有所著，不過成其爲阿羅漢之道而已，豈能脱此四相乎。故雖名爲阿羅漢，而實無以名之。此爲第四果。凡此四果，各就地位，同證無上，無非説不著一果而成此果耳。

雲峰説：四果，果字一義也。因果證果，各有分別。因果者，以前之所因而得今日之果。證果者，以今之所證而得當下之果也。果字有二義，一果決之果，一果報之果。此應以果決義解。蓋以四菩薩俱從勇猛精進而堅修以得之者，入流、一往來諸名，正是證其果處。

世尊，佛説我得無諍三昧，人中最爲第一，是第一離欲阿羅漢。世尊，我不作是念，我是離欲阿羅漢。世尊，我若作是念，我得阿羅漢道，世尊即不說須菩提是樂阿蘭那行者。以須菩提實無所行，而名須菩提是樂阿蘭那行。

雲峰說：上四果俱以無心而得果者，無可名之，故强名爲四果之人，究竟實無所名也。但上三種人言得果，下阿羅漢言得道，果與道其中淺深不同，須知道字實高果一層。故下不說果，只說道耳。

子真說：無諍者，無所諍也。人心一念欲明理，又一念欲驅欲，兩念相爭，便內自諍矣。無諍則理欲消忘，不起諍念，是爲無諍。三昧者，梵語也，譯之則爲入定。

雲峰說：無諍者，非諍於口，諍於心也。無諍，在儒家則曰內自訟，在如來則曰無諍。人有過而自訟，則過消，人至於無過之可訟，遂到無諍地位。夫無諍，則善念亦且消融，從何而諍。所以然者，蓋因此中已至入定之會，更無有所相持，而寂然之中，萬感不動，故得一定而無所擾也。三昧甚難發明，我當解字義以充其義。三昧二字，世以爲三昧火者，非也。因以其名而釋氏悮謂無明火，後又悮以無明爲無名，去三昧之解遠矣。夫三昧而解作入定者，從無諍譯說也。若云昧之一字，直以明昧，昧字解之爲近，蓋人不覺則昧，若正覺則不昧矣。昧從心生，則心爲昧所掩而往往多迷，故世稱昧爲迷昧。正覺之人，心有慧燈，古今常照一切塵相，更無有昧，此昧字義之粗解也。

雲峯又說：三昧云者，凡經中三字，俱作正字解，而此言無諍而得正定之心也。以今所說昧義，當云無諍之得，得之於正，直從無昧處以歸於正覺也。此亦從實義說。言三昧者，未嘗以此解也。恐釋氏以爲說之膚淺，故向未言其實，今照正覺而銓三昧，則亦不脫章旨。要之，不能覺則昧，或有覺有不覺則或昧或不昧，至於正其覺則亦正其昧矣，何必紛紛多其説耶。且看下文人中最爲第一句，便知仍是無上之旨。總以見正其昧者，是第一等人，猶之正其覺者，更無有可加上意也。

子真説：得無諍三昧，得字照上得果得道説來，比前又深一層，故説最爲第一。最爲第一不但是三昧中人，又在於三昧中作第一等人，是爲離欲阿羅漢。離欲者，離此六塵、四相而至於無諍，便是與欲相離，非强遏以隔離之。故説我若起意思説我是離欲阿羅漢，即著離欲之想，而執阿羅漢之道故，又説我若作是意思而謂我已得阿羅漢道，如來即不説樂阿蘭那行者矣。阿蘭那，譯作無諍二字。樂是好樂意。蓋謂此時若以離欲之想自存，則佛於諸弟子中不以我爲好樂無諍之行者。行者作修行人看。正以須菩提實無所行，其離欲之心，故謂之樂阿蘭那行耳。此段是須菩提自言，以無心而得離欲之果，則上四果亦以無心而得愈明矣。

○莊嚴淨土分第十

佛告須菩提：於意云何，如來昔在然燈佛所，於法有所得不。不也，世尊，如來在然燈佛所，於法實無所得。須菩提，於意云何，菩薩莊嚴佛土不。不也，世尊。何以故。莊嚴佛土者，即非莊嚴，是名莊嚴。

子真説：上言得果，説一得字，便著一得之相，故此如來又將己之所得而問須菩提，以見得之心不留也，故言往日我在然燈佛所授記之時，於法有所得否乎。然燈佛者，即今世所稱定光佛是也。佛生時有光，於眼、耳、口、鼻、百孔中放出，遍照十方，如燈之明，而號然燈也，是爲釋迦佛之師。此一問，是看須菩提認真得字否。而答云否者，見得當時授記時，實是如來於本性中自得真悟，仍不專靠師之授記而得故得之，而實實無所得耳。此問單空一得字，而佛又問菩薩莊嚴佛土否乎。莊嚴者，心入於定而不著依倚也，佛土二字即菩提心也，言菩薩果以入定無倚而具此菩提心否。故答云：實無此心也。何以故。佛説此莊嚴原無此莊嚴之想，故謂即非莊嚴，而特名之爲莊嚴耳。土字，是就菩提心入定者言。人於操心時，存一分競持意，心便不定。説到入定心，無可持正，所謂無爲法也。土即土也。土止而安，是爲良土，即以此解其義得矣。

雲峯説：土字即解土字義，亦是實説。蓋人心能如良土之止，則自然入定。言心而曰土者，猶人之言心田、心地、心苗等意也。此心方寸之地而能種出良苗，便知方寸本是良田，故謂佛土不去侵削而加滋培，何在非佛土也。

雲峯又説：自須陀洹起直説到菩薩，層層駁入，俱是須菩提善解處。言四果中人，即答以小乘之旨。言阿羅漢，即答以無諍之旨。言佛，即答以無所得之旨。言菩薩，即答以非莊嚴之旨。隨問隨答，而中間須菩提自説佛名之一段，是須菩提以身自證之意。佛又説然燈佛一段，是如來以身證須菩提意。針針相對，絶不支離，當以此番問答，爲兩人本地風光。

是故，須菩提，諸菩薩摩訶薩應如是生清淨心，不應住色生心，不應住聲、香、味、觸、法生心，應無所住而生其心。須菩提，譬如有人，身如須彌山王，於意云何，是身爲大不。須菩提言：甚大，世尊。何以故。佛説非身，是名大身。

子真説：上文得無所得而莊嚴之想，俱無此心，幾於枯槁。故此段説一生字，以見諸想皆空，而心從虚中生出，凡須菩提等，應如是而生此清淨之心。心至於清淨，則六塵俱斷，而何有於色、聲、香、味、觸、法以住其心。清淨心言生，而六塵亦言生者，二生字有别。上生字，言心中一無掛礙而生此清淨心。下生字，因六塵所染而心反爲其所生。一正一反，則出下句應無所住而生其心句。無所住不是懸空，只爲形相消忘心中，毫無執著。此心油然自生，不曰心之生，而曰生其心者，無所住中生之也。

雲峯説：蓋心至虛而不可有所。所者，情欲之所也。心爲人之安宅，而宅爲情欲居之，則不安矣。住字猶居住一般，因其有所住，而人之七情六欲皆足以汨没其心，此心便不能生。無所住者，不是六塵之來强拒之而不使其住，實實心中原著不得些子。仍無有可住者，故於無所住處而生其心也。但此句一連誦下，不可於無所住作頓，蓋不以無所住後而始生其心也。不言心之生而曰生其心者，正以心本虛靈，原存生生之理，特爲情欲所制，生機漸消故。入於一念不起時，此心有油然而生者，非他心。其心也，人不能使之生而心自生之，則知其心者，本然之心也。夫心説到生時，便覺有一番勃勃意矣。此一句之大旨也。

雲峯又説：上言心、下言身者，非反説到外也。身字即作心字看。如來蓋欲廣須菩提之心，而復以須彌山王之身問之耳。如來設言，有人身如此山之大，而非真有此大身也。須彌，西域山名，爲衆山之長，故曰山王。其身如山王，則大之極矣。而實無此大身之相，若存此相，大便有限，而佛亦不説之矣。此段問答，言無所得無有莊嚴，而至於心無所住，則此心方爲廣大。此又是如來開悟須菩提一則也。

如來於辛丑四月十五日降壇説法，雲峯譯解大旨。

如來説：無所住而生其心，全是心之覺處。生之無所住者，心中盡是覺處。不應住的走，不得來躲閃，便在在皆明覺之生心，靈光透出，何生之非其心。此是説如是住精意，可將如是住三字看出。

如來又説：此句不看住究竟，但看住由來，究竟則應無所住，由來則生其心。言人若住不住，於在歇脚處便能生出一番明覺心來。

溥仁説：即雲峯名。可以此經問須菩提否。

如來旨留阿難行者，再發明此句經義。

阿難尊者説：色、聲、香、味、觸、法未有住處，尚無其所，一經住著，便已各占一所，而不得即行。故其住之也久，而所住之地爲其紛擾，遂不成其所矣。無所住者，未嘗不有其所而不引之，入住即有色、聲、香、味等項，俱是門外過客，安得投足於不招之所耶。故經文言應無所住，是應與不應俱從自心招攬，自心推脱，別非他人可以承當。直是其心自讓所住與色、聲、香、味等住，而其心反退處於四絶之地，從何得生。惟無所住，而其心廓然澹然，不留一物占其地位，欲培即培，欲植即植。譬如良田無莠，所承雨露，所滋灌溉，皆是扶生之會，而何有不生者。故上言兩生心，此單言生其心，足知生處本是浩曠，何嘗絶人於生。特患生之未久，又從而絶之，則此心將不得爲其心，其不敗壞於色、聲、香、味等者，亦幾希矣。

○無爲福勝分第十一

須菩提，如恒河中所有沙數，如是沙等恒河，於意云何，是諸恒河沙寧爲多不。須菩提言：甚多，世尊，但諸恒河尚多無數，何況其沙。須菩提，我今實言告汝，若有善男子、善女人以七寶滿爾所恒河沙數三千大千世界，以用布施，得福多不。須菩提言：甚多，世尊。佛告須菩提：若善男子、善女人於此經中，乃至受持四句偈等，爲他人説，而此福德勝前福德。

子真説：上言山，此言河，俱是喻説。

此段甚言世界之多，如恒河沙，故如來言之。恒河，西域河名，即在佛説經之處，故即以喻言。如河中之沙，而以一粒之沙算一恒河，可爲多矣。而須菩提謂如此恒河尚無可算，故如來告之，説此喻非是謊言而實可信，見得世間善男子、善女人以此河沙之數七寶布施於人，其福德之多亦猶是也。然不若於此經中，以四句偈受持而爲他人説，其福更多於布施之福德。前説於此經中受持乃至四句偈等，此説於此經中乃至四句偈等，有別。前兼言經，此單言偈，見得以四句偈等與人説，其福亦是無限。葢布施必待七寶而得福，此經與偈，則無論貧富窮達，隨在可受持解説耳。

○尊重正教分第十二

復次，須菩提，隨説是經，乃至四句偈等，當知此處一切世間天、人、阿修羅皆應供養，如佛塔廟，何況有人盡能受持、讀誦。須菩提，當知是人成就最上第一希有之法。若是經典所在之處，即爲有佛，若尊重弟子。

子真説：復次與前微別，葢與如來説法以來，至此幾復次矣。此段是言受持解説。不論何地，處處可以説經，故言隨説。若隨地而説此經與四句偈等，即有天上之神，世間之人，及八部中阿修羅之惡類，一切等皆應於此地生恭敬心而供養之，如佛之藏舍利之塔與現法身之廟所在之處，無不瞻禮。塔廟葢借言耳，非真有塔廟也。何況有人將此全經之義而廣爲人解説，其爲天、人、阿修羅所供養者更何如也。且不特以四句偈等及全經，隨地解説，即使此經留於其地，便同如來身歷之地，未嘗有佛而佛實即在。且不特佛在，并及所持戒修福，而爲人所尊重之弟子亦無不在矣。

雲峯説：若字作及字解。尊重弟子，竟作諸菩薩摩訶薩看。上言佛，此言及佛之弟子，便見千二百五十人，皆是可尊重若如來者。

○如法受持分第十三

爾時，須菩提白佛言：世尊，當何名此經，我等云何奉持。佛告須菩提：是經名爲《金剛般若波羅蜜》，以是名字，汝當奉持。所以者何。須菩提，佛説般若波羅蜜，即非般若波羅蜜，是名般若波羅蜜。須菩提，於意云何，如來有所説法不。須菩提白佛言：世尊，如來無所説。須菩提，於意云何，三千大千世界所有微塵是爲多不。須菩提言：甚多，世尊。須菩提，諸微塵，如來説非微塵，是名微塵。如來説世界，非世界，是名世界。須菩提，於意云何，可以三十二相見如來不。不也，世尊，不可以三十二相得見如來。何以故。如來説三十二相，即是非相，是名三十二相。須菩提，若有善男子、善女人以恒河沙等身命布施，若復有人於此經中，乃至受持四句偈等，爲他人説，其福甚多。

子真説：上文如來説經典如此之妙故，須菩提因問此經當以何名。既有經名，何以敬奉而心持之。而佛告其經之名，則名爲《金剛般若波羅蜜》。金剛者，金性純而最堅故。謂金剛般若者，譯作智慧二字。波羅蜜者，譯作到彼岸三字。言人智慧之性從無始而具，不著漸染，如金之出土，純潔而無所夾雜。惟其無所夾雜，則私欲不得相人，何等堅剛。今人爲私欲軀遣，便自柔軟，而失其本真，則智損而不明，慧削而不悟，以至汩没本性，不得登岸矣。惟率其最初之性，而以性中固有之智慧，堅持不使一毫有虧，則回頭即是彼岸。此爲小乘者説般若法。若大乘之賢聖如諸菩薩等，則此般若之性本來具足，有何侵損，到底堅剛。其登彼岸，猶入熟徑，前後不迷，永無退步。登彼岸者，爲大乘解，則爲登峯造極，爲小乘解，則爲出此入彼，所到不同而彼岸一也。但疑之者迷而不知到，畏之者望而不能到，是在於勇猛精進者，此經之所以名也。受持者，當奉行此名而可得經中之實義。但此名不過强名之耳，葢以般若即具於性，有何可名。故佛又説非般若波羅蜜也。若一執著其名，則落相矣。惟旋説而旋非，是以名之爲波羅蜜也。言般若即爲般若之法，而佛又問於法有所得否者，説此般若波羅蜜之法也。而須菩提言佛無所説者，正以此經之名不可執也。故佛又借世界、微塵以喻之，言三千大千世界中之纖微塵埃何處不有，可謂多矣。而究竟微塵，不可盡執之以爲微塵，猶世界不可盡執之以爲世界，葢微塵而至於破碎，世界而至於陸沉，則又何可名之有。

雲峯説：上句形起，下句重世界一邊説。如來至此，又將三十二相現身説法。三十二相者，只就如來幻身言之耳。此身雖與衆生不同，而究竟幻身有盡，故説以身相見如來，而名爲相即便落相，特强名爲相，以見如來耳。三十二相：一、身相，修廣莊嚴，容儀端正。二、體相，上下量等端肅。三、面相，而如滿月。四、頂相，頂如天葢。五、髮相，右旋盤曲，一髮不亂。六、耳相，耳垂過肩。七、眉相，皎淨如天帝弓。天帝弓者，中高而兩垂。八、眉毫相，眉間有白毫，柔軟若綿，白若珂雪。九、眼相，睫相青紺色，平整若牛王。牛王者，眼大而左右齊整不偏。十、眼睛相，青紺色鮮，白眶微紅。十一、鼻相，豐高而下垂。十二、唇相，唇若丹朱。十三、口〔三〕相，閉若瓠形，開若海口。十四、牙相，上下四十，肉深根固，整齊白若珂雪。十五、齒相，四齒潔白鋒利。十六、舌相，廣薄修長，吐垂面輪，至耳髮際。十七、音聲相，聲音朗朗，雖人衆中，遠近共聞。十八、額相，方正隆準。十九、肩相，兩肩平正圓滿。二十、臂相，平立雙臂垂過膝，如象王鼻。二十一、脇相，兩肋圍抱，如鹿王膞攝。二十二、毛相，皮上每孔生一毛，青紺色，軟如兜羅，右旋不亂。二十三、皮相，金色肌膚，柔滑不沾泥垢。二十四、陰相，藏密不露。二十五、手足相，竝柔軟如綿。二十六、足底平滿，足下有千輪輻文。二十七、足指，有雁王文，狀若綺畫。二十八、足趾，坐與趺相稱，趺與距相稱。二十九、手足，竝尖圓修長，潔白可愛。三十、兩手兩足雙肩一項，竝圓滿。三十一、頷臆，周正充滿。三十二、腋下竝充實。

子真說：如來之相雖與衆生不同，而終是幻相，所以說非相，而强名爲相耳。今人具有幻相而能空其相，將此身命如恒河沙等以爲布施，可爲極矣。而終不若以此經受持解說，其所得福德亦復如布施身命者，正以身命有盡而經義無窮也。

○離相寂滅分第十四

爾時，須菩提聞說是經，深解義趣，涕淚悲泣而白佛言：希有，世尊，佛說如是甚深經典，我從昔來所得慧眼，未曾得聞如是之經。世尊，若復有人得聞是經，信心清淨，則生實相，當知是人成就第一希有功德。世尊，是實相者，即是非相，是故如來說明〔四〕實相。世尊，我今得聞如是經典，信解受持，不足爲難。若當來世，後五百歲，其有衆生得聞是經，信解受持，是人即爲第一希有。何以故。此人無我相，無人相，無衆生相，無壽者相。所以者何。我相即是非相，人相、衆生相、壽者相即是非相。何以故。離一切諸相，即名諸佛。佛告須菩提：如是，如是，若復有人得聞是經，不驚、不怖、不畏，當知是人甚爲希有。何以故。須菩提，如來說第一波羅蜜，即非第一波羅蜜，是名第一波羅蜜。須菩提，忍辱波羅蜜，如來說非忍辱波羅蜜，是名忍辱波羅蜜。何以故。須菩提，如我昔爲歌利王割截身體，我於爾時無我相，無人相，無衆生相，無壽者相。何以故。我於往昔節節支解時，若有我相、人相、衆生相、壽者相，應生瞋恨。

子真說：爾時，須菩提聞如來説此經中空義了徹，不覺涕淚悲泣，感其説中之義趣，而白佛言，自我從昔日受教以來，所得如來慧眼，未得聞此般若之經，蓋嘆其聞之晚也。若復有人如我今日所聞，而亦同得聞此經，信之於心，而萬念皆空，此心清淨，即以清淨心中生出實相來，是人即爲第一等少有之功德矣。

雲峯說：實相二字，是如來實地功夫。若未從實相處修持，泛言空相，便落寂滅，何處發生。故言實相，以使人從此實地生出空相。若未經由此修持，何處著手。故於空相後反説實相。生者不是生此實相，蓋從實相内生出空相之旨也。上言福德，此言功德，有别福在，於能修功，則自修福已。至後言之，正照上希有字説。

子真說：是實相者，不過借以生空相之資。其實實相不可執著，特强名之爲實相耳。而須菩提又言，我今得聞此經，賴有如來親承面誨，不足以爲難聞。若當五百歲之後，而此來世衆生不及見知，俱是聞知，其得聞此經者皆能信心，是人實以己之智慧即證如來，較之我聞，甚爲難得，豈非希有。何以見其希有之故。此人已是超脱四相，而無人、我、衆生、壽者之見矣。所以無四相者何故。蓋人、我等相俱無可名，即無可著，而後之衆生不及見如來，但解如來經義，豈不是四相皆空而即名之爲諸佛中人，不亦可乎。如來直應之曰如是如是，是接引後世人意，不但答其言之是也。故如來即言，若後世復有人起而能不生驚駭心，不生怖懼心，不生阻難心，便能勇往精進，悟入法門，豈非希有之第一等人乎。而又不特不驚怖畏之一等人也，即如辱之所在，人不能忍而有忍之者，是即入法之一門。故如來説箇忍辱波羅蜜，忍辱二字最難。人若有辱而存此忍心，便與辱字不能解脱，故説忍念皆去，辱自消忘，而何有忍辱波羅蜜乎。言此不過强名之耳。第一波羅蜜即從上希有二字發出此一段，總於如是如是内説來，見如來接引後世，衆生入道之意耳。蓋以此經爲萬法宗源，凡所有經典皆從此一經會出，是爲第一波羅蜜也。但波羅蜜不可執著，如來所説，不過借此以度人，故强名之耳，而何可據以爲第一波羅蜜哉。且不特此凡人之最難忍者莫如辱，可見人之於辱，不惟能忍爲難，而忘忍之尤難。何以故。如昔如來爲歌利王割截身體時可證也。歌利王者，西域國惡王名，嘗率宮女數十人出獵，晝而酣寢。適如來過此，而諸宮女見以爲神人，羅而拜之。歌利王覺，怒其爲戲，而磔裂之。故如來借此事以證忍辱，并忍辱皆忘之意。其言若謂此時節節支解，絶不生四相，蓋以此時若生四相，則瞋恨之心不免。所以無者，忘其辱并忘其忍也。

須菩提，又念過去於五百世作忍辱僊人，於爾所世無我相，無人相，無衆生相，無壽者相。是故，須菩提，菩薩應離一切相發阿耨多羅三藐三菩提心。不應住色生心，不應住聲、香、味、觸、法生心，應生無所住心。若心有住，即爲非住。是故，佛説菩薩心不應住色布施。須菩提，菩薩爲利益一切衆生故，應如是布施。如來説一切諸相，即是非相。又説一切衆生，即非衆生。須菩提，如來是真語者、實語者、如語者、不誑語者、不異語者。須菩提，如來所得法，此法無實無虚。須菩提，若菩薩心住於法而行布施，如人入闇，即無所見。若菩薩心不住法而行布施，如人有目，日光明照，見種種色。須菩提，當來之世，若有善男子、善女人能於此經受持讀誦，即爲如來以佛智慧，悉知是人，悉見是人，皆得成無量無邊功德。

子真説：故又言我若會得忍辱一法，則於過去五百歲後，當作忍辱仙人。此如來發念如此，未嘗實作此仙人也。故説於爾所世，自從今日想到此世，如同一日，更無别念可岐。所以究竟無有四相，是故應離一切相。如來説四相皆空，則一切之相盡應解脱而離之矣。一切之相離而生清淨心，此時心中明覺，得無上之旨，會無上之法，實實發此正覺之心，而何有於色、聲、香、味、觸、法等住於心乎。此六塵既無所住，則心已清淨，而所悟皆正覺。若心中稍有所住，此心終爲六塵把持，而何有住止之處。

雲峯説：此一段，上四住字作住著看，末住字作住止看。凡説色、聲等，必以色字單提一句，見得下五字皆因色相而起故。下文除却聲、香等，專以一色相，説布施耳。

子真説：菩薩於法，應無所住行於布施。布施而單説色者，凡人之念只爲功德修於目前，福報留於身後，便是刻刻爲自己地步，非普度衆生之大法願矣，故言不住色布施，不特於六塵中生此吝惜眷戀之意而爲有住。即使盡蠲一切不忘求報福德之心，終著色相，所以説無住相布施也，故菩薩爲普度衆生而以布施利濟益物。布施原爲人而非爲己，是應如是也，所以如來又言我今日所説之經，不論歲久人湮，無有不信從者。益以所言是真而不僞，實而不虚，適如其心之所言而不加毫末，不減分寸，不以虚誑之言而使人惑，不以異同之言而使人疑。則是般若一經，不分世代遠近，不論人造就淺深，受持解説，俱是明白曉易，正以所語之如此也。而又言此數語者，即法之所在。此所説之法，以爲實有，而六塵四相皆空以爲虚，而四果所得皆有，正從此無實無虚中説出，所以久而可信也。

雲峯説：虚實二字，合説有味。虚中想出實際，實中想出虚理，靠不得實，著不得虚，虚實相形，乃成如來妙法。

子真説：無實無虚之法，如來於此已經説出要領。故又言若悟得此法，則是無所住之心在在皆然矣。即以布施言，若菩薩此心住於法而行布施，心爲法所拘，便如人入闇中，一無所見。若此心不住於法而行之，則觸處皆通，無有障礙，便如人之有目，加以日光照之，有何不見。此段言法之所在，必能空而後能照，甚言執法者之不得法也。故又言若有善男子、女人能於此經中受持解説，雖在當來之世，是人已得聞知而同見知，可成如來證果，即到如來地位。無論世遠於五百歲，而佛之智慧自然遠照，悉知其人，皆得成就不可思議功德。説無量無邊者，言人能如此，則人人可爲如來，世世見有如來，故説功德之無窮耳。

雲峯説：此問是如是如是以下，通説後世奉持此經之人。如來反覆申明，終在於無實無虚一句結穴。後説以要言之而不説要言在於何句者，正是如來不以一句實法使後人執著也。

○持經功德分第十五

須菩提，若有善男子、善女人，初日分以恒河沙等身布施，中日分復以恒河沙等身布施，後日分亦以恒河沙等身布施，如是無量百千萬億劫以身布施，若復有人聞此經典，信心不逆，其福勝彼，何況書寫、受持、讀誦、爲人解説。須菩提，以要言之，是經有不可思議、不可稱量、無邊功德，如來爲發大乘者説，爲發最上乘者説。若有人能受持讀誦，廣爲人説，如來悉知是人，悉見是人皆得成就不可量、不可稱、無有邊、不可思議功德。

子真說：佛又言，若後世有人於一日之內，初日、中日、後日三時間，以身命布施而如恒河沙之多，且歷百千萬億劫之久，其布施之功極矣，終不若信心於此經之功尤大也。初日，早時也。中日，午時也。後日，晚時也。日有六時，舉此以槩終日耳。恒河沙之多，百千萬億劫之久，俱是借言，非真有此等身命也。身命，人所重者，以身命布施，甚言七寶之珍不若身命之重而并捐之，其布施何等大願，不是如來教人撇却身命也。釋氏於此段最多饒舌，須訂明之。言以此等身命布施，有人能以其心信實，此經而無違逆，則其福自勝於彼之布施者。夫以一心信之，尚屬己修之功，何況書寫、傳布、受持、讀誦、爲人解說，則不惟自度，廣以度人，其所成就者寧有量乎。故又言此經後人得力如此，而究之說經之要，原自無多，不過於空相、空法、無所住之旨而已，故是經有不可思維而議論，亦不可稱算而度量，實實其中有無限量、無邊際之功德，其要不在多言。然此經中之要，如來原爲大乘最上乘者而說。大乘最上乘之人，要皆不落法相者也。故又言能以此經，後世有人受持讀誦以自覺，廣爲人說以覺人，便是如來真心相印。雖在如來五百歲後，而如來早已於慧覺中悉知悉見之，其心合一，故必其決然成就此不可思量、無量無邊之功德，正以受持讀誦、爲人解說之功，更大於今日說法功也。

雲峯說：大乘者，諸菩薩是也。最上乘者，佛如來是也。爲大乘說者，說此六塵、四相之應空而入於法也。爲最上乘說者，說此空相之心皆歸於空，而并無所謂法也。第一句是引衆生而證入諸菩薩，第二句是引諸菩薩而證入於佛如來也。此正是以要言之之意而絕不說要言。是何言者，正是如來欲度人而不留一度人梯子處。世間只有上乘之人，入聖至易。惟有中材之人，超凡最難。故如來於此段，往往從第一等佛菩薩直説到學爲佛菩薩者，亦是成就中材處，而不使其恍惚無所據。故實實以成就，直造如來地步告之耳。

雲峯又説：乘即車乘，取通遠之義。乘有大小、上中下之分。其乘則一乘，有輪始可轉行，故以法爲法輪。有法而不能流通，猶之有乘而不用以行遠，所以諸經皆謂之大乘者，正取義於法輪轉通之意也。此乘字又别有解。夫乘車也，乘一而乘車者之人不同，所以有上、中、下之分。若舍此三種人，便如徒步者之難以行遠矣。故人得居乘中，當思堅其輪輻，不使有折轅覆轍之虞。則居是乘者，不論上中下人，皆可以負重致遠。人若棄其乘而不居，又自甘於徒步，及至車乘朽脱，雖欲乘之不可得矣。但此中何以分上、中、下。上乘者，不勞餘力而即可通達。中乘則必加鞭策而後能馳驅。若下乘則又如駑馬而駕敗車，稍不加防，即有前車之戒。所以雖曰乘，而幾幾乎非乘矣。此上、中、下乘之大略解也。至於最上乘，則又有解。蓋最上乘，即從上乘而得超乎。其最猶如車之輪轅堅固，而更駕以良驥，所謂不加鞭策，萬里可通，此真造父之車，世希御者，是又最上乘之大略解也。若下者造而及中，中者造而及上，上者出乎最上，則猶之竝車而行，努力者在前，弛鞭者在後，豈嘗限人以上中下哉。

如是人等，即爲荷擔如來阿耨多羅三藐三菩提。何以故。須菩提，若樂小法者，著我見、人見、衆生見、壽者見，即於此經不能聽受、讀誦、爲人解説。須菩提，在在處處，若有此經，一切世間天、人、阿修羅所應供養。當知此處即爲是塔，皆應恭敬，作禮圍繞，以諸華香而散其處。

子真説：如是等指上受持等而言，言人能

若此，即是能荷擔之人，背負曰荷，肩挑曰擔，言此人是能身任如來阿耨多羅三藐三菩提之責者，其人之成就何如乎。何以見其荷擔之故。若人已是大乘最上乘之人而非樂小法者，蓋能荷擔必是四相皆空而并空無相。若人所好樂不脱於小法，而[五]沾沾章句之末，即爲著四相矣，豈得有如是之大功德乎。故知以此經自覺覺人者，終不樂小法也。此又反言明大乘最上乘之旨，在在處處，隨在有是經也。言有是經之所，則天、人、阿修羅便於此處恭敬圍繞，如佛之塔，正以經在，即若如來親在也。所以天上人間無不敬奉，以華香而散其處耳。言散華香者，非必實有華香，不過極言恭敬之念，一物且然，他可知也。

雲峯説：荷擔而上加即爲二字，便知其人不可多得者。向解荷擔，只説背負肩任，特釋字義耳。若説二字之旨，直是如來欲以正覺之性付托其人，而一任其荷擔矣。但既經荷擔，便脱不得肩，必待更有能荷擔者而與之，此如來以後所以有五祖之傳流也。

○能淨業障分第十六

復次，須菩提，若善男子、善女人受持讀誦此經，若爲人輕賤，是人先世罪業，應墮惡道，以今世人輕賤故，先世罪業即爲消滅，當得阿耨多羅三藐三菩提。須菩提，我念過去無量阿僧祇劫，於然燈佛前，得值八百四千萬億那由他諸佛，悉皆供養承事，無空過者。若復有人於後末世，能受持讀誦此經，所得功德，於我所供養諸佛功德，百分不及一，千萬億分乃至算數、譬喻所不能及。須菩提，若善男子、善女人於後末世有受持讀誦此經，所得功德，我若具説者，或有人聞，心即狂亂，狐疑不信。須菩提，當知是經義不可思議，果報亦不可思議。

雲峯説：此一段又爲下乘者説法。蓋從四果起，至此直説到有罪惡之人，已是無可醒悟，而能一旦得醒悟，受持此經，亦可消其愆而釋其過。此又爲下乘開一自新之法門也。從前不説果報而此段説出，單爲下乘人開其感動奮發之機耳。

子真説：先世二字不可專作前世看。如來説經，仍不曾説得玄空，此直是昨非今是話頭，切不可以前世後世渺茫難信者爲庸愚藉口，反失經義。故言若有人於前日作此罪惡，自然應墮惡道矣。猶如人從前作惡，無可躲避刑罰，一旦改過自新，從於善道，即爲善道中人。若人之目之者，尚以爲惡道中人而輕賤之。其實人雖輕賤，若人先前罪業固以冰消而熄滅矣。此段舊説多引證宿世今生事以講，亦是不必。蓋其人能悔悟，則前者盡除其惡，來者日進於善，即當得如來之正覺矣。故又言我念此身過去以後，人當歷無量阿僧祇劫。阿僧祇者，譯作無數二字。言人無有如來化導之，則沉淪於無量無數之劫者多矣。

然有此經在，可以救之。但如來此經，其實於然燈佛前得相值百千萬萬之佛，悉皆敬奉承事之，故得與之參究宗旨，而無一人空過不與説明此經義者。那由他三字，譯作萬萬二字解，言此時之佛實有千千萬萬耳。蓋此時有如此諸佛而如來不肯一人放過，箇箇與之參究此經而得經中之奥。若來世有人能於此經受持讀誦，雖目中不見有諸佛，而其受持讀誦之功德，與我昔日供養諸佛之功德，直是百不及千，千不及萬，蓋言我所得者百分，而彼得一分勝於我之百分，我得千分，而彼得百分勝於我之千分。正言我所得有諸佛在似易，彼不見如來在而單信此經較難故。言乃至算數譬喻所不能及者，甚言其功德之大，以欣動下乘之人。然是經也，如來未嘗具説，而反使人惑。具字作詳字解。

雲峯説：如來何以不具説。蓋以此經俱是對上乘言，而撮其要者，一句中可該萬法之旨，故上說以要言之也。若下乘之人，即以要言告之，全然不覺，而欲變其說辭，約者反煩，要者反多，此於前說又加詳晰。如來非不欲如此，其如一經具說，而下乘之人便謂如來與上乘說者又與下乘不同，則將疑如來說之不一，其心因即於狂亂矣。何以見其狂亂。蓋如來之經不過真空之理，末世不明其理，遂有假托，如來[六]之人僞造經典，以贗亂真，庸愚反爲所惑，而心即於狂亂，以致如來之經反生狐疑而不信之。此如來於說經時，直料到末世必有此人，必有此事，所以不欲具說耳。

雲峯又說：此處果字增一報字，比前四果果字不同，前說得深，此說得淺。前果自證自果後，則以果得報，果得報限矣。此段全要發出下愚，自新求善，而又恐其爲善不卒以至於狂亂狐疑，故終以果報結之，是如來引導庸愚之一片婆心也。

〇究竟無我分第十七

爾時，須菩提白佛言：世尊，善男子、善女人發阿耨多羅三藐三菩提心，云何應住，云何降伏其心。佛告須菩提：善男子、善女人發阿耨多羅三藐三菩提心者，當生如是心。我應滅度一切衆生，滅度一切衆生已，而無有一衆生實滅度者。何以故。須菩提，若菩薩有我相、人相、衆生相、壽者相，即非菩薩。所以者何。須菩提，實無有法發阿耨多羅三藐三菩提心者。須菩提，於意云何，如來於然燈佛所，有法得阿耨多羅三藐三菩提不。不也，世尊，如我解佛所說義，佛於然燈佛所，無有法得阿耨多羅三藐三菩提。佛言：如是，如是，須菩提，實無有法如來得阿耨多羅三藐三菩提。須菩提，若有法如來得阿耨多羅三藐三菩提者，然燈佛即不與我受記，汝於來世，當得作佛，號釋迦牟尼。以實無有法得阿耨多羅三藐三菩提，是故然燈佛與我受記，作是言，汝於來世，當得作佛，號釋迦牟尼。

子真説：上言功德不可思議如此故，須菩提覆思前之所問應住、降伏之説亦不可思議故，又舉所以住、所以降伏者，是善男子、女人發此菩提心而得之究竟，何以有此住與降伏之心也。此一問是須菩提因不可思議，而又申明無我之旨。故佛言凡此發菩提心者，俱是有佛性，自能返照而生如是之菩提心，原非佛之可教以發出者。故如來化度一切衆生，至於化度一切衆生成佛已，則是衆生箇箇皆佛，如來心中何嘗存此衆生爲我之化度，故曰無有一衆生實滅度也。解佛所説義，義字是指上實無有法義，故又言實無所得正覺心，得後則忘其得，并忘其法矣。故又言昔在然燈佛所受記時，若謂我既得法，爲來世化度衆生之人，此時受記師即不以我爲當得作佛，而有當得作佛之名號。釋迦二字，譯作能仁二字，言能以至仁之心而普度一切。牟尼者，譯作圓通解，言有此普度一切之心，而能圓通四大，無所不徧，毫無窒礙也。此是當日命名之意如此。故如來又言：我惟不存得法心，所以受記時，師曾作是當得作佛之言而以釋迦牟尼名之。

雲峯説：化度在如來生如是心，在衆生不自生如是之心，如來安從化度之。夫至於化度已，則消融人、我，在在皆佛，何有化度之心可留。故又言，菩薩欲化度人，尚有我、人四相，即非菩薩地位。葢以如來之心空諸所有，毫無染著，不以所得之法，存一得法心，故能證此無上正等正覺之心也。如來既言法無所得，即以己之所得於然燈佛者，復問須菩提欲使己得之法亦不留法相，故問昔在師所於法有所得否。須菩提直見以爲實無，所得正悟如來之得法得之於心，不執師之法以爲有得，故佛言如是如是，不但稱其言之是，而謂我之所得真在心而不著於師之説耳。此皆是無我之意，言以心得而得成佛，不假師說，方爲真得悟入，於得無所得，乃稱如來之義。何以故。如來者，即諸法如義。若有人言如來得阿耨多羅三藐三菩提，須菩提，實無有法佛得阿耨多羅三藐三菩提。須菩提，如來所得阿耨多羅三藐三菩提，於是中無實無虛。是故，如來說一切法皆是佛法。須菩提，所言一切法者，即非一切法，是故名一切法。須菩提，譬如人身長大。須菩提言：世尊，如來說人身長大，即爲非大身，是名大身。須菩提，菩薩亦如是。若作是言，我當滅度無量衆生，即不名菩薩。何以故。須菩提，實無有法名爲菩薩。是故，佛說一切法無我，無人，無衆生，無壽者。須菩提，若菩薩作是言，我當莊嚴佛土，是不名菩薩。何以故。如來說莊嚴佛土者，即非莊嚴，是名莊嚴。須菩提，若菩薩通達無我法者，如來說名真是菩薩。

子真說：何以見其無所得之故。蓋如來能了徹一切之法而得無所得故，即於空諸法而悟如如之義。

雲峯說：諸法如義是如來說經要旨，言即此諸法千條萬緒，而其一貫之旨總歸於如如二字。如則無不如，如如則無所爲如，故言如義而不言如法，如如中著不得法相也。如來者，以其無所不如，而能靜中生照，虛中起白。若鏡之懸，內無毫髮障礙，憑物之來，適如其來以應之，影過不留，仍存虛體，故無有來有不來，而來亦無有，如有不如也。言諸法而同歸於如義，正是百川之流銷歸大海，不見增益，無不容納。此可以悟如義之所包者廣，又何有一法之可獨名乎。

子真說：如義若此，而復有人言，如來必有所得正覺而後名如來者，是不知如來之實無有得也。何以見其無有得之故。蓋以得之於真性者，性本無法故，其中據以爲實，則全無憑藉，見以爲虛，則觸處圓通，無實無虛，法安所施。故又言，天下之可恃者，皆法也。法至一切，則無論大小矣。然此一切法者，即之則非，體之自實，雖有一切法，彙於一法，而一法之法原無有法，故雖云一切法，不過虗名之耳，亦何可執乎。故又言人身之長大，以喻一切法之多。然此性不明覺，雖有長大之身，終爲虗殼，亦何所用。以喻雖有一切之法，而不能得之於心，則一切法總屬成法，依樣葫蘆，何嘗自我本性中獨得之真諦。所以須菩提直言如來所説人身長大者，不過虗名之耳。長大之身，安足據乎。

雲峯説：自如是以下至諸法如義句，前後照應，而此段所喻是承上起下之詞。

子真説：上言無有滅度法，豈惟如來無之，即菩薩亦如是矣。葢以菩薩通乎佛性，所差一間，若使菩薩作是言，謂我當化度無量之衆生，便是執於化度之法，而不可名之爲菩薩矣。夫迷者衆生，悟者是菩薩，以衆生待人，以菩薩自待，即是人、我相矣，焉有菩薩地位而尚存四相者。故又言，佛無人、我、衆生、壽者相也，言佛則菩薩之不落於化度法可知。故如來又言，菩薩既不存化度心，則心中清淨可知，然使菩薩有心而求清淨，此心即爲清淨所拘矣。所以菩薩不作是言，以爲我已莊嚴佛土，葢此心已至於莊嚴，便已脱却莊嚴形跡，特無以名之，而强名之爲莊嚴，其實何所爲莊嚴乎。故又言，若菩薩於化度法、莊嚴法俱已空相，則知此身非身，此法非法而已，通達於無我法矣，是真名之爲菩薩也。

雲峯説：一切法而獨提布施法，言爲衆生説，一切法而單提化度法，言爲菩薩説也。上言六塵而單説色相，以聲香等從色起也。此言四相而獨説無我法，以人、衆生、壽者皆從我而起也。説無我法而謂之通達者，通於此而達乎彼也。彼此無礙，便是一箇正覺心，何所容其爲法乎。此處説無我，不言心而言法者，是如來指點菩薩空法處，不是説盡無法而又留一箇無我法，使後人存疑也。

○一體同觀分第十八

須菩提，於意云何，如來有肉眼不。如是，世尊，如來有肉眼。須菩提，於意云何，如來有天眼不。如是，世尊，如來有天眼。須菩提，於意云何，如來有慧眼不。如是，世尊，如來有慧眼。須菩提，於意云何，如來有法眼不。如是，世尊，如來有法眼。須菩提，於意云何，如來有佛眼不。如是，世尊，如來有佛眼。

子真説：上文言無我，而此又以五眼問者，正是如來不作寂滅之説也。蓋眼亦我身中一官，無我身便應空眼相。不知無我相者，無我身之累，而非并身無之也。此身之累盡忘，而我之慧性便從眼光透出，所以有此五眼。如來之問五眼，一步説深一步，須菩提之答五眼，一步見高一步，俱是針針相對處。肉眼者，色身之眼。人有色身，即具此眼，而或有瞽眇之不同，有明昧之各別。至於具有眼光而一見正一見邪者，此肉眼之所以相遠也。凡人與如來同此眼，而如來有之，便能從此眼得證上果，則謂如來之肉眼可也。天眼者，言眼界甚大而能普見一切衆生，無所不入其眼也。善惡邪正，若登高視下，纖毫畢見，此從肉眼證果後得之也。慧眼者，眼光甚明，能使一切衆生前後世事，慧光一照，九種盡皆明白而無可廋麗。此從天眼中看出，正是見之大者見之明也。法眼者，所視一規於法，而見正不見邪，見善不見惡，是以我之大且明處見爲萬善同歸之意也。佛眼者，見天下衆生皆可成佛而并無善惡之分，正是開眼憫衆生，合眼盡法界，而無所不入其眼也。此五眼之大略也。

雲峯説：五眼是一眼，分言之有淺深，

合言之無高下。如來有五眼，凡人亦有五眼，其中分別處，只從肉眼而始。若以後四眼説來，此解尚有未盡，可再解之。肉眼者，有色身即有是眼也。身之肉眼爲一官，而惟眼與心相通，故心之邪正獨形於目，目之所視，心每爲其所引。若心不處於虛，而眼著於相矣，故謂肉眼。然如來之肉眼，能見己身生滅，則與凡眼不同，特此眼自有身後得之，與身生滅，所以不可爲據耳。但如來以一眼見己之生從此來，滅從此去，無所昏瞇，所以必從肉眼入門也。天眼者，借天以言大且高且遠耳。人以眼望天而不能窮天之際，天以眼視人而能悉人之微，以其大也。大則無所不遍，高則無所不燭，遠則無所不及，如來能具此眼，便能遍滿十方界而能以一眼通之，此謂之天眼。慧眼者，其明足以燭幽察微，晰及毫末。如來以三世之慧光，具於眼中，不徒見一己之生滅去來，而能見衆生之種種色相，如日月之明，容光必照，故謂之慧眼。法眼者，眼之所見一合於法，而使非法之事不得再迷。故如來曾以法眼，看出阿修羅之假道亂真，能使之反魔入正，是皆法眼所得也。佛眼者，以其眼之所見無在非佛，故於一切衆生能以大慈悲心發之於眼，而使衆生無不成佛。佛眼一見，頓成菩提，所謂開眼即是度世也。

須菩提，於意云何，如恒河中所有沙，佛説是沙不。如是，世尊，如來説是沙。須菩提，於意云何，如一恒河中所有沙，有如是沙等恒河，是諸恒河所有沙數佛世界，如是寧爲多不。甚多，世尊。佛告須菩提，爾所國土中所有衆生若干種心，如來悉知。何以故。如來説諸心，皆爲非心，是名爲心。所以者何。須菩提，過去心不可得，現在心不可得，未來心不可得。

子真説：上言五眼具足，便可悉見人心，而非心亦無不見，故於五眼後説出三種心，以見非心之無不可見耳。恒河沙一段，從沙説河，從一河沙説河數如沙之數，反覆轉曲，總是説到佛世界之多耳。言有一世界，必有一佛居之，而世界之多與佛之多，直與恒河沙及如沙之恒河之多，則是滿世界皆佛，故謂之佛世界也。佛世界者，世界皆佛所主持。有一世界，即有一佛主持之分，而至於諸世界，則主持者亦有諸佛，蓋言世界中在在處處皆有佛也。看下爾所國土中句，則知分世界而化度之説是已。夫有世界即有國土，有國土即有人，有人即有若干心。人心而有種心，便知其心一而其種不一，所以説若干二字。如來以五眼之明悉知之者，正以若干心雖自不同，其實直謂之非心而已。蓋以諸心皆屬後起，絶非清淨本來。何以爲心，其非心之故何在。蓋以人心只有三項，過去、現在、未來是也。三者俱不可必得，而人心不免涉之，如來特於此處見其非心，正是五眼具足是也。

雲峯説：過去、現在、未來不必作前世、今世、後世看，即以一事一言論，如出口便是過去，方言便是現在，未言便是未來，總在一時説，不分前後。此三句經極有意味。前言若干心，此止説三種心者，見非心不外於三種耳。過去心者，此事已過，此心尚留，便多眷戀顧惜之意，所以此心一留，則終身迷惑。現在心者，即如富貴貧賤各有其位，不得越位而求，人惟看不破目前之所處，而以爲我所在者當久於此也，則眷戀之心出矣。又以爲我所在者，特暫於此也，厭常之心又出矣。故現在而不自知其爲現也。未來者，此境不在目前而設一或然之想，此境尚在後日而設一預期之思，便多患得患失之心。未來而果得，來則開僥倖之竇，未來而終不得來，又開怨尤之門。如來説三箇不可得，不是婉轉商量，直是斬釘嚼鐵語，所以破衆生之非心者，亦甚決矣。

雲峯又説：現在心原不脱日用飲食事，

但有此心而又生不自在者，何故。蓋緣人於現在處每多不自足，便不能自在矣。如來説現在心，原説人不肯以現在自求，而反去現求賒，則知過去、未來俱從現在處發出賒想矣。譬如身處於此，此即現在，而尚以此爲未足，更追及於前，計想於後，而并現在者不可得矣。此又以現在心生出過去、未來心之大略也。得字亦有解，此處説得，皆是必不可得而强求得者，猶儒家言得之有命，求無益於得之説也。

○法界通化分第十九

須菩提，於意云何，若有人滿三千大千世界七寶以用布施，是人以是因緣得福多不。如是，世尊，此人以是因緣得福甚多。須菩提，若福德有實，如來不説得福德多，以福德無故，如來説得福德多。

子真説：上言非心不可得如此，則是福德者我性中所固有，自可以不求而得。如來亦以無所得言之，非謂福德本無也。福德在性，則不求而得，福德在布施，則得而還歸於無得。此又如來深一層義，故問須菩提以爲如是布施而得福德。其中因緣，得少得多，似有分寸。是布施多，得福德亦多，則福德隨布施而轉矣，何關於性。故説一實字。夫福在德性則虛，在布施則實。實則其中因緣便可限量，而福德之多亦有限量。故如來説一無字，以見福德之多，不過從我之説而起見，非真有多之形跡耳。

雲峯説：有則實，無則虛，福德不是外來之物，何故説到因緣。蓋以福德原有種子，便是因緣。因者，仍其舊也。凡事必有因而後緣之以起，但因中亦有兩端。因其善者即緣善而起，因其惡者亦緣惡而萌，此處只説善因緣，正以福德性本善也。善本性生，何有惡之夾雜。特借布施一端以爲修善之基，非以布施較多論少而隨布施，隨與福德也。福德尚不可得，而欲得非心，可乎。結句處當著眼看。

○離色離相分第二十

須菩提，於意云何，佛可以具足色身見不。不也，世尊，如來不應以具足色身見。何以故。如來説具足色身，即非具足色身，是名具足色身。須菩提，於意云何，如來可以具足諸相見不。不也，世尊，如來不應以具足諸相見。何以故。如來説諸相具足，即非具足，是名諸相具足。

子真説：上言福德既無，則性本虚，而色身斷不可著相矣。色身者，肉身也。具足者，五體無有欠缺也。佛有五體，衆生亦有五體，是言佛身即以該衆生之身。今且不言佛之具足相，試即以衆生之具足者證之，則知衆生而能有具足相者皆佛也。故言佛可以無所欠缺之肉身相見否，言有是相，則見之者必生歡喜心，而究竟此身不離肉身，仍歸烏有。此身滅而此性長存，因知色身原不可恃，故説即非具足色身，特因其有形以强名之耳。故又言，如我今日之身有三十二相，是所謂具足諸相也，見之者誰不生瞻仰心。特以我之具足諸相不外肉身，亦有盡時，何可執著。故雖説有三十二相具足之相，實則非有也，特强名之耳。此兩段言具足相之别也。

雲峯説：相到具足，是爲完人。然貌足而性不全，即非踐形之人，與官之不全者何異。如來説出衆生色相之不可恃。隨言已，三十二相之亦無足據。其大旨之歸於無相，而并歸於無法可知，故下文即以無法申明之。

阿難尊者言：此段竟將佛字推到衆生具足相看，以見相之自衆生，及諸菩薩摩訶薩直到如來，皆是肉身不可恃，以結無相之旨。此論雖講中先有，當再記之。

○非說所說分第二十一

須菩提，汝勿謂如來作是念，我當有所說法。莫作是念。何以故。若人言如來有所說法，即爲謗佛，不能解我所說故。須菩提，說法者無法可說，是名說法。爾時，慧命須菩提白佛言：世尊，頗有衆生於未來世聞說是法，生信心不。佛言：須菩提，彼非衆生，非不衆生。何以故。須菩提，衆生衆生者，如來說非衆生，是名衆生。

子真說：上言無相，此言無法，蓋以法、相相因，故必相空而法亦皆空。如來所以言勿謂我未說法之前，先設一念謂我今將說法。若使我於說法前先有是念，便是我爲法拘。即人之聞我法者，亦莫先設一聞法念，謂如來將有所說法而我今得聞也。若使其人設是念，即爲不知佛之人，何能解佛所說之義。謂之謗佛者，以其不明說經大旨而徒惑於章句之末。

雲峯說：上念字是如來說自己之念，下念字是說衆生之念。此一問又爲徒恃章句以誦讀解說者言也。

子真說：如來既言說法者與聞法者皆無法可恃，則將來之世何所爲據而使人信從，故須菩提所以復問也。言須菩提而加慧命二字，見得須菩提此時已通慧命矣。

雲峯說：慧命即慧性也。性中本自有慧，而此慧從性命中來，不緣後起，即命即慧，不可分作兩項。正以命非慧無由見性，慧非命無以明心，所以慧、命合一也。若單言慧，則涉於後起而非先覺。惟慧涵性中而與生俱生、不與滅俱滅者，所性故也。時須菩提已得正覺故，以此名之耳。

子真說：此時須菩提又問如來，此來世衆生既無法可說，亦無法可聞，其能信如來者，可有其人否。如來謂，此衆生皆有佛性，不可以衆生名之，亦不可以非衆生名之。蓋衆生之所以爲衆生者，特以未證佛果，未登彼岸故，强以衆生名之，其實衆生不可限量，而何槩以衆生目之乎。

雲峯說：非衆生，非不衆生，是如來點化衆生處。卵、胎、濕、化諸種或有變化，而脱其凡胎者，一脱其凡，便是登岸，故説非衆生，則猶有衆生之跡，説非不衆生，則并忘衆生之名矣。故下文不説衆生而直言菩提心也。

○無法可得分第二十二

須菩提白佛言：世尊，佛得阿耨多羅三藐三菩提，爲無所得耶。佛言：如是，如是。須菩提，我於阿耨多羅三藐三菩提，乃至無有少法可得，是名阿耨多羅三藐三菩提。

子真說：此段見如來於正覺之性一歸於空，毫不留一，得使後世藉此以爲如來之正覺有異乎人。故須菩提以正覺之性實無所得，如來直是其言，以爲正覺之性不從法得。無論萬法銷融，即使其中稍有幾微之法可留，便非真覺性矣。

雲峯說：此段只重無有少法可得一句，見如來不留一法，乃通萬法。法在外，覺在心，若以外法而覺我心，則有覺有不覺，故曰無有少法可得。

○淨心行善分第二十三

復次，須菩提，是法平等，無有高下，是名阿耨多羅三藐三菩提。以無我，無人，無衆生，無壽者，修一切善法，即得阿耨多羅三藐三菩提。須菩提，所言善法者，如來説即非善法，是名善法。

子真說：上言無法可説，此復言善法，正以見法之同歸而無所高下，故又説出善法一段。如來言此法之所以無可説者，以爲其法甚平而不偏，且相等而無差别，故於其中無有高下之不同，正以此無上正等正覺之心生而同具也。

雲峯説：平等二字有別乎。則一槩皆然，等則便有差別，就如如來與須菩提諸菩薩等，俱是佛地位中人，但此中何以各分名色，可見平之中有等也。若説到等而上之，則諸菩薩便與如來同此覺性。説到等而下之，則諸衆生亦與如來同具此覺性。此平等中，無有高下之説也。平等二字有另解。此二句仍只説法，未嘗説人，但法隨人而分高下。其實平等二字即是儒家中庸二字，葢言此法原無奇異而甚平，亦無分類而有等，正使後世若智若愚共聞共見，乃不至以異端左道壞此平等之法也。此解專講平等二字，而下句自明矣。

子真説：惟此覺性人人同具，則先覺者正當覺其後覺，而何有人我四相可存。故曰無四相也。葢無相則所爲法者皆覺性之善，直謂之善法可也。法無所爲善，因性而善。若執定如來説法，又著善法，便落法相，故曰即非善法，但虚名之耳。

雲峯説：善法説到覺性中之善，則善仍不在法上説矣。

○福智無比分第二十四

須菩提，若三千大千世界中所有諸須彌山王，如是等七寶聚，有人持用布施，若人以此《般若波羅蜜經》，乃至四句偈等，受持讀誦，爲他人説，於前福德百分不及一，百千萬億分乃至算數、譬喻所不能及。

子真説：因言善法，又推到布施，因説布施，又歸到受持解説，是從善法連絡下來。如來又言，若世界中人有能以須彌山王大之七寶集聚一處，以行布施，可謂多矣，而終不若受持解説之福德勝於此布施者，皆因其法之善故也。故言百分不及一，百千萬億分而至於算數譬喻亦有所不能及者，總以明其善法耳。

雲峯説：前言布施而以恒河沙喻，此言布施而以須彌山喻，前言其多，此言其大。聚者，聚天下之七寶於一處而不分人我之物也。此段經義似言之又言，其實貫串善法二字説來，可見如來説經之義，自是法平等句起至即非凡夫一段，俱因無法可説，生出善法一番問答。是凡夫句以下，則又以無相可説，生出一合相一番問答矣。

○化無所化分第二十五

須菩提，於意云何，汝等勿謂如來作是念，我當度衆生。須菩提，莫作是念。何以故。實無有衆生如來度者。若有衆生如來度者，如來即有我、人、衆生、壽者。須菩提，如來説有我者，即非有我，而凡夫之人以爲有我。須菩提，凡夫者，如來説即非凡夫，是名凡夫。

子真説：上言經義之妙如此，則是如來以此經度人多矣。而如來又言，莫謂今日説經時，設一念以爲我之説經，單爲我欲度後世衆生也。若使作是念，謂以此度衆生，則法雖善而已存一我相。蓋有我而説經，有我説經而以經度人，是以佛自待，以衆生待人，何所爲度。故設一無我之問，以使後世之受持解説者皆當無我也。爲人解説而存有我，即凡夫矣。蓋凡人之心，原思度人而解説，特自謂此經者非我不能誦，非我不能解，即不是如來説經之心。非凡夫，而何言貪著其事，正謂貪著度人之事也。然言凡夫，則必有與凡夫相對者，而有我之相又生，故曰凡夫者特强名之耳，非真有凡夫也。

雲峯説：凡夫不是愚人一種，以其未能超凡入聖，謂之凡夫，看淺不得。如來段段要人持誦解説，反以凡夫目後世之人，寧有是理。特以度世人，於既度之後，更無有度世名色留於心中，此正如來望後人不作凡夫度世想，即是入聖地位矣。此段是如來借己以喻後人處，不可作落空話頭。

○法身非相分第二十六

須菩提，於意云何，可以三十二相觀如來不。須菩提言：如是，如是，以三十二相觀如來。佛言：須菩提，若以三十二相觀如來者，轉輪聖王即是如來。須菩提白佛言：世尊，如我解佛所説義，不應以三十二相觀如來。爾時，世尊而説偈曰：

若以色見我　以音聲求我
是人行邪道　不能見如來

雲峯説：此段又以色相反覆申明，總是啟發須菩提悟到一合相處。前言三十二相不可得見矣，此復問可以得見者，正是如來要須菩提認清不可以色相見如來意故。須菩提言如是如是，是迎如來之機，以見不同於轉輪聖王也。轉輪即法輪也。有此法輪而無人轉之，不知輪之可致遠，故其功在於能轉之者。轉輪聖王亦具如來之相，更能以如來之法化行一國，其實未嘗以因有此相而行如來之法。若謂以其具相而得行其法，聖王與如來何異。故曰即是如來，非真同如來也。因説四句偈，以明之見得色與音聲，俱落於相而不可著，何可以此欲見欲聞乎。若僅以此色而求見，以此音聲而求聞，便失如來真空無相之旨，悞入於邪道，而行之者皆非正宗，安能得見如來真面目乎。此段是經中一結穴處，要之無我相四句，俱於四句剖明，而後之四句偈亦於此關照者。

雲峯又説：前説見如來，是如來令須菩提一眼覷定意。此説觀如來，是如來令須菩提一心會著意。前説在外，後説在内，此二字之不同解也。

○無斷無滅分第二十七

須菩提，汝若作是念，如來不以具足相故得阿耨多羅三藐三菩提。須菩提，莫作是念，如來不以具足相故得阿耨多羅三藐三菩提。須菩提，汝若作是念，發阿耨多羅三藐三菩提心者說諸法斷滅，莫作是念。何以故。發阿耨多羅三藐三菩提心者，於法不說斷滅相。

子真說：此段問答，只重斷滅相三字。如來既具此相而不以一相自存，所以無處不具足耳，故說不以具足相得正覺心。蓋正覺之心不倚於相，而特借相之具足以證此心，見有是心者，其相未有不具足究竟三藐三菩提心，何有於相乎。故復說斷滅相以證之，其實斷滅相亦不可得而名也。

雲峯說：斷滅相不是斬根絶蒂之意，若斷而實連，若滅而實生。此從不留一法相，繪出一段真空光景。若終於斷滅而無一法可傳，豈是如來引導之意。

雲峯又說：人但知釋氏說法空虛，豈知如來言真空無相，實實從實地功夫做到絶頂，方得真空無相。即如不斷滅三字，是如來引人於大路，使人各正覺性。假令此法有斷絶滅熄時，豈能令人信受而奉持。惟不斷絶，則法自與天地同終始，天地旋轉從無歇息，此法之不斷滅亦復如是。如來說法，到此真有懸針度影之喻矣。

○不受不貪分第二十八

須菩提，若菩薩以滿恒河沙等世界七寶持用布施，若復有人知一切法無我，得成於忍，此菩薩勝前菩薩所得功德。何以故。須菩提，以諸菩薩不受福德故。須菩提白佛言：世尊，云何菩薩不受福德。須菩提，菩薩所作福德，不應貪著，是故說不受福德。

雲峯說：此段內要著眼無我得成於忍句。

受福德、作福德，各有分別。受字對上布施二字，以其所施，得其所受。作字又對上受字，因其所受，見其所作。此處又借布施一段，説出得成於忍不重布施，如來言以此布施，不若其成於忍者之受福德尤勝。蓋以忍者成道之入門訣，無我之念，成於自然，勉强之功，能忍居多。人惟不能忍，便不能有成，不知無我之心，所以得證菩提者，皆自忍而成也。故謂之一切法無我，得成於忍此句，當作一句讀。前言布施屬之衆生，此又屬之菩薩，非謂菩薩去布施，正從此印證菩提心耳。

子真説：何以故，言所得之故，何以勝於前也。蓋以得之者，我所固有，不假外來，非因一施而一受，故言菩薩不受福德故也。不受者，非云與之却而不受，我所自有，非人授之，何處可容其受，故謂之不受也。

雲峯説：與我却而不受者，外物也。受之而不容受者，己性也。福德是性，非有損益，從何而受。故又言，菩薩之所作福德，不應貪著。福德自作之自受之，其實若以此據爲我有，求多於福德，則貪矣。貪則未有不著於相者，其故皆緣欲受之心而起，故菩薩之所以不受也。貪著二字，又不同貪、嗔、癡解，此貪字是向證上果者，言須領會。上皆以無爲而有差別，則知有爲處亦是貪，即著於有爲矣。可以此參之，方得入細。

○威儀寂靜分第二十九

須菩提，若有人言如來若來若去，若坐若卧，是人不解我所説義。何以故。如來者無所從來，亦無所去，故名如來。

子真説：上言不可貪著，則是法相者尤不可著。故如來言，我之於世，不可以來去坐卧定也。若使人言如來若來則存一形容之相，言若去則存一虛滅之相，言若坐若卧則存一與世往來之相，便是以相觀如來，而不解所説如來之義矣。何以見其不解之故。如來者，非有非無，以爲其來，實無所從自而來，以爲去，實無所自而去，故以其名如來也。

雲峯説：此段是借去、來、坐、臥四字以喻其意。四字上各有若字，便見非真有去、來、坐、臥也，但爲後人依墻傍壁者言耳。人惟信如來是有形有色之人，則心中忽設一來念，便覺其若來而瞻禮敬肅之事起矣。設一去念而以爲若去，則一切枯禪槁性之説起矣。設一坐臥念而以爲若坐臥，則凡遇一塔一廟，便謂此中有如來趺坐寢息其内，而依藉之想又起矣。故槩以不解所説義，解後人之惑。不知如來二字，不著形跡話頭，就如形之隨影，形滅而影自消，形著而影復現，形影相隨，似無似有。其實來之與去，此身見得明白，而後此身信得明白，即看得空虚，故説無所從來、亦無所去也二句。來去不對，只重無所從來句。下句帶言之耳，如來但解來義，不解去義。若以來字同去字看，便有形跡來，而曰如來者，如其所性而來，便有與生俱來之意。若有是生而不有如其性以偕來者，何所謂生。故儒家言人生也，直是即如其性以來之註脚也。但看從來二字，則知來而相從者何物。如來言無所從者，不是言來時一無所從也。此性最爲虚靈，若説其從何處發脚，便有影子，故説一無所字，實實見正覺之心，與生俱生，而不落方嚮也。此句妙理如是，何故説得不著邊際。下句何以見帶，言玩一亦字可知。如來但説如來，不曾説如去，若使來與去相較一番，把過去、未來套論塞責，大掩如來面目矣。但亦無所去，亦自有解，言來曰從來，言去曰所去，即以其所從來而還歸於所去也。來者完全而來，去者不欠缺而去，則知去而復來，依然如此，何得不謂之如來乎。如來之大意，若此足矣。

○一合理相分第三十

須菩提，若善男子、善女人以三千大千世界碎爲微塵，於意云何，是微塵衆寧爲多不。須菩提言：甚多，世尊。何以故。若是微塵衆實有者，佛即不説是微塵衆。所以者何。佛説微塵衆，即非微塵衆，是名微塵衆。世尊，如來所説三千大千世界，即非世界，是名世界。何以故。若世界實有者，即是一合相。如來説一合相，即非一合相，是名一合相。須菩提，一合相者，即是不可説，但凡夫之人貪著其事。

子真説：上言如來無相者，以覺性嘗存於世界中而不與世界同起滅也。故此又以微塵喻世界，而發明不可有一合相之故。如來故借微塵之細以喻世界之大，復以世界之大碎爲微塵之細，甚言其不可形容之意。究竟塵而説到微處，便眼可得見，手不可得著，正以微塵甚多而難據耳。

雲峯説：説微塵，説世界，是言小之難容一芥，大之可藏須彌，而大小之形皆不可著，故又反覆以申明。其言三千大千世界而碎爲微塵者，甚言大可破爲小也。説微塵而等於大千世界者，甚言小可容其大也。其實如來説不盡此中之奥故，特以喻言明之。一合者，一合而不可復分也。未有合之事，先起合之心，心合於事而相形矣。就如耳、目、口、鼻未起一念，則色、聲、香、味全然無形。及念起而欲視，則合於色相矣。念起而欲聽，則合於聲相矣。念起而欲口、鼻如其意，則合於香、味相矣。皆因一念所發，遂與相相牽，是即所謂物交物引之，而已之説也。

子真説：此一合相，應有應無，可從法相中討出真消息否。

雲峯説：還從法相外尋之。

子真説：一合相之起，不出於人我色聲等因，只是如來既空塵相，便覺正性所存俱無執著，其中自有不求合而合之理，豈嘗有一合相乎。合字易解，一合難解。合而言一合者，如膠漆著物，始不相合，纔合便堅固而不可解，所以合相易於貪著耳。一者，舉其初念而言，初念一起，即合到底著迷，故謂之凡夫云爾。如來無相不空，豈有一合相可名乎。

○知見不生分第三十一

須菩提，若人言佛説我見、人見、衆生見、壽者見，須菩提，於意云何，是人解我所説義不。不也，世尊，是人不解如來所説義。何以故。世尊説我見、人見、衆生見、壽者見，即非我見、人見、衆生見、壽者見，是名我見、人見、衆生見、壽者見。須菩提，發阿耨多羅三藐三菩提心者，於一切法，應如是知，如是見，如是信解，不生法相。須菩提，所言法相者，如來説即非法相，是名法相。

子真説：如來又云我今説此經義，實實無有四相可形容而得見者。若心中先存一無四相之見，便是四相仍有，强欲其無，則後人之不解所説義者多矣。葢以所言無之故，不是昔有四相而今無之，要以合下便無，何所爲四相。故其説人、我、衆生、壽者，即非有是相，以説法時無可指示，特虚名之耳。究竟正覺中，何有四相之名。故又言，若使能證此菩提心者，定應以如是心知覺，以如是心見識，如是心解説，則在在皆無上正等正覺之心矣。又何有法相之可生乎。葢以法相者，入門之路而非造極之處。所以借此引導，不可以此證心，故言所説法相，何有法相之可存，特虚名之耳。

雲峯説：前言人、我、衆生、壽者四相，此復言見字，有别。言相則尚有相在，言見則并無無相之見矣。見非見之於目，直見之於心，心有此見，則相雖無而仍著於有。如來言此，恐後人誤信如來説法，因有四相，欲其强制以歸於無，故復申明，言此以爲正覺中本無四相，所以真空而非有相可强制以歸於無者。所以特説見字，又比前説深一層。三如是俱指菩提心，言此三句照應初問云何應住句，蓋結如是知，如是見，如是解，則應如是住也。不生法相，照應初問云何降伏其心句，蓋結到法相不生，則更無起滅，而應如是降伏也。此段已幾幾乎收拾到應無所住句之章旨，勿可看作三如是字面是承接之詞，直應到下如如不動，而反結到如是我聞句矣。知字、見字、信解字俱是收束全經許多話頭，亦字字有分别。凡人之慧，從知而發，故不知則無所見矣。惟心既有所知，而見識始出，有見識而後能信解之，則是前之四果菩薩，以至須菩提，諸天、人、阿修羅衆生，無有高下，而必如是乃能證般若耳。誦讀解説者，須於此著眼。

○應化非真分第三十二

須菩提，若有人以滿無量阿僧祇世界七寶持用布施，若有善男子、善女人發菩提心者，持於此經，乃至四句偈等，受持讀誦，爲人演説，其福勝彼。云何爲人演説。不取於相，如如不動。何以故。

一切有爲法　如夢幻泡影
如露亦如電　應作如是觀

子真説：前此無相之故，已了了分明。終章只一借布施，發出不取於相，以證如如之旨。故言若人以無量無數世界之七寶，用以布施，較之恒河沙更爲大且多矣，而終不若以此經與四句偈受持、讀誦、爲人演説其義，更有勝於布施之福者，正以布施尚有相，而此則無相也。

雲峯説：此處單言爲人演説者，正以度人之功，較之度己尤難，故易解字，説演字，其義各自不同。解者，只以其大意而解之。演者，并其字句而演之矣。故演字當作衍意説，使天下後世之人無不推求詳衍而無一字一句稍存疑義也。

子真説：其所以爲人演説者，云何正以無有人我之相故耳。故凡一切相皆無足取，而如其心以應之，雖當紛動之會，而此中却如如不動也。

雲峯説：如如不動句，上如字虚，下如字實。如如者，適如其所如也。此二句與儒家明明安安等説同。蓋凡人之心，不如者多。惟其不如，所以六塵四相紛擾於中，而動不勝動。至於賢聖覺性具足，在在皆如，更無有不如者，稍稍關礙，故能認清覺路，適如其所如。如如者，因如之一字無可增減，減之則非如，增之亦不可以爲如故。疊言如如，以見其中更無可容一物，而澄然湛然，即入於紛擾之處，外遇雖動而中却不動，萬法從此消歸矣，此如來之真面目也。下四句只説得一箇空相經義，已於此句收拾全旨。

子真説：何以見不取於相之故。蓋有相則有爲，有爲即著於法而不能如如不動矣。正以一切有爲之法皆無可執，就如夢之得醒而夢境成虚，術之有幻而形聲莫據，水之有泡而泡滅即無有泡，影之隨身，影息而即無有影，與夫朝露之晞於日，電火之熄其光，六者是皆瞬息無形，何有爲之法可執乎。故説有爲之法應作如是六者觀也。

雲峯説：如是觀，不可指定六者。六者是喻言，何可執定。大意還是如來説，人能識真空無相之旨，則在在皆如是矣，而何有不可得觀者。此句推開一説，便可將兩儀四象盡融於太極，六塵、四相盡空於如如。觀之者，能通前徹後而燎然於如是之中矣，此正如來經義之與天地同起滅也。

佛説是經已，長老須菩提，及諸比丘、比丘

尼，優婆塞、優婆夷，一切世間天、人、阿修羅，聞佛所説，皆大歡喜，信受奉行。

子真説：爾時如來説經已畢。其聞是經者，若須菩提，則爲弟子中之長老，以及僧衆之名諸比丘，尼衆之名比丘尼，善男子之名優婆塞，善女子之名優婆夷，及天神、人類、鬼王之名阿修羅，莫不聞如來説經之義而生歡喜心，以信受奉行也。

雲峯説：聞之而不能信，徒然聞也。信之而不能行，徒然喜也。終篇而説此四字，可以見此經之受持、讀誦、爲人演説者，能有始有終，勿至懈忽，而如來之教常行於天壤矣。

校勘記

〔一〕「問」，底本作「間」，據文意改。

〔二〕「如來」，底本作「知來」，據文意改。

〔三〕「口」，底本作「日」，據文意改。

〔四〕「明」，底本原校云一作「名」。

〔五〕「而」，底本作「面」，據底本原校改。

〔六〕「來」，底本原校疑爲「是」。

金剛般若波羅蜜經補註

第一分：次第乞，不是如來一身去乞，尚有千二百五十人與俱者。

第十二分：阿修羅，惡王名，即羅刹國之主，亦有大神力，而能與如來之法相敵者，但邪正不同故。如來説法時，彼作比丘相而來，如來能以慧眼覷出，阿修羅無可施其魔力，遂使反邪歸正。所以此經中每説一切天、人、阿修羅，正從此時證果者。

十四分：如來三世轉身，歌利王事尚在第一世。受記於燃燈佛，在第二世。昔爲歌利王昔字，昔在燃燈佛所昔字，俱不作昔字看。五百歲是如來約略之時，大凡世運以五百歲而一治亂，此時即出而復爲化度，所以視五百歲爲期也。日光明照，秋毫皆矚，何色不見，此處色字不同六塵之色，見得滿眼乾坤，山河大地無非是色，故謂種種色。

十六分：於後末世，末世者，此從五百歲内當亂未治之時，言此時適遭亂劫，衆生有不可度者，幸存此經，而於衆生中有悔過自新之人，如來即以菩提心引之而登彼岸。可見如來説到末世，亦自存一護法念頭矣。試以末世之略言之，莫甚於晉魏間，沙門於此極盛，亦於此極衰。故魏主造浮屠，高至百尋，多至千億，一日改釋從道，毁寺滅像，以及徧戮僧衆，凡無一存，非末世而何。

金剛經註釋跋

《金剛》一經，蓋諸經之祖也。其義以覺性爲宗，雖曰真空無相，而皆原本實理，筏度羣生。顧解是經者，半屬宗門傳會，未得如來真詮，何裨覺性。獨茲註釋得自乩書，尤爲罕覯。自余雲間友人李野汀諱廷恩，少時即虔誦《金剛經》，已而受異人乩語，勸人濟度。歲辛丑，應江西新昌令胡孚中之幕，暇即與其友運乩，遇子真大仙乩示，延雲峯大師，奉如來旨，得傳《金剛經註解》，蓋與禪家之語録衍説迥異。余家世修善，自高祖建佛堂，塑大士像，虔供誦經，已五世于茲。余既業儒未就，竊欲求通覺性，以證菩提。適壬寅冬，同邑念祈王公諱守唐，爲浙江海鹽令幕，余偕來，遂得與野汀同事，成莫逆交。野汀爲余談乩傳始末，余聆之，駭爲希有之奇。又授以經解，朝夕披誦，皆真實了義。雖雲峯師釋之，子真師訂之，不啻如來耳提面命而皈依恐後矣。然雲峯師有云，後人刊而布之，可當寰中一鑑。余未能爲如來功臣，而志切津梁，于是捐貲鐫印，發心施舍，以廣其傳，庶使善信共明正覺，咸登比丘衆千二百五十人之列，是余兩人之願也夫。

旹康熙甲辰中秋關中郃陽縣奉佛弟子雷應期乩賜法名照淵齋沐敬跋。

（李勁整理）

金剛經演古〔一〕

清　寂燄述

序

原夫般若功德不可思議者，由其照破世出世間諸相，洞見性源故也。衆生隨順無明，長居此岸，流轉生死。菩薩隨順般若，立登彼岸，高證涅槃。蓋般若者，度苦海之慈航，破長夜之明炬，諸佛所師，諸天敬奉，可不信哉。

世尊二十年中，爲諸弟子搜窮二我，直徹三空，微細淘汰，廣談般若。《大般若經》，凡四處，一十六會，六百卷。《金剛般若》當第二處，第九會，第五百七十七卷，傳至此土凡六譯，時所宗尚，皆弘秦本。天竺有無著菩薩，位登初地，因讀此經，罔測涯涘，乃入日光定，上昇兜率，親從慈氏，稟受八十行偈，以釋此經。又將此偈轉授弟天親菩薩，各造論解釋。天親約斷疑執以釋，無著約顯行位以釋。唐圭峯宗密禪師，撮二論之精要，科經唯約天親，釋義即兼無著，亦傍求餘論，採集諸疏，題云《疏論纂要》。有宋長水法師子璿，又作《刊定記》七卷釋之。此《金剛般若經》，真源的派，列聖相傳，遡流及源，長水宗圭峯，圭峯宗二論，二論宗兜率，兜率親稟靈山。言言有據，字字無差，如取家券而治祖業，復何疑哉。後學安於寡聞，此古《疏》《記》有畢生未曾寓目者。甚至恣己臆見，輒形註釋，毫釐之差，天地懸隔，疑誤將來，其害匪細。寒輝闍黎禪晏之暇，以是經爲印心之明鏡，涵泳古《疏》《記》有年。但其文簡古，不便初學，乃删繁取要，又從而敷演挑剔之，名之曰《演古》。俾讀者開卷瞭然，發四心而興萬行，破羣疑而徹三空，其有功於學般若者甚大，故樂爲序諸卷首。

旹歲在丙辰正月燈節後三日富沙釋道霈題

校勘記

〔一〕底本據《卍續藏》。

敘

《金剛經》，雖白衣士有能誦之，即註解亦夥矣。若論般若大旨，無論誦者茫然，即註者亦未必盡得也。夷攷無著菩薩，位證初地，讀此經罔測其義，至升兜率，稟彌勒指授，復轉示天親，始各造論解釋。而唐之圭峰，宋之長水，乃循流溯源，互有宣發，然皆辭旨精妙，非宿學難知，則《金剛般若》豈易言哉。博地凡夫以愚癡柔暗，浮沉苦海，非般若不能津渡，然非自發菩提心，焉能直契般若。特人之不肯耳。且般若慧光照破萬有，洞徹性源，不但盡掃凡情，抑且不存聖解。故《金剛般若》以無住爲宗，以摧壞一切爲用。誦者説者，不悟妙旨，徒爾尋言，恐去經愈遠矣。余幼依上士，聞誦《金剛》而喜之。茲劇病更生，知生滅不常，用深儆策，方期一意法寶，闚測甚深，適寒輝禪師以《金剛演古》示余。演古者，即二論以及《纂要》《刊定》諸書，演暢宣明，發古人未盡之秘，以成詮釋也。其中緒清意簡，理玄辭達，纔一展玩，意念氷融。顧著書者，皆自成一家言，而禪師獨曰演古，正以禪師注經不更自立意解，以註還古人，是注法不立也。則知從上聖賢論疏，即論疏法亦不立也。繇是而解，如來廣説般若，即般若法亦不立也。就《演古》而約經義，其有裨于發四心，證三空，破羣疑，嚴萬行，功德豈淺鮮哉。是書所在，皆應作禮圍繞，以諸華香而散其處。

會稽如現范鋐和南撰

後序

《金剛般若經》者，乃佛祖傳心之秘要也，以著衣持鉢爲發起者，欲令知般若不離日用之間也。雖其中破相斷疑，而事、行、理、觀未嘗偏廢。其度生無度，無住生心，以無我等修一切善法，非莊嚴名莊嚴等，類皆正偏回互，不犯鋒芒。神而明之，存乎其人，故黄梅以是印心，曾溪聞而開悟，豈徒然哉。但此經義趣深遠，古今詮釋殆且百家。惟西竺天親、無著稟承兜率，以住一十八處，密示階差，斷二十七疑，潛通血脉，允合世尊無相大乘之旨。而此土則有青龍、大雲、資聖、塵外諸疏，或依或違，學者無所折衷。中唐圭峰宗密禪師，約無著七種義句以懸判，依天親斷疑問答以科釋，并採集諸疏，題曰《疏論纂要》，又爲《紀略》以釋，上符聖旨，俯逗羣機，實像代之法匠也。五季石壁法師，襲用《紀略》，别爲《廣録》，辭或繁長，學者苦之。有宋天聖間，長水子璿法師重爲修治，剪煩削冗，黜僞存真，命名《刊定記》，真可謂内院之功臣，圭山之後裔也。斯文不墜，厥功懋哉。余以己酉之夏，叨陪清衆於石鼓選佛場，因同諸友，商摧〔一〕大意。山居晝永，旹或披尋。但《纂要》文簡古而難通，《刊定》語詳悉而莫記，因會合兩部，删煩取要而融通之。其間敷演挑剔，不悖古德之意，竊命名曰《演古》，聊以自備遺忘，朝夕玩繹。其發四心而修六度，破二我而徹三空，端有藉是爲指南云。

旹己酉秋九月既望後學寂燄書於石鼓選佛場。

校勘記

〔一〕「摧」，疑爲「榷」。

金剛般若經演古

晉安後學釋寂燄述

金剛般若波羅蜜經

金剛，天上之寶也，帝釋有之，薄福者難見，具堅、利、明三義。其體極堅，一切物不能壞。其用極利，能壞一切物。其相極明，能炤一切。所以《薩遮尼乾子經》云：帝釋金剛寶，能滅阿修羅，智碎煩惱山，能壞亦如是。故佛以喻三種般若。梵語般若，此云智慧，其體即實相般若，乃吾人本有之性，真常清淨，今古恒然，雖經多劫，流轉生死，而曾無所損，是極堅義。其用即觀炤般若，亦是本有心光，不發則已，發則能斷惑著，無始以來無明煩惱無所不壞，是極利義。約其功能，稱波羅蜜，此云到彼岸，謂乘般若舟航，離生死此岸，度煩惱中流，到涅槃彼岸。涅槃，此翻圓寂，亦云滅度。一切衆生即寂滅相，不復更滅，但以迷倒，妄見生死，名在此岸。若悟生死本空，元來圓寂，名到彼岸。若兼般若迴文，應云到彼岸慧。上七字是所詮。經字是能詮，具貫、攝、常、法四義。貫者，如線貫華，謂貫串所應知義。攝者，如經持緯，謂攝持所化衆生。常者，不易義，乃三世諸佛不易之常道。法者，軌則義，乃十方菩薩同遵之正軌，即文字般若，是極明義。學者苟能由文字般若而起觀炤，由觀炤般若而契實相，是謂金剛智慧到彼岸也。

釋經正文，准常三分：曰序，曰正，曰流通。蓋世尊將演般若，先彰由致，故曰序分。由致既彰，當機受法，全經旨趣，解行斯陳，故曰正宗。宗趣既明，務於開濟，近益當時，遠益未來，使傳芳千古，慧命不絶，故曰流通。

○初、序分。有證信、發起之殊。今證信有六種成就。

如是我聞：一時，佛在舍衛國祇樹給孤獨園，與大比丘衆千二百五十人俱。

如是，信成就也。信則所言之理順，順則師資之道成。佛法大海，信爲能入，智爲能度，故居首也。我聞，聞成就也。我者，阿難自稱，然是隨世假立，不同凡夫外道所計之我。聞者，親聽，非是展轉傳聞。此方真教體，清淨在音聞。不假音聞，教何由立。

一時者，時成就也。世事合會，尚待昌期，大法弘宣，豈違嘉運。故曰法王啟運，嘉會之時也。然十方世界，天上人間，時分不同，今但取師資道合，説聽究竟之時，故云一時。佛者，主成就也。梵語具云佛陀耶，此云覺者，具自覺、覺他、覺滿三義，故稱爲佛，即本師釋迦牟尼佛，爲説法之主。非大覺，孰能演斯大法。舍衛國等者，處成就也。舍衛梵語，此云聞物，以人物富庶聞於五天。此説法之處在中天竺波斯匿王所都之國，城外東南五里許，乃祇陀太子之園。大臣須達多，此云善施，以常給濟國之窮民，人稱之爲給孤獨長者。布金買園，太子捨樹，共造精舍，請佛説法。可見般若大法，非勝地亦不克宣也。與大比丘衆等者，衆成就也。座無知音，説將誰聽。今機感盈前，不得不説。比丘含三義：一乞士，謂上乞法以資慧命，下乞食以養色身。亦云破惡，亦云怖魔。大者，數多、名重、德隆也。如憍陳那、三迦葉、舍利弗、目犍連、耶舍長者并其眷屬等，俱在一時一處，共相和合，濟濟同聞，可謂盛矣。然此皆先事外道，艱辛累年，一無所證，纔得見佛，便登聖果，感佛恩深，故常隨侍，所以偏列其數。其餘天龍八部、四衆人等，皆結於流通分中，首尾相望，蓋影略耳。

爾時，世尊食時，著衣持鉢，入舍衛大城乞食。於其城中，次第乞已，還至本處，飯食訖，收衣鉢，洗足已，敷座而坐。

此發起序。將説般若，而以著衣持鉢爲發起者，顯般若不離日用之間也。爾時者，大衆雲集之時也。食時者，辰巳之間也。我釋迦世尊，既現相人中，示同人法，亦於食時著僧伽黎衣，持紺琉璃鉢，嚴整威儀，肅恭齊法，出祇園而入舍衛，躬行三世諸佛乞食之法。以内證平等理，外空貧富相，故於城中，無問淨穢，不揀貴賤，次第而乞。佛心既等，使施者獲福亦等。既得食已，仍出大城而還至本處。本處者，事則祇桓精舍，理則實相真空也。佛凡所得食，分爲四分：一、與同梵行者，二、施貧病乞人，三、施水陸衆生，四、自食。食訖，乃收拾衣鉢，而洗足焉。《阿含經》説，佛行時離地四指，蓮華承足。今洗足者，先跣足行乞，歸則洗濯塵汙，垂範後人也。敷座而坐者，他經侍者敷座，惟説般若，佛自敷座，以尊重般若故。著衣持鉢表戒，敷座而坐表定，以戒、定發起般若，令人觀象會意也。然此著衣持鉢，洗足敷坐，般若真機已漏洩無餘矣，故空生不待如來開口，便嘆希有，大似靈山拈華，迦葉微笑，二人默識心通，如出一律，覽者詳焉。上來序分竟。

〇二、正宗分。

時，長老須菩提，在大衆中，即從座起，偏袒右肩，右膝著地，合掌恭敬而白佛言：希有世尊，如來善護念諸菩薩，善付囑諸菩薩。世尊，善男子、善女人發阿耨多羅三藐三菩提心，云何應住，云何降伏其心。

此善現申請也。洪鐘在簴，非扣不鳴，法施不悋，待問乃説。即此祇園一會，皆有樂法之心，未敢擅請。時有德長年老號須菩提者，此云空生，亦名善現，解空第一，於如來著衣、持鉢、敷座而坐之次，頓然發明般若心體，遂知機知時，即從法空之座而起悲智之用。袒右肩，屈右膝，皆云右者，表順也。合掌，表智與理冥也。此上結集家叙其請法之儀。下善現讚請。先讚。然如來日用妙處，他人不知，而空生獨知之，乃讚言希有，蓋曠劫難逢，大千唯一，豈多得哉。善護念者，以大慈護念根熟諸菩薩，乃三賢已上者。護念，即加被與力也。與根本智力，令成就佛法，與後得智力，令教化衆生。善付囑者，以大悲付囑根未熟菩薩，已得大乘者令其不捨，未得大乘者令其勝進。故慈氏頌云：巧護義應知，加彼身同行，不退得未得，是名善付囑。後請者，然圓頓因地，總有三重：初了悟本性，次發菩提心，後修菩薩行。故《華嚴》善財先陳已發，方問行門，而此經全重在發菩提心，以是修行根本，故空生既悟此心，遂請真修之行，不但爲己，兼爲一切衆生申請。若人不發世間人天之心及出世聲聞、緣覺之心，而發於無上正等正覺之心，極爲難得，即入〔三〕如來護念、付囑之中，可不教以修行之法乎。敢問昔未發心，住六塵境，今既發心，應安住何地。昔未發心，隨逐妄念，今既發心，當妄念起時，應云何降伏。誠得如來開示，使其知住知降，則修行不錯，不至於妄失菩提心矣。此一問是一經關鍵。按魏譯有三問，應云何住，云何修行，云何降伏其心。佛答令安住四心，修六度行，不令著相，是降伏義。秦譯略去修行者，意謂住道、降心即是修行，不可離此別有所修也。

佛言：善哉，善哉，須菩提，如汝所說，如來善護念諸菩薩，善付囑諸菩薩。汝今諦聽，當爲汝說。善男子、善女人發阿耨多羅三藐三菩提心，應如是住，如是降伏其心。唯然，世尊，願樂欲聞。

重言善哉者，讚其所問，以善現讚請玅契佛心，故印可云。須菩提下二句，牒其所讚。汝今諦聽二句，誠聽許說。說箇什麼，說發菩提心者如是安住、如是降心之法，即指下所答之文也。又如是二字直捷指出，若不如是而住，則是非住，若不如是降伏，轉成妄心，又安能得無上菩提哉。時空生聞教，即應之曰唯，乃領略之辭，如曾參聞一貫之道，應之以唯者。其心固已渙然無滯矣，而復云願樂欲聞者，蓋爲衆而發起爾。

佛告須菩提：諸菩薩摩訶薩應如是降伏其心，所有一切衆生之類，若卵生、若胎生、若濕生、

若化生，若有色、若無色，若有想、若無想、若非有想非無想，我皆令入無餘涅槃而滅度之。如是滅度無量、無數、無邊衆生，實無衆生得滅度者。何以故。須菩提，若菩薩有我相、人相、衆生相、壽者相，則非菩薩。

此如來正答所問，二。一、答安住降心問。謂應住四心，降伏其有我度生之心也。問雖有二，答乃互顯，故先標降伏其心，後結如所教住。圭峰準魏譯三問，舉降伏爲總，住、修爲別。然詳經文，無別答降伏之處，則知降伏在住、修中，皆令離相，是答降心之問，是以舉降伏，則攝安住矣。前問云善男子、善女人，今答言菩薩者，已發大心，故受菩薩之稱。菩薩，此云覺有情，謂以智上求覺道，以悲下化有情也。摩訶薩，此云大道心衆生。應如是降伏其心者，即指下安住四心，修行六度，降伏其住相之心也。發菩提心者，以度生爲急務，凡所有一切衆生之類悉應度脱。

此總相説也。若卵生等者，以受生差別言之。天獄化生，鬼通胎、化，人畜各四，諸餘微細水陸空行，不可具分品類。以依止差別言之，有色，四禪也，以色蘊爲身。無色，四空也，以受想行識四蘊爲身。依止，即身義。以境界差别言之，有想者，無色界中空無邊、識無邊二天也。無想者，無所有處天也。非有想非無想者，非想非非想處天也。如是則包括三界無遺，發菩提心者必應度盡而後已。故彌勒頌云：廣大第一常，其心不顛倒。利益深心住，此乘功德滿。度盡三界一切衆生，則住廣大心也。皆令入如來究竟無餘涅槃而滅度之，此住第一心也。滅度無量者，牒前受生差別也。無數者，牒前依止差別也。無邊者，牒前境界差别也。無衆生得滅度者，謂若見有衆生可度，即存度生之相，必生於疲勞，不能常度。須知衆生性空故，同體故，即寂滅相不待更滅故，無念故，法界故，故云實無衆生得滅度者。論云：平等真法界，佛不度衆生。此住常心也。何以故者，徵，意云：夫既度生矣，乃曰無度者，何耶。謂若見有衆生可度，則有我爲能度。若見有我，則有人、衆生、壽者四相，與顛倒凡夫何異。反顯實無衆生得滅度，則無我、人、衆生、壽者四相，是住不顛倒心也。

○大珠和尚曰：九類衆生，一心具足，隨造隨成，是故無明爲卵生，煩惱包裹爲胎生，愛水浸潤爲濕生，倏起煩惱爲化生。悟即是佛，迷號衆生。菩薩只以念念心爲衆生，若了念念心體空，名爲度衆生也。智者於自本際上度於未形，未形既空，即知實無衆生得滅度者。

復次，須菩提，菩薩於法應無所住，行於布施。所謂不住色布施，不住聲、香、味、觸、法布施。須菩提，菩薩應如是布施，不住於相。何以故。若菩薩不住相布施，其福德不可思量。須菩提，於意云何，東方虛空可思量不。不也，世尊。須菩提，南西北方、四維上下虛空，可思量不。不也，世尊。須菩提，菩薩無住相布施，福德亦復如是不可思量。須菩提，菩薩但應如所教住。

二、答修行降心問。謂不住相修六度，降伏其取相之心也。所言不住相者，非是滅相令無，蓋相本自無，心不住著。《華嚴經》云：凡夫見諸法，但隨於相轉。不了法無相，以是不見佛。然不著相，即降心之法，須約行以明之。於法者，總標諸法應無。下正明修行。然行具六度，而獨云布施者，以布施該攝六度。所以彌勒頌云：檀義攝於六，資生無畏法，於中一二三，是名修行住。此頌以三種布施該攝六度，資生攝施，無畏攝戒、忍，法攝進、禪、慧，所謂一攝一，二攝二，三攝三是也。所言不住者，謂不住六塵，乃至佛果菩提，八十一科，俱不可住著。今但言六塵，舉一以該之耳。何以故者，徵，意云：均一布施也，住相何劣，不住相何優。釋曰：有相之福小，無相之福大。若菩薩果能以般若真智炤破幻相而行布施、修六度，其所得之福德殆超於常情之外，不可得而思量者矣。故舉十方虚空、廣大無盡、不可思量以喻之。但應如所教住者，結其所問，謂但應如我所教，無住相而修行於六度，即是住處，是住於無所住也。於上答空生正問。謂發菩提心者，應住四心，修六度行，而降伏其有我之心，則正宗已竟，可入流通矣。恐後來學般若者於如來答處不能無疑，故躡前語迹，假善現發起，斷彼疑情，展轉相生，遂有二十七段。故慈氏頌云：調伏彼事中，遠離取相心，及斷種種疑，亦防生成心。是也。

〇初伏疑云：本爲求佛果行施，即是住所求佛相，云何無住。又無相爲因，求三十二相佛果，因果若是不相類乎。此疑從前文不住相布施而來，以聲聞人取丈六相好爲佛，不知無相法身真佛，故對前不住相起疑之因問答，欲令除斷。

須菩提，於意云何，可以身相見如來不。不也，世尊，不可以身相得見如來。何以故。如來所説身相，即非身相。佛告須菩提：凡所有相，皆是虚妄。若見諸相非相，即見如來。

此斷求佛行施住相疑也。空生既疑以無相爲因，求佛三十二相之果，故反詰之曰：於汝意中，云何思惟爲可以丈六身相而見法身如來不耶。空生一承慈問，便領佛意，即答曰：不也，世尊。伶利衲僧，一撥便轉，下皆倣此。又自徵而釋之曰：所以不可以身相見如來者，以丈六身相，特平等性智赴機所現之影，如水中月，似有非實，豈是如來法身真體乎。蓋法身無爲，不墮諸數，故不可執相以求之也。空生既知此旨，佛遂印可而廣之曰：非但佛身無相，但是一切凡聖依正有爲之相盡是虚妄，以從妄念所變現故。

妄念本空，所變何實。若見諸相二句，遮離色觀空也。恐聞相是虛妄，別求無相佛身，故云相即非相，若見非相，即見法身如來。何者。蓋相本自盡，真本自現故也。洵乎發菩提心者，不應住相而行施矣。

〇第二疑者，空生聞上兩節，無住行施，因深也，無相見佛，果深也，誠恐未來之世，於此甚深道理難於生信，則空說何益。此節顯有疑辭，與前後伏疑不同。

須菩提白佛言：世尊，頗有衆生得聞如是言說章句，生實信不。佛告須菩提：莫作是說。如來滅後，後五百歲，有持戒修福者於此章句能生信心，以此爲實。當知是人，不於一佛二佛三四五佛而種善根，已於無量千萬佛所種諸善根。聞是章句，乃至一念生淨信者，須菩提，如來悉知悉見，是諸衆生得如是無量福德。

此斷因果俱深無信疑也。文三。初、約無信呈疑。空生聞上因果俱深，謂是難信之法，遂疑世無信者。二、呵疑顯信。佛因呵止之曰：汝莫作是無有實信之說，豈但如來在日，即使如來滅後，後五百歲，當鬭諍堅固之時，去聖愈遥，人根愈劣，亦有修戒定而於此因果俱深之章句能生實信之心者。三、明能信所以，又二。初、明歷事多佛以顯信因。謂此非聊爾人，此人豈止於一二佛所而種善根，乃是於無量千萬佛所發菩提心，種植無貪等諸善根者。夫一念生淨信者，其善根廣大深固已如此，況永信不退者乎。二、明諸佛攝受成就信德，亦二。初、明諸佛攝受顯福德門。呼須菩提告之曰：如來悉以現量而知，佛眼而見，是諸淨信衆生於行住所作中，得如是無量之福德。如是二字，即指上廣大無盡善根。

何以故。是諸衆生無復我相、人相、衆生相、壽者相，無法相，亦無非法相。何以故。是諸衆生若心取相，則爲著我、人、衆生、壽者。若取法相，即著我、人、衆生、壽者。何以故。若取非法相，則著我、人、衆生、壽者。

二、明攝受所以顯智慧門。初總徵云：夫一念淨信無幾矣，以何義故，得諸佛悉知悉見耶。釋意云：無淨信人，固執五蘊身心内作主宰，名爲我相。以計我故，起惑造業，展轉趣於餘趣，曰補特迦羅，此云數取趣，名爲人相。計我盛衰、苦樂、變異相續而生，名衆生相。計一報命根，識、暖、息三事相連不斷而住，名壽者相。此四總一我相也。今淨信者，不於五蘊身心執著四相，則我空矣，亦不於五蘊身心起法執分别，則法空矣。又不住法空，故云亦無非法相。以真空不斷，非法亦無，如是離二執，成就淨信，蒙諸佛知見攝受，爲得福之本也。次何以故下，重釋上三義。初徵云：何以知淨信者斷我、法二執耶。釋意謂：夫淨信者，若有我執而心取諸相，則著我等四相。既不取相，則知無我執矣。若有法執而心取法相，亦著我等四相。蓋法，根也，我，苗也。有根必有苗，有法執必有我執。既無我等，則知無法執矣。後又徵云：法執但是法相，何故便著我等。釋意謂：取非法亦著我等，何況取法。以後釋前也。是知纖毫取著，便落法塵，具我等四相。故淨信者，尤當法與非法俱盡也。

是故，不應取法，不應取非法。以是義故，如來常説，汝等比丘知我説法如筏喻者，法尚應捨，何況非法。

是故者，由前取法、非法皆爲著我之故，所以誡令不應，即入中道也。謂不應取法而著有，亦不應取非法而著空。以此不著義故，如來常説，汝等比丘須知我所説之法皆是假言顯義，學者須得義而忘言，如渡河捨筏之喻。筏者，過河之具，到岸則捨。如來説非法，乃渡法之筏耳。法尚應捨，何況非法而不捨哉。河已渡而猶戀於筏，與未渡河者何異。法既捨而猶住於非法，與未捨法者無以異也。不住法，不墮於有，不住非法，不墮於空。入中道之玄門，乃能與無住之因、無相之果相應，是謂稱實淨信者矣。

○第三疑云：上説不可以相見佛，佛非有爲，即不合有所得、有所説，何以如來得菩提而説法耶。

須菩提，於意云何，如來得阿耨多羅三藐三菩提耶，如來有所説法耶。須菩提言：世尊，如我解佛所説義，無有定法名阿耨多羅三藐三菩提，亦無有定法如來可説。何以故。如來所説法，皆不可取、不可説，非法、非非法。所以者何。一切賢聖皆以無爲法而有差別。

此斷無相云何得説疑也。有二段：先問答斷疑，次較量顯勝。今初斷疑。佛問：於汝意中，將謂如來於菩提樹下得菩提耶。又將謂如來於前後諸會有所説法耶。空生即領其意，答云：世人皆謂如來有所得、有所説，如來解佛所説義則不然，蓋必有法名菩提而後得，今無定實之法，將何所得耶。可見菩提樹下乃是隨機化現，非法身真佛也。必有定法而後可説，今無定實之法，將何所説耶。可見前後諸會皆隨機方便，無實法也。此一向約勝義邊答。所以慈氏偈云：應化非真佛，亦非説法者。説法不二取，無説離言相。意謂俗有真無應化之相，依俗乃有，答中依真，故言無有定法。所以云：始從得道夜，終至般泥洹。於是二中間，未嘗説一字。何以故者，徵，意云：何以無定法可説耶。釋意謂：如來所説之法，無非第一義諦，離心緣相，故不可取，離言説相，故不可説，無法相故云非法，無非法相故云非非法。所謂夫説法者無説無示，其聽法者無聞無得，是也。後所以者何，徵，意謂：夫無得無説是無爲法，無爲法者，法身之理，本無名相，不涉言思，何有三乘賢聖差別哉。釋意云：三乘賢聖差別，皆於無爲無差別法中而有差別。如三獸渡河之喻，河無淺深，而淺深在獸。無爲法無差别，而差别在三乘能證之智有大小淺深之不同耳。

二、較量顯勝。上明無爲之法不涉取説，恐人便欲一向毁廢言教。豈知法雖不可取説，亦可藉言而入，而受持者福德不空，故較量顯勝，令人受持、演説，以趣菩提。

須菩提，於意云何，若人滿三千大千世界七寶以用布施，是人所得福德寧爲多不。須菩提言：甚多，世尊。何以故。是福德，即非福德性，是故如來説福德多。若復有人於此經中受持，乃至四句偈等，爲他人説，其福勝彼。何以故。須菩提，一切諸佛及諸佛阿耨多羅三藐三菩提法，皆從此經出。須菩提，所謂佛法者，即非佛法。

佛先舉世福問之，謂若有人盛滿大千世界七寶爲施，得福多不。三千大千者，《俱舍》偈云：四大洲日月，蘇迷盧欲天。梵世各一千，名一小千界。此小千千倍，説名一中千。此千倍大千，皆同一成壞。空生意謂：七寶最珍，三千世界又最廣，七錢施佛，獲福無量，况多寶乎，故云甚多。又自徵云：所以云多者，以不約勝義諦而論其福德之性，乃約世俗諦説耳。然既約俗諦説，特世間福不如持經出世之福爲勝。故佛言：若復有人於此經中如前所説，無我度生也，不住相行施也，佛不可以相見也，法不可以言説也。一念淨信，志心領受，拳拳奉持，或全持，或分持，乃至四句偈等，且兼爲他人演説其義趣，其所得福更勝於彼。夫持經四句，何以輒勝大千寶施之福，意謂：寶施雖多，但是世間有爲之福，終不能趣無上菩提。若夫此經四句偈等，則一切諸佛之報身、化身及諸佛無上菩提之法身，無不從是而生。何者。法身雖不生滅，而煩惱覆之則隱，智慧了之則顯。此經單闡玅慧，於法身不爲了因乎。報、化二身萬行所致，此經以妙慧導妙行，於報、化不爲生因乎。其功如是，故獨勝於大千寶施之福也。然所謂佛法從此經出者，約世諦有耳。若於第一義諦求於迷悟、聖凡之相，了不可得，即非所謂佛法從此經出也。所以《圓覺經》云：一切如來圓覺妙心，本無菩提及與涅槃，亦無成佛及不成佛。始之以不得菩提，終之以即非佛法，前後炤應，而經旨愈明矣。

〇第四疑云：聖人無爲之法，既不可取説，何以聲聞人各取自果，如其所證而説耶。四果分四節。

須菩提，於意云何，須陀洹能作是念，我得須陀洹果不。須菩提言：不也，世尊。何以故。須陀洹名爲入流，而無所入，不入色、聲、香、味、觸、法，是名須陀洹。

此斷聲聞得果是取疑也。先舉初果問之。須陀洹，此云入流，已斷三界貪、嗔、痴、慢等八十八使見惑，預入聖人之流也。謂：彼作是念曰，我得須陀洹果不。空生答言：彼不作是念也。何以故。彼須陀洹已斷三界分別麤惑，名爲入聖流，而實別無一法爲其所入，秪由不取色、香、味、觸六塵境界，名爲須陀洹也，豈別有法爲所入耶。是正以不取爲得果，何疑其有取耶。苟猶有分別我能得果之心，即爲著我之凡夫，何名入聖流之初果。

須菩提，於意云何，斯陀含能作是念，我得斯陀含果不。須菩提言：不也，世尊。何以故。斯陀含名一往來，而實無往來，是名斯陀含。

次舉二果問之。斯陀含，此云一來，已斷欲界九品思惑前六品，更三品殘思未盡，須一往來欲界受生也。謂：彼作是念曰，我得斯陀含果不。空生答言：彼不作是念也。何以故。彼斯陀含，名一往來而實無往來，蓋已悟我空，是誰往來。使其猶見有往來之者，是我相未除，安得名爲二果一往來耶。以此觀之，斯陀含於自果亦不取矣。

須菩提，於意云何，阿那含能作是念，我得阿那含果不。須菩提言：不也，世尊。何以故。阿那含名爲不來，而實無不來，是故名阿那含。

又舉三果問之。阿那含，此云不來，蓋欲界九品思惑已盡，不復還來欲界受生也。謂：彼作是念曰，我得阿那含果不。空生答言：彼不作是念也。何以故。阿那含於欲界九品習氣俱時滅盡，下無卜居，名爲不來而實無不來。蓋已悟無我，是誰不來。使其猶見有不來之者，則我相猶在，安得名爲不來耶。以此觀之，阿那含於自果亦不取矣。

須菩提，於意云何，阿羅漢能作是念，我得阿羅漢道不。須菩提言：不也，世尊。何以故。實無有法名阿羅漢。世尊，若阿羅漢作是念，我得阿羅漢道，即爲著我、人、衆生、壽者。世尊，佛説我得無諍三昧，人中最爲第一，是第一離欲阿羅漢。我不作是念，我是離欲阿羅漢。世尊，我若作是念，我得阿羅漢道，世尊則不説須菩提是樂阿蘭那行者。以須菩提實無所行，而名須菩提是樂阿蘭那行。

後舉四果問之。阿羅漢，此云無生，以三界煩惱已盡，不受後有也。謂：彼作是念曰，我得阿羅漢道不耶。空生答言：彼不作是念也。何以故。阿羅漢者，秖是三界見思淨盡，證我空真如，實無有法，可得名阿羅漢。若使意下作是念言，我得阿羅漢道，即爲著我等四相，與凡夫無異，安得名爲阿羅漢耶。又引己況之曰：佛昔曾説須菩提得無諍三昧。無諍三昧者，以無我故，不惱於人，若嫌坐則立，不較人我是非，令人不起煩惱。此行最高，故云人中最爲第一。羅什云：無諍有二。一、以三昧力將護衆生，令不起諍心。二、隨順法性，無違無諍也。一切羅漢皆離三界貪欲煩惱，名離欲阿羅漢。我以無諍故，於諸離欲羅漢之中，稱爲第一也。雖蒙佛如是印許，而我不作是念曰我是離欲阿羅漢。若作是念，是有我也。諸諍皆起於有我，世尊則不説須菩提是樂阿蘭那行之者。阿蘭那，此云寂靜，即無諍也。諍則喧鬧，謂非樂修寂靜行之人也。以須菩提實無所行之故，而名須菩提曰是樂阿蘭那行者。須菩提既爾，則諸聲聞得果無取何疑耶。

〇第五疑云：釋迦因中爲善慧仙人，蒙然燈如來授記，然燈爲釋迦説法，云何言不可取説耶。

佛告須菩提，於意云何，如來昔在然燈佛所，於法有所得不。不也，世尊，如來在然燈佛所，於法實無所得。

此斷釋迦、然燈取説疑也。恐疑有所得，故乃審問空生曰：如來昔在然燈佛所授記時，於法有所得不。空生直答曰：無所得。何也。授記者但是語言，非是證智。然則何以得記耶。得記者，但以自無分別智，證自無差別理，智與理冥，境與神會而已，豈有所説所得耶。

〇第六疑云：若法不可取，諸菩薩修六度行，莊嚴淨土，豈不是取於所莊嚴之佛土耶。此而非取，則孰爲取耶。

須菩提，於意云何，菩薩莊嚴佛土不。不也，世尊。何以故。莊嚴佛土者，即非莊嚴，是名莊嚴。是故，須菩提，諸菩薩摩訶薩應如是生清淨心：不應住色生心，不應住聲、香、味、觸、法生心，應無所住而生其心。

此斷嚴土違於不取疑也。佛土有二：一、法性土，二、形相土。佛意欲顯法性真土，故問取形相莊嚴土不，空生乃以不取形相莊嚴答之，何也。蓋莊嚴佛土者，唯修習無分別智，通達於唯識真實之性，以智契如，名爲莊嚴。非形相莊嚴，故云即非莊嚴。是第一義莊嚴，故云是名莊嚴。形相，即法相土，謂金地、寶池等。第一義即法性土，乃真如不變之性。然諸佛身土必須性相具足，方爲了義，今既唯言於性，豈不闕於相耶。蓋身土之相，唯心之影，即相亡相，非謂棄相取性，但以經宗無相，此義稍增耳。若人分别佛土，是有爲形相。而言我成就者，彼住於色等境中，爲遮此，故云應如是生清淨心，不應住色等也。而生其心者，此是真心，若都無心，便同空見。真心而云生者，所謂顯發，非剏然而生。故《大般若經》云：一切法不生，是般若波羅蜜生。以有住之心，悉是妄識分别。一切無住，真心即顯，契於般若心體也。故嵩岳安國師云：應無所住者，乃不住善，不住惡，不住迷，不住悟，不住體，不住用。而生其心者，即一切法而顯其一心。若住善生心即善現，住惡生心則惡現，本心即隱没。若無所住，則十方世界唯是一心。若能如是了悟，是真莊嚴，何有佛土而不清淨耶。

○第七疑云：無爲法中，應化非真，故無有取，報身是實，應有取心。此躡彼第三而來也。

須菩提，譬如有人，身如須彌山王，於意云何，是身爲大不。須菩提言：甚大，世尊。何以故。佛説非身，是名大身。

此斷受得報身有取疑也。佛知後世學般若者有此疑，故設喻爲問。文二。一、問答斷疑。此以須彌明報身也。須彌山王，勢力高遠，故名爲大，而不取我是山王，以無分别故。報佛亦如是，以得無上法王體，故名爲大，而不取我是法王，以無分别故。善現乃就法而答曰甚大，復自徵釋其大之所以，曰以非有漏有爲之身，乃是無漏無爲之法身，故名大身也。慈氏偈云：如山王無取，受報亦復然。遠離於諸漏，及有爲法故。問：此説報身，云何言法。答：茲法、報合説，二身不殊，以實教理智無二，故得云耳。至此，理極情亡，信此法者福德難量，是以下文如來舉福較勝。

須菩提，如恒河中所有沙數，如是沙等恒河，於意云何，是諸恒河沙寧爲多不。須菩提言：甚多，世尊，但諸恒河尚多無數，何況其沙。須菩提，我今實言告汝，若有善男子、善女人以七寶滿爾所恒河沙數三千大千世界，以用布施，得福多不。須菩提言：甚多，世尊。佛告須菩提，若善男子、善女人於此經中，乃至受持四句偈等，爲他人説，而此福德勝前福德。

二、較量顯勝，又二。一、約外財較量，廣顯經勝。二、約内財較量，倍顯經勝。今初呼空生審定其數。初約多河以辨沙。如來説法，多近恒河，故舉爲喻。恒河周四十里，沙細如麵，不可以數計。今以一沙爲一河，有如是無數沙等之恒河，河各有沙。是諸沙等恒河之沙，寧爲多不。空生答言：甚多。何者。但舉沙數之河尚多無量，何況多河中所有之沙，可盡算數乎。次約多沙以彰福。曰：我今實言告汝，設若有人於外財無所悋惜，以七寶之最珍者布滿爾所恒河之沙數，一沙爲一大千世界，以之布施，其所得之福寧爲多不。空生意謂：前一大千寶施已爲無量，況此沙界寶施寧有量乎。後約多福以顯經勝。謂寶施之福雖多，若人於此經中受持四句偈等，自行之餘，爲他人説，其所得福更勝於前沙界寶施之福德。以施福有漏，猶屬生死，經趣菩提，顧可同日而語哉。次釋勝之所以，有五節。

復次，須菩提，隨説是經，乃至四句偈等，當知此處一切世間天、人、阿修羅皆應供養，如佛塔廟，何況有人盡能受持、讀誦。須菩提，當知是人成就最上第一希有之法。若是經典所在之處，即爲有佛，若尊重弟子。

一、尊處歎人勝。謂豈唯是説經之人難得，當知此説經之處亦甚希有，宜爲一切世間若天若人恭敬供養，猶如佛之塔廟然。藏佛舍利之處謂之塔，奉佛形像之處謂之廟。人覲塔廟，不期敬而自敬。如天帝釋，常於善法堂中爲諸天説般若。向後諸天到善法堂，帝釋未至，皆尚空座作禮，爲重法故，乃尊其處也。夫説四句之處尚爾，何況有人於此全經盡能受持、讀誦，當知是持説之人成就最上第一希有之法也。最上者，法身也，無漏無爲，最上上故。第一者，報身也，衆聖中尊，更無過故。希有者，化身也，曠世奇逢，難遭遇故。意明受持、讀誦具獲三身功德也。又顯在處有佛，謂經是如來法身，依法則有報、化。又一切賢聖皆以無爲得名，經顯無爲，必有賢聖尊重弟子而輔化矣。

爾時，須菩提白佛言：世尊，當何名此經，我等云何奉持。佛告須菩提，是經名爲《金剛般若波羅蜜》，以是名字，汝當奉持。所以者何。須菩提，佛説般若波羅蜜，即非般若波羅蜜，是名般若波羅蜜。

二、約義辨名勝。空生疑念氷釋，又聞經功德之勝，遂希慕奉持而請經名焉。所以名者，金剛有能壞之義，般若有觀照之功，名實相稱，法喻雙彰，故云金剛般若。世尊又自徵釋曰：佛雖説般若，勝義諦中本無名字可得，故云即非般若。爲受持故，於無名中而强立之，故云是名般若。

須菩提，於意云何，如來有所説法不。須菩提白佛言：世尊，如來無所説。

三、佛無異説勝。此躡前云，非唯立此經名，名即非名，凡有所説，皆悉如此，故云如來無所説。謂無别異增減之説，但如所證第一義諦而説，説即無説也。

須菩提，於意云何，三千大千世界所有微塵是爲多不。須菩提言：甚多，世尊。須菩提，諸微塵，如來説非微塵，是名微塵。如來説世界，非世界，是名世界。

四、施福劣塵勝。此節乃是躡前施寶得福而來，謂前寶施得福雖多，然不能離相，則是貪等煩惱染因，有爲福報爾，故此遂以微塵世界爲喻。塵界乃無情之物，由不生貪等煩惱，不爲染因，故能勝寶施。況持説此經，是遠離煩惱因，能趣菩提，而不勝耶。非微塵非世界者，非貪等煩惱塵，非煩惱染因界也。是名微塵世界者，是無記地塵世界也。無記猶無情，謂不起善惡也。意云碎界爲塵，塵不起煩惱，寶施得福，苟無般若力，來世必感大福報，起貪、嗔、癡，五欲自娱，無惡不造，故云布施是第三生怨，所以塵界勝於寶施。且塵界無記，不起煩惱，尚得爲勝，況受持此經，定招佛果，其功德殊勝，何可量乎。由是相望，便有三重勝劣，謂寶施不及塵界，塵界不及持經，是以持經尚勝於塵界，豈得不如寶施乎。

須菩提，於意云何，可以三十二相見如來不。不也，世尊，不可以三十二相得見如來。何以故。如來説三十二相，即是非相，是名三十二相。

五、感果離相勝。恐施寶者云：我施求佛，誰言煩惱。然彼所求者乃是色相佛，爲破此執，故審問空生云：可以三十二相見如來否。空生答以不可。何以故者，徵，意云：既得三十二相，何以不可。釋意云：三十二相非是法身無爲之相，故云即是非相。以是施福色相佛身，故云是名三十二相。

須菩提，若有善男子、善女人以恒河沙等身命布施，若復有人於此經中，乃至受持四句偈等，爲他人説，其福甚多。

二、約内財較量，倍顯經勝也。意恐人聞寶施不及持經，便謂以是身外之財所以劣於經福，若將身命布施，必勝受持。爲破其見，故有此文。身布施者，或施眼爲妙藥，或捨頭爲飲器，或爲執作，或爲床座等。命布施者，割肉代鴿，捨身飼虎等。不唯一身命布施，乃以恒沙身命如是布施，則其福豈不超於持經耶。殊不知無般若力，事屬有爲，功歸有漏，只成苦果。四句偈等，爲他人説，發明妙慧，爲成佛真因，用之較量，霄壤[三]懸殊。以此觀之，捨身勝於寶施，持説又勝捨命，甚矣。經之功德不可思議，四句猶然，況全經乎。所以空生領旨，涕淚悲泣，良有以也。下釋勝之所以，有五節。

爾時，須菩提聞説是經，深解義趣，涕淚悲泣而白佛言：希有世尊，佛説如是甚深經典，我從昔來所得慧眼，未曾得聞如是之經。

一、泣歎未聞深法勝。空生理解已廓，述其所悟，感激未聞，謂捨身之苦已感人心，何況更聞不及持説之勝。得聞此法，感佛恩深，喜極成悲，是故涕泣。慧眼者，謂我從昔以來所得者，僅人空慧眼而已，未曾得聞如是法空深理之經。今深解其義趣，故含悲感嘆也。

世尊，若復有人得聞是經，信心清淨，即生實相，當知是人成就第一希有功德。世尊，是實相者，即是非相，是故如來説名實相。

二、淨心契理具德勝。謂若人聞此經，能生真信之心。此信若生，不信諸法，故云清淨。諸法既泯，實相生焉。生字，即應無所住而生其心之生，乃顯發之義也。實相既生，當知是人必成就第一希有功德，以超越凡小，無與等者，故云第一，曠劫難聞，故云希有也。實相非相者，良以實相無相，言念不及。雖假言念，唯證相應，起念承當，但認影像，即非真信，故拂之也。説名實相者，不壞假名，隨俗而説耳。

世尊，我今得聞如是經典，信解受持，不足爲難。若當來世，後五百歲，其有衆生得聞是經，信解受持，是人即爲第一希有。何以故。此人無我相、人相、衆生相、壽者相。所以者何。我相即是非相，人相、衆生相、壽者相即是非相。何以故。離一切諸相，即名諸佛。佛告須菩提：如是，如是。

三、信解三空同佛勝。意云：我登聖果，親稟佛言，得聞是經，信解受持，不足爲難。

若當來後五百歲，去聖時遥，目不覩玉毫之彩，耳不聞金口之音，其有衆生，得聞是法空深理之經，覽遺教而興思，觸微言而啓悟，信無相法，解實相理，受而不忘，持而不失，依解起行，不亦難乎。是人則爲第一希有者矣。又徵云：何以希有耶。夫難莫難於破二執，證二空。此人當其信解之時，已無我等四相，而我空矣。我等四相即是非相，即法空矣。何以故。爾離一切諸相，即名諸佛，以執謝情亡，覺體顯露，而頓了諸佛法身，則此豈不爲希有者乎。以上皆空生語也。唯其領悟之深，故言之切。悲淚涕泣，誠出肺腑，豈比世人之浮慕者乎。佛深嘉其言之當，意之切，故重言以印之曰如是如是。

若復有人得聞是經，不驚、不怖、不畏，當知是人甚爲希有。

四、聞時不動希有勝。驚謂愕然而恠，怖則進退慞惶，畏則一向恐懼。世尊於人天小乘教中，説空説有，不達意者隨言而執。及説此非空非有中道之理，先所執者聞之，未免驚畏，却以爲非。今謂聞此深法，不生驚畏，直趣大道者，實爲希有也。

何以故。須菩提，如來説第一波羅蜜，即非第一波羅蜜，是名第一波羅蜜。

五、大因清淨第一勝。徵意云：以何義故，聞而不驚爲希有耶。謂六度前五，若無般若，不能到彼岸。以有般若，度度皆到，故般若爲第一。若約勝義，則無可言，故云即非第一。約世諦，故云是名第一大因清淨，亦以此得名也。

〇第八疑云：向説捨身秖感有漏苦果，故福劣。且受持、演説，修菩薩行，不憚勤勞，如昔薩陀波崙，賣心肝，求般若，及一句投火、半偈亡軀之類，亦是苦行，云何不感苦果乎。如來曉以持經，達我法二空，誰受苦果，安可與滯相者同日而語哉。

須菩提，忍辱波羅蜜，如來説非忍辱波羅蜜。何以故。須菩提，如我昔爲歌利王割截身體，我於爾時無我相，無人相，無衆生相，無壽者相。何以故。我於往昔節節支解時，若有我相、人相、衆生相、壽者相，應生嗔恨。須菩提，又念過去，於五百世作忍辱仙人，於爾所世無我相，無人相，無衆生相，無壽者相。

此斷持説未脱苦果疑也。二。初、明超忍以斷疑，又二。初明忍體。六波羅蜜中，忍是苦相，忍到彼岸，苦相已離，況彼岸非岸，誰苦誰忍。以勝義諦中能所兩寂，無辱無受辱者，安有忍乎。以此觀之，學般若菩薩，不獨忘辱，抑且忘忍矣。次明忍相，有二。一、引一生證極苦忍。如是苦行，佛昔曾行，故引歌利之事以證之。謂世尊往劫作仙人，山中修道，被歌利王割截身體。歌利，此云極惡，同妃出獵，疲倦而寢。妃往禮仙，王起嗔恚，尋至仙處，問仙曰：得四果不。皆云不得。王言：汝既年少，又未得果，具有貪欲煩惱，云何恣意觀我女人。仙言：我雖未斷欲結，然其內心實無貪著，由繫念無常不淨故。王怒，割截。天怒雨石，王懼懺悔。仙誓無嗔，四體平復，王乃免害。佛云：我於爾時無我、人等四相。又反顯曰：當支解時，若有我等四相，應生嗔恨。然我於爾時無嗔，是知無我也。二、引多生證相續忍。謂不獨一生，五百世中作忍辱仙人，無我等四相，不惟無苦，而且有樂，以與正定慈悲相應故。

是故，須菩提，菩薩應離一切相發阿耨多羅三藐三菩提心。不應住色生心，不應住聲、香、味、觸、法生心，應生無所住心。若心有住，則爲非住。是故，佛説菩薩心不應住色布施。須菩提，菩薩爲利益一切衆生故，應如是布施。如來説一切諸相，即是非相。又説一切衆生，即非衆生。

二、勸離相以安忍。論云：若有菩薩不

離我相，見苦行苦，亦欲捨菩提心，故勸離相。無著云：爲對治不忍因緣，有三種苦，謂流轉苦、衆生相違苦、乏受用苦。有二。初、總標離相發心。離一切相者，爲離如是三苦相也。二、不應下，別顯，亦有二。一、對治不忍流轉苦。流是集諦，轉是苦諦，即世間所繫六塵之境，故云不應住色等生心，應生於無住菩提之心。若使心有所住著，則於世間流轉苦中疲乏。菩提心不生，即非住於菩提心矣。是故佛於正答所問行施降心中，說菩薩心不應住色布施，是引前以證也。二、菩薩爲利益下，對治不忍相違苦。菩薩爲利羣生故，應如是離相行施。衆生相違，不生疲乏，云何生嗔，隨於境緣而轉耶。故下遣著，顯示人、法二無我。一切諸相，是法境，即是非相，顯法空。又說一切衆生，是人境，即非衆生，顯人空。人、法既空，何處見有衆生乃因其相違而生疲乏耶。人、法之相本空，衆生不了，妄執爲有，是故勸離。離則內不見有人，外不見有法，則誰忍誰違乎。

〇第九，因上較量內外財施不及持經而得菩提，遂疑云：若然者，且言說是因，因即是道，以此證果，理則不成。何者。以果是無爲，無爲有體。因乃有爲，有爲無體。無體之道，不到果中，云何說此而爲因耶。

須菩提，如來是真語者、實語者、如語者、不誑語者、不異語者。須菩提，如來所得法，此法無實無虛。

此斷能證無體非因疑也。意云：如來之言真實無異，皆如其事，不誑衆生，持說得菩提，何以疑而不信。菩提雖不在持說，而持說能爲菩提之因。苟隨言生執，聞依持說得菩提，便謂言中有菩提，及聞言中無菩提，便謂畢竟無菩提，不達言空法實，故作斯執。今則遣之曰：汝豈知如來所得之法本無實無虛者乎。何者。言說緣生，性本空寂，非實也。

菩提體實，雖不在言説，不離言説之中，非虚也。若然者，則不應言中執有，離言執無。達此無實無虚之法，則永離諸執矣。

〇第十疑，從第三中來。彼但云無爲，此云真如，揀餘無爲，以顯徧義。餘無爲有不徧故，謂此徧一切時、一切處。處則及乎塵塵，時則該乎念念。若然，即合皆得，何故有不得者。釋意云：若住法行施，則不得真如，如人入暗中，一無所見。若無住行施，則得真如，如太陽昇天，何所不矚。得失在人，非關真如也。

須菩提，若菩薩心住於法而行布施，如人入闇，即無所見。若菩薩心不住法而行布施，如人有目，日光明炤，見種種色。

此斷如徧有得無得疑也。有二。初、舉喻斷疑。二、讃經功德。今初，謂真如雖徧，得失在人，譬如虚空，無所不遍，遍衆生，遍國土，徧一切時。而性中無量功德如虚空中種種色，無所乏少。若菩薩無般若觀照之智，心住於法，執著色等六塵而行布施，如是則心不清淨，爲塵所染，正智不顯，不證真性。如人入闇冥之中，雖對物而不見物，雖在空何曾見空。若菩薩有般若觀照之智，其心不住著於六塵等法而行布施，如是則心清淨，不爲塵染，智慧明發，真性廓周，自然明見。如人眼目清明，天色晴霽，日光普照，虚空中所有種種之色無所不見。不但明時空無邊際，即迷暗之時，身在其中，未曾暫離。是知迷悟在人，非真如有徧不徧也。

須菩提，當來之世，若有善男子、善女人能於此經受持、讀誦，則爲如來以佛智慧，悉知是人，悉見是人，皆得成就無量無邊功德。

二、讃經功德。此經似乎一周將終，故重讃之。先總讃。論云：爲欲受故讀，爲欲持故誦。又受持修行，依總持法故。讀誦修行，依聞慧廣故。是則從他聞法，内自思惟，得修行智，而三慧具矣。其所得無量無邊功德，除佛世尊，無能知見者矣。

須菩提，若有善男子、善女人，初日分以恒河沙等身布施，中日分復以恒河沙等身布施，後日分亦以恒河沙等身布施，如是無量百千萬億劫以身布施，若復有人聞此經典，信心不逆，其福勝彼，何況書寫、受持、讀誦、爲人解説。

二、別顯反覆讚揚。別有十段。一、捨命不如。前者一河沙身命布施，不及持經之福，今一日三時以恒河沙等身布施，至於無量億劫日日皆然，尚不及信心不逆之福，況從而書寫、受持、讀誦、爲人解説者乎，其功德利益不可思議者矣。

須菩提，以要言之，是經有不可思議不可稱量無邊功德。

二、餘乘莫測。以非餘者境界故。不可思議者，自覺聖智之境，唯證相應故。不可稱量者，無有等及勝故。

如來爲發大乘者説，爲發最上乘者説。

三、爲大機説。大乘，猶濫權教。最上乘，乃佛乘也。

若有人能受持、讀誦、廣爲人説，如來悉知是人，悉見是人，皆得成就不可量、不可稱、無有邊、不可思議功德。如是人等，則爲荷擔如來阿耨多羅三藐三菩提。

四、具德能傳。謂唯能荷擔菩提，令佛種不斷者，能成就如上不可思議功德，餘不能也。

何以故。須菩提，若樂小法者，著我見、人見、衆生見、壽者見，則於此經不能聽受、讀誦、爲人解説。

五、樂小不堪。四諦緣生，名爲小法。聲聞、緣覺是樂小之人，彼有法執，此顯三空，非其境界，故不能持説也。

須菩提，在在處處，若有此經，一切世間天、人、阿修羅所應供養。當知此處，則爲是塔，皆應恭敬，作禮圍遶，以諸華香而散其處。

六、所在如塔。謂般若所在，即是法身，如塔廟然。常有八部恭敬，散華供養，不可輕褻也。

復次，須菩提，善男子、善女人受持、讀誦此經，若爲人輕賤，是人先世罪業，應墮惡道，以今世人輕賤故，先世罪業則爲消滅，當得阿耨多羅三藐三菩提。

七、轉罪成佛。持經者宜爲人所尊敬，必無輕賤之事。若爲輕賤，以是人先世或未持經之先作罪惡之業，來世應墮惡道受報。由今持經功德，遂轉重報令輕受，轉生報後報令現受。止以今世爲人所輕賤之故，彼先世所有罪業即爲消滅，不唯滅罪，且以熏修般若之故，當來必得菩提。蓋持經無我即煩惱障盡，罪業消滅即業障盡，不墮即報障盡。三障既盡，三德必圓。今雖未得，當來必得也。輕賤者，一切毁辱總包其中。

須菩提，我念過去無量阿僧祇劫，於然燈佛前，得值八百四千萬億那由他諸佛，悉皆供養承事，無空過者。若復有人於後末世，能受持、讀誦此經，所得功德，於我所供養諸佛功德，百分不及一，千萬億分乃至算數、譬喻所不能及。

八、超事多佛。十億爲洛叉，十洛叉爲俱胝，十俱胝爲那由他。意明持説此經，速證菩提之法，所以超過如來事多尊之福。

須菩提，若善男子、善女人於後末世有受持、讀誦此經，所得功德，我若具説者，或有人聞，心則狂亂，狐疑不信。

九、具聞則疑。謂此經功德，雖多次較量，未敢具足而説。若具足説者，本欲令人生信，其如非其境界，聞之心則狂惑瞀亂，反致狐疑不信。謂世間那有此事。按前十疑，邐迤次第，五番較量，謂外財兩度，内財兩度，佛因一度。且第一、一大千界寶施，第二、無量大千界寶施，第三、一恒沙身命，第四、無量恒沙身命。三時布施至無量劫，是較量之極，更無譬喻可以比況。後所較量，但是別意，隨時略舉。一大千界寶，或須彌聚寶，或阿僧祇寶，非同前説五重次第也。

須菩提，當知是經義不可思議，果報亦不可思議。

十、總結幽邃。至此讚較都絶，望前數段，故總結云：是經義不可思議，則持經果報亦不可思議矣。

○第十一疑，以上來一周已竟，又疑云：住、修、降伏已徹三空，既無有我，然住、修、降伏及斷上十種疑執者，畢竟是誰乎。故重請問，以斷微細執情。所謂了了，了時無可了，玄玄，玄處更須呵是也。問答不異前，而所明之理、所斷之惑迥異于前也。讀者詳之。

爾時，須菩提白佛言：世尊，善男子、善女人發阿耨多羅三藐三菩提心，云何應住，云何降伏其心。佛告須菩提：若善男子、善女人發阿耨多羅三藐三菩提心者，當生如是心：我應滅度一切衆生，滅度一切衆生已，而無有一衆生實滅度者。何以故。若菩薩有我相、人相、衆生相、壽者相，即非菩薩。所以者何。須菩提，實無有法發阿耨多羅三藐三菩提心者。

此斷住、修、降伏是我疑也。空生承上正答及斷十種疑。如來所以開示無我者至矣，苟無有我，是誰發心住、修、降伏。故重請問住、修、降伏之義，以斷前住、修、降伏是我之疑也。如來所答亦不異前，謂發菩提心者，當生如是心：我應滅度一切衆生，實無衆生得滅度者，是無所度之境。若謂我能度衆生，則有我、人四相，即非菩薩，是無能度之心。故慈氏頌云：若内心修行，存我爲菩薩。此即障於心，違於不住道。次徵云：所以必外無生、内無我者，何也。以實無有法名發菩提心者，法字能所俱攝，謂能所俱寂，方是發無上菩提心者。此宛轉搜剔有我之疑也。

○第十二疑云：若無菩薩，云何釋迦因地於然燈佛所，行菩薩行耶。

須菩提，於意云何，如來於燃燈佛所，有法得阿耨多羅三藐三菩提不。不也，世尊，如我解佛所説義，佛於燃燈佛所，無有法得阿耨多羅三藐三菩提。佛言：如是，如是，須菩提，實無有法如來得阿耨多羅三藐三菩提。須菩提，若有法如來得阿耨多羅三藐三菩提者，燃燈佛則不與我授記：汝於來世，當得作佛，號釋迦牟尼。以實無有法得阿耨多羅三藐三菩提，是故燃燈佛與我授記，作是言：汝於來世，當得作佛，號釋迦牟尼。

此斷佛因是有菩薩疑也。昔降怨王請佛入城，城中長幼盡迎。路泥，善慧布髮，佛與授記，故舉此問。空生答無有法得菩提者，以善慧彼時都無所得，離諸分別，由無法故得記。若有法者，是有心相，不順菩提，佛不與記。佛遂印可曰：如是，如是，實無有法如來於燃燈佛所得菩提者。又呼空生反覆釋之曰：若有法得菩提，燃燈佛則不與我授記，曰汝於來世當得作佛，號釋迦牟尼。釋迦，翻能仁，牟尼，翻寂默。以寂默冥理，不住生死，能仁利物，不住涅槃。以實無有一法得菩提，是故燃燈佛於人天衆前與我授記曰：善慧，汝於來世，當得作佛，號釋迦牟尼。授記之時，智與理冥，境與神會，何有一法可得耶。

○第十三疑云：果法號曰菩提，證得始名爲佛。既菩提不可得，豈有能證如來耶。

何以故。如來者，即諸法如義。若有人言如來得阿耨多羅三藐三菩提，須菩提，實無有法佛得阿耨多羅三藐三菩提。須菩提，如來所得阿耨多羅三藐三菩提，於是中無實無虚。是故，如來説一切法，皆是佛法。須菩提，所言一切法者，即非一切法，是故名一切法。須菩提，譬如人身長大。須菩提言：世尊，如來説人身長大，即非大身，是名大身。

此斷無因則無佛法疑也。即躡上章而來，徵意云：若無菩提，則無有佛，何以得有如來耶。釋中先斷無佛疑。若言無佛，於四句中墮損減謗，是真謗佛。夫如來者，非他，即諸法如義。如者真如，通於凡聖，但以衆生垢染，故名如去，佛位清淨，故名如來。若無真如，則無有佛。今真如本有，復何疑乎。此顯真如是佛，故非無也。次斷無法疑。佛與菩提，義分人、法，體無二源，由是唐言總名爲覺。始疑無佛，乃以如義釋之。次疑無法，謂菩提有得是有執，菩提無得是無執。如來雙遣之曰：如來所得菩提，於是中無實，以菩提無彼色、聲等相故，亦無虚，以無色、聲等相處，即無相是菩提相故。既無實之可指，亦無虚之可言，一如而已，是故如來説一切凡聖依正之法，並以真如爲體，皆是佛法。又言一切法即非一切法者，以即是真如，非色等法故。是故名一切法者，是真如法自性故。如來又顯真佛真法之體曰：譬如人身長大者，謂真如法身也。即非大身者，離諸相也。是名大身者，有真如體也。

〇第十四疑云：若無菩薩者，諸佛不成菩提，衆生不入涅槃，亦無清淨佛土，何故諸菩薩發心，欲令衆生入涅槃，起心修行，清淨佛土耶。

須菩提，菩薩亦如是。若作是言，我當滅度無量衆生，則不名菩薩。何以故。須菩提，實無有法名爲菩薩。是故，佛説一切法，無我、無人、無衆生、無壽者。須菩提，若菩薩作是念，我當莊嚴佛土，是不名菩薩。何以故。如來説莊嚴佛土者，即非莊嚴，是名莊嚴。須菩提，若菩薩通達無我法者，如來説名真是菩薩。

此斷無人度生嚴土疑也。此疑亦從第十二佛因中來。起則同時，斷須次第。先斷度生疑。謂若言我當滅度無量衆生，則不名菩薩。何以不名菩薩。以實無法名菩薩，豈有我度衆生耶。是故佛常宣説，一切諸法本無我、人等相，但違之則是衆生，順之則是菩薩。次斷嚴土疑，准上可知。偈云：不達真法界，起度衆生意。及清淨國土，生心即是倒。問：此與第六皆言嚴土，義何別耶。答：前對無取疑有取，此對無人疑有人。佛意但是拂於我人之心，非是泥於菩薩。所以空生起疑之處，云無菩薩，如來斷疑之處，則言無人，彼此婉含，未嘗顯説，直至此處，方乃決通。特言通達無我法者，如來説名真是菩薩，謂人無我、法無我也。

〇第十五疑云：若菩薩不見彼是衆生，我爲菩薩，不見所嚴淨之佛土。若爾，則諸佛不見諸法，都無智眼耶。

須菩提，於意云何，如來有肉眼不。如是，世尊，如來有肉眼。須菩提，於意云何，如來有天眼不。如是，世尊，如來有天眼。須菩提，於意云何，如來有慧眼不。如是，世尊，如來有慧眼。須菩提，於意云何，如來有法眼不。如是，世尊，如來有法眼。須菩提，於意云何，如來有佛眼不。如是，世尊，如來有佛眼。

此斷諸佛不見諸法疑也。文二。一、約能見五眼以明見淨。諸佛雖不見諸法，非無了境之智，蓋諸佛知見淨勝，具於五眼淨用。肉眼見障内色，佛具諸根，豈無肉眼。天眼者，於肉眼邊引淨天眼，見障外色。《淨名》云：唯佛世尊，得真天眼。慧眼以根本智照真理，法眼以後得智説法度生。佛眼者，前四在佛，總名佛眼，又見佛性圓極，名爲佛眼。古德偈云：天眼通非礙，肉眼礙非通。法眼唯觀俗，慧眼了知空。佛眼如千日，照異體還同。

須菩提，於意云何，如恒河中所有沙，佛説是沙不。如是，世尊，如來説是沙。須菩提，於意云何，如一恒河中所有沙，有如是沙等恒河，是諸恒河所有沙數佛世界，如是寧爲多不。甚多，世尊。佛告須菩提，爾所國土中所有衆生若干種心，如來悉知。何以故。如來説諸心，皆爲非心，是名爲心。所以者何。須菩提，過去心不可得，現在心不可得，未來心不可得。

二、就所知諸心以明智淨，凡五段。從狹至廣，展轉而數，謂數沙、數河、數界、數生、數心。今先約一箇恒河以數沙，次約一恒河中沙以數河，三約沙河中沙以數界，四約爾所界中所有生，五約一一衆生所有心。何以故者，徵。悉知所以非心者，妄識本空。是名心者，真心不滅也。又徵者，釋非心所以。謂三際求心不可得，故云非心。三際者，過去已滅，現在不住，未來未至。古德偈云：三際求心心不有，心不有處妄元無。妄元無處即菩提，生死涅槃本平等。

〇第十六疑，即躡上章而來。謂福德依心而成，諸心既倒，妄不可得，則福德亦是倒妄，何名善法。既非善法，修福何益耶。

須菩提，於意云何，若人滿三千大千世界七寶以用布施，是人以是因緣得福多不。如是，世尊，此人以是因緣得福甚多。須菩提，若福德有實，如來不説得福德多，以福德無故，如來説得福德多。

此斷福德例心顛倒疑也。福德多者，以是離相行施，福成無漏，離於二障，故得福德多。佛爲反覆以明之曰：若使認福德有實，則是取相之福，如來則不説其得福德多。何者。以是有漏之福，僅爲人天小果，不趣菩提故也。若達福德無性，以佛智慧爲本，是離相福，則如來乃説得福德多耳。故偈云：佛智慧爲本，非顛倒功德。問：福性空故福多者，前説妄心性空，妄亦應多。答：福以佛智爲本，順於性空，故悟性空，福則甚多。心識顛倒，違於性空，苟悟性空，則心識都盡。

〇第十七疑從第三來。向説一切賢聖皆以無爲法而有差别。無爲者，法身也。法身無相，云何諸佛必具足相好，始名爲佛乎。

須菩提，於意云何，佛可以具足色身見不。不也，世尊，如來不應以具足色身見。何以故。如來説具足色身，即非具足色身，是名具足色身。須菩提，於意云何，如來可以具足諸相見不。不也，世尊，如來不應以具足諸相見。何以故。如來説諸相具足，即非具足，是名諸相具足。

此斷無爲何有相好疑也。法身固非相好，而相好未始不是法身，正由無相好，能現相好。如鏡中無物，方能現物，鏡若有物，安能現物。衆生皆具法身，不能現相好者，以其有物故也。物即虚妄身心之執，此義借須菩提發之。有兩段：初明無身現身，次明無相現相。初即隨形好，次即三十二相。論云：法身畢竟非色身，非諸相。然相好二種亦非不佛，此二不離法身故。是故此二亦得言無，故説非身，亦得言有，故説具足。

○第十八疑云：若如來色身相好不可得見，云何言如來説法耶。

須菩提，汝勿謂如來作是念，我當有所説法，莫作是念。何以故。若人言如來有所説法，即爲謗佛，不能解我所説故。須菩提，説法者無法可説，是名説法。

此斷無身何以説法疑也。初遮錯解，云莫作是念。次徵釋所以。謂如來達諸法空，畢竟無執，今言有説，是謗佛執法，不解如來所説之義也。後示正見云：無法可説，是名説法。譬鐘因人扣擊，遂有響答，鐘雖答響而無答響之念。佛雖説法，而無説法之心也。問：第三、第五、第七及此，四處皆言無説，豈不重耶。答：言各有旨，未可雷同。第三疑化身有説，第五疑證智可説，第七明佛無異説，此文疑無身何説。四處皆脉路深細，應須甄别也。

爾時，慧命須菩提白佛言：世尊，頗有衆生於未來世聞説是經，生信心不。佛言：須菩提，彼非衆生，非不衆生。何以故。須菩提，衆生衆生者，如來説非衆生，是名衆生。

《記》云：諸疏於十八九之間，約魏本經文，皆出一疑。秦經既無其文，疏亦不叙其解，今乃略叙而釋，名爲所説甚深無信疑。須菩提解空第一，與般若空慧相應，故以慧命爲稱。白言：頗有衆生於未來世聞説是法，生信心不。此疑甚深無信以問也。蓋衆生有聖有凡，而凡夫衆生於此般若不能生信，聖體衆生乃能生信。佛答意云：實有衆生能信此法，但彼能信者，非是凡夫衆生，非不是聖性衆生。聖性衆生，即大乘根器人也。豈可視爲凡夫衆生，不能生信哉。尚恐未悟，又徵釋之：以何義故説非衆生，又名衆生耶。衆生衆生者，雙牒上是非二種衆生也。如來説非衆生者，非凡小衆〔三〕生也。是名衆生者，結成能信之人也。

此章六十二言。唐大興善寺釋靈幽於長慶二年暴亡，冥王問所作，曰一生持《金剛經》。王命坐朗誦，地獄諸苦，一時停息。王曰：經中尚少一章，真本在濠州鐘離寺石碑上，師算合終，增壽十年，歸勸世人持誦。幽還魂，具奏。勅中使往濠視碑，果然。考之二論，皆有釋文，遂增入流通。此段秦本雖無，魏本則有，況二論具釋，又有冥報之緣，宜可信也。

〇第十九疑，從第三、十二、十三中來，以彼文中皆言無法得菩提，故論云：如來不得一法，云何如來離上上證，轉轉得菩提耶。

須菩提白佛言：世尊，佛得阿耨多羅三藐三菩提，爲無所得耶。佛言：如是，如是。須菩提，我於阿耨多羅三藐三菩提，乃至無有少法可得，是名阿耨多羅三藐三菩提。復次，須菩提，是法平等，無有高下，是名阿耨多羅三藐三菩提。以無我、無人、無衆生、無壽者，修一切善法，則得阿耨多羅三藐三菩提。須菩提，所言善法者，如來説即非善法，是名善法。

此斷無法如何修證疑也。空生問：佛於菩提爲有所得無所得。答文有三段。初、以無法可得爲正覺。佛先印可其言曰：如是如是，我於菩提無有少法可得，名得菩提。二、以平等爲正覺。無高下者，謂在聖不增故無高，居凡不滅故無下。偈云：法界不增減故。三、以正助修善成正覺。謂雖平等，非是不修得成正覺，應以無我等修諸善法，然後得成。無我等，是了因，即正道也。修一切善法，是緣因，即助道也。阿耨菩提，是正覺也。所言善法者，如來説非住相有漏之善法，乃是離相無漏之善法耳。問：第三、第十二、第十三兼此一段，前後四處皆説不得菩提，云何區別。答：前後文雖相似，義意不同。第三疑釋迦得果，第十二疑善慧成菩提因，第十三疑無法無佛，此十九疑有修有證，四義條然，無相濫也。

○第二十疑云：若修善法得菩提，云何前來頻言持説能成菩提。且所説之法不離於名、句、文，是三皆無記性，無記之法無有因果，豈成菩提耶。

須菩提，若三千大千世界中所有諸須彌山王，如是等七寶聚，有人持用布施，若人以此《般若波羅蜜經》，乃至四句偈等，受持、讀誦、爲他人説，於前福德百分不及一，千萬億分乃至算數、譬喻所不能及。

此斷所説無記非因疑也。謂持説雖云無記，而是菩提正因。蓋經詮真理，因之悟解，依解起行，方得菩提。若無教門，安知所入。故《法華》云：以佛教門，出三界苦。故舉須彌寶施不及一偈功德。慈氏偈云：雖言無記法，而説是彼因。是故一法寶，勝無量珍寶。彼，即菩提也。問：此與第九疑何别。答：彼約有爲無體難，此約無記非因難。又彼唯據持説難，此兼對善法難，迢然不同也。

〇第二十一疑云：既言是法平等，無有高下，云何如來度衆生耶。

須菩提，於意云何，汝等勿謂如來作是念，我當度衆生。須菩提，莫作是念。何以故。實無有衆生如來度者。若有衆生如來度者，如來則有我、人、衆生、壽者。須菩提，如來説有我者，即非有我，而凡夫之人以爲有我。須菩提，凡夫者，如來説即非凡夫，是名凡夫。

此斷平等云何度生疑也。初遮錯解，曰：汝勿謂如來度衆生，切莫作是念也。次示其正見，曰：以何義故，謂實無衆生得滅度者。蓋平等真法界，佛不度衆生，以名共彼陰，不離於法界。論云：衆生假名與五陰實法，皆不離法界，故無衆生得滅度者。三反釋其所以，曰：若如來有如是心，五陰中有衆生可度，則有我、人等相。又展轉拂迹曰：佛雖説我，元來無我。執我者，蓋是凡夫。雖言凡夫，亦無凡夫。譬之夢中見虎，虎與夢人皆不可得。然凡夫執我，故云非我。恐執凡夫，故云非凡夫。邐迤除遣執情，故云展轉拂迹。然前後四處皆説度生無度，文雖同而意異。最初令離我度生，十一疑能度者是我，十四疑無我而誰度，此二十一疑真界平等，不合度生，同異昭然，應須甄别。

〇第二十二疑從十七中來。以前言即非具足色身，即非諸相具足，又云是名具足色身，是名諸相具足，意云法身畢竟非相好，而相好未嘗不佛。由無身故現身，無相故現相。法身爲根，相好爲苗，便可因苗識根，即色相可以比知無相耳。佛以法身是真智境，非識所能比知也。

須菩提，於意云何，可以三十二相觀如來不。須菩提言：如是，如是，以三十二相觀如來。佛言：須菩提，若以三十二相觀如來者，轉輪聖王則是如來。須菩提白佛言：世尊，如我解佛所説義，不應以三十二相觀如來。爾時，世尊而説偈言：

若以色見我　以音聲求我

是人行邪道　不能見如來

此斷以相比知真佛疑也。凡五段。初、佛審云：還可以三十二相比觀法身如來不。次、答意云：因苗知根，實可以相比觀法身。以法身既流出相好，即由此相好，知如來證得無相法身。三、世尊乃以凡聖不分難之曰：如來若可以相好比觀者，輪王亦有此相好，輪王應是如來。蓋約本望末則定，約末望本則不定。若不究法身之本而但以三十二相之末比觀如來者，且如來三十二相依法身而現，輪王依業因而生，凡聖雲泥，復何準的。四、空生即悟佛非相見。五、世尊復曉以非見聞所及。偈意謂：若人不究法身之本，而但以三十二相見，或以説法音聲求，但見所見、聞所聞，是凡小偏邪之道，不能見正覺如來。何者。法身非識境，離一切相，乃真智境，唯證方知。魏譯經文加後偈云：彼如來妙體，即法身諸佛。法身不可見，彼識不能知。餘譯亦多加者。論云：此説何義。故慈氏頌云：唯見色聞聲，是人不知佛，以真如法身，非是識境界。前二句釋秦偈，後二句釋魏偈也。按第一、第七、第十七及此一段皆云不以相見如來，義意皆別。初以對果疑因，次明感果離相，十七明依真現假，此明約假求真，故不同也。

〇第二十三疑，從上不應以相觀佛而來。承上色見聲求是邪，法身不可以相比知，遂疑佛果一向無相無爲，修福德之因，但成相果。相果既非佛果，是則佛果非關福相也。

須菩提，汝若作是念，如來不以具足相故，得阿耨多羅三藐三菩提。須菩提，莫作是念，如來不以具足相故得阿耨多羅三藐三菩提。須菩提，汝若作是念，發阿耨多羅三藐三菩提心者説諸法斷滅，莫作是念。何以故。發阿耨多羅三藐三菩提心者，於法不説斷滅相。須菩提，若菩薩以滿恒河沙等世界七寶布施，若復有人知一切法無我，得成於忍，此菩薩勝前菩薩所得福德。何以故。須菩提，以諸菩薩不受福德故。須菩提白佛言：世尊，云何菩薩不受福德。須菩提，菩薩所作福德，不應貪著，是故説不受福德。

此斷佛果非關福相疑也。文四。初、遮毀相之念。《華嚴經》云：色身非是佛，音聲亦復然，亦不離色聲，見佛神通力。若言如來不具足相，是斷滅見，故佛止云：莫作是念。二、出毀相之過，謂毀相則墮斷滅，是損減謗。三、明福相不失。具足相，即福德相也。蓋大乘所修五度之因，所得福德之果，但離取著之相，不同小乘斷滅之見，故曰於法不説斷滅相。論云：此中爲遮一向寂靜，故顯示不住涅槃。四、明不失所以，又二。先明得忍故不失。忍，即無生法忍。初住菩薩所證，得無我忍功德，勝恒沙寶施功德。無我者，無二種我也。次明不受故不失。無著云：此顯示不著生死故。若住生死，即受福德。又徵釋云：何以不受福德，以無貪著故。貪著即因成有漏，縱得三十二相，但同輪王。不生貪著，則因成無漏，所得三十二相莊嚴法身，名之爲佛。

○第二十四疑，從上不受福德而來。若諸菩薩不受福德，云何諸佛福德與衆生受用。據佛壽量合滿百年，至八十便入涅槃，意留二十年福與後代弟子受用。又若供養承事於佛者，能令獲福無量，斯亦佛福，衆生得受用也。

須菩提，若有人言如來若來若去、若坐若卧，是人不解我所説義。何以故。如來者，無所從來，亦無所去，故名如來。

此斷化身出現受福疑也。文二。初斥錯解，謂若人言如來出現來入滅去等，皆不解佛所説義。次示正見，云：無所從來，亦無所去，故名如來也。偈云：去來化身佛，如來常不動。大雲云：衆生心水清淨則見佛來，來無所從。濁見雙林示滅，則云佛去，去無可至。是以《華嚴經》云：如來不出世，亦無有涅槃，但以方便力，示現自在法。若然，尚無出現之佛，安有受福之事。但化身應機，見有出没耳。

〇第二十五疑。據前不可以化相比知法身，法身無去來坐卧，即似真化異，據遮斷滅之念，又顯不失福相，即似真化一，故成此疑也。佛約微塵世界，委釋非一異義，以斷此疑。

須菩提，若善男子、善女人以三千大千世界碎爲微塵，於意云何，是微塵衆寧爲多不。甚多，世尊。何以故。若是微塵衆實有者，佛則不説是微塵衆。所以者何。佛説微塵衆，則非微塵衆，是名微塵衆。世尊，如來所説三千大千世界，即非世界，是名世界。何以故。若世界實有者，則是一合相。如來説一合相，則非一合相，是名一合相。須菩提，一合相者，即是不可説，但凡夫之人貪著其事。

此斷法身、化身一異疑也。文二。初、約塵界破一異。二、約止觀破我法。今初又三。初、標界塵一異以顯無性。言世界者，喻法身也。微塵者，喻應身也。碎界爲塵，塵無異性，合塵爲界，界無一性。喻全法起應，應無異性，全應即法，法無一性。然如來體用互融，所以能一能異，非一非異，自在無礙者矣。此依天親約斷疑釋之，而無著約破執釋云：爲破名色身，故言界塵等。於中二種方便：一、細末方便，二、無所見方便。無所見者，即不念也。空生答云甚多者，是細末方便破麤色也。二、釋微塵，喻應身無異性。以何義故説微塵耶。以無實體故。又徵云：所以説微塵空又説爲微塵者，何謂也。釋意云：佛所説者，非實微塵，是空微塵也。塵碎爲末，故非一，塵衆聚故，故非異。所以偈云：於是法界處，非一亦非異。

無著云：此約不念方便破微塵也。三、釋世界，喻法身無一性。謂非唯所起微塵空，抑亦能起世界是空。無著云：此以不念方便破世界。此破名身，乃有情世間也。以心法無質，不可分析，但以不念方便破之，謂念之即有，不念即無。故《起信》云：心生法生，心滅法滅是也。又俱約塵界破和合。徵云：何以説世界空耶。釋云：若世界實有者，則是衆塵冥一，不可分之和合相矣，則不應有多。今如來説三千，明非冥然一矣。此約三千破一界也。一合非一合者，釋意云：佛説一合，非實有之一合，是空無之一合也。此一合相，無體可説，但爲凡夫妄生貪著，迷於事法，而起煩惱矣。

須菩提，若人言佛説我見、人見、衆生見、壽者見。須菩提，於意云何，是人解我所説義不。不也，世尊，是人不解如來所説義。何以故。世尊説我見、人見、衆生見、壽者見，則非我見、人見、衆生見、壽者見，是名我見、人見、衆生見、壽者見。須菩提，發阿耨多羅三藐三菩提心者，於一切法，應如是知，如是見，如是信解，不生法相。須菩提，所言法相者，如來説即非法相，是名法相。

此約止觀破我法也。破我法者，必得根本無分別智，而我法之見始除。欲得根本智，先修加行智爲方便，止、觀、定、慧等持，觀人法二無我，不起分別。至於親證真如，是爲得根本智。忘緣入理，此修行要門也。先破我執，謂若言佛説我見等以爲實有者，是人不解如來所説之義。何以不解。意謂佛説我人等見，非實我人等見，是假名我人等見。衆生不解，謂之爲實，如蠅處見蛇，豈是實見。次破法執，謂不但我見非有，且法相亦空。發無上菩提心者，當進觀法空。是以日用之中，於一切法，皆應以增上心、增上智爲方便。

何等一切法。十法界中，若聖若凡，若依若正，下自衆生五蘊，上至諸佛相好。如是依奢摩他，屏息萬緣，唯心獨存，靈靈不昧而知，知一切法無我。如是依毗婆舍那，觀察一切，委細推求，歷歷分明而見，見諸相非相。如是依禪那定慧等持，無礙自在，雖未能親證真如，已爲無分別根本正智近方便，内變真如而爲信解。信心清淨，即生實相。此當地前四加行位，從是能引根本正智，離能所取，不生能所我人法相，證入初地乃至佛地。雖分滿不固，皆用根本無分別智，親證真如，歸無所得。何則。所言法相者，凡夫不了，以之爲實。在如來説，即非實有之法相，但是假名之法相。況約勝義而論，純一真如，彌滿清淨，中不容他，誰爲能所我人之法相。誠能如是觀察，我即非我，法即非法，離名離相，證入真如三昧。始信十方諸佛平等清淨，真即非真，化即非化，又何一異之有。此約止觀定慧破我法，以斷一異之疑也。

○第二十六疑云：化身、法身誠非一異，而化身示現，終無自體。其所説法，豈有實耶。縱使持説，當有何福。

須菩提，若有人以滿無量阿僧祇世界七寶，持用布施，若有善男子、善女人發菩薩心者，持於此經，乃至四句偈等，受持、讀誦、爲人演説，其福勝彼。云何爲人演説。不取於相，如如不動。

此斷化身説法無福疑也。文二。先明説法功德。論云：雖諸佛化身作用，化身説法，有無量無盡無漏功德。云何爲人演説下，二明説法不染。謂：若能不以生滅心行，説實相法，則如彼真如，故曰如如。又心如境如，故曰如如。不動者，正明無染義。無著云：爲説法不染，故有如是大利益。

○第二十七疑云：若是，則化身如來常爲衆生説法，云何言如來無去來坐臥，常入涅槃耶。涅槃寂靜，説法喧動，動靜相反，云何兩存。釋意云：佛有妙智，觀諸法空如夢幻等，雖現說法，似有爲相，而常住涅槃無作之理，復何疑哉。

何以故。

一切有爲法　如夢幻泡影

如露亦如電　應作如是觀

此斷入寂如何說法疑也。徵云：何故說法不礙涅槃耶。以如來有妙智，觀一切有爲之法皆非實有，如夢幻等，共有六喻：一、夢喻。人於日用見聞所熏，夜寐則宛然而現，悲歡萬狀，咸謂爲真。不知是獨頭意識所變，全無實體，而好歹境界夢時非無，及至於醒，了無所有。人生於世，亦復如是。以無始時來，熏習而住，故招感現在果報不爽，雖蝴蝶、莊周變化已極，然豈悟後始空，方在神遊，早無實際，不待覺而後知也。二、幻喻。世有幻師作幻術，呪巾可以爲兎，草可以爲馬，或作城郭男女，種種幻態，昧者惑焉。幻呪一止，寂然無有。三、泡喻。水本靜也，因風激動，而泡生焉。其體本虛，即之安在。四、影喻。鏡中日中，隨形現像，妍醜無遁，行止有待，捉之不可，無體可得。惟息陰悟本，庶不爲其所惑，不然終在燈影子下行耳。此四喻，喻一切法空無有實。凡夫皆執身世爲常，不悟無常，故佛又說露喻。薤上露，何易晞，人之住世，少時耳。須臾變滅，焉得久停。六、電喻。露猶少停，電則不能以一瞬，即生即滅，曾不異時。凡有爲之法皆爾，刹那變滅，人不自覺。佛以妙智觀空，故雖現說法，似有爲相，而常住涅槃無作之理，所謂寂寥於萬化之域，動用於一虛之中，何喧寂之有。所以云：夢幻泡影，空理全彰。露電二喻，無常足顯。悟真空則不住諸相，觀生滅則警策修行。妙符破相之宗，巧示亡情之觀。了此六喻，則全經之旨，思過半矣。學者宜盡心焉。

正宗分竟。

○三、流通分。

佛說是經已，長老須菩提，及諸比丘、比丘尼，優婆塞、優婆夷，一切世間、天、人、阿修羅等，聞佛所說，皆大歡喜，信受奉行。

上來宗趣既陳，務於利濟，近益當時之會，遠被未來之機，使般若慧命，傳芳無壅，故曰流通。然般若宗趣，歸極於無住處涅槃，而以發菩提心爲始。菩提心者，本源自性清淨心也。心住於法，即不清淨。所以四相不住，六塵不住，聲聞自果不住，菩薩莊嚴佛土不住，乃至如來三十二相不住，說法不住，涅槃不住。應住者，極證於無住處涅槃矣。前正宗分中，空生有問，佛則有答，空生有疑，佛則有決。至此，慧日當空，羣疑氷釋，善吉無問，能仁杜宣。長老須菩提及諸四部弟子，出家而爲除饉士、除饉女者，在家而爲清信男、清信女者，乃至一切世間，三世間也，若天梵王、帝釋等，若人國王、大臣、長者、居士等，若阿修羅、八部護法等，俱在法會中，聞佛所說般若之法，皆各歡喜奉行。古德云：般若深經，三世佛母。聞經四句，已超惡趣之因，一念淨持，必獲菩提之果。是故欲圓無上菩提道，當學般若波羅蜜。

金剛經演古終

校勘記

〔一〕「入」，底本作「人」，據文意改。

〔二〕「壤」，底本作「壞」，據文意改。

〔三〕「衆」，底本作「異」，據文意改。

（李勁整理）

〇二六八

金剛經直說（一）

清迹删鷟述

金剛直說序

東樵山人迹删鷟著

邁邁時運，凜凜其秋，大林落木，危緑飄丹。老景履霜，怵然興慨，掩室避風，哀如充耳。俄而商飈逸響，衆竅怒號，恍然有得於前。聞三世諸佛，是傳語人，觸類旁通，傳會其說。天何言哉，無故於太虛空中，發爲天籟、人籟、地籟之聲。佛何言哉，無故於大般若中，演作佛說、法說、僧說之教，皆傳語也。我佛世尊，爲一大事因緣出現於世，直指人心，見性成佛，信口說出三乘十二分教、五千四十八卷一大藏經，無法可說，是猶天籟之傳語也。奈諸菩薩，地有高下，悟有淺深，乘示方便，護念付囑，大乘小乘，隨機接引，必如其量滿其願而後已。雖云直指，早已曲矣，是猶地籟衆竅之傳語也。佛滅度後，義解者流，人各一師，師各一說，藏、通、別、圓，判爲四教，分門立户，合喙爭鳴，是猶人籟比竹之傳語也。自有比竹以來，天籟不可復聞矣。此《金剛》真經，佛與空生於般若場中，啐啄同時，金針紗叶，正言之，復反言之，翻覆不已，不爲異同。一言之，復再言之，絮叨不已，不爲煩瑣。唯之不之，是之即之，建埽不已，不爲支離。或抑或揚，或印或破，酬唱不已，不爲漫衍。無非因乎衆生根器之有勝劣，諸菩薩造就之有頓漸，而施之教，直指曲成，隨緣善誘，是猶天籟之吹萬不同，合於地籟之衆竅，使其自己，咸其自取。三世諸佛所以稱爲傳語人者，以此之故。老病無聊，目誦心惟，於是乎有得。爰依經文，約略大義，著爲直說以示吾徒，非敢雷同於比竹也。不直則道不見，我且直之。

校勘記

〔一〕底本據《卍續藏》。

凡例六則

按經名金剛，表佛性也。金剛乃衆寶之王，至堅至利。世界壞時，七寶俱壞，惟金剛寶伏藏秘密，不可破壞。此經乃法寶之王，佛性寓焉。器界壞時，經與佛性常在法藏之中，亦堅固不可破壞也。註經者，無識佛性，許談佛法。閲經者，自性佛性，非一非二，不可徒作文字領會，始與《金剛》指趣少分相應云爾。

按此經古本分作三十二分，各標題目，最初作俑於梁昭明太子，現受苦報。後來註疏未及删去，分數割裂，經旨斷續，文理互相乖違，血脉全無貫串，非佛意也。今註不敢效尤，删改前謬，合一經爲一章，務令問答照應，機解融通。間於承接闔闢處，略爲節段，庶令操觚者便於註脚，閲經者易於寓目耳。

按此經舊本分作上下二卷，照前分數割截，十四分以前爲上卷，十五分後爲下卷。藏本因之，襲於前文，便於編帙，習焉不察耳。愚意倘須分卷，當從經首起至「果報亦不可思議」止爲一卷，自「須菩提再請住心降心」起至末爲二卷，於義甚當。蓋經中立教，前爲未悟菩薩而説，後爲已悟菩薩而説，前淺後深，無妨經脈也。闕文以待知者。

按此經文合作一卷，不分分數卷次者，止見近代憨祖《決疑》獨立一格，惟於經中承接段落不無可議。今註多從憨祖定本，段落少別。

按此經解註，諸家不一，細閲詮義，未免互相矛盾，少見貫通，往往問答重複，次第參錯，觀者易至望洋。近代憨祖《決疑》拂去前文，別出一解，披卷燎然，一覽洞達。愚意解因疑起，應先疑後決。空生未問，預出疑情，似未甚妥。今註多從憨本，拈出經文，前後承接，絡繹不斷，合一經爲一章，似於佛心不大悖謬。識者教之。

按此經不一家言，宗師提唱宗旨，教家牽引教相，各出所見，顯露家風，究於《金剛》真諦尚隔一層。今註不及宗語，不參教乘，務契佛心，直指見性而已。註中間或援引宗教，用資證據，亦造車合轍之解也。

金剛般若波羅蜜經

宗旨

凡一經必有一經宗旨，此《金剛般若波羅蜜經》當以無相爲宗。經中提唱所言四句偈者，凡十有四，確見指定無我相、人相、衆生相、壽者相，以此四句偈爲一經之宗旨也。諸家解註多涉儱侗，歷代宗師不欲以實法與人，多從向上句、末後句提唱宗綱，不肯説破，令初機禪人從空摸索，向自己分中四句偈參取。直至山窮水盡時，忽然豁開金剛正眼，放出般若真光，原來四句偈是我本來面目，無我、人、衆生、壽者等相。一部《金剛經》，橫説豎説，權説實説，無非欲人空却四相，收歸自己般若分中。我、人、衆生、壽者諸相，如水中捉月，鏡裏尋頭，了無可得。所以當日天親菩薩昇兜率宮，請益彌勒如何是四句偈，彌勒云無我相、無人相、無衆生相、無壽者相是也。此是慈氏婆心親切，開口一句道破了。後來六祖大師以摩訶般若波羅蜜爲是。傅大士云：若論四句偈，應當不離心。從上聖賢千言萬語，無非欲人直下承當，識取無相真宗，一部《金剛經》頓成剩語。後來解經不一家言，或以色見聲求四句爲偈，或以夢幻泡影四句爲偈，未嘗不是。當知經中二偈，不過欲人離却色相，一切有爲法，識取無相之相爲真，有相之相爲幻爾。

細繹此經，一經如一分，一分如一句，一句如一字。且道這一字，從何處下註脚邪？昔日趙州禪師每遇學人入室，令參無字爲話頭。這一無字，函蓋乾坤，森羅萬象。識得《金剛》宗旨，參禪悟道，始有少分相應也。

教意

此經大意專爲初地聖賢、大心菩薩，已悟未悟，著相修行，不達無相本體而發，非爲一切凡外迷心邪見設也。《經》云：如來爲發大乘者說，爲發最上乘者說。兩種聖賢，實非尋常可比，已於大乘最上乘發菩提大心矣，無奈人法二執未能盡忘，四相未空，三心未了，未能降伏，未知住處。縱知住處，未免住在一處，不能無所住而生其心。世尊哀愍，爲說是經。首令空生發問，會上弟子一千二百五十人，禪定如飲光，多聞如慶喜，神通、智慧、說法第一，一切賢聖僧，弗與焉者，蓋以是經專爲解空而發也。初地聖賢、大心菩薩未得心空及第，往往向外馳求。其最上者，日以度生爲念，必欲盡大地衆生度令成佛而後已，孜孜兀兀，盡人提撕警覺，止知有能度者屬我，所度者屬人，一切含靈衆生，一切福德壽命，俱從人我起見。佛說此經，先從度生發端，良以法界衆生度脫不了，自性衆生總以無餘涅槃而滅度之，收歸四句偈中，千了萬當，故云無有衆生得滅度者。降伏其心而使之住，莫先於此。心既住矣，不免住在一處。從衆生起見，或布施求福，或禮拜供養求福，或莊嚴佛土以求福。一切有爲法，無非著相修行，不若受持四句偈之爲實相也。復次，住在一處，或證因果，或修六度，或開五眼，似有實相之可據，究竟不如我佛世尊，昔日在然燈會所，親受記莂，於法實無所得。到此地位，方稱四相全空，萬德莊嚴，視彼種種布施、種種供養、種種禮敬、種種建立修福，皆是有爲之法，如夢、幻、泡、影、露、電等耳。故云：爲發大乘者說，爲發最上乘者說。若爲衆生說，則教他布施，教他供養，教他禮拜莊嚴塔廟，以求福報，在所不免。四果、六度、五眼等法門，非是若輩境界，無勞建埽矣。

經題

金剛，表義也。西域有金剛寶，至堅至利，不可破壞，而能破壞一切物，故取此以喻般若真智歷劫不壞，能斷一切煩惱也。金剛爲般若之體，般若爲金剛之用，體用合一，彼此同歸，謂到彼岸。彼岸是覺地，此岸是迷津。衆生汨没苦海，陷生死流，不能自渡，《金剛般若》如渡海之浮囊、中流之航筏，憑此得渡。佛說是經，欲人空却四相，無能度之我，無所度之人，無此岸之衆生、壽者，無彼岸之樂土福城。一大藏經不離此義，故曰：經者，徑也，直指人心，見性成佛之徑路也。

如是我聞。一時，佛在舍衛國祇樹給孤獨園，與大比丘衆千二百五十人俱。爾時，世尊食時，著衣持鉢，入舍衛大城乞食。於其城中，次第乞已，還至本處，飯食訖，收衣鉢，洗足已，敷座而坐。

初序所聞，次序其時，次序其主，次序其地，次序其衆，乃從主位邊詳序其日用尋常。著衣喫飯，行住坐臥，悉從般若光中次第流出，四相銷歸無相，靜觀得之。以下問答經文，乃佛與空生啐啄同時，眉毛厮結，四相平等，默契無相之宗。或未答而先問，或未問而先答，或隨問隨答，或即問即答，或離問離答，或非問非答，總是一期建立，一期掃蕩，針芥相投，水乳和合。寓言之不爲泛，重言之不爲複，詳言之不爲繁，約言之不爲略，合一經而爲一句，攝有句而歸無句。此《金剛般若》法寶，其光所以照天照地也。

時，長老須菩提在大衆中，即從座起，偏袒右肩，右膝著地，合掌恭敬而白佛言：希有，世尊。如來善護念諸菩薩，善付囑諸菩薩。世尊，善男子、善女人發阿耨多羅三藐三菩提心，云何應住，云何降伏其心。

此空生禮敬讚佛，起經首問答之端也。世尊日用云爲，一真如如，空却四相，任運隨緣，無甚奇特。空生一見便讚歎希有，於頂門上別開一眼，與白毫相光眉毛厮結，發端起問護念付囑之佛慈，住心降心之佛教。此未答而先問也。佛於發大乘心，與發最上乘心者，如王子初生，先以四大海水而灌沐之，是護念義。及其長大，付以家業，授以王位，仍以四大海水灌其頂門，是付囑義。初心菩薩四相未空，二執未忘，譬如商賈居奇，過都越國，水宿山行，了無棲泊之處，良由馳逐之心未息也。故先問住，後問伏。

佛言：善哉，善哉，須菩提，如汝所說，如來善護念諸菩薩，善付囑諸菩薩。汝今諦聽，當爲汝說。善男子、善女人發阿耨多羅三藐三菩提心，應如是住，如是降伏其心。唯然，世尊，願樂欲聞。

此隨問隨答也。諦聽爲說，授受常儀，如其所問而答之云：如是住，如是降伏其心。會得如是句，方知四句偈俱從真如中來，不落有無，不涉知解。空生所以傾心信受，願樂欲聞也。先發誓願，心生喜樂，懇求所欲得聞玅法也。

佛告須菩提：諸菩薩摩訶薩，應如是住，如是降伏其心，所有一切衆生之類，若卵生、若胎生、若濕生、若化生，若有色、若無色，若有想、若無想、若非有想非無想，我皆令入無餘涅槃而滅度之。如是滅度無量、無數、無邊衆生，實無衆生得滅度者。何以故。須菩提，若菩薩有我相、人相、衆生相、壽者相，即非菩薩。

此破諸菩薩度生之執。諸菩薩所以不能住心、降心者，由於度生念切，多作癡想，發弘誓願，衆生無邊誓願度，舍己爲人，思以藐然之我，置四生十類之中，人人普度，物物曲成。佛有三不能，堯舜其猶病諸。是故我佛立教，於衆生無邊誓願已，即收歸自己分中，云自性衆生誓願度，蓋以大地之衆生即自性之衆生也。著相菩薩分而二之，實相菩薩合而一之。我能度自性之衆生，則自性涅槃無欠無剩。衆生涅槃，亦復如是。此即儒教所謂致中和，天地位，萬物育也。梵語涅槃，此云寂滅。寂是不動，滅是無生。能以寂滅而度衆生，則六合一家，八荒一闥，天地與我同根，萬物與我爲一。無量無數無邊衆生，不出自性衆生之中。無有衆生而不滅度者，實無有衆生得滅度者，識得自性衆生，菩薩癡念一期降伏矣。到此一句，説明我、人、衆生、壽者四相本空，無所則聖，有所則凡。菩薩者，以智度人之名也。捨己從人，顧子失母，非大菩薩矣。故四句偈爲《金剛般若》宗旨。

復次，須菩提，菩薩於法應無所住，行於布施。所謂不住色布施，不住聲、香、味、觸、法布施。須菩提，菩薩應如是布施，不住於相。何以故。若菩薩不住相布施，其福德不可思量。須菩提，於意云何，東方虚空可思量不。不也，世尊。須菩提，南西北方、四維上下虚空可思量不。不也，世尊。須菩提，菩薩無住相布施，福德亦復如是不可思量。須菩提，菩薩但應如所教住。

此破諸菩薩住相布施求福之執。求造福修德之人，心存四相，住在布施邊，漸成窠臼，不能當下掀翻。必須不住四相而行布施，其福德不可思量也。復次須菩提者，再敘問答之詞，呼空生而語之。菩薩於法應無所住而行布施者，四相本無，三輪體空，不見有能施之我，不見有所施之人，不見有布施之衆生，不見有功德之壽者。眼之於色，耳之於聲，鼻之於臭，舌之於味，身之於觸，意之於法，一切不住。内淨六根，外淨六塵。大地衆生，日擾擾於根塵器界之中，希求布施。其在我者，法住法位，寂然不動，感而遂通，不必盡人布施而有過化存神之竗，無有一物不得其所，是之謂不住相布施，福德不可思議也。復呼空生而徵詰之：世界有相，故有四維上下，成、住、壞、空等劫。如其無相，四維上下，虚空無物，不可思量。空生遂於言下領解，信知無住相布施，所有功德亦復如是。佛乃印可，一切菩薩皆應如所教而住也。

須菩提，於意云何，可以身相見如來不。不也，世尊，不可以身相得見如來。何以故。如來所説身相，即非身相。佛告須菩提：凡所有相，皆是虚妄。若見諸相非相，即見如來。

此因諸菩薩著相見佛，禮拜求福，不知栴檀金色之外，有箇非相真佛不可以著相見者。古德云：金佛不度爐，木佛不度火，泥佛不度水，真佛内裏坐。經中所云非身相者，即真佛之謂也。諸菩薩認取四相，不識無相真空。故佛告須菩提：凡所有相，如我、人、衆生等，皆是虚妄。縱饒勤參默觀，能所未忘，猶是虚妄之見。若見諸相非相，方許親見如來也。

須菩提白佛言：世尊，頗有衆生得聞如是言説章句，生實信不。佛告須菩提：莫作是説。如來滅後，後五百歲，有持戒修福者於此章句能生信心，以此爲實，當知是人不於一佛二佛三四五佛而種善根，已於無量千萬佛所種諸善根。聞是章句，乃至一念生淨信者，須菩提，如來悉知悉見，是諸衆生得如是無量福德。何以故。是諸衆生無復我相、人相、衆生相、壽者相，無法相，亦無非法相。何以故。是諸衆生若心取相，即爲著我、人、衆生、壽者。若取法相，即著我、人、衆生、壽者。何以故。若取非法相，即著我、人、衆生、壽者。是故，不應取法，不應取非法。以是義故，如來常説，汝等比丘知我説法如筏喻者，法尚應捨，何况非法。

此反復問答，申言菩薩於四相之外，別生法執，取法相與非法相，究竟未解真空也。昔如來自言：吾住世四十九年，未曾説著一字。《經》云知我説法如筏喻者，皆因初心菩薩法執未忘，得聞如是言説章句，便生實信。從持戒修福起見，諦信受持，所種善根，固因宿植，雖具實信，未爲究竟。待聞是章句，乃至一念不生而生淨信者，福德無量也。所云實信者，取相也。持戒修福，種有漏因，縱饒歷劫善根，從一佛至千萬佛所修種得來，猶是人天福報，究竟所得終有限量，不若一念淨信之爲勝也。一念則四相全空，淨信則六塵不住。無有一法可得，是名真得。昔日傅大士登座講經，撫案尺一聲，便云講經已竟。此是一念淨信榜樣，具佛知見，成佛知見，感應道交，説者聽者皆有無量福德不可思議也。何以故下，是申明四句偈義。倘能空却四相，則法與非法銷歸無有，反是著相取相，便是法執。決與非法，皆所不應取著也。又恐法執菩薩受持經典，依教奉行，如佛所説，不識佛心。殊不知佛所説法，稱般若船，未渡迷津，必須船筏，既登彼岸，何用舟航。六祖云：迷時師渡，悟時自渡。得魚忘筌，得兎忘蹄。通達法要者，當如是爾。識得四句偈，方可誦經閲藏也。

須菩提，於意云何，如來得阿耨多羅三藐三菩提耶，如來有所説法耶。須菩提[一]：如我解佛所説義，無有定法名阿耨多羅三藐三菩提，亦無有定法如來可説。何以故。如來所説法，皆不可取，不可説，非法，非非法。所以者何。一切賢聖皆以無爲法而有差別。

承上文，申前法執之義。恐初心菩薩堅執佛言以爲究竟，謂佛已得無上正等正覺矣，執爲定法，遂成法執，故不待空生之問，先徵詰之。空生果能解佛所説，無有定法名爲無上菩提者，亦無有定法之可説。何以故。

如來説法皆從般若光中流出，聽者不可取，説者不可與。若諸衆生心取於相，即著四相。取於法相與非法相，皆著四相。是法非法皆非法，故未了人法二空，皆屬有爲之法。空此二執，方是無爲。無爲之法，無相之宗，如水傳器，得之淺者則爲賢人，得之深者則爲聖人，雖有差别，實無差别。後篇四果聖賢皆從無爲法中而有差别者，直至如來極果，四相全空，方稱於法實無所得也。

須菩提，於意云何，若人滿三千大千世界七寶以用布施，是人所得福德寧爲多不。須菩提言：甚多，世尊。何以故。是福德，即非福德性，是故如來説福德多。若復有人於此經中受持，乃至四句偈等，爲他人説，其福勝彼。何以故。須菩提，一切諸佛及諸佛阿耨多羅三藐三菩提法，皆從此經出。須菩提，所謂佛法者，即非佛法。

承上文，再遣著相布施之執。謂住在六根六塵，分别我、人、衆生、壽者諸相而行布施，是謂法執邊事。以諸菩薩多從求福恒情起見，傾財竭力，所有七寶而行布施，充滿三千大千世界之量，遍及三千大千世界衆生，所得功德宜與之等。不待空生致問，先徵詰之。空生果能諦信，明知福德分中，有事有性。七寶布施，福德事也，事有多少，故如來説福德多。經中四句偈，爲人演説，福德性也，性無增減，以法施彼，聞者聽受，言下領悟，是能自盡其性、盡人之性者，此中福德非大千七寶之所能及，故云勝彼。昔日達磨西來，直指人心，見性成佛，其對御云：事佛本無功德。不謂功德本無，乃是本性中無有功德之相也。又呼空生以曉之云：經中四句偈所以勝於七寶者，蓋以一切諸佛無上正覺妙法從此經出。爲他解説，是以法施勝財施多多也。前以無相破住相之執，此以法施破財施之執，意旨不同。又恐諸菩薩認取法施爲殊勝功德，故再語空生言：所謂佛法者非真佛法，乃經中四句偈之佛法耳。要識佛法所在，吾教西來，不立文字，文字之法乃衆生法，所謂法法本無法，無法無非法，方是真佛法也。

須菩提，於意云何，須陀洹能作是念，我得須陀洹果不。須菩提言：不也，世尊。何以故。須陀洹名爲入流，而無所入，不入色、聲、香、味、觸、法，是名須陀洹。須菩提，於意云何，斯陀含能作是念，我得斯陀含果不。須菩提言：不也，世尊。何以故。斯陀含名一往來，而實無往來，是名斯陀含。須菩提，於意云何，阿那含能作是念，我得阿那含果不。須菩提言：不也，世尊。何以故。阿那含名爲不來，而實無不來，是故名阿那含。須菩提，於意云何，阿羅漢能作是念，我得阿羅漢道不。須菩提言：不也，世尊。何以故。實無有法名阿羅漢。世尊，若阿羅漢作是念，我得阿羅漢道，即爲著我、人、衆生、壽者。世尊，佛說我得無諍三昧，人中最爲第一，是第一離欲阿羅漢。世尊，我不作是念，我是離欲阿羅漢。世尊，我若作是念，我得阿羅漢道，世尊則不說須菩提是樂阿蘭那行者。以須菩提實無所行，而名須菩提是樂阿蘭那行。佛告須菩提：於意云何，如來昔在然燈佛所，於法有所得不。不也，世尊，如來在然燈佛所，於法實無所得。

此承上文所云一切聖賢皆以無爲法而有差別，隨機問答，漸次深入。初果、二果、三果、四果，所由分別名相，次第分疏。須陀洹，名爲入流。謂初入其門，得預聖人之流，能捨麤重煩惱，未能離細微煩惱者，是謂初果。斯陀含，名一往來。蓋自觀諸境，止有一生一滅，更無第二生滅，實無生滅可得，是謂第二果。阿那含者，名爲不來。謂不來欲界受生，心無所得，實無不來之相，是謂第三果。阿羅漢者，此云無學。謂諸漏已盡，不須修習，雖有法，實無有法可得，是謂第四果。須菩提乃是四果聖賢，自呈見地，故云：阿羅漢不著四相，不作是念，自謂我得阿羅漢道也。憶承佛授記云：我得無諍三昧，人中第一，謂之離欲阿羅漢。我若於授記時直下承當，自謂我是離欲阿羅漢，便是有所修行實法，世尊必定不與我授記是樂寂靜行者。四果聖賢於無爲法而有差別如此，此尚屬羅漢地位，迨至如來極果，斯爲極則。當知世尊當日從然燈佛所親授記莂，味於無爲法，實無所得。雖云授記，但印此心而已，非謂有可得之法，有可成之佛也。此破諸菩薩心求證果，成佛授記之執。

須菩提，於意云何，菩薩莊嚴佛土不。不也，世尊。何以故。莊嚴佛土者，即非莊嚴，是名莊嚴。是故，須菩提，諸菩薩摩訶薩應如是生清淨心，不應住色生心，不應住聲、香、味、觸、法生心，應無所住而生其心。

此破住相莊嚴佛土之執。是義該管粗細。細爲佛性自心之上萬德莊嚴，不可以相求，不可以目覩，道是莊嚴，即非莊嚴，是則名爲莊嚴者，性分中自有之莊嚴也。麤如造寺、建塔、塑像、書經等，一切有爲法，道是莊嚴，即非莊嚴，必須能所兩忘，乃名莊嚴也。如來垂問，空生解悟。當知佛土莊嚴是清淨心，無住相心。一有住著心，爲外塵所縛，不能活潑自在，如朽木不復萌，死灰不復燃一般，自謂莊嚴，非真莊嚴也。應無所住而生其心，是金剛正眼，涅槃妙心，直指單傳，最親最切句。昔日六祖從柴擔上一聞便悟，入黄梅室，直下承當。凡屬祖師門下，須從無住生心處討箇落著，不得作語言文字拍盲承當。要與祖師西來意相應，方是莊嚴佛土也。按古作字，生心爲性。性如流水，不生則竭。性如林木，不生則折。性如活火，不生則滅。性如月輪，不生則缺。天地之運，晝夜不停，萬物之機，循環不息，爲無所住，故無不生。自性如如，本無住著，本無生滅。識得無住生心，便是無生法忍也。

須菩提，譬如有人，身如須彌山王，於意云何，是身爲大不。須菩提言：甚大，世尊。何以故。佛説非身，是名大身。

承上文莊嚴佛土而言，隨機問答，悟得佛土莊嚴不著實相，不落大小。假令有人從相作觀，由空入假，丈六金身忽而大等須彌，猶是法執邊事。何以故。清淨法身無有大小，佛説非身，是真法身，故名爲大身也。

須菩提，如恒河中所有沙數，如是沙等恒河。於意云何，是諸恒河沙寧爲多不。須菩提言：甚多，世尊，但諸恒河尚多無數，何況其沙。須菩提，我今實言告汝，若有善男子、善女人以七寶滿爾所恒河沙數三千大千世界，以用布施，得福多不。須菩提言：甚多，世尊。佛告須菩提，若善男子、善女人於此經中，乃至受持四句偈等，爲他人説，而此福德勝前福德。

此三破著相布施求福之執。由諸菩薩皆以七寶布施，多者爲勝，佛就空生發問，謂恒河最多河中之沙，非計較算數之所能及，是爲多不。空生隨問隨答，不容擬議。佛以寶喻沙，盡沙滿界用以布施，得福之多自不容説。乃告之以受持經中四句偈，爲人解説者，此以法施，彼以財施，福德殊勝非恒河七寶之所能及也。受謂諦信領受，持謂持守遵行，非泛泛念誦之比。爲他人説者，四相全空，不説而説，人法兩忘，説而不説。我以不説説之，彼以不聞聞之，是名真解説、真福德也。

復次，須菩提，隨説是經，乃至四句偈等，當知此處，一切世間、天、人、阿脩羅皆應供養，如佛塔廟，何況有人盡能受持、讀誦。須菩提，當知是人，成就最上第一希有之法。若是經典所在之處，即爲有佛，若尊重弟子。

承上文，告空生言，聞説此經至四句偈等，當生希有難遭之想。非但諸菩薩衆所當恭敬受持，世間天、人乃至阿修羅等皆當恭敬供養，如佛在塔在廟一般，法寶光明，照天照地，不可思議。何況盲〔三〕人受持是經，行解相應，誦讀是經，心口如一，如是之人便能不離本處，成就第一希有之法。法法流通，不令斷絶，經典所在，即佛所在。金剛會上，尊重弟子如須菩提等，逼塞虚空，無在無不在也。

爾時，須菩提白佛言：世尊，當何名此經，我等云何奉持。佛告須菩提，是經名爲《金剛般若波羅蜜》，以是名字，汝當奉持。所以者何。須菩提，佛説般若波羅蜜，即非般若波羅蜜，是名般若波羅蜜。須菩提，於意云何，如來有所説法不。須菩提白佛言：世尊，如來無所説。

法會未畢，遽請經名，蓋空生到此已領妙悟，當中一問，截斷衆流，别通一路，結集前文，更進一解。學者當知華屋之門從此深入，未可得少爲足也。奉持，解義如上。所云《佛説般若波羅蜜經》云云者，謂是法親出佛口，故云佛説。默傳佛心，超出言外，雖有所得，實無可得，故云即非。即非即是，强與安名，故云是名。經題解説，無容添足。出經名後，世尊説法已竟，却恐諸菩薩衆同時聽受，領略麤旨，皆謂如來有所説法，故呼空生而徵詰之。空生果能密望其旨，直下承當，一句道破：如來實無所説。何等直截。所是所説之法，能是能説之人，如來人法兩空，能所雙泯，豈復更有説法之相邪。到此方知黄面老子婆心叨怛。

須菩提，於意云何，三千大千世界所有微塵是爲多不。須菩提言：甚多，世尊。須菩提，諸微塵，如來説非微塵，是名微塵。如來説世界，非世界，是名世界。

此承上文，無所説法，不是頑空。蓋塵界銷鎔，合成一體，是非粉碎，攝入真空。青青翠竹，總是真如，鬱鬱黄花，無非般若。現大爲小，微塵即界，現小爲大，世界即塵。

金剛全體，無處而非法身，般若真光，隨在皆成法寶。是無所說、無非所說之法也。佛於□坐，一徵一答，針芥相投，宮商紗叶處，悟者方知。

須菩提，於意云何，可以三十二相見如來不。不也，世尊，不可以三十二相得見如來。何以故。如來說三十二相，即是非相，是名三十二相。

此承上文，塵界銷鎔，是故法化如一，依正三身實相非有非無。奈諸菩薩衆仰覩慈容，皆從三十二相起見，殊不知此乃色相如來耳。當知別有一箇真性如來，非色非空，超然萬象之表，無變無壞，消歸四相之中。故云是相即非相，識得非相，是名真相也。

須菩提，若有善男子、善女人以恒河沙等身命布施，若復有人於此經中，乃至受持四句偈等，爲他人說，其福甚多。

四言福報，遣著相布施之執。前言七寶布施是舍外物，向外馳求。此言身命布施，識破幻身，從幻作福，雖捨幻軀，究非實際也。須信受奉持四句偈，悟我、人、衆生、壽者四相全無，三輪體空，爲他人說，人法兩忘，自他兼利，乃爲究竟。其福甚多者，般若之福遍及衆生，不可思議也。

爾時，須菩提聞說是經，深解義趣，涕淚悲泣而白佛言：希有，世尊，佛說如是甚深經典，我從昔來，所得慧眼，未曾得聞如是之經。世尊，若復有人得聞是經，信心清淨，即生實相，當知是人成就第一希有功德。世尊，是實相者，即是非相，是故如來說名實相。

上文言其福甚多，此云第一希有功德，較前得福實爲希有也。空生得聞是經，悟入真空實相，非前福報之比，懽喜到極，轉生悲泣。自幸聞法之深，轉傷際遇之晚，不待徵詰而白佛言，悟後呈解也。空生已得慧眼，於有見真，未曾得聞是經，猶有空障，聞是經已，於空亦遣，了達中道，洞見實相。白世尊言：若復有人聞我所聞，亦應得我所得。經中功德不求自至，遂於萬象森羅諸相虛幻之中，指出實相爲一切功德根本，即自性也。自性若無，功德亦無，識得自性，功德本有。所謂實相者，乃是信心清淨，紗湛總持，常空常寂。一大藏教收歸自性分中，無法可說，無佛可成，無生可度，是名實相成就第一希有功德也。經中所言，福德兼舉，爲中根人說耳。此獨言功德者，是功成果滿之候，福報不足道矣。《壇經》有德在法身中，非在於福之語，正謂此也。恐諸菩薩聞説實相，以爲實有，著相求之，去道遠矣，故空生再白佛言：所謂實相者，心如太虛，無相可求，故云即是非相。又恐聞説非相，舍實取空，認作龜毛兔角，不知本來實相即是非相，非有非無，非空非實，正如水中鹽味，色裏膠青，決定是有，不見其形，是故如來説名實相也。

世尊，我今得聞如是經典，信解受持，不足爲難。若當來世，後五百歲，其有衆生得聞是經，信解受持，是人即爲第一希有。何以故。此人無我相、無人相、無衆生相、無壽者相。所以者何。我相即是非相，人相、衆生相、壽者相即是非相。何以故。離一切諸相，即名諸佛。佛告須菩提：如是，如是。若復有人得聞是經，不驚、不怖、不畏，當知是人甚爲希有。

承上文第一希有功德，此但言希有功德不足道矣。空生既悟之後，爲衆生説法，使同歸於悟也。先陳我得聞是經典，信解受持，未足爲難。願與當來五百年爲一小劫，所有衆生同一信解，同一受持，乃爲希有難得之緣。何以故。此信解受持之人識得經中四句偈，即能空諸四相。我、人、衆生、壽者，道是無相，即是非相，是相非相，一見俱離，與佛平等，故言即名是佛。佛乃印可如是如是者，深契如來法要也。空生又恐後世衆生於大乘經典，河漢其言，望洋而退，信受奉持，難得其人。良由衆生心量狹劣，少見多怪，遇大而驚，逢高而怖，見難而畏。審能從聞入信，因信遣疑，安然不驚，怛然不怖，毅然不畏者，信受奉持，固爲第一希有功德。當知是人甚爲希有，非功德之可比也。

何以故。須菩提，如來説第一波羅蜜，即非第一波羅蜜，是名第一波羅蜜。

此承上文，更進一解。上文空生聞經得悟，更發大願：以此經偈流通法界，直至五百年後，衆生人各聞經，人各信解受持，空諸四相，不驚、不怖、不畏。此是空生一片婆心法施，最爲極則。世尊呼而告之云：汝所法施是第一究竟。當知一切衆生，盡人有此一部真經，祕在如來藏中，悟則爲佛，迷則衆生。究竟無佛可成，無生所度，無法可施，無岸可到。佛説布施是第一波羅蜜，即非第一波羅蜜，不過假借名字，使人識取彼岸，先登直到耳。按波羅蜜有十：一、布施，二、持戒，三、忍辱，四、精進，五、禪定，六、智慧，七、慈，八、悲，九、方便，十、不退。此云第一者，指布施言。前爲求福説，此度生説。

須菩提，忍辱波羅蜜，如來説非忍辱波羅蜜，是名忍辱波羅蜜。

承上文身命布施，更進一解。前屬布施分攝，此屬忍辱者。蓋捨身斷命而行布施，是布施極則，不瞋不恚，不煩不惱，是忍辱極則，是能究竟到彼岸之人。當知更有向上一步，四相非有，三輪體空，無施者，無受施者，無辱可忍，無岸可登，方是極則之極則。故語空生云：如來説忍辱非忍辱。不過假借名言，使人承當耳。

何以故。須菩提，如我昔爲歌利王割截身體，我於爾時無我相、無人相、無衆生相、無壽者相。何以故。我於往昔節節支解時，若有我相、人相、衆生相、壽者相，應生瞋恨。須菩提，又念過去於五百世作忍辱仙人，於爾所世無我相、無人相、無衆生相、無壽者相。

承上文忍辱言，世尊現身説法，向自己分中拈出忍辱榜樣，到此方是極則也。昔世尊五百世前作忍辱仙人，山中宴坐，遇歌利王出獵。王暫憩息，左右彩女往見仙人，圍繞禮拜。王既覺知，大怒，割截仙人肢體。仙人懽喜納受，自發願云：願生生世世度王成佛。此便是身命布施，當節節支解時，不生瞋恨，無甚奇特，不過空諸所有，無受割截之我，無施割截之人，無業報之衆生，無癡戀身令之壽者，尚要解冤釋結，度令成佛而後已。是能忍辱而行布施也。念過去下，乃追述前因，爲後人布施榜樣耳。

是故，須菩提，菩薩應離一切相發阿耨多羅三藐三菩提心。不應住色生心，不應住聲、香、味、觸、法生心，應生無所住心。若心有住，即爲非住。是故，佛説菩薩心不應住色布施。須菩提，菩薩爲利益一切衆生故，應如是布施。如來説一切諸相，即是非相。又説一切衆生，即非衆生。

承上文布施忍辱，離一切相而言，告須菩提：如來離相度生，諸菩薩亦應離一切相，發無上菩提心也。所云離相者，非是脱空之謂，謂於六塵擾擾、諸相交集中，萬象森羅，一真獨露，見色聞聲，不應住著，香味觸法亦復如是。前云應無所住而生其心者，境與心融。今云應生無所住心者，心隨境化。若心有所住，便是不融不化，著意安排，即爲非住矣。是故佛説菩薩度生真心，不應住在六塵邊而行布施。住相布施利益有限，離相布施利益無窮，故云應如是布施也。又恐菩薩從衆生著相，認相爲我，衆生爲人，相與衆生分而爲二。故佛隨建隨掃，説是相即非相，説是衆生即非衆生，衆生即相，相即衆生也。

須菩提，如來是真語者、實語者、如語者、不誑語者、不異語者。須菩提，如來所得法，此法無實無虛。

上文出經題後，佛爲空生說法深入一層。說到因果皆空時，却恐聞者發起疑情，謂果空不必用因，因空不能得果，且因中行施，不住生心，則無實果可證矣。世尊不待請問，誡以勿疑，但當諦信佛言，真語無僞，實語無虛，如語無變，不誑語無欺，不異語無別，空生所聞之法即如來所得之法，說實說虛皆爲戲論，不可妄起疑情也。

須菩提，若菩薩心住於法而行布施，如人入暗，即無所見。若菩薩心不住法而行布施，如人有目，日光明照，見種種色。須菩提，當來之世，若有善男子、善女人能於此經受持、讀誦，即爲如來以佛智慧，悉知是人，悉見是人，皆得成就無量無邊功德。

此語空生重申法施玄旨。以菩薩心化度衆生者，心住於法而行布施，便成法執而生法障，如入暗室，了無所見一般。若能不住於法而行布施，豁開法眼，覩見法光，如有目人，見地分明，更藉日光，種種色相照燭無遺。乃呼空生而付囑之，受持此經，傳與當來，盡人皆得受持、讀誦，其人智慧入佛知見。如來智慧所照亦復如是，感應道交，悉知悉見，成就無量功德，不可思議。此無住相而行布施之玅用也。

須菩提，若有善男子、善女人，初日分以恒河沙等身布施，中日分復以恒河沙等身布施，後日分亦以恒河沙等身布施，如是無量百千萬億劫以身布施，若復有人聞此經典，信心不逆，其福勝彼，何況書寫、受持、讀誦、爲人解說。

承上文不住相布施而言，前淺後深。前經所說，不及時分，與等身分。此言一日三時，及恒河沙數等身分不及命根者，意此非前文身命布施之解，蓋謂隨時隨地種種現身，歷劫行施也。前經止云受持，此云信心不逆，是與般若契合，直至不疑之地，一心隨順，依教奉行，非徒受持而已也。書寫、受持、爲人解説，是從般若光中流出語言文字，代佛宣揚，非徒紙上陳言、依文解義之可比。是能不住於法而行布施者，其福勝彼。謂《般若經》中自然本具之福德，四句紗偈，包括恒沙身根器界一切衆生，皆在如來福德之中，勝彼現身布施者相去遠矣。

須菩提，以要言之，是經有不可思議、不可稱量、無邊功德，如來爲發大乘者説，爲發最上乘者説。若有人能受持、讀誦、廣爲人説，如來悉知是人、悉見是人，皆得成就不可量、不可稱、無有邊、不可思議功德。如是人等，則爲荷擔如來阿耨多羅三藐三菩提。何以故。須菩提，若樂小法者，著我見、人見、衆生見、壽者見，即於此經不能聽受、讀誦、爲人解説。

此要言一經旨趣，超出凡情世見之外，故不可思，超出語言文字之外，故不可議，超出算數計較之外，故不可量，充滿十方，徧周三界，故無邊。所云功德，即前不住相布施者是。此是佛法極則，非小根小器之人所能承當，如來特爲菩薩乘、佛乘而説。能發大乘心者，即是菩薩。發最上乘心者，即同如來。無上法門需人荷擔，倘或畏大樂小，必不能堪任負荷。儒教所謂人能弘道，非道弘人是也。乃復申言受持、讀誦、演説功德，具佛知見，當爲如來之所護念付囑，成就大功德藏，一肩負荷無上菩提，無有退屈。若是喜樂小法之人，自甘下劣，便著我見，分別彼己，便著人見，置四生於度外，期身命之延長，著衆生、壽者見。四見存於隱微，四相積爲生滅，不能契此經旨，信受讀誦，爲人解説，如上所云也。

須菩提，在在處處，若有此經，一切世間天、人、阿修羅所應供養。當知此處，即爲是塔，皆應恭敬，作禮圍繞，以諸華香而散其處。

此讚般若法身常住。世人但知敬信法寶，

殊不知法寶即是法身，三世諸佛慧命所寄，一切衆生性命所關。在在處處，有此法寶，在在處處，有此法身。天、人、修羅，同具同有，所當供養。如來滅度後，遺下舍利真身，天上人間建塔莊嚴，實爲恭敬。此經乃如來遺教，親口親言，非等閒文字之比，所當恭敬圍繞，散華香於其處者。恭敬表皈依，圍繞表回向，散華香表一切功德。莊嚴佛土，處處皆然，無非般若也。

復次，須菩提，善男子、善女人受持、讀誦此經，若爲人輕賤，是人先世罪業，應墮惡道，以今世人輕賤故，先世罪業即爲消滅，當得阿耨多羅三藐三菩提。

此讚般若功德有離障出纏之益，上明生善，今明滅惡。造作定業，不可逃避者，修般若因。前生罪業應墮三惡道者，乘般若力，轉重爲輕。不過餘殘宿報定業難逃，爲人輕賤，入般若門，宿生罪業即爲消除而得無上菩提也。置此論者，緣世間有信心行善，信經修性之人，現生轗軻、名位屈辱、衣食艱難、受人罵辱輕賤者亦復不少。俗眼視之，便謂佛法無靈。不知此一輕賤正是轉因易果，直趨無上菩提時節，不可因此而退屈也。佛語空生，宣布此義。

須菩提，我念過去無量阿僧祇劫，於然燈佛前，得值八百四千萬億那由他諸佛，悉皆供養承事，無空過者。若復有人於後末世，能受持、讀誦此經，所得功德，於我所供養諸佛功德，百分不及一，千萬億分乃至算數、譬喻所不能及。須菩提，若善男子、善女人於後末世有受持、讀誦此經，所得功德，我若具說者，或有人聞，心則狂亂，狐疑不信。須菩提，當知是經義不可思議，果報亦不可思議。

此是如來現身說法，極言般若勝因，非供養承事一切諸佛所及。自念我在過去無量劫，然燈佛所，得值若干數萬億諸佛，悉皆供養承事，無唐捐者，此種功德實非前文身命布施之比。若復有人於末後世，稱經功德，勝我供養承事功德，百不及一，乃至多數等分。所不能及者，蓋謂無相功德勝有爲法萬萬也。極言此經功德不可思議如此。功德無盡，我説無盡，衆生無盡，疑信無盡，如來隨其根器而善導之，不可不説，不容盡説。所謂止止不須説，我法玅難思，一句道盡，聞者易起疑情，心狂惑亂，反生誹謗，墮三惡道，利之適所以害之，起下文空生再問之意。

爾時，須菩提白佛言：世尊，善男子、善女人發阿耨多羅三藐三菩提心，云何應住，云何降伏其心。佛告須菩提：善男子、善女人發阿耨多羅三藐三菩提心者，當生如是心，我應滅度一切衆生，滅度一切衆生已，而無有一衆生實滅度者。何以故。須菩提，若菩薩有我相、人相、衆生相、壽者相，即非菩薩。所以者何。須菩提，實無有法發阿耨多羅三藐三菩提心者。

此節問答，頗涉重複。憨山《決疑》略云：初問應住、降伏以來，通破凡夫修菩薩行者所執之疑。當知我法二執有麤有細，前破凡夫麤執，以所執五蘊色身爲我執，執我所依爲緣塵，六度之行希求菩提者爲法執。緣此二執皆著相故，是故破初發心菩薩未悟般若之疑，但顯下不見有衆生可度也。此後乃破細微我法二執，是已悟般若之菩薩，但執有能證之智爲我，有所證之真如爲人，能證能悟爲衆生，證悟未忘，潛續如命爲壽者。以此四相最極微細，故爲微細二執，所謂存我、覺我也。故向下發揮，獨標一我字，但破我執，上不見有佛果可求也。此與前文問同意別，觀者應知。經中初問云何應住，云何降伏其心者，謂初心菩薩、大心凡夫始發度生之心，種種著相，依著自己五蘊色身修行，其所布施，執著六塵麤相而求福報，其所求菩提，執著化佛色相之身，其土則衆寶莊嚴之土，種種修行，皆不離相，去般若遠矣。空生發問，被佛重重破斥，直至一切色相皆離，方契真如般若實智。到此空生已悟，大衆疑消，經文不可思議已前，皆是此意也。今此經文以下，乃是破已悟般若菩薩微細之執。四相皆細，到此獨標一我字爲首，但云我應滅度衆生，再不復言及布施，是知已悟菩薩功行已圓，惟有生佛之見未泯耳。然此細智爲我，又問應住、降伏，似與前問同意，何也。蓋此菩薩已離五蘊，但習氣未忘，故於真如智中亦求安住。且謂菩提有所住處，求而不得，致心不安，故問降伏。此求佛之心未安，以生佛之見未泯，不達平等一如之故，問同意別。故世尊破云：發菩提心者，當作如是觀，我滅度一切衆生已，實無有一衆生得滅度者。良以衆生本自如如，不待更滅更度。若執有滅度，便著四相，非菩薩矣。此不見有衆生可度也。生佛本來平等，衆生既無可滅，此中實無有法可求菩提者。何以故。以衆生本自寂滅，即是菩提，不得更求。此不見有佛果可求也。

須菩提，於意云何，如來於然燈佛所，有法得阿耨多羅三藐三菩提不。不也，世尊，如我解佛所説義，佛於然燈佛所，無有法得阿耨多羅三藐三菩提。佛言：如是，如是，須菩提，實無有法如來得阿耨多羅三藐三菩提。須菩提，若有法如來得阿耨多羅三藐三菩提者，然燈佛即不與我授記，汝於來世，當得作佛，號釋迦牟尼。以實無有法得阿耨多羅三藐三菩提，是故然燈佛與我授記，作是言，汝於來世，當得作佛，號釋迦牟尼。何以故。如來者，即諸法如義。若有人言如來得阿耨多羅三藐三菩提，須菩提，實無有法佛得阿耨多羅三藐三菩提。須菩提，如來所得阿耨多羅三藐三菩提，於是中無實無虛。是故，如來説一切法皆是佛法。須菩提，所言一切法者，即非一切法，是故名一切法。

此承上文言無上菩提實無有法可得，佛呼空生而徵詰之，昔從然燈受記，盡人皆謂無上菩提有法可得也。空生領悟，解佛所説玅義，信知無上菩提無法可得是名真得。佛爲印可，如是如是云者，蓋謂實無有法可得，方是無上菩提極則。然燈授記當得成佛，以此之故，倘我於法實有所得，不名如來，不蒙授記矣。反復申明無法可得之義。如來授記當作釋迦牟尼者，以如來洪名乃十號之一，如是諸法如義，謂真如性無得無失，無去無來，故云如來。世尊成佛，然燈授記，即是此義，非更有所得也。若復有人言無上菩提實有所得，殊不知無有法可得者是名真得，無實無虚，是名實無所得。如來所説一切法正是無實無虚之玅諦，是法非法，皆名佛法。要而言之，名爲佛法，即非佛法。古德云：用即知而常寂，不用則寂而常知，方契玅覺。是故名爲一切法也。

須菩提，譬如人身長大。須菩提言：世尊，如來説人身長大，即爲非大身，是名大身。須菩提，菩薩亦如是，若作是言我當滅度無量衆生，即不名菩薩。何以故。須菩提，實無有法名爲菩薩。是故，佛説一切法無我、無人、無衆生、無壽者。須菩提，若菩薩作是言，我當莊嚴佛土，是不名菩薩。何以故。如來説莊嚴佛土者，即非莊嚴，是名莊嚴。須菩提，若菩薩通達無我法者，如來説名真是菩薩。

此借大身以喻法身，不可著相求也。如來徵詰，空生領悟，大身之外別有非身，非身者法身也。菩薩若存我執，我滅度衆生，猶執認大身爲我，不復知有真我，即不名之爲菩薩也。何以故。實無有法名爲菩薩。無有大身，是名非身。法即非法，身即非身，相即非相，我、人、衆生、壽者同歸於無，豈復更有一法可得耶。又借佛土爲喻。佛土者，心土也。佛土無相，云何莊嚴。若有可莊嚴者，便是有法可得，不名菩薩。當知如來所說莊嚴者，是莊嚴法身，非莊嚴大身。法身非身也，識得非身，是名莊嚴。通達無我之法，無有一法可得，是則名爲真菩薩也。

須菩提，於意云何，如來有肉眼不。如是，世尊，如來有肉眼。須菩提，於意云何，如來有天眼不。如是，世尊，如來有天眼。須菩提，於意云何，如來有慧眼不。如是，世尊，如來有慧眼。須菩提，於意云何，如來有法眼不。如是，世尊，如來有法眼。須菩提，於意云何，如來有佛眼不。如是，世尊，如來有佛眼。須菩提，於意云何，如恒河中所有沙，佛說是沙不。如是，世尊，如來說是沙。須菩提，於意云何，如一恒河中所有沙，有如是沙等恒河，所[三]有沙數佛世界，如是寧爲多不。甚多，世尊。佛告須菩提，爾所國土中所有衆生，若干種心，如來悉知。何以故。如來說諸心，皆爲非心，是名爲心。所以者何。須菩提，過去心不可得，現在心不可得，未來心不可得。

此承上文，菩薩既悟之後，尚存人法細執。佛於諸相之中獨標一我，復於我相之中表出法身，又曰非身，種種破除，無法可執。却恐菩薩深信無相之解，沉空滯寂，墮在空執，未免偏枯，故呼空生而徵詰之。歷舉五眼，證明前解。即今青蓮紺目，現在如來面上者，肉眼也。上見諸天，下徹十地者，天眼也。照見衆生根性深淺，識陰輪迴者，慧眼也。照見法身遍周法界，辨別一切有無空假者，法眼也。照見佛土，無邊世界，放光普徧，破諸黑暗，圓滿十方，無障無礙者，佛眼也。肉眼屬如來報身，四種聖眼屬清淨法身。法身無相，非藉報身，不能度人。聖眼無形，非藉肉眼，不能見物。若執定是無，便落空亡外道，故歷舉五眼以徵詰之。空生領悟，隨機答問，不生知解。如來再以恒河沙爲喻，空生信爲甚多，乃曉之以衆生心量如來悉知悉見者，以有五眼之故。究竟衆生心量萬別千差，盡屬妄想，皆爲非心。非心之心，即名爲心，猶肉眼之眼，聖眼所寄，即名爲眼也。又恐聞説諸心，謂有實心，更須破遣。過去已滅，現在虚妄，未來未起，三際推尋，求心了不可得，五眼所見暫地成空，有無俱遣矣。

須菩提，於意云何，若有人滿三千大千世界七寶以用布施，是人以是因緣得福多不。如是，世尊，此人以是因緣得福甚多。須菩提，若福德有實，如來不説得福德多。以福德無故，如來説得福德多。

經中屢言福報，此於菩薩既悟之後，似不須説。如來再三徵詰者，却恐已悟菩薩於人法細執之中未忘修福之見，仍是法執邊事，重重破遣。有者，取相也。無者，離相也。離相見性，性如虚空，其福無量，比前受持、讀誦、解説更深一層。

須菩提，於意云何，佛可以具足色身見不。不也，世尊，如來不應以具足色身見。何以故。如來説具足色身，即非具足色身，是名具足色身。須菩提，於意云何，如來可以具足諸相見不。不也，世尊，如來不應以具足諸相見。何以故。如來説諸相具足，即非具足，是名諸相具足。

上文掃除相見，不得取有，不得落空矣。却恐菩薩悟後起疑，謂布施福德乃成佛之因，故感具足莊嚴之果。今謂福德實無，是無果〔四〕也。無佛可成，是無果也。即今現身如來，具足色相從何而有耶。故呼空生而徵詰之。空生言下領悟，謂不應從色身諸相見如來者，蓋以如來法身具足三十二行，是故成此報身，具足三十二相。識得法身，便不應從報身上起見也。復自解悟如來所説具足色身者，無非赤肉團中幻化之軀。當知中有一箇無位真人，清淨玅色之身，乃名法身，故云非具足色身，即非即是也。具足諸相，則八十種好，萬德莊嚴，又不止於三十二相矣。復次徵詰，空生領悟，一如前解。謂諸相具足，依舊報身邊事，故云即非具足。離却諸相，不見如來，故云是名具足也。

須菩提，汝勿謂如來作是念，我當有所説法。莫作是念。何以故。若人言如來有所説法，即爲謗佛，不能解我所説故。須菩提，説法者無法可説，是名説法。

承上文言玅相無相，固非諸相可見，即今説法，亦是無説之説，非言説可求。語空生言：如來諸相非相，所固然也，即今説法，不得著相，勿謂如來超[五]心作念，自言我當有所説法。説者不作此念，聽受者亦不應作此念。若人從語生解，便謂如來有所説法，不是信佛，乃是諸[六]佛。何以故。我所説法不在言説，著相之人但以言説爲説，不能解我不説之説也。復告空生以曉之云：凡説法者，本無法可説。特爲衆生去除外妄而説，是以妄遣妄，非有真實。衆生既悟，則不用此法矣。

爾時，慧命須菩提白佛言：世尊，頗有衆生於未來世聞説是法，生信心不。佛言：須菩提，彼非衆生，非不衆生。何以故。須菩提，衆生衆生者，如來説非衆生，是名衆生。須菩提白佛言：世尊，佛得阿耨多羅三藐三菩提，爲無所得耶。佛言：如是，如是。須菩提，我於阿耨多羅三藐三菩提，乃至無有少法可得，是名阿耨多羅三藐三菩提。復次，須菩提，是法平等，無有高下，是名阿耨多羅三藐三菩提。以無我、無人、無衆生、無壽者，修一切善法，即得阿耨多羅三藐三菩提。須菩提，所言善法者，如來説即非善法，是名善法。

承上文無法可説是名説法而言。空生玅悟法身，能信能受，能續佛慧命矣，爾時故稱慧命須菩提，此示生法一如，無法可説，無衆生可度也。空生領悟無法可説之旨，但恐未來衆生聞此妙法，未知能信受不。問佛，蒙荅云：若作此解，便是衆生、佛法分而爲二矣。當知衆生本如，與法平等，無有衆生之相，故云彼非衆生。但以真如隨緣而成衆生，故云非不衆生。復語空生，發明其故，所謂衆生者，謂我説一切法，爲度一切生，既無一切生，即無一切法。法生衆生，衆生生法，是謂衆生生者，是故如來説非衆生，是名衆生也。空生意謂：佛法因於衆生而後有法，既無所得矣，今佛所得無上菩提是有耶，是無耶。佛決其無，故印可之，告空生言：無上菩提，我與衆生同具真性，本無得失。無所得固爾，即一切細微少許之法皆無所得，是故名爲無上菩提也。復告之言：所謂法者，乃是衆生平等正覺之法。悟之爲佛，無有高相，迷爲衆生，無有下相，故名爲無上菩提也。若著我、人、衆生、壽者之相，則非平等矣。離却四相，修一切善法，則得無上菩提矣。善法者，即經文所謂布施、供養、禮敬、嚴土等，皆名善法，亦名有爲法，故云非善法，是名善法。

須菩提，若三千大千世界中所有諸須彌山王，如是等七寶聚，有人持用布施，若人以此《般若波羅蜜經》乃至四句偈等，受持、讀誦，爲他人説，於前福德百分不及一，百千萬億分乃至算數、譬喻所不能及。

承上文云，善法既非，則寶聚布施亦非善法，惟般若功德方稱殊勝。蓋以《般若經》中四句偈等乃是如來慧命所寄，衆生迷悟所關，若受持、讀誦、演説者，便能續佛慧命，能令衆生背迷合覺，福德廣大，比之寶聚布施相去多多也。

須菩提，於意云何，汝等勿謂如來作是念，我當度衆生。須菩提，莫作是念。何以故。實無有衆生如來度者，若有衆生如來度者，如來即有我、人、衆生、壽者。須菩提，如來説有我者，即非有我，而凡夫之人以爲有我。須菩提，凡夫者，如來説即非凡夫，是名凡夫。

承上文云，經中四句偈爲他人説，是爲度生功德，恐人錯解，謂如來有意於度生也。故呼空生而曉之言：勿謂如來作念度生。汝亦勿作此念，謂如來實有度生之相。若有衆生爲如來所度者，如來便有能度之我，有所度之人。人等衆生，我爲壽者，則非如來真我矣。如來説法，實非有我，而凡夫之人自生人我，以爲有我，遂疑如來亦復有我耳。要之是法平等，無有高下，悟則爲聖，迷則爲凡。説是凡夫，却非凡夫，而名之爲凡夫者，平等性智，無聖無凡也。

須菩提，於意云何，可以三十二相觀如來不。須菩提言：如是，如是，以三十二相觀如來。佛言：須菩提，若以三十二相觀如來者，轉輪聖王即是如來。須菩提白佛言：世尊，如我解佛所説義，不應以三十二相觀如來。

此遥承具足身相而言，三十二相即具足身相也。因上文度生之解，誠恐衆生起疑，謂佛現身説法，不離報身，身屬色相，法是音聲，離却色、聲二者，從何説法，從何聞法耶。呼空生而徵詰之，空生信能言下領悟，不可以身相觀如來也。佛再舉轉輪聖王以實之，蓋以轉輪聖王亦具有此三十二相，猶是凡夫，唤作如來不得。空生再申前悟，如來不可以相觀者，無相方是如來，不可以色見，不可以聲音求也。

爾時世尊，而説偈言：

若以色見我　以音聲求我

是人行邪道　不能見如來

按經中四句偈似指此四句而言。一經之中無一偈字，今明明説偈，解當屬此。要知此偈即前文無我、人、衆生、壽者四句。前句是標出名相，此偈乃埽蕩邪解。行邪行者，即著相衆生，從色、聲邊横生人、我等見，不見自性真如來，即不見現前説法如來也。

味二我字，當識真我，即如來四德中常、樂、我、淨之我。

須菩提，汝若作是念，如來不以具足相故得阿耨多羅三藐三菩提。須菩提，莫作是念，如來不以具足相故得阿耨多羅三藐三菩提。須菩提，汝若作是念，發阿耨多羅三藐三菩提心者，説諸法斷滅。莫作是念，何以故。發阿耨多羅三藐三菩提心者，於法不説斷滅相。

前文説偈已，又恐諸菩薩悟後起疑，云：如來不可以色見，不可以聲求。經中所言如來得阿耨多羅三藐三菩提，離却色聲，誰是得者，豈非斷滅諸相，并無上菩提同歸斷滅，乃是究竟耶。此語空生，總是反覆叮嚀，不可作斷滅會去。以具足相而得菩提固然不是，不以具足相而得菩提，亦是斷滅邪見。當知無上菩提本無斷滅，説法度生總是掃除四相，不曾教人并無上菩提同歸斷滅也。

須菩提，若菩薩以滿恒河沙等世界七寶持用布施，若復有人知一切法無我，得成於忍，此菩薩勝前菩薩所得功德。何以故。須菩提，以諸菩薩不受福德故。須菩提白佛言：世尊，云何菩薩不受福德。須菩提，菩薩所作福德，不應貪著，是故説不受福德。

經中屢言福報，或淺或深，或麤或細，不一而足，總是如來善觀衆生心量。凡夫之人固然着相求福，就是大心菩薩，未得悟入時，未免從法執上頻起福報之見。菩薩既悟之後，人法麤執已忘，尚存微細法執未能盡化，孜孜汲汲，修行布施，又復勸人布施，猶有細微受福報之見在。故説經至此，重申明之，説一不受二字，蓋謂福報若無，固無可受，福報若有，亦不容受。三輪體空，四相全無，了達一切諸法無我，成就無生法忍。一切福報皆不可得，無有與者，亦無受者。世界空，七寶空，能施、所施皆空，受與不受，皆不可得，到此方是福報極則。受持經偈，讀誦、演說，不消再說矣。空生又慮菩薩法執，如佛所說，不受功德，一切功德盡舍盡棄，方成菩薩，是斷絕世人作福之念矣，故有此問。如來曉之云：所言不受者，乃當作福之時，不起一念貪求著相之心，是名不受。即六祖所云不思善不思惡，初祖云布施本無功德，皆此意也。

須菩提，若有人言如來若來若去、若坐若臥，是人不解我所說義。何以故。如來者，無所從來，亦無所去，故名如來。

承上文不受功德，恐人起疑，云：即今如來行、住、坐、臥四威儀中去來自在，豈不是納受福德之人。故呼空生而曉之云：若作如是見解，便不解我前所說不受功德之義。蓋謂之如來者，是諸法如義，雖云若來，無所從來，雖云若去，無所從去。無去不滅，無來不生，乃是自性真佛，無功德之可受也。

須菩提，若善男子、善女人以三千大千世界碎爲微塵，於意云何，是微塵〔七〕衆寧爲多不。須菩提言：甚多，世尊。何以故。若是微塵衆實有者，佛即不說是微塵衆。所以者何。佛說微塵衆，即非微塵衆，是名微塵衆。世尊，如來所說三千大千世界，即非世界，是名世界。何以故。若世界實有者，即是一合相。如來說一合相，即非一合相，是名一合相。須菩提，一合相者，即是不可說，但凡夫之人貪著其事。

承上無所從來，無所從去，謂佛身充滿於法界，隨處和合。假如粉世界而作微塵，佛與塵合而不爲多，所謂合大於小也。聚微塵爲世界，佛與界合而不爲大，所謂合小於大也。究竟如來實性，非一非二，無離無合。合於微塵，塵中有界，合於世界，界中有塵，故云非微塵，非世界。合於微塵，塵中有佛，合於世界，界中有佛，故云是名微塵，是名世界。一者，法身也。合者，法界也。非實非虛，非有非無。若以爲實有者，是法身合於法界，故云即是一合相。法界異於法身，故云即非一合相。法身不離法界，故云是名一合相。究竟是與非，皆不可説，悟者得之。若是凡夫之人，未免貪著，執理礙事，執事礙理，所謂一合相者，落在事爲邊，貪戀執著，不得自在矣。佛語空生，反覆發明，解菩薩悟後，人法細微二執也。

須菩提，若人言佛説我見、人見、衆生見、壽者見，須菩提，於意云何，是人解我所説義不。不也，世尊。是人不解如來所説義。何以故。世尊説，我見、人見、衆生見、壽者見，即非我見、人見、衆生見、壽者見，是名我見、人見、衆生見、壽者見。須菩提，發阿耨多羅三藐三菩提心者，於一切法，應如是知，如是見，如是信解，不生法相。須菩提，所言法相者，如來説即非法相，是名法相。

遥承上文，若樂小法者，著我見、人見、衆生見、壽者見，更進一解，埽除細微法執知見也。前説小法乃爲樂小乘者説，見有五藴色相之我，見有對我之人，見有無明煩惱之衆生，見有留形住世之壽者，種種癡見遂成種種著相。欲空諸相，先空諸見，方不墮於小乘凡夫也。説經至此，乃爲大乘菩薩已入悟門，不復更有我、人、生、壽諸相，但於微細惑中少存知見，見有已悟之我，同悟之人，未悟之衆生，悟後接續慧命之壽者。此見尚存，真見便著，不能一超直入，直取菩提矣。故呼空生而詰之云：我前曾説我、人等見，乃爲樂小法者説。若人説我果有此説，是解我所説義不。空生領悟，信知是人不解如來玅義。蓋如來説法，隨人根器利鈍而施法藥。彼樂小法者，破其邪見，乃説諸見。所説諸見，是衆生見，不是佛見。因衆生之有邪見，是故隨其所墮，而名之爲我見、人見、衆生見、壽者見耳。若是大乘菩薩，既悟之後，發無上菩提心者，一切知見即一切法，如是知便是真知，如是見便是真見，如是信解便是深信解悟法門，不復更生法相。蓋此法相著於四相，便非法相，不著四相，乃名法相也。再語空生，當從諸見而求真見。《楞嚴經》云：見見之時，見非是見，見猶離見，見不能及，是之謂真見也。

須菩提，若有人以滿無量阿僧祇世界七寶持用布施，若有善男子、善女人發菩提心者，持於此經，乃至四句偈等，受持、讀誦、爲人演説，其福勝彼。云何爲人演説。不取於相，如如不動。

説經至此，復言布施。菩薩悟後，不受福德，受持經偈，爲人演説，殊勝異常。惟演説玅義，非尋常名言章句，依文解義之比。蓋謂演説真如，不取著外邊語言文字之相，不動著中道如如之性，能闡揚佛心，續佛慧命，乃謂之演。語默一如，無法可説，熾然常説，乃謂之説。説經至此，一切語言文字，即真即幻，即幻即真，三乘十二分教總是有爲之法，

故説偈以結之。

何以故。

一切有爲法　如夢幻泡影
如露亦如電　應作如是觀

何以故。佛自發揮，言何故爲人演説，不取於相，如如不動乎。乃説偈，言一切佛法皆有爲法，虛妄不實。如夢者，寐時爲有，寤後全無。如幻者，幻術而有，真實則無。如泡者，外邊似有，中間實無。如影者，隨光而有，光滅則無。如露者，依草而有，見〔八〕現則無。如電者，先雷而有，雷後則無。如是觀想非真，一切有爲之法都無實相，一部真經總在真如實相之中，説有説無，皆爲戲論也。

佛説是經已，長老須菩提，及諸比丘、比丘尼，優婆塞、優婆夷，一切世間天、人、阿修羅，聞佛所説，皆大歡喜，信受奉行。

此是結經常儀。所云皆大歡喜者，乃玅

契於心，信之真，受之切，奉行不虛也。

金剛般若波羅蜜經

校勘記

〔一〕「提」，底本原校云後應有「言」字。

〔二〕「盲」，疑爲「有」。

〔三〕「所」，底本原校云《金剛般若波羅蜜經》前有「是諸恒河」四字。

〔四〕「果」，底本原校疑爲「因」。

〔五〕「超」，底本原校疑爲「起」。

〔六〕「諸」，疑爲「謗」。

〔七〕「塵」，底本作「微」，據文意改。

〔八〕「見」，底本原校疑爲「日」。

（李勁整理）

〇二六九

金剛經石註〔一〕

清石成金撰集

重刻金剛經石註序

納蘭曉楓少詹以所得《金剛經石註》本付鋟以廣其傳，而屬方綱爲之序，蓋以南唐道顒法師石本爲據也。曉楓又嘗得懷園王氏刻本，前有宋人題詞，謂丞相鄭清之爲作石本《靈驗記》，則道顒本之足徵信可知也。然王刻之註不及石氏之詳密，具有條理，故曉楓重校而鋟之，其卷首辨異、發凡諸則，皆石註本之所舊有，今仍之而不盡芟者，蓋鋟寫之與受持皆曰致一而已矣。明乎致一之理，則多而不爲繁，少亦不爲簡也。佛氏之義本不可以註見，若得其所以爲説者，則千品萬象皆註也。東坡居士所謂以四句偈子悟入本心，灌流諸根，色相之外，炳然焕發，則今曉楓方日奉春暉於慈竹壽萱之側，備温清而迪吉康。是經光明具足，隨處昭見，顒師之校正，石氏之疏解，互相證明，圓瑩交集，而方綱之序固挂漏不足道矣。

乾隆四十九年歲在甲辰夏五月北平翁方綱

校勘記

〔一〕底本據清乾隆四十九年慶齡曉楓校刊本。

金剛經石註原敘

西天經典甚多，惟此經是諸經之根，所説悉成佛作祖之密旨。自唐、宋、元、明以來，註者不下數十百家，語義各有是否，欲求其詳明折衷，竟亦寥寥。良由以語傳語，大都紙上鑽研，未從實地參悟而得耳。殊不知此經乃如來心法，衆生性源。佛本無經，經亦無説。因一切有情汨於外誘，昧其本靈，顛倒昏迷，輪迴苦海，極可悲痛。是以如來作此真空無相之説，不過爲衆生解粘釋縛，還其本來面目，何啻暗室明燈，冥空杲日。若能領悟，立證菩提。今窮鄉委巷，但有善信之人，皆知讀誦此經，叩其義理云何，則懵然不解其謂。雖有學者曾聽各師所講之論，常覽諸家所註之書，或屬言繁，或成義雜，徒令聞者、見者是非可否，茫然不知適從，豈不以如來至妙之心法，緣此而未即明傳，深可浩歎哉。

愧愚一介書生，自知本靈半爲外誘所汨然，而身雖在家，頗有出家之行。每於詩書之外，最喜誦讀此經，究心於此者已二十餘年。凡講此經之堂，無遠弗到，註此經之書，雖淺必觀。獨喜儒士王化隆所註，盡發如來精微，又且脉絡貫通，簡明確當。間有與經文未透者，亦有與經文稍遠者，不揣愚昧，重加較正，另自直解，名之曰《石註》。凡如來隻字片言，悉由愚見參悟評定。期歲成書，發願鋟板，印送萬部，用廣如來之慈悲，大啓衆生之智慧。今而後得書諸善信，緣經求法，因法悟覺，令真宗了徹，密諦通明，出生死途，登菩提岸，滅無量罪過，獲最勝福田，證果人天，永臻快樂，始信是經所説，悉是佛祖最上之密旨，而愚之所言真實不虚也。在愚此註，不過爲人指引途路之方向，令行者不致錯入崎嶇迂迴之境。他日有幸，或於如來會下，結一指引之因緣已耳。願諸善信早悟本靈，同歸西天極樂。上不負如來垂示之盛心，下不負愚一點指引之微念，誠大快也。

康熙四十一年歲在壬午仲陽月良覺居士石成金撰。

金剛經總旨

夫人自二五凝成以來，賦此虚靈不昧之良，莫不各有一卷真經。及其知誘物化之後，本真旋失。《抱朴子》云：人生覆幬間，自幼而趨壯，自壯而趨老，日失一日，如牽牛羊以詣屠肆，每進一步而去死轉近，可不畏哉。所以我佛不得已，權設方便，引提迷人，何者爲性命，何者爲修行，强而名之曰經。若有豪傑之士，自悟本體如如，不假言詮，則真經露矣。這真經人人本有，不因聖而增，不因凡而減，要知即刻就知，一些不難。若或不知，萬般費力，到底不知。只要有此真經，一切經典都無用處。如若不知，不得不請出琅函，研窮藴奥，晝夜參詳。至於用力之久，一旦豁然貫通，始爲絶學，無爲大快樂之人也。無法可説之言，信不誣矣。

金剛經辨異

《金剛經》句字增減同異，從無畫一。如是名般若波羅蜜、是名忍辱波羅蜜、是名凡夫三句，若非無想若字，即非第一波羅蜜即字，爲利益一切衆生之下故字，是第一離欲阿羅漢之下世尊二字等，皆古本所無。如是故名阿那含故字，是微塵衆寧爲多不之下須菩提言四字等，皆古本所有。如前文應云何住，不同後文云何應住，歷辨既詳，雲棲伸公鑱刻尤加囑。蓋前問功夫下手，後問無我是誰爲之，經意自别。又見舊本因避高麗諱，改即爲則，凡即通作則。後見海虞嚴公《諱徵》，折衷諸辨，謂合兩之義爲即，相仍之義爲則，即可用之相仍，則不可用之合兩。雖譯者復作，不易其言，而即與則兩字之從違遂定。大抵等閒應用則者，但隨文義輕折，庶全旨即非之即，更得顯出。元微既定，一卷持誦，併佐同志參稽，聊引申學問中慎思明辨之意。若自詡辨真，則吾豈敢。

金剛經石註凡例

一、此經流布於世，傳本多誤。陰宜之間，惟以壽春永慶寺南唐道顒法師石本爲正。今愚此著悉照石本訂正，凡有增減錯誤，俱逐細更改，一字無譌。

一、此經分三十二分，相傳自梁昭明太子，但天衣無縫，割裂爲繁。且如推窮四果，漸至如來，政緊關昔在然燈，何單承莊嚴佛土。又色見聲求四句，原與下文一氣瀠洄，勢難以刀斷水。然而品節有序，讀者賴以記述。今愚此著，止將各分標存細字於傍，不必雜於經文讀。

齡按：每分標題，石氏原本以細字旁書，今改題於上方，以便省覽。

一、此經世傳，非高僧口授不可擅讀，恐音韻舛誤，致獲罪過。愚拜詢多僧，細加考訂，各將直音小字註，附每段之下，讀者依此無誤。

一、此經古今註解極多。今愚此著每段類分註、論、講、証四字。蓋將正文中字句逐一破解，統以【註】字領之。凡議論正文之源流，或辨論他註之是非，則以【論】字領之。其【講】字所云，悉體順如來、須菩提口氣，演發本文之妙義。若【証】字所領，則雜引古今成語，或儒書，或僧語，或偈頌，或詩歌，惟取剖明本文之精微而已。

一、此經他本只用句點，但孰是如來語，孰是須菩提語，在明眼自易分辨，而初學未免混雜。今愚此著，凡係如來語句用圈○，須菩提語句用黑圈●，阿難結集語用尖圈△，問答起語用連點、、，語句分明，瞭如指掌。

一、此經他註只用句點，亦有圈者，泛而不切。今愚此著，凡係功夫密旨，方用連圈，若語句微妙，止用連點。餘悉按句黑圈，其註中有尖圈者，本文之字也。

一、此經今愚所著，言雖淺近，悉皆演發如來妙義。愚既分晰註解，敬謹手書，刊刻印送。凡得是經善信，務要時置案頭，或誦讀正文，或領畧註解，或參悟旨趣，或爲人演説，否則不妨轉送普利，最不可束之高擱塵封，更不可雜置閒書廢紙之中，偶致毀棄，獲愆甚大。

金剛經讀法

《金剛經》語句重叠，各有義理，奥妙甚深，非同《法華》《楞嚴》詳明易曉之可比。讀者須細心參註，始見精微。

《金剛經》眷、索、愛、語四菩薩，乃慈、悲、喜、捨四無量心，吾身中之菩薩也。讀者須先有此等心，然後可入大道而悟《金剛》之義。

《金剛經》善男信女誦者雖多，得證金剛者甚少，皆因恃口頭語，不知會悟妙法。讀者須静坐觀心，心無其心，然後取此註觀之，庶幾有進。

《金剛經》，無前半部，演説不開，無後半部，搜括不盡。自十七分中，復説云何應住一段，收拾全旨無餘。已後，先詳者畧之，先畧者詳之，節節相承，各有妙義。

《金剛經》言語雖多，總是説真空無相妙理，以化度衆生。必衆生能安住、降伏，不生我、人、衆生、壽者四相，纔可到涅槃地位。一經大義，俱盡於應住之義。自第五分之後，許多説話不過反覆辨明無相之理，恐人一著有相，便不能安住、降伏也。

《金剛經》，佛説無相，但去妄念，不去天理。若併天理去了，未免虚生世間。故於第十四分中説出生實相三字，亦慮人之流於枯槁也。吾儒不去細究，反言佛氏虚無寂滅，豈不罪過。

《金剛經》中，佛言其大則謂須彌山王，言其多則謂如恒河沙等，言其久則謂如無量阿僧祇刼，實因極大、極多、極久、無盡之數也，非如來形容過當，亦非如來好爲此等語，以駭世俗，讀者當求其理。

《金剛經》屢言布施，葢有相布施，固修行之不廢，非可論《金剛》之妙義。若有善信，以身中至寶不生不滅，乘香花雲，入無邊界，起光明臺，供養十方，則爲見性之功，勝此多矣。

《金剛經・依法出生分》中，若滿三千大千

世界七寶布施不如持經之福。《無爲福勝分》中，恒河沙世界七寶比大千又多矣，亦不如持經之福。《如法受持分》中，以恒河沙等身命布施，又不徒七寶矣，較之受持解説，終不能勝。《持經功德分》中，以恒河沙等三度身命布施，視前又甚矣，較之持經功德，自爲無量。《能淨業障分》中，自敘供養無量諸佛之多，視七寶身命布施大有間矣，亦不如持經解説之萬一。《福智無比分》中，以須彌山王之七寶比喻又大矣，亦不能及持經解説之福。言雖重叠，一步緊一步者，何也。蓋佛慈悲之大，先知末法劫中多以布施當修行，不知解説，所以諄諄反復言之。但此經乃見性要旨，受持即得成佛，豈布施之福所能比類哉。

《金剛經》如來無相之義，即非即是，何去何來，如水清則月見，水濁則月隱，水有清濁，月無去來。且如人忽思念他州，則境界一時徧現，這心從何處來，少時心歇，從何處去。如此見徹，便知無去無來矣。

佛經袪妄一切佛經俱應作如是觀

何必靜室

世人誦經，多覓靜室。殊不知堅誠全在於心而不在於境也。本心若靜，雖居鬧市，亦是深山。試看吾儒善讀書者，掛角而讀，帶經而鋤，竟以成功，何在於書室之靜乎。

何必出家

出家原爲脱離罣礙。每見有等僧人，貪戀之心仍在，如此出家，反不如在家而有出家之行者轉爲上等。試看古今在家善信，得悟菩提者甚多。如傅大士、龐居士諸公，俱有妻子塵累，於道無礙，可知全不在乎出家也。

何必設像

對佛誦經，意在起人敬畏。殊不知誦之有益無益，只論心之誠否。心若不誠，雖時刻與聖像不離，亦何益矣。

何必急誦

誦經全在口讀其文，心思其義。只要字句明朗，微旨了徹，雖低默讀誦，俱爲上乘。若是急急趕讀，含糊圖快，未免到口不到心，縱然讀過萬遍，經義不解，原與不讀者相同。又有高聲誦者，徒損其氣，亦甚無益。

何必跪誦

參悟經義，不拘行住坐卧，無有不可，何必專在於跪。

何必全部

吾輩在家俗人，難免塵勞緊冗，非同出家閒人可比。假若正在誦經之際，忽有緊急事務，必俟此經誦完，豈不遲悞。果有緊事，但須記着經中分數，就此止住。事畢再來補完，未爲不可。此經註解，非細加參詳則妙義不明。若人事匆忙之際，何能全讀。須知塵事稍閒，息心看一段，可得一段之益，解一分即有一分之功。試看六祖當日只聞經中應無所住而生其心一句，即證菩提，可見惟在學人心悟如何，豈計其語句多寡耶。

齡按：讀誦經註，原可隨時分段，細加參詳，以期解悟，固難一時全讀。至於持誦經文，不必連註。須於每日平明時，或人定後，既無人事之擾，息心端坐，口誦心維，或一遍，或數遍，務令一念不起，久久行之，大有利益。

金剛經石註

揚州石成金天基集註
葉河慶齡曉楓校刊

金剛般若波羅蜜經般若音鉢惹，後凡遇皆同此。

註　金剛是金中之精堅者。剛生金中，百煉不銷，質極堅利，不爲物破而無物不破，譬如智慧，能絶衆生貪嗔癡一切顛倒執著之見也。般若者，梵語，華言智慧。性體虚融，照用自在，故云般若。梵語波羅蜜，華言到彼岸。欲到彼岸，須憑般若。此岸者，衆生作業受苦，生死輪迴之地。彼岸者，謂諸佛菩薩究竟超脱，清淨安樂之地。經者，徑也，如一超直入也。

論　波羅蜜有六種，布施度慳貪，持戒度淫邪，忍辱度嗔恚，精進度懈退，禪定度散亂，智慧度愚癡，各占六度之一。惟一般若能生八萬四千智慧，則六度兼該，萬行俱備。佛言皆梵語，姚秦三藏鳩摩羅什奉詔用中國語翻譯此經，指明後學，功誠大矣。

講　人之真性，本是虚靈不昧，歷劫常存，惜爲物欲昏蔽，所以沉淪於生死苦海，未能脱離。我佛慈悲，持説此經，猶乘筏渡津，以至彼岸也。所謂金剛者，蓋萬物難逃乎五行，而五行之中惟金最堅利長久。木有時而朽，水有時而涸，火有時而熄，土有時而崩。以金試之於木則能成器用，沉之於水則光湛常新，投之於火則百煉愈精，埋之於土則永劫不壞。其位在西北，能摧折一切萬物。人能用之於身，可以斬一己之邪魔，誅萬里之妖怪。儒有龍泉寶劍，安邦定國，道有青蛇寶劍，斷絶情慾，佛有金剛寶杵，降伏魔王。《大易》以乾爲首，元門以金丹爲首，此經以金剛爲首。得此《般若經》者，證西方無量壽果。西方，金方也。金之爲義，大矣哉，故以金剛爲喻。般若者，智慧也。人生日用間，圖名貪利，奸僞百出，至死心尚不足，自以爲乖巧伶俐，不知溺於輪迴苦海，真癡愚人也。必以智慧打破癡愚，獨稟乾剛，勇猛精進，明了自性，豈不到彼岸與諸佛同享快樂哉。總之，金剛，喻也，般若，法也，波羅蜜，證果也。

法會因由分第一

如是我聞：一時，佛在舍衛國祇樹給孤獨園，與大比邱衆千二百五十人俱。祇音奇，比音被。

註 如是者，此也。我者，即集經者自謂也。言如此之法，我親從佛聞之，非臆説也。一時者，説此《般若》之一時。佛者，覺也。自覺覺他，覺行圓滿，故名曰佛。舍衛國，波斯匿王之國。祇陀，王之太子也。樹是祇陀所施，故名祇樹。給孤獨園者，王之宰臣，名須達拏，常在此園賑濟貧人，故名給孤獨園。梵語比邱，華言乞士，謂上乞法於佛，以明己之真性，下乞食於人，以爲世人種福。蓋佛將説真空無相妙理，必得道之深者方能領悟，豈小比邱所能與哉。千二百五十人，即孔門三千徒衆也。俱者，同處也。

爾時，世尊食時，著衣持鉢，入舍衛大城乞食。於其城中，次第乞已，還至本處，飯食訖，收衣鉢，洗足已，敷座而坐。著，俗作着。乞食，食字讀本字。已音以。飯食音反四。敷音孚。

註 爾時者，彼一時也。世尊者，舉世之人所共尊敬。食時，正當午時也。洗足，以佛行則跣足。敷者，設也。

論 佛是金輪王子，誰無供養之者。而猶如此乞食，欲使後世緇徒不殖資産，去此貪心，折其驕亢，以煉種性，正君子謀道不謀食也。

講 爾時，世尊於午可以乞食之時，於是著僧伽之衣，持四天王所獻之鉢。因祇陀園在城外，自外而入舍衛城中，以次第而乞焉。不越貧以從富，不捨賤以從貴，大慈平等，無有選擇。乞食既畢，還歸給孤獨園。飯食已完，將入禪定，於是收拾其衣鉢，使心無係累也。洗其足，以潔其身也。乃排布高座而坐，而説法之原因起矣。

善現起請分第二

時長老須菩提在大衆中，即從座起，偏袒右肩，右膝著地，合掌恭敬而白佛言：希有，世尊。

註　衆弟子之中，惟德尊而年高者，謂之長老。此須菩提即善現，又名空生尊者。希，少也。希有，讚佛之辭，即自生民以來未有孔子之義。

講　須菩提在大衆中即從自己座位起身，整頓威儀。袒其右肩，以示不敢倍乎師。屈其右膝，以示不敢左乎道。合掌，以示其皈依。恭敬，以示其嚴肅。而啓白於佛，以伸問辭，先讚而後呼之曰：舉世所少有者，我世尊也。

如來善護念諸菩薩，善付囑諸菩薩。

註　如來，佛之總稱。如而不生，來而不滅，即我真性之體用。單修智慧曰菩，單修福業曰薩，福慧雙修曰菩薩。諸菩薩，指會下學道之人。

講　須菩提稱讚佛曰：如來起慈悲心，善能衛護眷念此會中之衆菩薩，使之信受，又善能以此佛法，付委囑托於人，使之奉行也。

世尊，善男子、善女人發阿耨多羅三藐三菩提心，應云何住，云何降伏其心。阿讀倭。應音英。

註　阿訓無，耨多羅訓上，三訓正，藐訓等，菩提訓覺，乃無上正等正覺，即我之真性也。此真性包含太虛，孰得而上之，故云無上。然上自諸佛，下至蠢動，此性正相平等，故云正等。其覺圓明普照，無偏無虧，故云正覺。應者，當也。云何者，如何也。住者，止也。降伏者，制禦之謂也。

論　阿耨多羅三藐三菩提，即無上正等正覺，即是佛，即是如來，即是金剛般若波羅蜜。只此九字，若能悟明，就得成佛。

講　須菩提問佛曰：世間若有善淑男子并女人，學道之初，先發此無上菩提之佛心，當如何常住而使之不退轉。妄心一起，當如何降伏而使之不惑亂我真心也。

佛言：善哉，善哉，須菩提，如汝所説，如來善護念諸菩薩，善付囑諸菩薩。汝今諦聽，當爲汝説。爲音位。

証　諦聽，仔細聽也。

講　佛因須菩提啓問，其言甚善，便重言善哉善哉以歎美之：汝以如來善護念、善付囑，只此兩句，善發我未發之言。汝當詳審而聽，吾當爲汝説此住佛心、降妄心之道。

善男子、善女人發阿耨多羅三藐三菩提心，應如是住，如是降伏其心。唯然，世尊，願樂欲聞。唯音委。樂音要。

註　唯，領諾也。然，是其言也。既諾而然之，又稱世尊以表深願也。願樂欲聞，如蜂思好蜜，渴想甘露，傾心側耳，莫可形容也。

論　發此心者，究竟無上菩提之心也。凡人一心不昧，萬法皆通，但迷則順此心，謂之無明，悟則逆此心，謂之智慧。立大圓鏡，空如來藏，建大法幢，度無量衆，皆不出此。

講　人之一心，朋從往來，攻取日衆，最難發此菩提覺心。若善男善女既發此一念，則滿腔中純是天理，真如本性自然顯露，自然常住不滅。吾見五藴皆空，如是一切妄心不待驅除而自降伏矣。所謂道心爲主，人心退聽也。譬如日光一照，黑暗盡明。須菩提即領諾其言，稱世尊曰：弟子願聞佛之教。

大乘正宗分第三

佛告須菩提：諸菩薩摩訶薩應如是降伏其心，

所有一切衆生之類，若卵生，若胎生，若濕生，若化生，若有色，若無色，若有想，若無想，若非有想非無想。（衆生音中生。）

註　摩訶者，廣大之稱。若者，或也。

論　世法上説，胎、卵、濕、化指人與鳥獸魚蟲等物，爲欲界、色界，色想、無色想，指無色界非想等天，皆名曰衆生，且與降伏其心句義相悖，不知衆生者指人心之衆生也。自性衆生誓願度，又何説之。六祖以衆生指心言，極妙。

講　佛告須菩提説：諸大菩薩以如是之妄心，欲其降伏而使菩提真心頓然發現者，果何道以致之。葢人一身悉皆五陰六識，遮隔我之真性，故種種一切衆生妄心極難降伏。何以見之。或有心易輕舉，飛揚遠適，謂之卵生。心常流轉，習氣深重，謂之胎生。心隨邪見，沉淪不省，謂之濕生。心見景趣，遷變起幻，謂之化生。執相修因，頓起邪思，名爲有色。内守頑空，不修福慧，名爲無色。滯諸聞見，係念染着，名爲有想。靜沉死水，猶如木石，名爲無想。起生滅見，落兩頭機，名非有想非無想。然此九種衆生心，皆非菩提真心，一或有之，死即隨類受生，墮於胎卵濕化之物、虚空等神、天魔等鬼，所以輪迴六道，難入涅槃者也。

我皆令入無餘涅槃而滅度之。（令，平聲。涅音年，入聲。）

註　我者，佛自謂也。皆者，盡也。令者，使也。入者，行至於内也。無餘，無滲漏也。梵語涅槃，此云無爲。無餘涅槃，大涅槃也。滅，消滅也。度，化度也。

論　人有虚靈之性，包括天地，謂之真空，又名法身，亘古亘今所不能滅。即大禹見黄龍負舟，自言：生，寄也，死，歸也。四大色身原是假合，豈無毁壞之理。愚人不能明心見性，所以死歸陰趣，隨業受生，遷轉不已。聖人明覺了然，如虛空杲日，當天普照。或出應世，則爲報身、化身隨緣。或不住世，則棄四大如棄敝屣，永證清靜法身，寂然常樂。是其來也，從體起用，無所從來。其去也，攝用歸體，亦無所去。豈非涅槃常住不滅哉。世人不知，誤以爲死，非也。

講 佛之意，葢説如前所謂一切衆生妄心，皆不是我菩提覺心，我皆令此受學諸大菩薩，將此妄心入於清淨無爲之鄉，消融其滓穢，度脱其染着，如紅爐點雪，必使人欲淨盡，纖毫不留，深造於元默之境。所謂心外無餘道，道外無餘樂也。

証 《楞伽經》云：涅槃乃清淨不死不生之地，一切修行者之所依歸。《列子》曰：生之所生者死矣，而生生者未嘗終。裴相國云：寂靜常樂，故曰涅槃。

如是滅度無量、無數、無邊衆生，實無衆生得滅度者。

講 佛説：如是以前所言滅度之道，使般若智慧打破種種邪見煩惱，故此無限量、無計數、無邊際。一切衆生之心今已滅度無餘者，豈我真能使之令入涅槃而滅度之哉。葢以凡人原有此無上菩提之心，只爲迷而不悟，今心地一旦豁然開朗，頓見本性空寂，是乃自性自度，本來無此衆生妄心，曷得而滅度之。

証 《淨名經》云：一切衆生，本性常滅，不復更滅。《六祖壇經》云：自性自度，名爲真度。

何以故。須菩提，若菩薩有我相、人相、衆生相、壽者相，則非菩薩。相，去聲。後凡遇皆同此。

註 相者，形迹也。執著形迹，心不虛空，滯而不化，謂之有也。

論 此經自始至終，總以四相爲張本，反覆言之。

講　夫無有衆生得滅度者，此何以故也。蓋自性本空，無有我、人、衆生、壽者之形，方是無上菩提之心。若或有此四相，則前一切衆生妄心，安能滅度以至涅槃哉。決非菩薩地位中人矣。世間未有一人不自愛其身者。終日營營，爭名奪利，爲一身計，又爲子孫計，皆是我相也。見人勢利，攀援不已，見人萎弱，嗔壓不已，嫉人之有，吝人之求，皆是人相也。色、受、想、行，計其和合，貪、嗔、癡、愛，汩没靈源，此衆生相也。焚香禱祝，爲求現在福田，煉藥燒丹，希覬長生不老，此壽者相也。

証　《圓覺經》云：未除四種相，不得成菩提。

妙行無住分第四

復次，須菩提，菩薩於法應無所住，行於布施。所謂不住色布施，不住聲、香、味、觸、法布施。須菩提，菩薩應如是布施，不住於相。施音是，以後凡遇布施，施字皆同此。

註　復，還也。次，再也。還復再與須菩提言之。住，著也。

論　世法上論布施，檀波羅蜜爲六度之首，是修行中一大事。但此布施乃談心要，如來於日用間從自性中起用，廣布設施於外，不住著於有相，決非外人捨施之説也。六度註見第一葉。

講　佛再與須菩提説：菩薩於所行之事，當無所執著而爲敷布設施。何以見之。眼之悦於色，耳之樂於聲，鼻之臭於香，舌之甘於味，身之觸於慾，心之校量分別於其法，皆有相之運用，與衆生何異。豈是我性中本有之福德哉。菩薩於自心衆生捨其所貪，歸於空寂，不於六根六塵上有所係累拘執，但自性虚通，妙圓明淨，隨感而應，不住於相也。何以故。若菩薩不住相布施，其福德不可思量。

講 所以然者如何。若有學道之菩薩，不泥著色、聲、香、味、觸、法之根塵以爲運用，則是所有善根純熟圓滿，永得無上菩提之道，其福德量等虛空，豈人之心思可得而測度忖量哉。非享福報之謂也。

須菩提，於意云何，東方虛空可思量不。不也，世尊。須菩提，南西北方、四維上下虛空可思量不。不也，世尊。須菩提，菩薩無住相布施，福德亦復如是不可思量。須菩提，菩薩但應如所教住。凡問之不字，音否。凡答之不字，音弗。

註 東、西、南、北、四維、上、下，總謂之十方。虛空者，太虛之中，無有纖毫隔礙，蕩然空朗，非心思可能度量。

論 六根圓通，四虛無礙，東看皆西，南觀皆北，上俯皆下，下仰皆上，不立中邊，有何四維。既無界畫，何可度量。無能施彼，無所施此，如如自在，湛若十方。空以無所住，住是太虛空。福德性，應如是住矣。

講 佛問須菩提：於汝心中，自謂如何，如十方虛空可以心思度量不。須菩提答云：不可思量。蓋大莫大於虛空，非人之所能測度。佛又明說：無住相布施之福德，亦如虛空，不可以思量也。既而佛又呼其名而以告之：汝諸菩薩之學道者，不必別處更求道之下落，但當依我所教於汝無住相布施之理，便就此止應用之間，湛若十方，空無所住而住可也。

証 六祖曰：不住是菩薩住處。

如理實見分第五

須菩提，於意云何，可以身相見如來不。不也，世尊，不可以身相得見如來。何以故。如來所說身相，即非身相。

註 身相者，色身也，即孟子所謂形色也。非身相者，法身也，即孟子所謂大體也。此如來，吾真性佛也。

論　吾之真性如來，湛然常住，本無生滅，無相之可見者也。若要見之，外不見有山河大地，内不見有見聞覺知，舌頭上無十字關，脚跟下無五色線，千聖唤不回頭，百鳥都無尋處，忽然豁開正眼，大地平沉，即見本來面目。

講　佛問須菩提曰：於汝之意，所云維何，可以身相見如來不。須菩提解其意，乃答之曰：不也，世尊，不可以身相得見如來。何故不可以身相見之。蓋如來所説身相，不過形體之末，非真空無相之道，豈可指而謂之真如來哉，即非身相也。

証　莊子曰：不形之形。川曰：身在海中休覓水。

佛告須菩提：凡所有相，皆是虚妄。若見諸相非相，則見如來。

註　非字莫作無字解。非字活，無字呆，下同。

論　凡所有相，皆是虚妄，猶之吾儒不以形體求聖人，而求吾心中之聖人也。

講　佛之心，欲人見自性佛，故告須菩提曰：世間凡有形相之可見者，皆是假合變幻，不是汝本有真實之理。雖有所見，亦妄見也。汝若凡見諸相，便識破非我真實本相，必無執相迷真之失，自能迴光返照，即見色身中有法身自性之如來隨處顯現矣，而如來豈可外求耶。

証　《刊定記》云：執相迷真，對面千里，虚心體物，天地一家。道川頌曰：有相有求俱是妄，無形無見墮偏枯。堂堂密密何曾間，一道寒光爍太虚。

正信希有分第六

須菩提白佛言：世尊，頗有衆生得聞如是言説章句，生實信不。

講　須菩提恐後之人聞法不能信受，乃白佛曰：世尊之所説，皆大乘正宗之教，菩薩未有不信受而奉行之。苟末世凡夫名衆生者，得聞如是真空無相之言，其言説中之章句，果能實信之否也。

証 學道之人不可無此信。孔子曰：篤信好學。《玉樞經》曰：道以誠而入。《華嚴經》曰：信爲萬物功德母，長養一切諸善根。《智度論》云：佛法大海，信爲能入。

佛告須菩提，莫作是説。如來滅後，後五百歲，有持戒修福者於此章句能生信心，以此爲實，當知是人不於一佛、二佛、三四五佛而種善根，已於無量千萬佛所種諸善根。無量，量字音亮。

註 持戒者，諸惡莫作也。修福者，衆善奉行也。

講 佛告須菩提：汝莫作生實信否之説。然此無相真空妙理，必有大根基之善人方能信任其道，豈同小可。設或佛滅後，到五百歲之時，有人持守戒律而諸惡莫作，廣修福田而衆善奉行，又能於此經中之一章一句信之於心，鑿鑿皆真實語，則此人之善根培植甚厚，豈於一佛、二佛、三四五佛種此善根，當於無量千萬佛所中發生得來，非止淺淺根基所得也。

証 六祖曰：信般若波羅蜜，能除一切煩惱。信般若波羅蜜，能成就一切出世功德。信般若波羅蜜，能出生一切諸佛。《刊定》云：根有生長義。

聞是章句，乃至一念生淨信者，須菩提，如來悉知悉見，是諸衆生得如是無量福德。

註 世間所享者，名福報。信此經者，名福德。

講 佛又告須菩提：若有此善根之人，聞得此經之章句，乃至一念之中，淨焉而心不亂，信焉而心不疑，生此淨信心者，我能盡知盡見，此人雖名爲衆生，而持戒修福之德，善根受用不盡，其福德豈有限量哉。

何以故。是諸衆生無復我相、人相、衆生相、壽者相，無法相，亦無非法相。

論　佛先教學者能生信心，以此爲實。又恐學者徒泥言説，不求心得，所以云無法相。又恐學者執著無法，不去探討其言以悟真理，故又云無非法相。只此兩句，有多少圓活妙理。此其所以爲佛也。

講　佛言：是諸衆生何故得如此之福德。其實善根純熟，悟得真空無相之理，無復有我、人、衆生、壽者之四相，亦無有執著此經之章句，實信其言説，落於有見而爲法相，亦無有一向沉空守寂，落於無見而爲非法相也。不著二邊，方是真空。

何以故。是諸衆生若心取相，則爲著我、人、衆生、壽者。若取法相，即著我、人、衆生、壽者。何以故。若取非法相，即著我、人、衆生、壽者。是故，不應取法，不應取非法。以是義故，如來常説，汝等比邱知我説法如筏喻者，法尚應捨，何況非法。

註　我、人、衆生、壽者，盡天地間衆生所有之情狀，盡不出此四者之中。非法者，無法也，淪於頑空。

講　前節衆生，既無有此四相，心中無纖毫染著，所以信此經而得福德矣。佛又反言之：此何以故也。是諸衆生苟或心不虚空，便落我、人、衆生、壽者之形迹，此人之所易曉也。至於我説無法相者，以吾真如本體不在言語文字之間，汝若取法相，就是與前執著四相者其心一般。至於非法，則無相矣。我亦謂非法相者，又何故也。蓋法界之内，理與事原不相礙，汝若取非法相，謂之曰無記空，又謂之曰斷滅見，此心不化，與前著四相者又何異焉。是故當以此兩頭見直須截斷，不應執其有法而取以爲有，亦不應執其非法而取以爲無，則太虚之中渾無偏倚，湛然形迹兩忘矣。以此之義，亦有原故。佛嘗謂：

汝學道等人，當知我與汝説此法者，因汝諸人有此四相，不能了悟真空，超於彼岸。我不過假此法門，令汝度脱生死苦海。汝既見自本性，證涅槃樂，則我之法當棄之無所用矣。譬猶編竹成牌，渡人過水，到岸則此筏亦捨之也。夫有法既捨矣，何況非法。又可執著於無，沉空守寂哉。能不著於無，則空而不空，自無非法相也。

証　儒書曰：得意忘言，得心忘象。道書曰：得魚忘筌，得兎忘蹄。傅大士曰：渡河須用筏，到岸不須船。

無得無説分第七

須菩提，於意云何，如來得阿耨多羅三藐三菩提耶，如來有所説法耶。

註　耶者，疑辭也。菩提之心，此是如來本性，亦人之所同具，當體即是，豈自外而得，待言而求哉。

講　前章既説法相，非法相矣。佛恐須菩提尚未透徹，故又設此問，呼其名而告之曰：汝之意何如，以我如來無上菩提之法，果有所求而得之於己耶，抑以此法諄諄然有所説而教之人耶。

須菩提言：如我解佛所説義，無有定法名阿耨多羅三藐三菩提，亦無有定法如來可説。解，去聲，音械。

註　解者，曉也。定者，泥於一處而不通也。

講　須菩提云：如我心中悟佛所説之義理，則知無上正等正覺之法，此吾本來真空人人所具足者也，不過各自默契而已，未嘗指定一處而標其名曰這是菩提之法也。然佛所説不過隨機設教，何嘗指定一法以教人必如是而後修哉。如來不盡廢法，只無定法可名，如來不盡廢言，只無定法可説。

証　永曰：佛説一切法，爲除一切心。

我無一切心，何用一切法。

何以故。如來所説法，皆不可取，不可説，非法，非非法。

講　須菩提云：如來之法無定名亦無定説者，此其故何也。蓋如來所説者，無上菩提法也，可以心悟，而不可以色相中取，一有所取，心則馳於外求。可以心傳，而不可以言語中擬，一有言説，則泥於口耳。皆不可也。然是法也，若執爲有法，而吾性虚靈莫測，果何言有，非有法也。若執着爲無法，而吾性隨感即應，果何言無，又非非法也。真空不空，其以是歟。

証　川禪師曰：恁麼也不得，不恁麼也不得，恁麼不恁麼總不得。

所以者何。一切賢聖，皆以無爲法而有差别。

差音雌。

註　賢者，若須陀洹、阿羅漢之類。聖者，佛也。無爲法者，自然覺性，不假人爲之法也。差者，參差不齊也。

論　此無爲法者，即是無上菩提，即是涅槃，即是如來，即是無相，即是無住，即是金剛般若波羅蜜也。有爲法，世間法也。無爲法，出世間法也。後學往往把無爲兩字認作空寂，一向灰心槁形，只説我即是佛，故今時無爲道人極多，此真捕風捉影，頑愚不靈之人也。蓋人有做作，皆是勉强。若我真性之運用，皆自然而然，何曾有所作爲哉。

講　須菩提云：我前所謂無可取、無可説者，何以見之。蓋無上菩提之法皆我自然覺性，無假人爲，故一切賢聖皆同此無爲之法。但法本無爲，悟有遲疾。賢人得道之淺者，或假言説而後自悟，聖人得道之深者，頓悟頓修，本來無説，故有差别不同等爾，及其成功則一也。此如來之所説法無定在也。

証　《莊子》曰：無爲而無不爲。《華嚴經疏》曰：寂寥於萬化之域，動用於一虚之中。

依法出生分第八

須菩提，於意云何，若人滿三千大千世界七寶以用布施，是人所得福德寧爲多不。

註　三千大千，形容其多也。世界者，世間之方位界限也。三千大千，統言一大世界也。這個布施作捨施看，與前篇無相布施不同。七寶者，金、銀、瑠璃、珊瑚、瑪瑙、珍珠、玻璃也。

論　此段初言三千，不即恒河，自少至多也。

講　佛將以此持經功德開示學人，故先設言呼須菩提而告之：設或有人，充滿三千大千世界之七寶，用之以布施，此人所獲福德多乎不多。

須菩提言：甚多，世尊。何以故。是福德，即非福德性，是故如來説福德多。

講　須菩提答云：七寶布施，其福德甚多。何以言之。蓋是福德乃有相之施，於我性中真空無相妙法全不相關，必竟非福德性。故如來所言福德者，乃人天小果之因，此所以爲多也。

若復有人於此經中受持，乃至四句偈等，爲他人説，其福勝彼。

註　復者，再也。信力曰受，受之不忘於心也。念力曰持，持之不厭其久也。受持者，承教不逆，結念不怠也。經，指《金剛》義也。説，謂廣説經義，令人普得聞知。

論　古今以來，解四句偈者紛紛不一。惟中峰謂經中凡言四句偈，必上有乃至字，下有等字，言於此經中受持一句二句，乃至四句偈。此説最爲穩當。要知經完一切有爲法之四句者竟是。

講　佛言：如再有人於此經中乃至四句偈等直下承受其理，又拳拳持守於心而不失，更爲他人解説其義，則是自利利他，所獲之福勝於彼之七寶布施者多矣。蓋彼乃住相布施，縱得濁福，福盡墮落。此乃因經悟性，福等太虛，歷刼不壞，其福安得不勝彼哉。

証　永嘉《証道歌》曰：住相布施生天福，猶如仰箭射虛空。勢力盡，箭還墜，招得來生不如意。爭似無爲實相門，一超直入如來地。

何以故。須菩提，一切諸佛及諸佛阿耨多羅三藐三菩提法，皆從此經出。須菩提，所謂佛法者，即非佛法。

註　非佛法，即前云無爲法，即後云無法可説之意。

論　一心泯合，非佛非法，爲不住相布施也。

講　佛言：人能受持講説是經，其福勝彼者，此何以故也。蓋真空無相之理是諸佛之本性，即無上菩提之妙法也。從古以來，一切諸佛之多，并一大藏經之法，皆自此經流出，求其直指全體，未有若此之明且盡者，此外更無餘經矣。佛又恐人泥於阿耨等爲佛法，又曰所謂佛法者，本來無有，不過假此開悟衆生，使之言下見性，乃虛名爲佛法也，故曰即非佛法。

証　《老子》曰：大道無名，强名曰道。

一相無相分第九

須菩提，於意云何，須陀洹能作是念，我得須陀洹果不。須菩提言：不也，世尊。何以故。須陀洹名爲入流而無所入，不入色、聲、香、味、觸、法，是名須陀洹。洹音丸。

註　梵語須陀洹，此云入流，入聖人之流也。我者，指須陀洹而言，非佛自謂也。

論　四果者，皆是修行菩薩得道之淺深也。三乘根性，所悟所證隨異。此四果次第而修，則無上菩提可到。若萌有得之心，即著四相，自足而不復上進矣。我佛恐四果菩薩不知以無念爲宗，故設四問。

講　佛問須菩提曰：須陀洹作此念頭，自謂我必要造到此地位，如樹之結果相似，有所得之心否。須菩提知其不然，乃曰：須陀洹不萌得果之心。何也。蓋彼已造入無相之門，得與聖人之流，但不能頓悟真空，無所入於精微奥妙也，僅能强制其欲，不入六塵之境界耳，是名之爲初果也。

須菩提，於意云何，斯陀含能作是念，我得斯陀含果不。須菩提言：不也，世尊。何以故。斯陀含名一往來，而實無往來，是名斯陀含。

註　梵語斯陀含，此云一往來。

論　斯陀含，在世法上説，一往天上，一來人間。六祖曾説破云：前念起妄，後念即止，前念有著，念後即離，名曰斯陀含。據理而言，人之妄念往來於心中者，無一時能止，往即出乎妄念，時而妄念又或一來，本性未能寂滅故也。

講　佛又問之曰：斯陀含動箇念頭，自謂我必得乎此果否。須菩提即不然云：斯陀含心已造到至静之地，但目覩諸境，此心還有一生一滅，名一往來，而實無第二生滅。謂前念纔著，後念即覺，故無往來，也是斯陀含之所由名歟。

須菩提，於意云何，阿那含能作是念，我得阿那含果不。須菩提言：不也，世尊。何以故。阿那含名爲不來，而實無不來，是故名阿那含。

阿那，俱平聲。

註　梵語阿那含，此云不來，亦名出欲。

講　佛又設問之曰：阿那含作此念頭，自謂我有得果之心否。須菩提即不之云：阿那含心空無我，已斷塵識思惑，外不見有可欲之境，名爲不來矣。謂之曰爲不來，即此爲字。諸法尚未空寂，此心尚未融貫，其實無有不來之妙，未免强制也。此已造到佳境矣，非阿那含之謂乎。

須菩提，於意云何，阿羅漢能作是念，我得阿羅漢道不。須菩提言：不也，世尊。何以故。實無有法名阿羅漢。世尊，若阿羅漢作是念，我得阿羅漢道，即爲著我、人、衆生、壽者。世尊，佛説我得無諍三昧，人中最爲第一，是第一離欲阿羅漢。我不作是念，我是離欲阿羅漢。

註 梵語阿羅漢，此云無諍。蓋有欲則有爭，此既離欲，何諍之有。又云殺賊，殺去無明煩惱思惑。又云不來。此心已證無爲之體，諸漏已盡，自無生滅。道者，得無相之理，非徒果也。梵語三昧，此云正受，亦云正見。

論 徐士英註曰：《大易》所謂窒欲，窒則未免費力。孟子所謂寡欲，寡則去猶未盡。今世尊所謂離欲，則於人欲灑然離脱矣。此言真有喫緊爲人處。

講 佛又問之曰：阿羅漢作箇念頭，自謂我得這箇道否。須菩提知其不然，而即否之曰：阿羅漢性本自空，實無一法可得也。設若阿羅漢作得道之念，是所得心猶未除，即著人、我等四相矣。須菩提又拈出平日所得佛説而印證之曰：世尊，佛當日曾説我須菩提一念不生，諸法無諍，得此之正見，於諸弟子中許我爲第一。必定是我脱盡人欲，斷絶此念，方是許我爲離欲阿羅漢也。

証 若訥禪師曰：無諍者，《涅槃經》云：須菩提住虚空地，若有衆生嫌我立者，我當終日端坐不起，嫌我坐者，我當終日立不移處。即此義也。

世尊，我若作是念，我得阿羅漢道，世尊則不説須菩提是樂阿蘭那行者。以須菩提實無所行，而名須菩提是樂阿蘭那行。樂音要，行音恨。

齡案：實無所行行字，似應仍讀本字。

註 樂者，愛也，即孔子曰仁者樂山之謂。梵語阿蘭那，此云無諍，謂其無人我行也。萌之於心，曰念。見於修爲，曰行。實無所行者，古註云：本性空寂，雖隨緣赴感而實無所行。此説得之。

論 四果中皆有無字，乃無爲之法。所謂一切賢聖，皆以無爲法而有差别，於此可證。徐士英曰：佛之有四果，猶孔子之有四教。但佛所説四果，自有等級。第一云不入色、聲、香、味、觸、法，則是知欲境當避，此果之初生。第二云一往來，則是蹈欲境不再，此果之方碩。第三云不來，則是去欲境如遺，此果之已熟。第四云離欲，則是脱然無纖欲可除，此果之既收。伊川謂釋氏有上達而無下學，以此觀之，亦是下學上達處。此言最當。然漸教所以如此，若是無上菩提頓悟真空，即此金剛般若波羅蜜，超入佛地矣，又何四果之足云。

講 須菩提恐大衆不知去所得心，故又詳言曰：我若是作此思念，而必欲得阿羅漢道，則又生一妄想，安得六欲頓空。佛即不於諸大弟子中説我須菩提是好樂寂靜之人，有是無諍之行也。何以見之。以我須菩提外雖所行，心中無一可得，無我無人，其實無此樂阿蘭之行，方纔名我須菩提爲樂阿蘭那行也。

莊嚴淨土分第十

佛告須菩提，於意云何，如來昔在然燈佛所，於法有所得不。不也，世尊，如來在然燈佛所，於法實無所得。

註 然燈佛，即定光佛也，乃釋迦佛授記之師。

論 佛自謂成佛實無所得，証前四果之無所得。夫無相之理，乃我自有之真性，其成佛皆由我心之自悟而得也，豈假師授言傳而後成哉。

講 佛恐諸菩薩所得心未除，執著住於有法，不生清淨心，故設是問，告須菩提曰：

我當初於然燈佛處，得成無上菩提之道，果然得本師之法不。須菩提即解其意，曰：不也，世尊。如來雖在本師處聽法，不過因師開導，實乃自悟自修，本來無有，何曾有法可得。以是得之於心傳也。

証 寒山詩曰：常聞釋迦佛，先受然燈記。然燈與釋迦，祇論前後智。前後體非殊，異中無一異。一佛一切佛，心是如來地。

須菩提，於意云何，菩薩莊嚴佛土不。不也，世尊。何以故。莊嚴佛土者，即非莊嚴，是名莊嚴。土讀度。

講 世間所謂莊嚴者，造寺作塔，行種種善事，是有相莊嚴也。佛恐人認做這樣莊嚴，故呼須菩提而謂之曰：菩薩於佛土之中，果作善緣福業，還莊嚴不。須菩提據理以答之，不也，世尊。何以故也。佛所謂莊嚴者，即非外貌相好之莊嚴，必其心地明潔，如太虛中萬行俱足，此所以名爲莊嚴也。

是故，須菩提，諸菩薩摩訶薩應如是生清淨心：不應住色生心，不應住聲、香、味、觸、法生心，應無所住而生其心。

註 應者，當也。諸菩薩，指大修行人而言也。無所住，不住著在一處，凝滯不化也。蓋此心神明莫測，變化無窮，是真淨土也。不清淨，則逐境遷移，放逸莫檢，便著六塵而多能所矣。

論 心若有住，則爲有物。所以佛說應無所住，正欲人不住色、聲、香、味等六塵，惟應無所住而生清淨也。心無所住，則絲毫不掛，萬境澄徹，即清淨也。譬若百花林裡過，一葉不沾身。又若一鏡當空，無所不照，何等清淨。如先著一物，則空明遮蔽，焉能照物。黄梅夜授至此，六祖言下大悟。

講 佛告須菩提曰：菩薩莊嚴，既不在於外飾，則當反而求之於心，使泰宇之中湛然常虛，無一毫染濁，靈臺之内寂然常定，無一絲擾亂。當如是生清淨心，不當住在色、聲、香、味、觸、法上生心，便爲六塵所縛，妄念旋起，鮮能清淨矣。爾當知此清淨心，妙湛圓寂，不泥方所，本無所住也。於無所住而生其心，如明鏡當前，物來悉照，物去即空，自然十分清淨。是淨土莊嚴孰甚焉。

証　六祖聞應無所住而生其心，即大悟曰：何期自性，本自清淨。何期自性，本不生滅。何期自性，本自具足。何期自性，本無搖動。五祖曰：不識本心，學法無益。若言下識自本心，見自本性，即名丈夫、天人。

須菩提，譬如有人，身如須彌山王，於意云何，是身爲大不。須菩提言：甚大，世尊。何以故。佛說非身，是名大身。

註　須彌山，高廣三百三十六萬里，爲衆山之王。以此喻人身之大，不過假設其詞，如七寶滿三千大千之類。

論　徐士英曰：此分凡四段，純是釋氏說心處。第一段，謂本心之善，能自覺悟，不是從他人處得來。第二段，謂涵養此心，須用持敬。第三段，謂打破敬字，全是人欲，須當清淨此心，莫使一毫人欲染著。第四段，生出一件譬喻，言此心之大包括宇宙，萬化皆從此出，雖須彌山王不足以喻其大。此說極當。

講　佛恐須菩提錯認色身爲大，不知心爲大，又爲之辨論：譬如有人，身如須彌山王，可以言大否。須菩提深悟佛意，乃以甚大對之。何以見之。色身雖大如須彌山王，爲有生滅，必竟不名大身。佛說非身，纔是我之清淨本心，乃真法身也。此心包括太虛，周藏沙界，無相無住，頓入圓明，豈須彌山所能比量哉。是名爲大身也。

無爲福勝分第十一

須菩提，如恒河中所有沙數，如是沙等恒河。

於意云何，是諸恒河沙寧爲多不。須菩提言：甚多，世尊，但諸恒河尚多無數，何況其沙。

註　西土有河，名曰恒河，從阿耨池東流出，周迴四十里，沙細如麵。佛多在此處説法，故取以爲喻。西土只有一箇恒河，焉有許多恒河。亦是假設之言，如須彌山王之説。

講　佛以衆人之所易見者，先反詰之：恒河多沙固多矣，設或不止一恒河，數其如沙之多恒河，是諸恒河多乎不多。須菩提答言：甚多。但諸恒河且多而無數，何況河中之沙乎。言多而又多也。佛設此喻，以爲較量福德多寡之張本。

須菩提，我今實言告汝，若有善男子、善女人以七寶滿爾所恒河沙數三千大千世界，以用布施，得福多不。須菩提言：甚多，世尊。佛告須菩提：若善男子、善女人於此經中，乃至受持四句偈等，爲他人説，而此福德勝前福德。

講　佛謂須菩提：我今以朴實言語告汝，若有善男女以七寶等物，滿爾所謂恒河沙數，盡三千大千世界，布施與人，所得之福多乎不多。須菩提即以甚多答之。佛又再呼而告之曰：若有善男善女，於此經中乃至四句偈等信而受之於心，會其妙義而毫無所疑，堅而持之於心，存其精藴而毫無所失，必見自己真如，菩提三智朗然備矣。又能以此真空妙義爲人解説，使人聽聞之下，心地開通，明了自性，可以脱離輪迴，永超生死，則是人己兼成，自他俱利，此其福即無爲福也，所獲利益之多，豈恒沙布施者可同日語哉。

証　《華嚴經》云：譬如暗中寶，無燈不可見。此喻菩提妙道非佛法不至，又喻佛法非參悟不明。

尊重正教分第十二

復次，須菩提，隨説是經，乃至四句偈等，當知此處，一切世間天、人、阿修羅皆應供養，如佛塔廟。

註　隨者，隨其所在之處也。當知此處者，謂此心也。天者，四天之類。人者，世間之人。阿修羅有三種，一屬天趣，一屬人趣，一屬畜生趣。大槩如人爾，唯嗔恨心重，故托生於此。六道中不言地獄、餓鬼、畜生者，以三等之蠢昧，不知其理故也。

講　佛再謂須菩提云：若或有人，隨其所在，便能演説此經之言，乃至四句偈等之妙，令諸聽者除迷妄心，則一卷真經當知在此處身中矣，自然感得天、人、阿修羅等皆來恭敬，如佛之塔廟，慇懃瞻禮，可見此經此偈最上希有也。

何況有人盡能受持、讀誦。須菩提，當知是人成就最上第一希有之法。若是經典所在之處，則爲有佛，若尊重弟子。

註　受持，註見前第二十五葉。對文曰讀，背文曰誦。讀誦者，口熟其文，心解其義也。

講　夫講説經中之義，尚能感天龍八部供養如此，何況有人盡能以此全經受持而體驗於心，讀誦而研窮其義，則此無相無住之理乃阿耨多羅三藐三菩提之法，真最上而無以加也，第一而無可比也，又絶無而僅有也。定知此人以一心而成就之，得其全體矣。何以見此法能成就也。蓋所在之處，常修佛行，即自心是佛，不從外得，經在是則佛在是，而弟子之所尊崇而敬重者亦在是，宛然佛、法、僧三寶共居焉，安得而不成就之也。

証　六祖曰：摩訶般若波羅蜜，最尊最上最第一。

如法受持分第十三

爾時，須菩提白佛言：世尊，當何名此經，我等云何奉持。佛告須菩提，是經名爲《金剛般若波羅蜜》，以是名字，汝當奉持。所以者何。須菩提，佛説般若波羅蜜，即非般若波羅蜜。

論　此分大意，全在人受持上。然受此法易，持此法難。所以首段未説著受，先講一箇持字，後言細而微塵，大而世界，妙而佛之色身，皆爲虛妄，但有名而已，至於捨命布施，俱是不實，惟我此經乃真空本性，獲福無量也。

講　須菩提聞前所説成就最上之法，深有歆慕，但未知受持之道何如，故白佛云：此經當以何義命名，我等當以何道奉持。佛答：是經名《金剛般若波羅蜜》，乃無上菩提妙心，無相無住，直至諸佛彼岸。此爲最上希有之法，汝當奉行而持守也。其故惟何。然我所説般若波羅蜜，即非徒取其名，正以妙明本性，湛若太虛，體既尚無，何名之有。如來恐人生斷滅見，不得已而强名《金剛般若波羅蜜》也。

証　《三昧經》曰：心無心相，不取虛空，不依佛地，不住智慧，是般若波羅蜜真妙理也。

傅大士曰：恐人生斷見，權且立虛名。

須菩提，於意云何，如來有所説法不。須菩提白佛言：世尊，如來無所説。

講　般若之法，心法也，如人飲水，冷煖自知，何所形其擬議。若有所説，即謗佛也。故佛問：有所説法否。須菩提答云：如來無所説，自性自悟，直下何容開口處，所以無得無説矣。

証　世尊臨入涅槃，文殊請佛再轉法輪，世尊咄云：吾住世四十九年，未嘗説著一字。汝請再轉法輪，是吾曾轉法輪耶。又佛偈曰：始從成道後，終至跋提河。於是二間中，未嘗説一字。

須菩提，於意云何，三千大千世界所有微塵是爲多不。須菩提言：甚多，世尊。須菩提，諸微塵，如來説非微塵，是名微塵。如來説世界，非世界，是名世界。

論　世界、微塵即依報也。傅大士頌云：

積塵成世界，析界作微塵。言此者，正見纖毫塵垢、世間境界，皆幻妄不實。佛與衆生同處此塵世中，但心有迷悟不同。佛之心，清淨心也，即成清淨世界。衆生之心，汚濁心也，即成汚濁世界。在人之自修何如耳。

講　佛告須菩提云：三千大千世界所有微細塵埃，果爲多否。須菩提以爲世界固多，而微塵不勝其多。佛又呼而告之：如來説諸微塵者，原是幻妄之物，雖有色、聲、香、味、觸、法之多，紛紛亂起，而虚靈之府太空澄徹，豈有纖毫塵垢之所點汚，故言不是微塵，乃假名爲微塵也。如來所説世界者，蓋山河大地，明暗色空，原不是我心中本有的，只因妄想安立故也。人於世界中，識得不是世界，則心地廓然，淨無瑕穢，便是出世間法，非世界之所能囿，是名爲世界也。

証　《圓覺經》云：幻心滅故，幻塵亦滅。世尊答文殊曰：在世離世，在塵離塵，是爲究竟法。正此意也。

須菩提，於意云何，可以三十二相見如來不。不也，世尊，不可以三十二相得見如來。何以故。如來説三十二相，即是非相，是名三十二相。

註　三十二相，如眼、耳、鼻、舌等類，此乃色身佛也。凡所有相，皆是虚妄者也。

講　佛問須菩提：可以此三十二相見如來不。須菩提言：如來之相，雖勝妙殊絶，不宜以形色求之。何以故。蓋如來所説相者，非真相也。妙體如如，湛然常寂，乃諸佛本心者也，是名三十二相。

須菩提，若有善男子、善女人以恒河沙等身命布施，若復有人於此經中，乃至受持四句偈等，爲他人説，其福更多。

論　前借捨財以明勝，此借捨身以辨多。

講　佛又曰：世間所重者，莫過於身命。若有人以恒河沙之多，比此身命布施，如摩頂放踵，利天下爲之，其所獲之福視寶施之福尤有加焉。但不明本性，特頑福而已。若以此經及四句偈等受持而講説之，自利利他，其獲福無量，較彼捨身者不甚多乎。此金剛般若波羅蜜法，汝當受持可也。

離相寂滅分第十四

爾時，須菩提聞説是經，深解義趣，涕淚悲泣而白佛言：希有，世尊，佛説如是甚深經典。我從昔來，所得慧眼，未曾得聞如是之經。

註　深解者，心中大悟也。義趣者，義理旨趣也。慧眼者，聖人之心有七竅，一聞千悟，此智慧眼也。

講　須菩提一聞佛言，心中便悟理趣，自傷得聞此經之晚，乃涕淚悲泣而白佛言：世間之少有，我世尊也。説此《金剛經》深奥典章，雖我昔來有此慧眼，善能聆悟者，未曾得聞此經之精奥。昔所未聞而今聞之，其且悲且喜當何如哉。

世尊，若復有人得聞是經，信心清淨，則生實相，當知是人成就第一希有功德。

論　人能信實相者，即是非相。若有少相，即非實相，故以無相爲實相。如來説此，而人能信，豈非第一希有。言生實相者，此是無生生也。信心清淨者，信本來心，無法可得，不起妄念，心常空寂，湛然清淨也。了悟萬法，由此淨心建立，是名實相。經以福兼德者屢矣，此獨變福言功，謂功成果滿之時，其福不足道也。

講　須菩提言：我既聞是經矣，已悟自性清淨中本來有此真實相矣，但恐悟之者之少也。若再有人得聞是經，一念發篤信之心，其心純是天真，毫無欲塵所累，便得清淨般若慧光，如露柱燈籠，而真實不虚之相從此生矣，即是我心之功德也。當知是人成就諸佛第一希有功德，莫能出乎其右矣。

証　《圓覺經》云：一切實相，性清淨故。

六祖云：從清淨體中，流出般若波羅蜜多。又云：功德在法身中，非在於福。即此義。

世尊，是實相者，則是非相，是故如來說名實相。

論　則是非相者，實相無相，故言爲非，不是無實相。如龜毛兎角，只說龜無毛、兎無角，不是說無龜無兎。正猶達磨所謂水中鹽味、色裡膠青云耳。世儒不思細細根究，一味班駁佛是虛無寂滅，妄矣。

講　須菩提稱世尊而言：我所謂實相者，謂實理也。般若實相，如太虛空，本然未有形迹，若悟實相，不可執著爲實相。此如來所名實相者也。

証　傅大士云：彼岸更求離。趙州云：佛之一字，吾不忍聞。此說得之。

世尊，我今得聞如是經典，信解受持，不足爲難。若當來世，後五百歲，其有衆生得聞是經，信解受持，是人則爲第一希有。何以故。此人無我相、人相、衆生相、壽者相。所以者何。我相即是非相，人相、衆生相、壽者相即是非相。何以故。離一切諸相，則名諸佛。

註　信解者，心無所疑而了然悟也。受持者，心既領納而守之堅也。

講　須菩提言：我今得聞此經，以我從來之慧眼，自能信其言之實，解其理之妙，聽受而持守之，言下承當，不爲難事。若當來世，年久之時，有衆生聞是經者，信解受持，則此人明了自性，真第一等人而不易得者也。何故此人不多有也。以其頓悟真空，必無人、我等四相。所以然者，因般若波羅蜜，人我兩忘，凡壽盡泯，原無一法可得，即非四相也。若離一切諸相，其心空寂，即到覺地，與諸佛齊驅並駕，名爲佛矣。

佛告須菩提：如是，如是，若復有人，得聞是經，不驚、不怖、不畏，當知是人甚爲希有。

怖音布。

註　如是者，此言當乎其理也。驚者，駭其言之過也。怖者，恐其道之高也。畏者，怯其行之難也。此便是不能信解受持矣。

論　佛恐世遠僅存言教，設人有此三心，則信解受持不能堅固，故稱是人甚爲希有。

講　佛因須菩提之言而即印可之曰：汝言深契佛理，如是如是。後果有人得聞般若妙法，不驚而無疑心，不怖而無懼心，不畏而無退心，則涣然氷釋，怡然理順，其人豈不希有哉。

何以故。須菩提，如來説第一波羅蜜，非第一波羅蜜，是名第一波羅蜜。

講　諸佛説此人爲希有者，何也。蓋我所説第一波羅蜜，乃真空無相，自性自悟，何曾有波羅蜜可名。不過假是説，以開悟羣迷而已，是名第一波羅蜜也。

須菩提，忍辱波羅蜜，如來説非忍辱波羅蜜。

論　人以强暴加我，此真可恥，其辱莫甚焉。於此忍之，何事不可做。此忍人所不能忍。波羅蜜有六種，這一波羅蜜最難克化。今人一言不合，則怒氣相加，起種種無明煩惱，人我干戈，四相未空，障蔽真性。佛所以獨揭此一件，令人滅度。

講　佛告須菩提云：凡有辱境之來，恬然處之，不起嗔恨以亂我之般若，則心同太虚，即造到覺地，此忍辱波羅蜜也。但真空本來無相，外不見其可辱，内不見其可忍，渾然兩忘，此如來説非忍辱波羅蜜矣。

証　《法華經》：六波羅蜜云檀波羅蜜、尸波羅蜜、羼提波羅蜜、毗梨耶波羅蜜、禪波羅蜜、般若波羅蜜，即布施、持戒、忍辱、精進、禪定、智慧也。又名六度。

何以故。須菩提，如我昔爲歌利王割截身體，我於爾時無我相，無人相，無衆生相，無壽者相。何以故。我於往昔節節支解時，若有我相、人相、衆生相、壽者相，應生嗔恨。須菩提，又念過去於五百世作忍辱仙人，於爾所世，無我相，無人相，無衆生相，無壽者相。解音皆上聲。

註 昔者，前生也。五百世者，即五百生也。梵語歌利王，此云極惡之君。昔如來因地修行，證初地菩薩時，修忍辱行，在山中宴坐。因歌利王出遊獵，王乃甜息，睡醒，不見左右彩女，遂親入山，尋見衆妃宮女圍繞禮拜仙人。王乃大怒，問曰：云何恣情觀我女色。仙人曰：於諸女色，實無貪著。王曰：云何見色不貪。仙人曰：持戒。王曰：何名持戒。仙人曰：忍辱即是持戒。王乃將刀割仙人身，問曰：還可痛否。仙人曰：實不痛。王即節節支解，問曰：還嗔恨否。仙人曰：我尚非有，何有嗔恨。天怒雨石，王懼乃免。爾時，王者即憍陳如，仙人者即釋迦如來也。

講 此因忍辱説此以証之。佛言：我前生爲歌利王割截身體時，心如虚空，不起四相。何以故也。當初節節支解，可謂辱之極矣。若有四相，則嗔心定起，恨不能忘，何以言忍。又再思念，曾於過去五百世作忍辱仙人，曾修忍辱之行，所以於往世亦無有四相之累，歷刼頓悟真空，此我所修誠非一朝一夕之故也。以是故忍辱波羅蜜，學道者之先務，首要破其嗔心，方離四相。

是故，須菩提，菩薩應離一切相發阿耨多羅三藐三菩提心。不應住色生心，不應住聲、香、味、觸、法生心，應生無所住心。若心有住，則爲非住。

註 佛言：心有四相，則非清淨。豈我無上菩提之真性，不免住著六塵，非菩薩也。我前所言離一切相，即名諸佛，又言應無所住而生其心，此正般若波羅蜜，爲無餘涅槃者也。

講 呼須菩提言：菩薩欲成佛道，當空其心，離去一切形迹，方可發此無上菩提道心。又不當住著於色而萌可好之端，不當住著於聲、香、味、觸、法而起一可欲之念。當於無所住者而生其心，則此心圓通無礙，真純無欲，非一切相之所繫縛。若心於六塵上有一住著，便落他窠臼，不能脱灑，則所住不是菩薩住處矣。

証　六祖云：我此法門，以無住爲本。

是故，佛説菩薩心不應住色布施。須菩提，菩薩爲利益一切衆生，應如是布施。

註　布施之義，非捨施於人也。何以言之。蓋此經乃談真空本性，頓教法門，字字當精切語，俱在心上用功，非教人外面做因果事。深造者當自得之。衆生非胎、卵、濕、化之類，吾心中之衆生也。利益者，不爲色、聲、香、味、觸、法所染，六根清淨，豈不是利益。一卷中翻復説來，俱管在受持、演説二意。我能受持讀誦則爲布施之體，爲人演説則爲布施之用。黄檗《心要》云：過去心不可得，是過去捨。現在心不可得，是現在捨。未來心不可得，是未來捨。斯言盡之矣。六塵中，惟色最易染人，所以説色而不及聲、香、味、觸、法者，意在中也。住者，黄檗：棲泊兩字最下得妙。紫陽夫子曰：人心活物，須要棲之澹泊，然後爲得。真確論也。

齡按：棲泊二字，最得住字妙義，蓋棲者，譬之於居室。泊者，譬之於繫舟。二字對待並説，非棲於淡泊之謂也，不當引紫陽夫子語。

講　佛自謂：我説菩薩心者，本虚而明，若住色而爲運用，此心不爲覺矣，所以不住色布施也。菩薩以此不住覺心，利益我一切衆生妄心，使衆塵不隔，真智現前，當以此廣布而設施之可也。

如來説一切諸相，即是非相。又説一切衆生，即非衆生。

講　佛言：如來所説一切諸相者，乃是外幻，於我真性中本來何有，故非相也。又説一切衆生者，以心有四相，名爲衆生。若能約已迴光，妄心自離，即無衆生可得，故非衆生也。

須菩提，如來是真語者、實語者、如語者、不誑語者、不異語者。

講　佛恐人聞此經之言，便生驚怖畏懼，不能成就，乃開導之曰：我如來所説般若波羅蜜法，皆無上菩提，了悟本性，真焉而不妄，實焉而不虛，默契真常之理，如如而不變易其詞。所言者非欺誑之言，所論者非異常之論，不過欲人自性自悟，豈謬哉。

須菩提，如來所得法，此法無實無虛。

講　佛言：如來所以得此般若法者，蓋緣滅度衆生，以悟真性，只一個空無所空之心法也。將以此法爲實耶。真體空寂，本無實也。以此法爲虛耶。妙用無方，亦無虛也。無實與無虛合，則此法之體用備矣。真空之妙，非以是哉。

証　《中庸》曰：君子之道，費而隱。正謂此也。

須菩提，若菩薩心住於法而行布施，如人入闇，則無所見。若菩薩心不住法而行布施，如人有目，日光明照，見種種色。闇同暗。

註　菩薩者，學道之通稱也。心住法者，謂之法塵也。

講　佛言：凡此修行菩薩，當悟真空，不宜有所住著以爲運用也。設或心著此法，而行其布施，則四相未除，爲無明暗障。如人入於暗室之中，昏焉而一無所見矣。若菩薩心與法俱泯，無所執泥，而布施於外，此則豁金剛眼，然般若燈，圓悟如來，洞達無礙，乃無上之知見也者。如人本有眼目，又得杲日當空，了一切境，見種種色矣。

須菩提，當來之世，若有善男子、善女人能於此經受持讀誦，則爲如來以佛智慧，悉知是人，悉見是人，皆得成就無量無邊功德。

講　此經具自性中莫大之功用德行，實爲希有也。若如來滅後，或有善男善女，能於此經受持讀誦，直下頓悟，則不事口耳之末，而了此真空之妙，即到菩提覺位，爲自性如來。佛以智慧清淨之目，盡知盡見，此人皆得成就無量無邊見性之功德，周法界而無方，歷萬劫而常在，豈有限量邊所哉。

持經功德分第十五

須菩提，若有善男子、善女人，初日分以恒河沙等身布施，中日分復以恒河沙等身布施，後日分亦以恒河沙等身布施，如是無量百十萬億劫，以身布施，若復有人聞此經典，信心不逆，其福勝彼，何況書寫、受持、讀誦、爲人解説。分，去聲。

註　初日分謂早晨，中日分謂日午，後日分謂晚間。

論　佛所謂捨身布施，要知即是儒家損己益人。後世體認一差，醜怪百出，或破肉燃燈，或刺血書經，或露頂焚香，其弊一至斯極。吁，佛之心，愈無以自白於天下。斯人也，其佛之罪人歟。書此以戒流俗。

講　佛言：設有善男善女，於一日之間，以恒河沙等身命三度捨身，至於無量數劫，則無量福報曷可勝言。然止能受世間頑福耳。若有人聞此經，即信於心，不違逆其説，其受用之福尚勝彼捨身之福。何況自書寫其章句而尋繹其言，受持讀誦而解悟其理，又以是經與人解説其義，則不徒自明己性，且教人各各見性，善根純熟，利益無窮，其福又焉有限量哉。

須菩提，以要言之，是經有不可思議、不可稱量、無邊功德。稱量俱平聲。古稱秤通用。

講　佛言：若能明此法門，即見性成佛。以簡要言之，則此《般若》真經有不可以凡心測度，亦不可以淺言擬議，又不可如器物平秤而度量之也，則此功德之無邊際，雖讚歎所不及矣。

証　六祖曰：不離自性是功，應用無染是德，功德在法身中。

如來爲發大乘者說，爲發最上乘者說。

註　六祖曰：法無三乘，人心自有等差。見聞轉誦是小乘，悟法解義是中乘，依法修行是大乘。萬法盡通，爲行俱備，一切不染，離諸法相，一無所得，名最上乘。乘是行義，不在口爭是也。

講　佛言：此經如何有此無邊功德。蓋金剛般若，吾之妙明本性，必大乘菩薩、最上乘如來所印證者也。豈小乘人所能堪任。故如來爲啓發大乘人而闡此真空之妙，亦爲啓發最上乘人而演此般若之法也。

若有人能受持、讀誦、廣爲人說，如來悉知是人、悉見是人皆得成就不可量、不可稱、無有邊、不可思議功德。如是人等，則爲荷擔如來阿耨多羅三藐三菩提。

註　背負爲荷，在肩爲擔。言無上菩提至重難任，一旦道由人宏，毅然以身承任，所以成就大功德也。

講　佛言：此《般若經》既爲大乘最上乘人而說，乃無上正等正覺之妙道也。有人受持讀誦，既以成己，廣爲人說，又以成人，人己兼成，功用德行，無有盡藏。如來於此一一知得此人，見得此人，可以成就之也。此人既能成就功德，即能以身挺然任此大道，將如來阿耨菩提之法一擔負而荷之，無遺理矣。自覺覺他，覺行圓滿，功德寧有涯哉。

何以故。須菩提，若樂小法者，著我見、人見、衆生見、壽者見，則於此經不能聽受讀誦、爲人解說。樂音要。

註　樂者，喜好也。小法者，鈍根之人，志意下劣，如佛說《法華經》五千人退席是也。不曰相，而曰見者，心染此四相，墮於邪見也。

講　佛云：人或樂小乘法者，局於見聞之小，不免有我、人等見之私，於此大乘最上乘法，便起驚怖畏懼之心。其於真性懵然不知，故不能聽受讀誦，爲人解説也。

須菩提，在在處處，若有此經，一切世間天、人、阿修羅所應供養。當知此處，則爲是塔，皆應恭敬，作禮圍遶，以諸華香而散其處。華，古花字。

講　此心中般若無相真經，乃自性佛永爲萬世不刊之大典。若在在處處有此持經之人，則功德素著，如摩尼寶珠，瑞光炳耀，一切世間天、人、阿修羅爲之供養。當知此處便是如來真身舍利寶塔，誰肯生一慢心，必作禮而五體之投地，圍遶而大衆之皈依，以諸寶花妙香，布散於持經之處，則供養可謂至矣。此正謂一人辦心，諸天辦供也。

能淨業障分第十六

復次，須菩提，善男子、善女人受持讀誦此經，若爲人輕賤，是人先世罪業，應墮惡道，以今世人輕賤故，先世罪業則爲消滅，當得阿耨多羅三藐三菩提。

註　世者，三十年爲一世也。惡道，猶惡境也。小而憂辱，大而死亡，皆是也。六祖云：約理而言，先世即是前念妄心，今世即是後念覺心。以後念覺心，輕賤前念妄心，妄不能住，故云先世罪業即爲消滅。妄念既滅，罪業不成，即得菩提。

論　圭峯科此經爲轉罪成佛，梁昭明太子科判此經爲淨業障。若是依經解義，便涉到報應因果中去了。不知般若真性乃最上一乘，必不是此等説。六祖以先世、今世作前念、後念，真確論也，不可把先世、後世認作前生、今生。

講　佛言：世有男子、女人，既能受持讀誦此經，真可敬重也而反爲人所輕，真可尊貴也而反爲人所賤，其故何哉。蓋此人必是已前年分未曾得聞此經之時，著於四相，住於六塵，所有罪過業緣，當墮落於惡境下流之汚，以今世人所以輕賤之而不供養恭敬故也。今既持經而真性圓明，是本來無一物，何處有塵埃，已前之罪業即消滅矣，當得無上菩提之正果也。

須菩提，我念過去無量阿僧祇劫，於然燈佛前，得值八百四千萬億那由他諸佛，悉皆供養承事，無空過者。若復有人於後末世，能受持讀誦此經，所得功德，於我所供養諸佛功德，百分不及一，千萬億分乃至算數、譬喻所不能及。那，平聲。他，音陀。分，去聲。

註　梵語阿僧祇，此云無央數。梵語那由他，此云一萬萬。劫者，世也。佛心有六通，無始以來事，慧眼皆知之，謂之宿命通也。末世徒知事佛，而不知佛究竟處盡在此經，故以此言，較其功德之多寡也。

講　佛言：我於無量無央數劫，在然燈佛已前，得遇八百萬億那由他諸佛出世，盡皆供奉而不敢怠，承順而不敢違，無有空過一處而不供承之者。是我歷事諸佛之多如此。後有末世持經之人，見自本性，永離輪迴，以是功德，較量我供佛之功德，雖百分、百千萬億分，乃至算數之多、譬喻之廣，皆不及持經功德之一分也。

須菩提，若善男子、善女人，於後末世有受持讀誦此經，所得功德，我若具說者，或有人聞，心則狂亂，狐疑不信。須菩提，當知是經義不可思議，果報亦不可思議。

註　具者，盡也。狐是獸名，野犴，其性多疑。果者，功有所成，報者，理有所驗，非今生後世果報之說。

講　佛再呼須菩提而曉之：若男子、女人，於後末法之時，受持其理，讀誦其言，得此無量功德，必無疑矣。我若再盡言其詳，或有鈍根之人聞之，起驚怖畏懼之心，狂焉而無定持，亂焉而無定見，展轉如狐之疑惑，不能信受，葢不知此經之妙故也。當知此經之義理，乃真空無相最上一乘，不可以心思言議探其底藴也。至於究竟一受持讀誦之間，先世之罪業消滅，無量之功德難及，得此果實報驗者，又豈可以思議之哉。真極盛而無以加也。

究竟無我分第十七

爾時，須菩提白佛言：世尊，善男子、善女人發阿耨多羅三藐三菩提心，云何應住，云何降伏其心。佛告須菩提，善男子、善女人發阿耨多羅三藐三菩提心者，當生如是心：我應滅度一切衆生，滅度一切衆生已，而無有一衆生實滅度者。

講　須菩提復問佛云：菩提心何所止，衆生心何所伏。佛曰：菩提心者，本來具足，當體現成，只因衆生蔽於塵染而戕賊者總總也。人當先要培養此真心。然欲盡者理方還，我當以此一切衆生心，如煩惱妄想、取捨人我、貪嗔嫉妬，種種四相之類，一一除滅而度脱之。既滅度衆生已了，則般若觀照常住不滅，凡前所有一切妄心原非真性中所有，如紅爐點雪，消融殆盡，無一衆生實滅度也。

何以故。須菩提，若菩薩有我相、人相、衆生相、壽者相，則非菩薩。所以者何。須菩提，實無有法發阿耨多羅三藐三菩提心者。

註　此節實無有法四字當重。佛恐人錯認當生如是心者爲真實，故又説破，謂究其實，乃我真性中原無此也。

講　佛云：此何以故也。若學道之菩薩四相未除，則菩提心無由而發，何以言菩薩。所以然者，以性本空寂，渾然天成，其發此心，不過自悟自修，實無有法發此阿耨多羅三藐三菩提者也。

須菩提，於意云何，如來於然燈佛所，有法得阿耨多羅三藐三菩提不。不也，世尊，如我解佛所説義，佛於然燈佛所，無有法得阿耨多羅三藐三菩提。

講　佛呼須菩提反問云：我始於本師然燈佛處有法可得，名之爲無上正等正覺否。須菩提言：我曉佛所言之理，佛於本師處乃是自性自悟，無有傳受秘密之典而得菩提之道也。

佛言：如是，如是，須菩提，實無有法如來得阿耨多羅三藐三菩提。須菩提，若有法如來得阿耨多羅三藐三菩提者，然燈佛則不與我授記：汝於來世，當得作佛，號釋迦牟尼。以實無有法得阿耨多羅三藐三菩提，是故然燈佛與我授記，作是言：汝於來世，當得作佛，號釋迦牟尼。何以故。如來者，即諸法如義。

註　梵語釋迦，此云能仁，即度脱一切也。梵語牟尼，此云寂默，即心體如如也。牟尼爲體，即是如字，能仁爲用，即是來字。先言釋迦，後言牟尼者，攝用以歸體也。如來者，從體以起用也，總是真性。詳言之則爲阿耨多羅三藐三菩提，畧言之則爲如來，又畧言之則爲佛。諸法如義者，葢我真實之性本來自如，其見之於諸法事者，亦自然而然，來爲應迹，去無留滯，如如不動之義理也，即上無爲法也。

講　佛深以須菩提之言爲當，故稱如是如是，復謂之曰：實無有法得此菩提。若曰有法，然燈佛即諄諄然舉其佛之所得者，傳之於我，即不當與我止授一記云：爾來世方得作佛，號釋迦牟尼也。葢本原不從外得，徧虚空世界而常自如，所謂一法不立，一塵不染也。然燈不過授記而已，何曾得法於他，皆是我如來本性也。何以故。如來者，不離諸法，即一切法中自如之義理矣。

証　《維摩經》云：如者，不二不異。一切法亦如也，衆聖賢亦如也，至於彌勒亦如也。

若有人言如來得阿耨多羅三藐三菩提，須菩提，實無有法佛得阿耨多羅三藐三菩提。須菩提，如來所得阿耨多羅三藐三菩提，於是中無實無虛。

講　佛又恐人未悟，復曰：或有人說我得此菩提之法，不知我從實無有法上得之。然我所以得此法者，皆是我之清淨心中菩提覺性，本無形迹，此法無有實。色相空處，即是菩提，此法無有虛。正謂色即是空，空即是色。故知如來所證菩提之法，不空不有也。

是故，如來說一切法皆是佛法。須菩提，所言一切法者，即非一切法，是故名一切法。

講　佛說諸法，皆發明真常之精奧，用爲修行之徑路，非外道可比，皆是般若之佛法也。然人心之大事未明，須賴此法指示迷途，除去四相。若真空既悟，我自得之，法亦非有，方名佛法也。佛所以隨說而又掃去者，葢謂不可泥於法耳，豈真絶無法哉。

須菩提，譬如人身長大。須菩提言：世尊，如來說人身長大，即爲非大身，是名大身。

講　此段設譬以起下文。佛問須菩提：譬如人之一身，雖長且大，果真爲大。須菩提答云：如來說人身長大者，心不菩提，徒爲委形，則非真實大身，是虛名爲大身而已。

須菩提，菩薩亦如是，若作是言我當滅度無量衆生，則不名菩薩。何以故。須菩提，實無有法名爲菩薩。是故，佛說一切法，無我，無人，無衆生，無壽者。

講　佛告須菩提曰：菩薩之所名覺衆生者，亦如大身之不爲真實也。夫我真性中，廓然常虛，本無衆生，因爲四相未離，則衆生從業緣中而現。反之太初，了無可得。若菩薩自言我當滅度無量衆生，正所謂驅除妄想重增病也。何以名爲菩薩。夫修行得至於菩薩者，誠賴佛所說之法，以滅度乎衆生，但真性中自有無上菩提之妙，本無衆生可度，又何有法可據。此所以名菩薩也。是故佛所説一切法者，不過隨時順宜與人解粘去縛而已，豈有能所心哉。所以無我、人、衆生、壽者之妄心矣。此四者統而言之，皆謂之衆生，衆生本無，何滅度之有。

証《維摩經》云：法無衆生，離衆生垢故。法無有我，離我垢故。法無壽命，離生死故。法無有人，前後際斷故。此真空無相法也。

須菩提，若菩薩作是言我當莊嚴佛土，是不名菩薩。何以故。如來説莊嚴佛土者，即非莊嚴，是名莊嚴。

講 佛言：若菩薩自説，謂我能莊餙嚴整佛之刹土，是著於有相，豈足爲菩薩。所以者何。我所説莊嚴佛土者，非爲粉餙外貌之具，乃吾心佛土也。佛土無相，本來清淨，云何可莊嚴哉。如來以非莊嚴爲莊嚴，有妙莊嚴存焉，是則所以名莊嚴也。

証 陳雄曰：以定慧之寶莊嚴心佛土者，菩薩也，不言其功，而人莫見其迹。以金珠之寶莊嚴世間佛土者，凡夫也，自言其功，而常急於人知。《文殊般若經》云：爲一切衆生，發大莊嚴，而心不見莊嚴之相。《淨土論》云：備諸珍寶性，具足妙莊嚴。

須菩提，若菩薩通達無我法者，如來説名真是菩薩。

註 通達者，見得十分透徹也。無我者，即吾儒之無以有己也。法者，理也。真菩薩者，造到純然無僞，即等覺也。

講 佛言：由前所説阿耨菩提究竟將來，總是個無我之法。夫法界原無盡藏，有一我心，便著於人、衆生、壽者，未了真空，必定執其有法、有滅度、有莊嚴，所以不名菩薩也。茲則直下大悟，如漆桶底脱，四通八達，廓然無我。我身既無，何更有法。人、法兩空，此如來言説而稱名之曰真實的菩薩也。

一體同觀分第十八

須菩提，於意云何，如來有肉眼不。如是，世尊，如來有肉眼。須菩提，於意云何，如來有天眼不。如是，世尊，如來有天眼。須菩提，於意云何，如來有慧眼不。如是，世尊，如來有慧眼。須菩提，於意云何，如來有法眼不。如是，世尊，如來有法眼。須菩提，於意云何，如來有佛眼不。如是，世尊，如來有佛眼。

註　肉眼一觀，天眼偏觀，慧眼證法，法眼擇法，佛眼度生。凡夫與如來俱同此眼，異處在覺不覺耳。

論　世法上論，指五眼爲佛眼睛之眼，以理論，則心竅之眼也，眼通於心。大凡衆生皆具此五眼，與佛無二。因四相、六塵遮蔽，只有肉團眼一件而已。儒書云聖人之心有七竅，即是五眼之謂也。佛有五眼，乃常住真心，非過去、未來、現在之妄心也。

講　佛欲闡世間衆生之心有若干種，先設此五眼、沙界二喻之問云：如來有此化身觀見之肉眼，普照大千之天眼，般若常明之慧眼，了諸法空之法眼，自性常覺之佛眼，有此五眼否乎。須菩提皆據理答之曰：如來有此五眼矣。

証　昔雲巖問道吾：大悲菩薩用許多手眼作麼。吾云：通身是手眼。是言極妙。苟無衆生，無四相，一瞬不具，而況多眼乎。要人自見耳。

須菩提，於意云何，如恒河中所有沙，佛説是沙不。如是，世尊，如來説是沙。須菩提，於意云何，如一恒河中所有沙，有如是沙等恒河，是諸恒河所有沙數佛世界，如是寧爲多不。甚多，世尊。

註　沙等恒河者，謂一粒沙爲一恒河，廣譬設喻，言恒河之多也。以沙等恒河之沙數佛世界，又不勝其多矣，假設此問而言之也。

佛世界者，三千大千内必有一佛設化，謂之曰佛世界。

講　佛欲人明此許多衆生妄心，故以許多世界爲問云：舉此無窮之沙以數佛之世界，果多否乎。須菩提亦以甚多答之。

佛告須菩提：爾所國土中所有衆生，若干種心，如來悉知。何以故。如來説諸心，皆爲非心，是名爲心。

註　若，如也。干，數也。心數雖多，不出過去、未來、現在，環轉鈎連，糾結不了，無非妄心。諸心，即若干種心。

講　佛告須菩提云：不必遠論恒沙世界，即如爾之國土中，所有許多衆生各具一心，則其心有若干種，如來以清淨五眼，皆盡見知之。其故維何。如來所説一切心，皆是衆生妄心，非性中常住真心。識得妄心非心，菩提本體現矣，是名爲心也。

所以者何。須菩提，過去心不可得，現在心不可得，未來心不可得。

註　思念前事者爲過去心，思念今事者爲現在心，思念後事者爲未來心。不可得，言本來無有也。

論　此三句，我佛談到骨髓處，何必歷覽羣藏，向外馳求哉。所以佛恩難報也。凡人一念中，即有未來、現在、過去，須看得活。故《疏鈔》云：若一念有起滅，即成六十種邪見、九百種煩惱是也。

講　佛言：如來所説非心者，何也。蓋常住真心，妙湛圓寂，體用如如，若太虚空，離諸緣引之想。過去心已滅，何所凝滯於物。現在心不住，何所專主於有。未來心未至，何所預期於先。虚靈莫測，反觀於内，三心總不可得也。此方是菩提真心，一體同觀矣。

証　《論語》云：子絶四，毋意，毋必，毋固，毋我。六祖云：前念後念及今念，三念不被邪見染。張無盡云：一念不生全體現。

古云：三際俱斷，三念皆妄，了不可得。

法界通化分第十九

須菩提，於意云何，若有人滿三千大千世界七寶以用布施，是人以是因緣得福多不。如是，世尊，此人以是因緣得福甚多。須菩提，若福德有實，如來不説得福德多，以福德無故，如來説得福德多。

論　三千大千布施之福，俗眼爲實，佛眼爲無。布施既廣，得福自多，所謂以是因緣也。畢竟是有礙有著，不是清淨福德，以無爲福纔是不住相布施，故不徒言得而言多也。

講　佛又反復申之：見吾心中法界所通化無窮者，雖寶施不足以擬之也。故問須菩提：若有人以滿三千大千世界之七寶用爲布施，其福德果多否。須菩提亦以甚多答之。佛又呼須菩提言曰：若福德之有真實，則徒求之於外，取諸相也。有相以爲布施，其報有限，如來不説得福德多。我之所謂福德者，離諸相也，即前無住相布施，在如來無能施之心，在法界無可施之迹，正是無爲清淨功德。其福等如虚空，豈有漏之因所可同日語。此如來説福德多也。

離色離相分第二十

須菩提，於意云何，佛可以具足色身見不。不也，世尊，如來不應以具足色身見。何以故。如來説具足色身，即非具足色身，是名具足色身。

註　具足者，無少虧欠也。

論　此段專主離色言。此分與第五分、第十三分意俱同，而佛乃重言之者，蓋末世修行，多執色相，如香花頂禮，外貌供奉，不悟自己真性，佛所以反復叮嚀告戒之也。

講　佛恐須菩提錯認如來色身，把作如來真身看了，故設此疑而問之曰：佛可以具足色身見否。須菩提即解其意，遂答之曰：不也，世尊，如來不應以具足色身見。何以見之。蓋色身乃血肉之軀，非法身也。若法身，則縱橫無礙，自在自由，念念無非般若，豈八十種好所能囿也。色身中有妙色身存焉，方名具足色身矣。

証　《華嚴經》云：清淨妙色身，神力故顯現。

須菩提，於意云何，如來可以具足諸相見不。不也，世尊，如來不應以具足諸相見。何以故。如來説諸相具足，即非具足，是名諸相具足。

論　此段專主離相言。

講　佛又問之曰：如來可以具足諸相見否。須菩提即解其義，而以否答之。蓋自受生以來，有形者，有形形者，有生者，有生生者，若無真性法身，則雖有相，亦天地之委形也。此如來不應以具足諸相見矣。所以者何。如來所説諸相具足，非徒取諸相也。以如來雖有三十二相，必具足乎三十二行，般若觀照，萬象悉融，凡六神通、八解脱，具於自性中者，皆無欠無餘，常滿足爾。此肉身如來內有真如來在焉，是名諸相具足也。

非説所説分第二十一

須菩提，汝勿謂如來作是念，我當有所説法。莫作是念。何以故。若人言如來有所説法，則爲謗佛，不能解我所説故。須菩提，説法者無法可説，是名説法。

論　此分與第七分無有定法如來可説，十三分如來無所説，意大同，亦不過反復告人勿執文字之陳言，而寡默識之妙道也。謂之曰勿謂，又曰莫作，我佛叮嚀之意至深切矣。

講　佛告須菩提曰：爾切勿自謂我如來有心作此念頭，有此説法，以開示於人。汝切莫作是念。何以故。設或有人言佛有法説於人，則是淺見寡識，滯在文字之粗，是爲謗佛，不能解會我所説之義故也。又呼須菩提曰：我之所謂説法者，不假口説之騰，默契心源之妙，唯能坐斷十方，打成一片，非言語可到。本來無法可説，是名真説法也。

証　《圓覺經》云：依幻説覺，亦名爲幻。既名爲幻，所説之法亦皆是幻。張無盡云：非法無以談空，非人無以説法。妙明子云：智高遠水孤峯，性寂寒潭皎月。然後可以盡離不離言之道也。如如居士云：終日喫飯，不曾咬著一粒米。終日著衣，不曾掛著一莖絲。所以我佛横説直説四十九年，未嘗道著一字。

爾時，慧命須菩提白佛言：世尊，頗有衆生於未來世聞説是法，生信心不。佛言：須菩提，彼非衆生，非不衆生。何以故。須菩提，衆生衆生者，如來説非衆生，是名衆生。

註　慧言德，命言壽，即長老之别名。

講　須菩提問佛曰：末法之後，畧有衆生聞説此經般若之法，能生敬信之心否也。佛呼須菩提曰：汝勿謂五濁惡世之間俱是不信佛法之人。蓋佛與衆生原非兩類，同具此般若真心。彼雖爲衆生，而真性原有，非可以衆生目之。彼雖非衆生，而業緣現在，又非可以不衆生目之。何以故也。衆生於衆生之中，苟能聞般若法而敬信之，言下見性，是即前之所説，非衆生中人也，是假名衆生爾。

無法可得分第二十二

須菩提白佛言：世尊，佛得阿耨多羅三藐三菩提，爲無所得耶。佛言：如是，如是，須菩提，我於阿耨多羅三藐三菩提，乃至無有少法可得，是名阿耨多羅三藐三菩提。

講　須菩提以解空之性，深悟菩提之奥，乃以無所得爲問，佛深許其言之當也，言：如是如是。我於無上正等正覺之法，不從外得，乃吾之真性也。真性中蕩然虚空，神凝智泯，情卷思澄，迎之無首，隨之無後，不可以色相取，不可以言説求，無有少法可得也，不過强名曰阿耨菩提而已。

証　《玉樞經》云：道在天地，天地不知。有情無情，唯一無二。六祖云：妙性本空，無有一法可得。顔柄曰：有法可得，是名法縛。無法可得，方名解脱。

淨心行善分第二十三

復次，須菩提，是法平等，無有高下，是名阿耨多羅三藐三菩提。以無我、無人、無衆生、無壽者。

註　阿耨菩提法者，即真性也。《刊定》云：在聖不增，故無高。居凡不減，故無下。此言平等性也。真心即是性，原無兩様。

講　佛又再告須菩提云：我所説阿耨菩提之法，乃吾本然之性，居聖位而不加，處凡流而無損，人人具足，世世同然，蕩然太虚，較若畫一。是色身則有高下，真性則無高下，所以名爲無上正等正覺也。何以見之。以我真性中原無有我、人、衆生、壽者之妄。若有此妄，則嗜欲深者天機必淺，攻取累者湛一不全。吾見塵勞種種異起，何得爲平等法哉。法爲平等，方名無上菩提矣。

修一切善法，則得阿耨多羅三藐三菩提。須菩提，所言善法者，如來説即非善法，是名善法。

論　夫平等之法，不從外得矣。一向認著本來現成，墮諸無事甲中，不假修進，此又愚迷不返者也。

講　佛又説：當修此一切善法，凡布施、持戒、忍辱、精進、禪定、智慧，皆是明心見性之善法。依此法修，則虚己冥真，崇德履道，造至覺地矣，即得此阿耨菩提也。然又恐人泥於有法，又呼須菩提曰：我所言善法者，乃接引衆生入道之門，本來原無此善法，不過假此虚名以開悟人爾。若執著善法，便有人、我等相矣，又落兩頭機，豈是平等哉。

証　傅大士頌云：水陸同真際，飛行體一如。法中何彼此，理上豈親疏。自他分别遣，高下執情除。了斯平等性，咸共入無餘。

福智無比分第二十四

須菩提，若三千大千世界中所有諸須彌山王，如是等七寶聚，有人持用布施，若人以此《般若波羅蜜經》，乃至四句偈等，受持讀誦，爲他人説，於前福德百分不及一，百千萬億分，乃至算數、譬喻所不能及。

論　此義雖重，各有妙旨，詳見讀法。

講　佛告須菩提云：須彌爲衆山之王，三千大千中諸須彌山又不特一須彌也。設或以七寶之聚等如許山之多，用此布施，福德固爲多矣。然自性若迷，福何可救。若人以此《般若經》併四句偈，受持有得於心，演説有益於世，則不徒見佛了生死，亦且如佛度一切，是修自性上福德，是聚自身中七寶，比前七寶布施之福德，不及此經百千萬億分之一也。人可徒以布施求之外而不求之心哉。

化無所化分第二十五

須菩提，於意云何，汝等勿謂如來作是念，我當度衆生。須菩提，莫作是念。何以故。實無有衆生如來度者。若有衆生如來度者，如來則有我、人、衆生、壽者。

論　《非説所説分》中，汝勿謂如來作是念，我當有所説法，如來説非衆生，是名衆生。此分中云汝等勿謂如來作是念，我當度衆生，如來説即非凡夫，是名凡夫。佛恐人泥著有法可説可度，而不悟自性自度，故又告戒一番。

講　佛呼須菩提曰：汝之意何如。凡汝學道諸人，勿謂我如來實有此意，而必有化度衆生之心。汝等莫作此念可也。所以然者如何。佛雖有此般若波羅蜜法以開示衆生，然衆生之心本來空寂，般若智慧原自具足。苟有聞經悟道，乃衆生自然化度，我何度之有哉。所謂平等真法界，佛不度衆生也。若説一切衆生必是如來化度，則如來即同凡夫，便有我、人等之私矣。

須菩提，如來説有我者，即非有我，而凡夫之人以爲有我。須菩提，凡夫者，如來説即非凡夫。

講　夫人有一我心，斯有人，有衆生，有壽者，已私未克故也。如曰有衆生可度，是如來執有我矣。佛又呼須菩提曰：如來説有我者，即非有我心也。在如來，以是法潛孚默化，於人而不見其迹。在凡夫，假是法頓悟自修，於己而莫測其自。何嘗區區作此念曰，我當度衆生而執爲有我哉。至於凡夫未能見性，所以我相未忘，而非以此論佛也。佛又恐人分别凡夫，復呼須菩提曰：凡夫如來説即非凡夫，蓋真空無相之道，自二五凝成之初，原無虧欠，悟則刹那即入覺地矣。豈可以凡夫目之乎。所以如來、凡夫本同一性，不容區别也。

法身非相分第二十六

須菩提，於意云何，可以三十二相觀如來不。須菩提言：如是，如是，以三十二相觀如來。佛言：須菩提，若以三十二相觀如來者，轉輪聖王則是如來。須菩提白佛言：世尊，如我解佛所説義，不應以三十二相觀如來。

註　觀與見不同。見，視也。觀，諦視也。見屬目。觀兼心目，所謂想見也。

論　《如法受持分》中，佛有三十二相之問，須菩提曾以不也荅之。此又以著相荅佛者，非前悟後迷也。因世之著相求佛者，往往皆然，不反其意以荅世尊，安得世尊盡出肺腑示之哉。善現加慧人至矣。

講　佛告須菩提曰：汝之意果以三十二相觀如來否。須菩提若未喻其意，反荅曰：如是，如是，欲觀如來者，不出此三十二相也。佛即曉之曰：設若如來可以三十二相見，則轉輪聖王乃管四天下如輪之轉，以其福業之多，故其色身具足三十二相，與佛相似，是轉輪聖王亦當爲佛矣。須菩提隨應聲曰：以我解佛之義，不應以三十二相觀如來也。

爾時，世尊而說偈言：

若以色見我　以音聲求我

是人行邪道　不能見如來

註　偈者，發言成句也。色者，如莊嚴佛像之類。見者，親覩之也。聲者，如歌揚梵讚之類。求者，索也。我者，佛自謂也。邪道者，聲色乃是幻妄，惟真性方爲正覺也。如來者，真性法身佛也。

講　彼時世尊而說偈曰：法身等如虛空，靈覺含真，妙體湛寂，離彼形迹之間，超諸耳目之外。爾等若徒以顔色覩其形容，或徒執聲教聽其謦欬，欲以此二者求見我之真性，此等之人泥於色身佛，皆捨正路而不由，所行者邪道也，決不能見佛本來面目矣。欲親見如來常住之真性，當求之於精神心術之中，豈可以聲音笑貌爲哉。

証　儒書云：視於無形，聽於無聲。《太上護命經》云：視不見我，聽不得聞，離種種邊，名爲妙道。

無斷無滅分第二十七

須菩提，汝若作是念，如來不以具足相故，得阿耨多羅三藐三菩提。須菩提，莫作是念，如來不以具足相故，得阿耨多羅三藐三菩提。須菩提，汝若作是念，發阿耨多羅三藐三菩提心者，說諸法斷滅。莫作是念，何以故。發阿耨多羅三藐三菩提心者，於法不說斷滅相。

論　此分二段，初則反其辭而詰之，次則正其辭而曉之。因此經中俱説無，恐人執著此無，沉空棄有，反成斷滅相矣。夫斷滅則無相也，亦曰相者，何哉。葢相者謂之形迹，如晝明則爲明相，夜暗則爲暗相。以一切法皆斷滅不用，則心何由以明，性何由以見。譬如過河無筏，豈能得濟。一向滯於頑空之迹，將以何者爲修行。此所以爲斷滅相也。

講　佛呼須菩提曰：汝若作此念頭，説如來不用具足之相，得此無上菩提。汝切莫以此念而言，云稱如來原無聲色可求，非三十二相，不假清淨妙行、圓滿功德，遽然得此菩提大道也。又呼之曰：如來菩提之心，脱塵緣以備三常，起圓通而滿十度，其神無方，其化無體，原非斷滅者也。汝若作此念，言於一切法皆斷滅之，大非矣。何以言之。發菩提心者，必依般若之法以爲修行之具，若不用此法，則心花何由發明，而真如亦幾乎熄矣。故於此不説斷滅相矣。

証　永嘉《歌》云：棄有著空病亦然，還如避溺而投火。川禪師云：剪不齊兮理還亂，拽起頭來割不斷。

不受不貪分第二十八

須菩提，若菩薩以滿恒河沙等世界七寶，持用布施，若復有人知一切法無我，得成於忍，此菩薩勝前菩薩所得功德。

註　我者，私已心也。成者，成就也。

論　前章於六波羅蜜中，揭出忍辱波羅蜜爲言，可見忍之義大矣哉。人於一切萬事執著一個我心，就有四相，於六塵上，見其可愛而受之，見其可欲而貪之，便不能忍耐以降伏其心，而於菩提遠矣。

講　故佛呼須菩提曰：設或有菩薩，滿河沙世界之七寶用爲布施，福固勝矣，然未免有貪受之心，非自性功德也。若復有人，深知一切萬法從我自心而生，湛若太虚，不住不著，無有我心，得成就此容忍功德，此等菩薩，勝前菩薩寶施之功德矣。

何以故。須菩提，以諸菩薩不受福德故。須菩提白佛言：世尊，云何菩薩不受福德。須菩提，菩薩所作福德，不應貪著，是故說不受福德。

講　佛先言無我方得成就此容忍功德者，以菩薩原無所得心也。佛恐須菩提錯認世間福德，故又呼而告之曰：菩薩以此忍道勝寶施之福者，蓋彼以有相之施，必爲有漏之因，必不以此寶施而受用此福德也。須菩提未解其義，問云：何菩薩不受福德。佛又言：菩薩所作福德，俱是阿耨菩提之理，或受持於己，或演說於人，無有我相，無能所心，何嘗念念貪著今日利益幾事、明日濟度幾人，而欲受享此因果也。所以說菩薩不受福德矣。

威儀寂靜分第二十九

須菩提，若有人言如來若來若去，若坐若卧，是人不解我所說義。何以故。如來者，無所從來，亦無所去，故名如來。

講　佛見世人多以四威儀中求色身有相佛，而不知般若真性佛，乃呼須菩提曰：若有人說如來者，或來而感應，或去而入寂，或坐而跏趺，或卧而偃息，以此四威儀，遂指名曰如來，則皆著於有相，徒覩其形容，未窺其精蘊。此人不解曉我所說之義理也。何故不解。蓋我所謂如來者，謂真性佛也。真性佛無相，本不生滅。其來也，徧虛空，盡法界，無一物不闡遮那之形，無一事不播如來之號，要之諸法空寂，本來無有，何所從而來也。其去也，等觀自在，妙入無爲，照五蘊之皆空，見六塵之非有，要之萬象全彰，一真常住，無所從而去也。如而不去，來而不來，故名如來，亦强名耳，真性不可以形容也。

証　《華嚴經》云：上覺無來處，去亦無所從，清淨妙色身，神力故顯現。《圓覺經》云：雲駛月運，舟行岸移，蓋月未嘗運，岸未嘗移。真如體性，未嘗作止任滅，皆人謬見耳。長水法師云：水清月見，月亦不來，水濁月隱，亦非月去。但是水有清濁，非謂月有升沉。法中亦爾，心淨見佛，非是佛來，心垢不見，亦非佛去。以人心自有垢淨，佛本無去來也。

一合理相分第三十

須菩提，若善男子、善女人以三千大千世界碎爲微塵，於意云何，是微塵衆寧爲多不。須菩提言：甚多，世尊。何以故。若是微塵衆實有者，佛則不説是微塵衆。所以者何。佛説微塵衆，即非微塵衆，是名微塵衆。

論 微塵世界，皆是假立色相，原不真實。微塵在太虛之中，游氣飄揚，任其起滅。世界在太虛之中，明暗色空，山河大地，任其聚散。若真性般若，窮劫不壞，豈二者所比哉。

講 佛告須菩提曰：如有男女等人，以三千大千世界碎分爲微細塵埃，汝意以爲多否。須菩提荅曰：甚多。何以見之。此微塵衆俱是人心妄想安立，若曰真個有此微塵衆多，佛則不説是微塵衆也。唯此妄塵皆是外來之物，非吾心上之所本有者。若能心鏡常明，微塵雖多，豈足以障蔽我哉。此非微塵衆，是名微塵衆也。

世尊，如來所説三千大千世界，即非世界，是名世界。何以故。若世界實有者，則是一合相。如來説一合相，即非一合相，是名一合相。

講 須菩提又呼世尊而言：如來所説三千大千世界，皆由妄塵積聚而成，劫數盡時亦有變壞，此所以虛幻不實，即非世界，是名世界也。何以謂之非世界。若以世界爲實有者，必是本來真性，自無始以來，常住不滅。以此真實之性在於世界中打成一片，有而不滯於迹，無而不淪於虛，即是一合相。然如來所説一合相者，原以真性等於虛空，豈假言説所能形容哉。即非一合相，乃强名一合相矣。

須菩提，一合相者，則是不可説，但凡夫之人貪著其事。

講　佛見須菩提已悟其實，故再呼而告之曰：是一合相之道，空而不空，妙不容言，即是不可以言説求也。但庸常之人，不知真性爲實，貪戀執著於世間一切事，認微塵爲實有而妄緣競起，觀世界爲實有而幻境愈增，繫縛於生滅者不少也，豈知理相合一之爲妙哉。

知見不生分第三十一

須菩提，若人言佛説我見、人見、衆生見、壽者見，須菩提，於意云何，是人解我所説義不。不也，世尊，是人不解如來所説義。何以故。世尊説我見、人見、衆生見、壽者見，即非我見、人見、衆生見、壽者見，是名我見、人見、衆生見、壽者見。

論　人無知見，即同頑石，佛豈無之。但知見有真有妄。如《法華經》云：開佛知見，示佛知見，悟佛知見，入佛知見。此知見之真也。《楞嚴經》云：知見立知，即無明本。此知見之妄也。黄蘗云：前説四相，此説四見，相粗而見精。又云：佛以見性爲見，人以見相爲見。

講　佛恐人著於妄見，不能見性，故發此問曰：若人言佛説我、人等四見，汝意何如，此人能會得義理否。須菩提答曰：佛之所説，是人多不會其理，何以見之。世尊所説我、人等四見，滯於形迹之私，流爲物化之累，所見皆虛妄也。若真性中般若之妙，如大明當空，洞達無礙，即非我、人、衆生、壽者之妄見，但虛名爲我、人、衆生、壽者見耳，豈真有此見哉。

須菩提，發阿耨多羅三藐三菩提心者，於一切法，應如是知，如是見，如是信解，不生法相。須菩提，所言法相者，如來説即非法相，是名法相。

註 如是知如是見者，即無上菩提之真知真見也。法者，事也。相者，形迹也。不生法相者，於事之有形迹，如我、人、衆生、壽者之見，皆不萌於心也。

講 佛呼須菩提曰：若能興起無上正等正覺之真心者，於一切事不起四見，識自本心，見自本性，當有如是真知，有如是真見，又有如是信受解悟，則阿耨菩提渾然具吾天真内。凡在外有形迹底事，能障吾之真心者，皆不生於其心矣。然我之所言法相者，蓋事雖在外，順應而虛，本不在我，即非法相，有形迹之可指也，是假名爲法相而已。法相既非，必無我、人、衆生、壽者之見，而菩提真心所當知見而信解者也。發菩提心者，曷審於此。

應化非真分第三十二

須菩提，若有人以滿無量阿僧祇世界七寶持用布施，若有善男子、善女人發菩薩心者，持於此經，乃至四句偈等，受持讀誦，爲人演説，其福勝彼。

註 無量阿僧祇世界者，不止於恒沙也。發菩薩心者，謂發廣大濟度衆生之心，即菩提心也。

講 佛呼須菩提曰：若有人滿無量無央數之世界七寶用施於人，固爲世間福矣。若有男女發菩薩普濟之心，於此經偈不徒受持，自見其性，又演説於人，教人見性，人已兼成，此則出世間之福受用無有窮盡者也，寧不勝乎彼哉。

証 法常滿如來解云：緣此經根本，以破相爲宗，了空爲義，迷性布施，皆不證真。能識四句涅槃之門，演説法身，如如不動，觀有爲法同於夢幻，若作此見，教化衆生，勝用七寶布施之福也。

云何爲人演説。不取於相，如如不動。

論　此不取於相兩句，盡全經之要旨，佛之精神命脉俱在於此，當以心悟可也。

講　佛自問云：以此四句偈與人演説者，何如而説之。乃自答云：不取於相，如如不動。蓋我真性本無上菩提之妙心，爲無餘涅槃之實理，人法雙泯，情智俱忘，自無形迹之可求，亦無聲色之可見，不著於我、人、衆生、壽者也，不住於色、聲、香、味、觸、法也，自本來真空，何有相之可取。惟見如如焉，自然而然，一神通乎法界而定自真，萬化妙於無方而體常寂。雖滅度衆生而不有，雖布施莊嚴而無心，威儀寂靜而已，知見不生而已，偏虚空世界常住而未嘗動也。此真四句而可以演説矣。

何以故。

一切有爲法　如夢幻泡影

如露亦如電　應作如是觀

註　夢出無心，幻成有意，夢覺入幻，幻結疑夢，皆從顛倒起也。水漚爲泡，泡隨水消，形照爲影，影從形滅，皆無實也。露以日晞，電以霽散，尤爲倏忽起滅。此六字中，凡人事之感應，山河之安立，天地之變化，都已説盡。此四句剗盡經旨，正如來真切滅度之處，觀無所具空觀、假觀、中觀之妙智也。

講　佛又曉之云：我所謂如如不動者，何以故也。蓋真空無相，本自如如，一切賢聖皆以無爲法而親證之。若世間有所作爲之事，皆虚妄不實，如夢想之非真，如幻術之假化，如水泡之虚浮，如身影之恍惚，如朝露之易晞，如閃電之易滅，當作如是六者觀看，可見世間之事諸行無常，皆有生，還有滅，非真有也。惟我如如不動之性湛若太虛，超萬劫而常存，與人演説，其福德寧有盡哉。

佛説是經已，長老須菩提，及諸比邱、比邱尼，優婆塞、優婆夷，一切世間天、人、阿修羅，聞佛所説，皆大歡喜，信受奉行。比，音被。

講　佛既反復大闡般若之法，説經已畢。首焉啓請之長老名須菩提者，頓悟真空，已領心印矣。其時同會聽法者，有比邱而名僧焉，有比邱尼而名爲師姑焉，有居士而謂之優婆塞焉，有道姑而謂之優婆夷焉。一切世間之人，及天上之天人，并阿修羅之神，聞佛所説此經，各各言下見性，不驚不怖不畏，皆大歡喜。幸正法之難遇，悦今日之躬逢，莫不信受其言而領之於心，奉行其教而演之於人，雖億萬劫來，永證金剛不壞身也。佛之慈悲至矣。覩是經者，其報佛恩哉。

証　川禪師頌曰：饑得食，渴得漿。病得瘥，熱得涼。貧人遇寶，嬰兒見娘。飄舟到岸，孤客還鄉。旱逢甘澤，國有忠良。四夷拱手，八表來降。頭頭總是，物物全彰。古今凡聖，地獄天堂。東西南北，不用思量。刹塵沙界諸羣品，盡入金剛大道場。

金剛經石註終

（李勁整理）

〇二七〇

金剛經正解（一）

金剛經正解卷上

剩聞居士龔概綵註
蓮舫居士扈正智校

〇法會因由分第一

法者，即大乘法也。會者，佛與諸弟子共會於祇園也。因，始也。由，行也。行必有所始，此法會者乃作經之因由也。

如是我聞一時佛在至收衣鉢洗足已敷座而坐。

註 如是者，指此經所言之法也。我，集經者自謂，即阿難也。言如是之法，我親從佛聞之。一時者，師弟會遇，說此般若之時。佛者，覺也，自覺、覺他、覺行圓滿，故名曰佛，此指釋迦，爲一曰教主也。舍衛國，梵語舍衛，此云聞物，即波斯匿王之國。祇樹，王之太子名祇陀，此云戰勝，生時適值戰勝，因以爲名，樹是祇陀所施。給孤獨園者，王之宰臣，名須達多，一作拏。常在此園，賑濟孤獨。達多原是外道，因在護彌長者家聞佛說法，心生敬心，欲得勝地請佛住，思太子有園，方廣八十頃，空曠清淨，堪爲福地。往白太子，太子戲曰：若布金滿園，吾當與之。達多如其言，太子亦不愛金，將金共立精舍，請佛說法。比丘，梵語，華言乞士，謂上乞法於佛，以明己之真性，下乞食於人，以爲世人種福，即今之僧也。大比丘，乃得道之深者，天人所共恭敬，非小德故，内外教典無不博通，非寡解故。蓋佛將說真空無上妙理，必得道之深者方能請問領悟也。千二百五十人，皆佛所化度弟子，常隨聽法者俱皆在也。爾時，彼時也。世尊，舉世之人所尊敬也。食時，乞食時，非受食時。乞食當辰巳，受食當午時也。著衣，著僧伽黎，即二十五條之大衣，制像水田，見生福故。佛制，入王城聚落，應著此衣，猶今之搭戒衣也。持鉢，持四天王所獻之鉢。過去維衛佛鉢，入涅槃後，供龍王宮中。釋迦成道，龍王送至海水上，四天王取以奉佛。此是紺琉璃鉢，乞食時持之。次第乞，平等行乞，不分貧富貴賤也。本處，即祇園也。飯食訖，此飯字作餐字解，指受食時言。訖，畢也。洗足，西域行露足故，以水滌去塵垢。已，完也。敷，布也。布列高座而坐，即今之止靜打坐，將説法也。

講　阿難記而言曰：如是經之所言，乃我親從佛聞之。佛説此經時，在舍衛國給孤獨園中，與得道之大比丘及相隨聽法之衆千二百五十人俱同處焉。爾時世尊，於日當辰巳可以乞食之時，著僧伽黎大衣，持紺琉璃鉢，園在城外，入舍衛城中，次第行乞，不越貧以從富，不捨賤以從貴，大慈平等，無有選擇。乞食既已，還歸園中，當午受食。飯食事畢，將入禪定，於是收入衣鉢，使心無係累，洗足以潔其身，乃布座而坐，説法之因由起矣。

〇善現起請分第二

分爲二節。善現，須菩提之別名。當世尊趺坐之時，正弟子請益之候，故身起恭敬而請問也。

時長老須菩提在大衆中至云何降伏其心。

註　時，須菩提起問之時。衆弟子中，惟德尊而年高者謂之長老。須菩提一名善現，又稱空生。尊者初生時，其家一空，相師占之，唯善唯吉，故名善吉。偏，半也。袒，露也。所著之衣半露其右肩。東土以袒爲慢，西方以袒爲敬，表請無上正覺之法，以身擔荷也。右膝著地，右是正道，左是邪道，亦表請正法，從實依歸，卑禮承受也。合掌恭敬，東土以拱手爲恭，西方以合掌爲敬，兩手相合，肅恭而身不懈，一心專注，誠敬而容不息也。白，啓問。須菩提向佛啓問而言。已上七句皆集經者敘説也。希有，言曠刧難逢，千界一佛，世所希有，讚佛之詞。如來，佛之通稱，猶華言聖人，如而不生，來而不滅，即真性之體用，以立名也。護，愛護。念，存念。付，付授。囑，囑告。菩薩，本云菩提薩埵，略其文而便於稱，故云菩薩。菩提，華言覺悟。薩埵，華言有情。覺有情者，衆生多有情欲而不能覺，惟菩薩在衆生有情之中自能覺悟而不染，又能覺有情衆生而化導之也。諸菩薩，諸，衆也，指凡學于如來者。阿謂無，耨多羅謂上，三謂正，藐謂等，菩提謂覺，謂無上正等正覺，即指真心言也。此心包含太虛，孰得而上之，故云無上。然上自諸佛，下至蠢動，此心正相平等，故云正等。其覺圓明普照，無偏無虧，故云正覺。云何，猶如何，請佛言之詞。應，當也。住，止也。降伏者，制禦之謂也。

講　須菩提在大衆中即從自己座位起身，整頓威儀。袒其右肩，以示不敢背乎師。屈其右膝，以示不敢左乎道。合掌以示其歸依，恭敬以示其嚴肅。而啓白於佛，以伸問辭。先稱讚曰：舉世所小有者，我世尊也。又曰：如來起慈悲心，善能衛護眷念此會中之衆菩薩，使之信受，善能以此佛法付委囑託此會中之衆菩薩而使之奉行。又問曰：世尊，若有善男子、善女人學道之初發此阿耨多羅三藐三菩提心者，云何爲當常住而使之不退轉。至於妄心一起，當以何道降伏而使之不惑亂我真心也。

佛言善哉善哉須菩提至唯然世尊願樂欲聞。

註　重言善哉，讚歎之詞。諦，審也，仔細聽也。應，當也。如是二句，一云説在下二分，此但引起而使審聽之詞，是看得太虛，止知照下者。有以爲頂上文，謂即此便可以住，即此便可以降伏，即指發菩提心，爲印可之詞，是看得太實，止知承上者。竊以如是二字，虛中帶實，上承發菩提心來，實中尚虛，下照度生布施去，方是語脈。夫照下引起，人所易曉，頂上處不可説得太盡，有礙下文也。唯，應辭。然者，然其使已諦聽之言，有以爲如儒書曾子之唯一貫者，看得太深也。願心所期，樂心喜好，欲心思得，謂心期喜好思得聞住降之詳也。

講 佛因須菩提請問妙稱佛心，故重言善哉善哉以歎美之，遂順須菩提之言而云：汝以如來善護念善付囑，此善發我未發之言。汝當詳審而聽，吾當爲汝説此應住、降伏之道。人之菩提覺心雖本來固有，然物欲陷溺，攻取日衆，最難發起者。若善男善女既發此心，當如是安住、如是降伏其妄心。須菩提即因佛言又稱世尊，弟子願欲聞其説也。

○大乘正宗分第三

大乘者，言非小乘也。佛法有大乘、小乘，如儒家大學、小學。菩薩用此大乘法，化導衆生，猶車之載物，運量有甚大也。宗者，心之所主。正者，言正而非邪也。

佛告須菩提諸菩薩至衆生相壽者相即非菩薩。

註 諸菩薩摩訶薩，佛呼在會之衆也。摩訶，大也。大覺有情，即能救度人者。如是，指下文所告也。衆生者，謂凡有生之類，上自諸天，下至人物。衆生雖多，約有九種。若，如也。卵、胎、濕、化、有色、無色、有想、無想、非有想非無想也。我者，對衆之稱，代度生菩薩設爲自任之詞，非佛自謂也。皆，盡也。令，使也。入者，入於其中。無餘，外更無有餘。大涅槃，一切修行者之所依歸，蓋指本來清淨真空心境也。滅，消滅，滅盡一切愚癡煩惱。度，化度，度脱生死苦海。菩薩心平等，普願與一切衆生同入無餘涅槃也。量，限量。數，數目。邊，邊岸。無量無數無邊，總之極言其多也。相者，形迹。執著此形迹，心不虛空，滯而不化，謂之有也。

我相者，認四大以爲己有而成我相。人相，對我而言。衆生相，則凡有生者皆是。壽者，利長生不滅，有悠久之義。

講　佛告須菩提説：諸大菩薩，以妄心欲其降而使真心安住者，果何道以致之。凡人一身悉皆五陰六識，遮蔽我之真性，故與一切衆生交接，感我妄心，時難降伏。何以見之。有性易輕舉，飛揚浮動，或由軀殼而名卵生者。有識常流轉，習氣深重，或由胞衣而名胎生者。有心隨邪見，沉淪不省，或感濕氣而名濕生者。有情逐景趣，遷流起幻，或隨變化而名化生者。有執相修因，著色見者，名爲有色。有寂守空頑，著無色見者，名爲無色。有滯諸聞見，係念染著者，名爲有想。有絶念不起，致虚守寂者，名爲無想。有起生滅見，落有無兩頭機者，名非有想非無想。凡此九類衆生，迷真逐妄，種性不同，相因性起，妄心建立，隨類受生。若天，若人，若物，虚空等神，陰魔等鬼，沉溺世趣，流轉生死，下自欲界，上至諸天，輪迴六道，難入涅槃者也。以妄感妄，動我妄心，起分别見，致難降伏。今我即發平等正覺心，則衆生本心與我心無二，皆令消融其煩惱，點化其染著，覺妄悟真，破愚癡見，息無明火，入於清淨無爲涅槃妙境而滅度之。如是滅度，無限量、無計數、無邊際一切衆生，豈真有衆生使入涅槃而滅度之哉。蓋衆生原有此菩提心，只爲迷而不悟，遂生種種妄相。今令心地一朝豁然開朗，種性悉化，頓見本性空寂，是乃自性自度。本來無此衆生，何得而滅度之。夫實無有衆生得滅度者，此何以故。蓋自性本空，無有我、人、衆生、壽者之形迹，是爲無上菩提心，方是大菩薩。若或有此四相，則於前一切衆生妄爲分别，心生邪見，起諸煩惱，安得皆令滅度以至涅槃哉，即非菩薩地位中人矣。

○妙行無住分第四

分爲二節。妙行，謂修無上正覺精妙之行。無住者，不拘泥執著精妙之行，本無住著也。

復次須菩提菩薩於法至不住聲香味觸法布施。

註 復，還也。次，再也。還再與須菩提言，敘經者之詞也。宗註：次，坐次也。須菩提先于座起，跪而請問。至是，使還坐而告之。復次二字，佛言也。須菩提，呼而告之也。亦通録爲旁參。於法之法，槩指佛法，言觸法之法，屬意、分別、思想皆是。布，普也。施，捨也。色、聲、香、味、觸、法，爲六塵。眼、耳、鼻、舌、身、意，爲六根。眼入色，耳入聲，鼻入香，舌入味，身入觸，意入法，爲六入。觸者，來加于身，如飽煖安逸者妙觸也，勞痛饑寒者苦觸也。法者，即意之所舉，計校分別是非之類。當于義理者善法也，動于情欲者惡法也。住者，即住于根塵而執著不化也。不住布施，如以色施人而不存施色之心，聲、香等亦然。

講 佛再與須菩提説：菩薩於一切所行之法當無所執著，即行於布施，言以色布施，不著於色，聲、香、味、觸、法皆然。蓋凡夫貪著，借布施種福，此爲住相，布施著在物上。菩薩行施，了達本空，不住色、聲、香、味、觸、法，而施無留滯執著。應，當也。菩薩行施，理當如是也。

須菩提菩薩應如是布施至菩薩但應如所教住。

註 相即六根六塵之相，福德乃性中之福德。佛恐人疑不住相則落頑空，故言福德以喚醒之。福德無量，福報亦無量。佛止言福德者，菩薩但修福，不望福報也。不可思量，言其廣大，不可以心思度量其多小也。於意云何，言汝意中作何理會也。四維，四隅也，如東南方、西北方之類。東西南北、四維、上下，總謂之十方。虛空者，太虛之中，無有纖毫隔礙，蕩然空明，非心思可能量度。

佛以福德不可思量故，舉十方虚空爲喻。虚空豈可思，是故須菩提皆言不也。語畢而呼世尊者，敬之至也。虚空而該以十方者，是虚空之全體，即非頑空也。如是，指上文虚空也。

講　佛又呼須菩提而言：菩薩自當如是布施，不住於相。何以故。若學道的菩薩不泥著色、聲、香、味、觸、法之根塵以爲布施，則喜捨心空，圓滿其福德，量等虚空，豈人之心思可得而測度忖量哉。又問須菩提：於汝意中自謂如何，如東方虚空，可以心思度量不。須菩提答云：不可思量。更問：南西北方四維上下虚空可思量不。須菩提亦答云：不可思量。蓋大莫大於虚空，非人之所測度。佛又明説無住相布施之福德，亦如虚空之不可以思量也。既而佛又呼而告之：諸菩薩之學道者，不必別處更求應住之下落，但當依我所教於汝無住相布施之法，便就此止應用存養之間，湛若十方虚空，無所住而住可也。

○如理實見分第五

分爲二節。凡人之形色皆屬虚妄，非真實也，所見非真見也。惟此如如之理乃人本性，是爲真實，不以目見而以心見，不求相見而求理見，是爲實見也。

須菩提於意云何至如來所説身相即非身。

註　此如來謂真性佛，湛然常住，本無生滅，無相之可見者也。身謂色身，相謂諸相。即非身相，謂色身與諸相皆非真實也。

講　佛語須菩提曰：我謂學道菩薩如所教住而無所別求者，蓋以如來不可以形迹求也。於汝之意云何，可以有形之色相即見如來不耶。須菩提解其意，乃答曰：不也，世尊，不可以身相得見如來。何故不可以身相見之。蓋如來所説身相不過形體假合之末耳，豈可謂之實有身相而見真如來哉，故曰即非身相也。

佛告須菩提凡所有相至若見諸相非相即見

如來。

註　謂之諸相，不止身相，凡法相、非法相皆在其中，而心不執著，則見諸相非相。此如來指法身也。

講　佛告須菩提曰：夫如來既不可以相求，可見世間凡有形相者皆是假合的，不是本有真實的。雖有形相，亦虛妄耳。汝若能見一切諸相，便識破非真實本相，自無執相迷真之失，即能迴光返照，見法身真性，如來隨處顯現矣。

〇正信希有分第六

分爲二節。學道以信爲本。大乘法無住無相，乃是正宗。聞之而不疑懼，故爲正信。此人不可多得，故爲希有。

須菩提白佛言世尊至得如是無量福德。

註　白，告也。頗，略也。章，章分。句，句讀。實信，真實信心也。如是言説章句，指上三、四、五分之辭與無住行施、無相見佛之說。後五百歲者，《大集經》云：有五箇五百歲，初五百歲解脱堅固，第二禪定堅固，第三多聞堅固，第四塔寺堅固，第五鬬諍堅固。《經》云後五百歲，指末法鬬諍之時。亦有持戒修福之人，持戒者，諸惡莫作，修福者，衆善奉行。根者，有生長之義。一念生淨信，專一其念，而無染著，是名淨信也。福德兼慧而言，世間所享者福報，信此經者名福德，言有福又有德也。

講　須菩提深信佛所言説，恐後之人聞法不能信受，乃白佛言：世尊所説皆大乘正宗之教，菩薩未有不信受而奉行者。但大凡衆生頗有得聞如是不住行施、真空無相之言説章句，果能實信之不也。佛告須菩提：汝莫輕視衆生，作此生實信不之說。蓋不住真空妙理，人心所固有，但爲六塵四相所蔽而昧之耳。必有大根器的善人自能信任其道，即至如來滅後，到後五百歲之時，斷有持戒修福之善人，能於此經中之一章一句信之於心，以爲真實語。當知此人之善根培植甚厚，豈止於一佛二佛三四五佛而種此善根哉，已於無量千萬佛所中，凡世間一切利物濟人之事無不行之，而種諸善根發生，得此實信心來，非淺根人所能得也。若有此善根之人，得聞此經之章句，乃至一念之中，淨而不亂，信而不疑，不此淨信心者，如來盡能證明而知之，盡能攝受而見之。是諸信心者，雖名爲衆生，其淨信所得福德受用不盡，豈有限量哉。

何以故是諸衆生無復我相至法尚應捨何況非法。

註　第一何以故，言淨信福德在無相。第二何以故，言所以無相之故。第三何以故，偈人云：疑衍。此釋生信得福之故，該乎生、法二空。無四相，生空也。無法相無非法相，法空也。我、人、衆生、壽者，盡天地間之相，不出乎此。非法者，無法也，淪於頑空。取，猶執也。心取相者，此中不化，未悟無相之理而欲執相以求，是有外障，故云即著四相。法相雖非色相之比，然一有所取，亦不悟真空體而起内障，故亦云即著。非法原不離相，況執之乎。著四相者，即非菩薩，故必無取無著，方合真空，所以不應取之，故如來常有如筏之喻也。

講　佛言：是諸衆生何故得如此之福德。彼一念生淨信，其實善根純熟，能合真空無相之理，無復有我、人、衆生、壽者之四相，亦無有執著此經之章句，落於有見而爲法相，亦無有不思去探討其言，沉空守寂，落於無見而爲非法相也。不著有無兩邊，復其真空之性，諸相盡捐，心無染著，所以淨信此經而福德無量。佛又反言之：此何以故也，假使是諸衆生若心不空，取有形相，即爲牽著我、人、衆生、壽者之形迹矣，豈能使心性空明，隨機感應乎。此人之所易曉也。至於我説無法相者，以本空真體不在言語文字之間，若取法相，就是與前執著四相之心一般，至於非法則無相矣。我亦謂無非法相者，蓋真性中諸法顯現，無容一毫染著，原不相礙。若取非法相，謂之無記空斷滅見，此心不化，與前著四相又何異焉。是故法與非法兩頭見，至須截斷，不能執爲有而取法，亦不應執爲無而取非法，以此不應取之義，亦有原故。如來嘗謂：汝等學道比丘，當知我説此法，皆因汝有四相，不能了悟真空，超登彼岸，是以假此法令汝度脱生死苦海耳。汝若既見本心，證涅槃樂，即我所説之法亦當不用，猶如編竹成筏，渡人過水，到岸則不須筏矣。夫法尚當捨去，何況著無非法，又安用執取爲哉。

○無得無説分第七

無上菩提之理，本來無相，當體空寂無物可得，無言可説也。

須菩提於意云何至皆以無爲法而有差別。

註　耶者，疑辭，亦詰問辭也。菩提心是如來本性，亦人之所同具，豈自外而獨得，有待言而顯哉。定者，泥於一處而不通也。非法則不有，非非法則不無，非有非無，乃極至之理也。所以以字，承上來。皆以以字，用也。無爲法，即是無上菩提之別名，乃自然覺性，不假人爲者也。或云有爲法，世間法也。無爲法，出世間法也。要之皆以無爲法而有差別，則有爲亦本于無爲，分箇有無，所謂差別也。世人多以無爲二字認作灰心稿形，一無所爲，此真愚見也。得道淺者爲賢，得道深者爲聖。指現成者，言差別不同也。又參差，分別也。按，差別，差字有二音，一初牙切，音叉；一初宜切，音雌。考古本註，原讀作叉，不同也。後有讀雌者，參差也。就賢聖淺深説，當作參差。就有爲無爲説，當作不同。然不同中具有參差義，則二音皆可通讀，不必拘也。

講　前章既云不應取法，當如筏喻，猶恐須菩提未透徹故，又設問曰：汝之意云何，如來無上菩提法，果有所求而得之於己耶，抑以此法有所説而教之人耶。須菩提云：如我心中悟佛所説之義，則知無上正等正覺之法亦强名耳，求之了不可得，本無定有之法實此名也。即如來所説，但爲覺悟衆生，隨機設教，不得已而有言，亦無定有之法如來可據而説也。如來之法，無定名亦無定説者，其故何也。盖如來所説者，無上菩提法也，可以心悟而不可以相取，一有取心則馳於外求，可以心傳而不可以言授，一有言説則泥於文辭，皆不可也。是法也，若執以爲法，微妙莫測，有而不有，法何所在，非法也。若執以爲非法，隨感即應，無而不無，何在非法，又非非法也，而謂可以定名定説歟。所以然者何也。法本於無，惟無故妙也。此一切賢聖，雖先後遠近之不同，皆不能外無以爲法，但所見有淺深，作用有隨機，而差別不同耳。

○依法出生分第八

法者，即此經之法，指般若波羅蜜多言。依者，不違之謂，諸佛一切妙法，盡依此法出生也。

須菩提於意云何至所謂佛法者即非佛法。

註　三千大千世界者，世爲遷流，界爲方位界限，過去、未來、現在爲世，東西南北四維上下爲界。三千大千，統言一大世界，形容其多也。布施，廣布捨施也。七寶者，金、銀、琉璃、珊瑚、瑪瑙、珍珠、玻璃也。寧爲，猶可爲，乃計其多而故問之辭。四句偈，諸解不一，或指經中一偈，或指無我相四句。須知佛止説偈，不專執一。《金剛經》乃大藏經之要，勸人受持四句偈，或顯實相，或明妙法。又經中之要，執一廢餘，便失經意。此經自始至終總談真空無相妙理，人能體會此旨，一卷中精功成文者，何處不有。偈者，發言成句也。四句偈而曰乃至，曰等者，自多至少之意，不止四句爲偈也。要活看乃至字等字，餘詳《廣録》。

講　須菩提固知無相之理，但不知得無量之福。佛將以此持經功德開示學人，故先設言呼須菩提而告之：設有人充滿三千大千世界之七寶，用以布施，此人所獲福德多乎，不乎。須菩提會意，答云：人以七寶布施，寶豐福勝，其福德甚多，誠如世尊之言也。何以故。是福乃有相之施，於性中真空無相之理全不相關，初非性中自然之福德也，所以如來説福德多耳。蓋是假合，故見其多也。佛言：若有人於此經中之言直下承受而不忘，拳拳奉持而不厭，乃至由博而約，於四句偈等，爲人解説其義，則是自利利他，不特覺一己之性，並覺衆人之性，將見人己兼成，所獲之福勝於彼之七寶布施多矣。然所以勝彼者，此何以故也。蓋般若真空無相之理，是諸佛之本性。一切諸佛之多及諸佛無上菩提之法，皆自此經流出，求其直指全體未有若此經之明且盡者。佛又恐人泥於佛法，又呼須菩提而曉之曰：所謂佛法者，本來無有，不過假此開悟衆生，使之言下見性，乃名爲佛法也。故曰即非佛法，隨掃以顯般若真空耳。

○一相無相分第九

一相者，謂修行四果，各有一相也。其實功有次第，而無爲則一，果雖深淺不同，而總不可萌有得之心，當深造以悟入無相。蓋須陀洹等皆是假名，究竟本來一相亦無。

須菩提於意云何至而名須菩提是樂阿蘭那行。

註　梵語須陀洹，此云入流，入聖人流也。而無所入者，不著入流之相也。我者，指須陀洹等言。梵語斯陀含，此云一往來，謂前念起妄，後念即止，前念有著，後念即離。妄念往來於心中，往則妄念止時，而又或一來，本性未能寂滅故也。梵語阿那含，此云不來，不來欲界，亦名出欲。外無欲境，内無欲心，謂已離欲界思惑也。梵語阿羅漢，此云離欲，其心已證無爲之體，諸漏已盡，自無生滅。果，如樹之結果，謂到此地位道者，得無相之理，非徒果也。又須陀洹果者，煩惱不生，決定不入地獄異類，是名初果，如果之初生者也。斯陀含果者，色身只一次往來天上人間，如果之方碩者也。阿那含果者，欲習永盡，決定不來欲界受生，如果之將熟者也。阿羅漢心境俱空，内外常寂，法實無有，豈作得道念，如果之已熟者也。梵語三昧，此云正定，亦云正覺，樂受也。梵語阿蘭那，此云無諍。

萌於心曰念，見於事曰行，謂其無人我見而不起諍行也。實無所行者，本性空寂，隨緣赴感，而實無行之之心也。

講　佛問須菩提曰：須陀洹作箇念頭，自謂我必得此果不。須菩提知其不然，乃曰：須陀洹不萌得果之心。何也。蓋彼已超乎凡見，心趨無相之理，得與聖人之流而無所入於聖域之想，惟克制其欲，不入六塵境界。須陀洹之所以得名者，其在是歟。佛又問曰：斯陀含作箇念頭，自謂我必得此果不。須菩提即不然之，云：斯陀含，心已造到至靜之地，但目覩諸境，未能不動此心，還有一生一滅而無第二生滅。前念方著，後念即覺，不久于人欲，雖往來于人間天上，名一往來而實無往來也，是斯陀含之所由名歟。佛又問曰：阿那含作箇念頭，自謂我必得此果不。須菩提即不然之，云：阿那含心空欲念，已斷塵界思惑，外不見有可欲之境，不來欲界受生，名爲不來矣。夫曰不來，是此心尚未融化，猶有强制之勞，而其實無不來之迹。蓋不惟六根清浮，且見得六塵本空，此已造到佳境矣，非阿那含之謂乎。佛又問曰：阿羅漢作箇念頭，自謂我得這箇道不。須菩提知其不然，即不之曰：阿羅漢亦是假名，佛法本空，實無有法名阿羅漢也。設若阿羅漢作得道之念，是所得心猶未除，即著我、人等四相矣，豈足稱阿羅漢哉。須菩提又拈出平日所得佛說而證之曰：世尊佛昔日曾說，我須菩提一念不生，諸法無諍，得此三昧，諸弟子中許我爲第一。必定是我脱盡人欲，方許我爲離欲阿羅漢。世尊雖許我爲離欲阿羅漢，我則不作是念我是離欲阿羅漢。又恐大衆不知去所得心，故呼世尊詳言曰：我若作此念而必欲得阿羅漢道，則又生一妄想，安得六欲頓空。世尊即不於大弟子中説我須菩提是好樂寂靜之人，有是無諍之行也。以須菩提外雖有所行，而中實無有所行之心，方纔名我須菩提爲樂阿蘭那行也。

○莊嚴淨土分第十

分爲三節。莊嚴者，盛飾也。淨土者，清淨世界，即佛國土也。此在境上説心地清淨，成就莊嚴。心地不清，去佛土遠。諸菩薩於自性中湛然清淨，心無係累，自有莊嚴境界。此在心上説佛土，由心建立故。菩薩事心下事土，成就莊嚴心而土自無不淨，兼此三義方全。

佛告須菩提於意云何至於法實無所得。

註　如來，佛自謂。昔，前也。然燈佛，即定光佛，其佛生時，身光如燈，故名然燈，乃釋迦佛授記之師。有所得，謂有所得之法也。

講　佛以諸菩薩雖聞四果俱無所得之言，而有得心未除，猶疑佛法非無，執於有法可住，故告須菩提曰：於汝意中云何，我當初於然燈佛處聞法聽受，成無上道果，然有得於本師之法不。須菩提答曰：不也，世尊，如來雖在本師處聽法，不過自悟自修，因師開導，成就無上菩提，其實何曾有法可得以爲秘授師傳也。

須菩提於意云何至應無所住而生其心。

註　莊嚴，以境言，莊，端正裝飾也，嚴，齊整謹飾也，以心言，真性不亂曰莊，邪妄不入曰嚴。佛土，以境言，謂修世界，以心言，指本來心地。謂之佛土者，佛心不失本來，能全心地，猶之儒家言道，歸之聖人耳。五行土居中央，出生萬物，心居中道，出生萬法，故以土喻心。又一世界中必有一佛設化，故世界亦云佛土。即非者，遣掃之詞，是名者，權立之義。或曰：即非無二解，是名有兩義，一曰虚有是名耳，一曰乃所以名也。宜隨文會之。剩閒曰：即非、是名，義相呼應，經中用此文法甚多，皆是遣掃權立。義用即非者，從虚有是名。單用是名者，從來所以名。《金經》以破相顯真爲宗，遣掃權立是爲正義。解經者，有以即非爲指實相，如即非身相，謂非身相乃真相也，是從即字逗斷，將非字連下，作轉指義。是名作乃所以名解，經中作是解者亦甚多。是即非亦有二義也。細體經文，是遣掃爲當，蓋即非是破相，破相正以顯真，妙在不明言。先德云：使人自領會方親切耳。解爲轉指者，用意太深，説似微妙，反撓經義。蓋指明道破，如同嚼蠟。下文重重徵詰，皆不必矣。須知相即無相，直至一合理相分，方明從前皆是遣掃，未曾點破也。諸菩薩，指修行者言。摩訶薩，廣大之稱。應，當也。如是二字，指下文所言。無所住者，不住著在一處，執滯不化也。

講　佛問須菩提曰：法既無得，於汝意中，畢竟云何，我思菩薩所住之處謂之佛土，菩薩於佛土果有意作善緣福業，必期相好莊嚴不耶。須菩提深解佛旨，據理以答曰：如謂菩薩莊嚴佛土者，其說不然也。世尊，此何以故。蓋菩薩莊嚴佛土，不在外貌形迹間也。若以七寶宫殿、五采棟宇之類始爲莊嚴佛土，幻成莊嚴不實，即非莊嚴，是虚名爲莊嚴耳，菩薩豈著意莊嚴佛土哉。佛以須菩提能領佛旨，隨順其詞而語之：是故須菩提，菩薩莊嚴既不在於外飾，則當内求於心。夫心本清淨也，知誘物化而心不清淨矣。乃既知佛法無所得，又知莊嚴非莊嚴，此無取無著清淨心也。諸學道菩薩，當如是湛然常虚而不染，寂然常定而不淆，以生清淨心，不當住在形色上生心，亦不當住在聲、香、味、觸、法上生心。一有所住，便爲六塵所縛，妄念旋起，不能清淨矣。須知清淨心妙圓周徧，不泥方所，本無所住也。當於無所住處而生其心，如明鏡當前，物來悉照，物去即空，自然心地清淨，不拘方所，斯真莊嚴也。若佛土世界莊嚴皆是假果假説幻相耳，何足計哉。

須菩提譬如有人至佛説非身是名大身。

註　須彌山王者，以此山在四天下之中爲山之極大者，故名山王，謂在衆山之中而爲王者也。高廣三百三十六萬里，日月遶山而行，以爲晝夜由此而分，四面爲四天下，其上有三十三天，可謂至大矣。以此喻人身之大，不過假説其詞，如七寶滿三千大千之類。

講　佛呼須菩提語之曰：譬如有人焉，其身如須彌山王，汝意中云何，可以爲大不耶。須菩提深悟佛旨，答言：身如須彌山王，誠大矣，然此大身何以有是大也。若以色相身言，寧有是大。佛所説者，非色相之身，是乃名爲大身也。

〇無爲福勝分第十一

無爲，法也。福勝，言修無爲之法，其福勝於河沙世界之七寶布施也。蓋持經功德，人己俱利，不假施爲。此無爲之福，比他有相布施之福爲尤勝矣。

須菩提如恒河中所有沙數至而此福德勝前福德。

註　西土有河，名曰恒河，從阿耨池東流出，周迴四十里。佛多在此説法，故取以爲喻，弟子所習見，使易曉耳。沙等恒河，倒裝文法，謂恒河如沙之多也。

講　佛以衆人所易見者先設問：須菩提，世間物數莫不有多寡，如恒河中所有沙數，其數難量。設使恒河之數如沙等，于汝之意所云如何，是諸恒河中之沙數寧爲多不。須菩提答言：甚多。復呼世尊言：但諸如沙等之恒河，尚且多而無盡數，何況河中之沙，其爲數也又安有盡哉。佛謂須菩提：我今以真實之言告汝，若有善男善女以七寶至重之物充滿爾所謂恒河沙數三千大千世界，用以布施與人，所得之福果爲多不。須菩提即以甚多答之，而又呼世尊以證之意：以如此布施得福，豈有不多之理。但不知世尊以爲何如耳。佛告須菩提曰：汝以七寶布施者，所得之福遂爲多耶。若有善男善女，於此經中，乃至四句偈等，信受于心會其義，堅持于心存其理，則是内見真性，已不爲業識所迷，又能爲他人解説，使聽受之，能亦信而不疑，持而不失，心地開朗，有悟明真性之漸，久之善根皆熟，可脱輪迴，成無上道，則人已兼益，其福即無爲福也。所受福德，視彼七寶布施者，真勝多矣。

○尊重正教分第十二 **正教即無爲法，以此爲教，是爲正教。佛以菩提法立教，皆是盡性至命之理，正大無邪之論，人能尊崇而敬重之，明心見性，了悟真空，爲受持正教，天人皆生敬重。**

復次須菩提隨説是經（至）即爲有佛若尊重弟子。

註　隨説者，不論前後，心無分別，任所在處，不拘凡聖，見人即隨機化導而説是經也。當知此處者，謂説經之處。天者，天道，如四天王之類。人者，人道，即世間之人。阿修羅，神道，此云非天，以其果報最勝者，鄰次諸天，雖近享天福而行非天道也。修羅有胎、卵、濕、化四種。化生者，能攝持世界，勢力無畏，與梵王帝釋及四天王爭權，此類嗔性最重，然却能爲佛護法。胎生者，屬人趣。卵生者，屬鬼趣。濕生者，屬畜生趣。大槩以嗔恨心重，托生神道，而果報不同耳。六道中，不言地獄、餓鬼、畜生者，以三種爲業識昏迷，苦報障重，不知經理也。塔者，藏舍利之地，廟者，設法像之所，皆世人敬佛之地。對文曰讀，背文曰誦。學居師後曰弟，解從師生曰子，或云以父兄之禮事其師故名弟子。

講　佛復謂須菩提云：有人隨說是經，或半部，或一章，乃至最少如四句偈等，因文顯義，令諸聽者除迷妄心，悟真空理。當知此說經之處，一切世間天、人、阿修羅皆應以華香、纓絡、幢幡、寶蓋恭敬供養，如佛之塔廟，殷勤瞻禮也。夫隨說者，非全經也，而感動天、人等，恭敬供養已如是，何況有人于全部經典盡能以心受持，以口讀誦，會通其文，研窮其義。須菩提當知，是盡能之人深體無相無住之理，不離當念，真能成就最上而無可加、第一而無可比、絕無而僅有之法，其當爲天人供養又何如耶。不特持誦能感動而已。若是經典所在之處，即爲有佛，不待外求。經在是，佛即在是，而大弟子亦在是，宛然三寶共居焉，人可不信受奉持也哉。

○如法受持分第十三

分爲二節。如法者，當如般若之法。受持者，承受行持，受之于佛，持之于己也。前言真空無相，尚未闡明如何受持，此分明言名爲《金剛般若波羅蜜》，則信受而持守者有據，所以教當依此法而受持之也。

爾時須菩提白佛言至即是非相是名三十二相。

註　微塵，空中飛塵，即紅塵也。積塵成界，析界爲塵，大而世界，小而微塵，皆幻妄不實，故云非微塵非世界，皆假名也。三十二相，乃佛之正報色身，有三十二件好處，如眼、耳、口、舌、手、足，豐滿潤澤，勝妙殊絕，形體端正，光明映徹，非是愛欲所生，是從三十二行得，迥異流俗，然凡所有相皆是虛妄也。

講　時須菩提疑情釋盡，又聞所說，受持讀誦，得成最上之法，歆慕向往，但未知命名之義、受持之道當何如耳，故白于佛而問曰：世尊所說此經，當以何義命名。我等弟子當以何道奉持。佛答：是經名爲《金剛般若波羅蜜》，蓋智慧如金剛堅利，能斷六塵煩惱，直至諸佛彼岸。以是名字，汝當奉行而持守也。至究其所以之故，即我所説般若波羅蜜，亦非實有般若波羅蜜也。妙明本性，湛若虚空，寂然無相，惟恐人生斷滅見，不過假此以導衆生持守，是名爲般若波羅蜜也。又恐執著虚名，不悟本性，如來住世，普度羣迷，到處爲人開示，其實般若乃無上菩提。法，心法也，在自本性中，非言語文字所能了者，故呼須菩提問曰：於汝意中云何，謂如來設教有所説法不耶。須菩提答云：如來設教原是隨機化導，令人自性自悟，無容外求於法，實無所説，亦無可説也。佛又呼須菩提言曰：最大者莫若世界，最細者莫若微塵，於汝意所見又云何，試觀三千大千世界中，所有微塵處處布滿，果爲多不。須菩提答言：世界固多，微塵更多。甚多，世尊。佛因須菩提甚多之對，恐其泥于有相，又呼而告之：諸微塵者，原是幻妄之物，如見雨則爲泥，遇火則欲灰，本無定體，如來説非實有微塵也，是虚名微塵而已。若人識得非真，則太虚澄徹，所謂在塵離塵者也。不特微塵假，而世界亦虚。如山之高、水之深，可謂大矣，然山有時而崩，水有時而涸，劫盡必壞，非真有世界也，是虚名世界而已。若人識得是假，則心地朗然，所謂在世離世者也。佛又問須菩提：世界、微塵俱屬幻妄，汝已知之。至如來色身有三十二相，爲人所不能及，不知汝意云何。凡欲見如來者，果可以此三十二相見如來不。須菩提答言：三十二相，佛之色身也，若以相爲可見如來。不也，世尊，不可以相見如來者，此何以故。蓋如來説三十二相者，雖勝妙殊絶，不過色身耳，非真相也。是名三十二相，假名也，未有終不壞者，豈可以相見如來乎。

須菩提若有善男子善女人至爲他人説其福甚多。

註　七寶布施，外財也。身命布施，內財也。外財易，內財難，身命而至恒沙之多，難之難矣，然不脫有漏之因，未明本性。若受持經偈，直趣菩提，爲人解説，使知各人自性，俱有般若波羅蜜法，則視捨身布施之福豈不甚多哉。

講　佛又語須菩提曰：世間所重者莫過於身命，若有善男善女以恒河沙等身命之多不惜而以布施，凡可以利天下者無不爲矣，其所獲福，視寶施之福尤勝。但不明本性時，有爲頑福耳。若復有人于此經中乃至四句偈等，受持于己而不失，教誨于人而不倦，則自悟悟人，人己兼利，獲福無量，較彼捨身布施者不更多乎。此金剛般若波羅蜜法，所當奉持者也。

○離相寂滅分第十四

分爲四節。此分是説佛之寂滅真性，乃真相也。離相者，離有爲相。寂滅者，不住相、不生心也。若人能離却諸相，則心無所住，而一切妄念息皆不生，直下頓空，即證金剛般若無上菩提，返歸寂滅矣。

爾時須菩提聞説是經至是名第一波羅蜜。

註　深解者，大徹悟也。義趣，義理旨趣，義乃名中之義，趣則義之指歸處也。涕淚皆自目出，如雨滴曰涕，如水流曰淚，有聲無淚曰悲，無聲有淚曰泣。慧眼，智慧眼也。是經者，文字般若也。實相者，實相般若也。生實相般若現前，即顯自性也。凡所有相，皆是虛妄，則真空自性爲實相矣。道修曰功，見性曰德。心不疑曰信，悟禮義曰解，領納曰受，堅守曰持。如是如是者，謂言當于理而印可之也。驚者疑其言之過，怖者恐其道之高，畏者懼其行之難。波羅蜜有六種：一布施，二持戒，三忍辱，四精進，五禪定，六智慧。《疏鈔》以第一即布施。然六祖云：摩訶般若波羅蜜，最尊最上最第一。斷乎以般若爲第一也。

講　當時，須菩提一向在實相上用心，所以法見未忘，聞佛説是經名，方知實相即是非相，凡聖情盡，人法雙忘，一切相離，無非是佛境界。心中深悟解，得此義之趣，自傷得聞此經之晚，乃涕淚悲泣，而白佛言：世間所少有者，我世尊也。今日説此深奥經典，我從昔來已證四果，所得智慧眼，善能聆悟，未曾得聞如是之經，何幸今日聞所未聞耶。世尊，我聞而信，不待言矣，但恐能信者少耳。若復有人得聞是經，信心清淨，發一念篤信之心，其心純是天真，毫無欲塵所染，便是清淨，般若慧光，從文字般若即悟，自悟實相般若，而真實不虚之相從此生矣。當知是人現前，已能成就第一希有功德而非尋常之功德也。蓋這箇得聞便是聞慧清淨，這箇信心便是思慧清淨，這箇實相便是修慧清淨，皆自心功德，即諸佛之所修爲，故云第一希有也。然雖生實相，不外無生。所謂實相者，不可執以爲相，本無形迹，即是非相。若説無相，恐成斷滅。故如來説名實相，亦是假名耳。世尊如是經法，最難信解。如我輩親見如來，得聞此經，信其言之實，解其理之妙，聽受而持守之，不爲難事。若至將來末世後五百歲，去聖時遠，五濁惡世，魔强法弱之際，其時倘有衆生得聞是經，亦能信解受持，是人真第一等人而不可多得者。此人何故不多得也。以其信解能悟真空，已無人我四相而得人空。所以能無四相者何也。以解我等四相即是非相，人我兩忘，衆壽盡泯。原無有法可得而證法空，此又何以故。不惟但解法空，而又解得一切俱空之非相。大凡衆生不能同佛，爲六塵染著，拘拘形相故耳。若離一切諸相，其心空寂，無異諸佛覺地，即與諸佛齊名可也，寧非第一希有也。此正當機深解義趣處，故佛爲之印可曰如是如是，謂其言當于理而深契佛意也，且不惟信解受持爲第一希有也。若復有人但得聞是經，而不驚疑其言之過，不恐怖其道之高，不畏懼其行之難，此人亦甚爲希有。何以故。此雖信有淺深，而信佛説之第一波羅蜜則同也。然如來所説第一波羅蜜，豈真有第一波羅蜜哉。順俗諦故説第一波羅蜜，順真諦即非第一波羅蜜，順中道第一義諦是名第一波羅蜜，而聞之不驚怖畏者，豈不同謂之希有耶。

須菩提忍辱波羅蜜至又説一切衆生即非衆生。

註　羞自外至者，爲辱。忍，謂不起恨心以亂真性也。昔，往昔也。爲，猶被也。梵語歌利，華言極惡。割，剥也。截，斷也。支，四體也。解，散也。瞋，氣盛也。恨，怨甚也。五百世，指前世而言。忍辱則無恨，無恨則無苦，無苦則有樂，故曰仙人則無苦而有樂矣。

講　佛告須菩提云：世間萬事莫妙于忍，而最難忍者莫過于辱。凡有横逆之事，辱境之來，怡然處之，不起瞋恨以亂本性，則心同太虚，即到覺地，此忍辱波羅蜜也。然本性真空無相，果能妄怒不行，絶不留含忍之意，則外不見其有辱，内不見其能忍，渾然兩忘，此如來説非忍辱波羅蜜，是名忍辱波羅蜜也。此何以故。須菩提，如我往昔因中，被歌利王割截身體，辱亦至矣。我于爾時，心如虚空，不起四相，不見割截者是我，割截我者是人，割截之人是衆生，被割截之我是壽者，此何故而能然也。我于往昔節節支解時，已辱之極，勢若難忍，設有四相，必生瞋恨之心，不能順受矣，又何以爲忍辱乎。然此特一世事耳。須菩提，我又念過去，于五百世前，曾作忍辱仙人，修忍辱行，於爾時所處之世，亦無我人等四相，此所以久修忍辱行而視忍辱爲常，直忍無所忍耳甚矣。相之不可著也，就忍辱推之，而一切俱應離相。是故須菩提，學道菩薩欲成佛道，當離去一切形相，湛然中虛，發無上正等正覺之心，不當住色而生可好之心，不當住于聲、香、味、觸、法而生可欲之心，當生清淨無所住著心，則此心真純無欲，圓通無碍，非一切相之所繫縛乃爲應住。若心於六塵上一有所住，便生妄想，不能離相，則非菩薩所應住矣。又即一切之中，摘出布施言之，是故佛説菩薩心不應住著色相布施，一菩薩不爲自身五欲快樂而行布施，但爲利益一切衆生故，應如是不住色相布施。若布施住色相，見有可施之物、所施之人、行施之我，是不離一切相。啓衆生以著相之心，豈菩薩利益衆生而欲同登彼岸之心乎。所以如來常説一切諸相總是幻有，于真性中本來無相，非真相也。又説一切衆生者，以心有四相，迷而不悟，故爲衆生。若使妄念咸消，人我一體，即非衆生矣。相與衆生本無住，而心又何可有住耶。

須菩提如來是真語者至所得法此法無實無虛。

註　真則不僞，實則不虛，如必當理。誑，欺誑也。異，怪異也。始終一致，亦曰不異。

講　佛告須菩提，如來以前所説，或明我空，顯般若之深，或明法空，顯般若之甚深，是真切語者，是誠實語者，是如理而語，非幻妄不常者，是實心慈悲，不爲欺誑之語者，是至庸至一，不爲變易怪異之語者，總是説無上菩提，欲人了悟佛法。須菩提，如來所説乃如來所得，虛則著空，實則著有。如來所得法，將以此法爲實耶。本體空寂，無相可得，實而虛，莫知其所爲實也，將以此法爲虛耶。妙用無方，取之不匱，虛而實，莫知其所爲虛也。實而非實，虛而非虛，體用備矣。此法之妙，誠以是哉。

須菩提菩薩心住於法至皆得成就無量無邊功德。

註　住于法者，執著于法，謂非隨機化導而住法塵也。布施，法施也，乃教化衆生之謂。當來世，猶云將來後世也，指如來滅後像法末世言。

講　佛語須菩提：我謂布施者，有財施，言〔三〕法施。法施教化衆生，使皆成佛也。然雖曰法施，凡所説之法，總是隨人迷悟淺深，迎機化導，使悟本性，皆是假設。故菩薩心行布施，亦不當住法。若心住於法而行布施，法亦是塵，遮蔽真空性體，障起無明貪愛。四相未除，如人入暗室之中，昏黑一無所見矣。若菩薩心不住法而行布施，則無法塵障蔽真性，洞達無礙，遇衆生施教，如人本有眼目，又當皎日之照，黑白分明，毫無隱匿，悉見種種形色矣。此所以貴心無住法也。當知是經但詮無住之法，使衆生明真如本性，了悟自性中莫大之功用德行，却無定法可求，亦無定法可執，實爲希有，無人不當受持，非夙世種善根者未易值遇。現在不消説得，須菩提，當來之世，若有善男善女能于此經受持讀誦，深信無相無住之理，不徒爲口耳之學，一一究明其義而心悟真空之妙，是人即爲如來以佛智慧眼照鑒之，盡知盡見，普加覆護。是等之人，皆得成就無量無邊見性功德，周法界而無方，自悟悟人，普度羣生，歷萬劫而常在，覺徧一時，連于後世，其爲功德豈有限量邊岸哉。

○持經功德分第十五

分爲二節。受持此經者，即能成就無量無邊功德。持，兼行持、誦持。功德，不離自性，兼自覺覺他言。

須菩提若有善男子善女人至受持讀誦爲人解説。

註　初日分謂早晨，中日分謂日午，後日分謂晚間。分，時分也。等者，數相比也。

講　佛語須菩提：設有善男善女，於初日分以恒河沙等身命之多方便布施，及日中時分亦復如是，至日晚時分又復如是，一日之間三度捨身，至于百千萬億劫數，皆以身施，可云勤且多、難且久矣，其獲福報應亦無量。然所獲者，止是世間有爲之福，未能離乎煩惱而終有盡也。若復有人聞此經典，即信于心，隨順其説而不違逆，此爲善入福慧，當受出世間福，其福已勝彼世間捨身之福。何況書寫以流通其章句，受持而身行其法，讀誦而尋繹其文，解悟其理，又以是經廣爲解説其義，使人聞經信解，力行不倦，則非徒自明己性，且教人各明其性，其福德又安有量哉。

須菩提以要言之至以諸華香而散其處。

註　要，簡要也。思，心思也。議，言議也。稱，秤稱，量，器量。功以進修言，德以全理言。乘者，車乘也，取行載義。發者，發起也。大乘，菩薩乘也。最上乘，佛乘也。背負曰荷，在肩曰擔。樂，喜好也。小法，小乘法也。在在處處，言其所在之處不一也。

講　佛告須菩提：舉要言之，是經顯真空法性，明無相真宗。此《般若經》法，有不可以心思測度，不可以言論擬議，又不可以如物而稱量其輕重多少也。則此經之功德無邊際，雖讚歎有所不能盡，而如來其容易説乎。爲發大乘心者説，爲發最上乘心者説也。蓋此經有無邊功德，如來説此，不止教人自修出世成就一己而已，實使自度度人也。發大乘者，普載一切衆生同到彼岸，已是菩薩地位矣。然猶未也。發最上乘者，則不止普度衆生，將并菩薩兼載之，方是成佛地位。如來爲説之意，其法力廣大如此，而能承任者亦難矣。若有人能受持讀誦，既以成己，廣爲人説，又能成人，人己兼成，功德無量。如來于此一一悉知悉見，是人成就此經所具功德，等無有異。如是人等，其力量之大，信堪荷擔如來無上正等正覺之法無難也。此何以故。蓋持説是經者，皆能發大乘最上乘心，而法亦能任其大矣。若喜樂小乘法者，只知有己，不知有人，便是著我、人、衆生、壽者之四見，惑於幻相，未悟真空。即於此經無相妙義毫無領略，于己不能聽受讀誦，于人不能解説開導，是將不可思議功德而輕棄之，豈能承任無上菩提。故佛不爲彼説，非有所偏也。當知此經永爲萬世不刊之典。須菩提，但隨經所在之處，一切世間天道、人道、阿修羅道所當供養者也。當知此經所在之處，即爲如來真身舍利寶塔，皆應起恭敬之心，作禮而五體投地，圍繞而大衆歸依，以諸種華香而散滿其處以爲供養也。

○能淨業障分第十六

能淨業障，言此經之功德能消滅前世之罪。業障者，言罪業之障蔽心光，如帷幔之障蔽人目，不目天日也。經力固能淨障，須要受持，能淨其心，斯真受持。若以清淨心受持讀誦此經，先世罪業安有不消。先世且消，而況現在者乎。

復次須菩提若善男子善女人至果報亦不可思議。

註　惡道，猶惡境，極言之則三惡道也。先世即前生。梵語阿僧祇，猶云無盡數。那由他，猶云一萬萬。劫者，世也。值，遇也。十萬曰億，總極言其多。承事，順承奉事也。具説者，盡説也。狐是狐狸，其性多疑，故人之多疑不決者曰狐疑。功有所成曰果，理有所驗曰報，非止今生，後世果報之説也。

講　弟子復編次，佛語須菩提曰：人能持經，不惟成就無邊功德，并可消宿世業障。若有善男善女能受持讀誦此經，真可敬重者也而反爲人所輕，真可尊貴者也而反爲人所賤，其故何哉。蓋必是人先世未聞經時，執泥四相，染著六塵，造有罪孽，當墮惡道，以今世人輕賤故，准抵得先世罪孽，即盡爲消滅矣。既免惡報，真性亦開，是能除妄歸真，當得無上菩提之正果，而持經功德爲何如哉。須菩提，持經功德即成無上菩提，此非妄言也。試以我證之，我思過去無盡數萬劫在然燈佛前，得遇八百四千萬億無數諸佛，悉皆供養而不敢怠，承事而不敢違，無空過一處而不供養者，是我歷事諸佛之多如此。若復有人於後來末法之世，能受持讀誦此經，其所得功德以較我供養諸佛之功德，我百分尚不及其一分，直推到千萬億分，乃至算數之多、譬喻之廣，亦不能及也。蓋供佛止求福報，而持經則圓明本心，永脱輪迴，是豈所能較量也哉。持經功德勝於供佛功德，世人應信我言矣。然而猶未也。須菩提，若善男善女於後來末法之世有能受持讀誦，所得無量功德我若盡言其詳，或有鈍根小智之人聞之，反生疑畏之心，狂而無定持，亂而無定見，輾轉狐疑而不能信，所以我尚未盡説耳。當知此經之義深遠難測，乃真空無相最上乘法，不可以心思言議而窮其藴也。至於受持讀誦，先世之罪業滅消，無量之功德難及，而其所得果報又豈可以心思言議也哉。

金剛經正解卷上

校勘記

〔一〕底本據《卍續藏》。

〔二〕「言」，底本原校疑爲「有」。

金剛經正解卷下

○究竟無我分第十七

分爲四節。究，推究。竟，窮盡也。無我即是無四相，而但云無我者，四相皆因我相而生，無我即無四相也。究竟無我有二義：一是自然體，直下究竟，本無我體是也；一是勉然法，詳究到盡處，只是無我是也。經因自然體而示人以勉然法，與《中庸》明則誠義相似。

爾時須菩提白佛言至阿耨多羅三藐三菩提心者。

講　爾時須菩提聞佛不可思議之言，復問佛云：是經所重者，發菩提心也。若善男子、善女人果能發此心究竟，云何應住而不遷。至於妄幻心，云何降伏而不動。佛告之曰：

菩提心者，本來自有當體現成，原爲人所同具，只因衆生蔽於塵染，不能滅度而取捨人我，紛擾此心者多矣。當生如是滅度衆生心：我應滅度一切衆生，如煩惱、妄想、貪瞋癡心，種種四生之類皆爲點破喚醒，一一除滅而度脱之。既滅度一切衆生已，則智慧觀照，息妄還真。一切衆生原非本性中所有，而我心中一念不起，同歸寂滅，無有一衆生實是我滅度之者。此何以故。蓋學道菩薩一留度生之心而不化，則四相未除，妄想現前，迷惑本性，即非菩薩矣。所以然者何也。不惟度生非實，即發心亦非實法，求發心之我尚不可得，況度生之我耶。菩薩以發菩提心得名心本空寂，其發菩提心不過自悟自修，自度度人，實無有法得發此阿耨多羅三藐三菩提心。可知發心是因衆生而名，無法發心乃真實義也。

須菩提於意云何至當得作佛號釋迦牟尼。

註 如來，佛自謂也。授，付也。記，誌也。佛以心印相傳曰授記。梵語釋迦，此云能仁，謂心性純全，含容一切也。梵語牟尼，此云寂默，謂心體本寂，動静不遷也。寂默爲體，即是如，能仁爲用，即爲來，先釋迦而後牟尼者，攝用以歸體也。先如而後來者，從體以起用也。總是一箇真性，加號則爲釋迦牟尼，通稱則爲如來，又爲佛。佛者，大覺也，不從形相言也。形相，佛因設化衆生、隨緣應迹耳。應化事詳首卷。

講 佛呼須菩提反問云：汝聞我説實無有法發菩提心者，於汝意中云何。若菩提心有法可得，則如來宜先得之矣。昔日如來爲菩薩時，於然燈佛所，可曾有法得菩提不。須菩提言：不也，世尊，如我解佛所説，實無有法發菩提心之義，則知佛於然燈佛所無有法得無上菩提也。蓋佛於本師處乃自性自悟，非有秘密之法傳授而得。佛深契須菩提之言，故重許之云：如是，如是。須菩提，果是實無有法如來得無上菩提也。若使有法而如來得無上菩提者，然燈佛當舉法以傳於我，則不與我止授記云：汝於來世，當得作佛，號爲釋迦牟尼。以實無有法而得無上菩提，是故然燈佛與我授記，因作是言：汝於來世，當得作佛，號釋迦牟尼。此外更無付囑也。

何以故如來者即諸法如義至爲非大身是名大身。

註　如來者，真性之稱，遍虚空法界而常自如，隨所感而應現，是如來即諸法如義之謂。諸，衆也。法者，處事之方。如義者，謂真性本來自如，其見之於諸法者皆自然而然，來爲應迹，去無留滯，如如不動之義也。於是中者，謂菩提體中，即真性中也。

講　此顯法身不屬因果也。佛恐須菩提執定如來是有修有得，未達法身不屬因果，既以無所得破之矣，猶恐未悟故，直示之曰：何故言菩提無所得耶。以如來者，非有相之稱，乃是諸法常體如如之義耳。若有人不知如來是諸法中之真如義，而言别有法名如來得此無上菩提，須菩提，實無有法佛得無上菩提，蓋佛自得之，非有法以得之也。故如來所得無上菩提，其於是中一法不立，無相可求，不可認以爲實，無法不備，爲諸相之體，不可認以爲虚。唯是無實無虚之故，如來所説一切法皆是不著四相，不染六塵，發明真性之理，用以修行而成佛之法也。法豈可廢哉。然法固不可廢而亦不可執也。即所言一切法者，不過指示迷途，除去四相，假此以修行。若真性既悟，能自得之，法亦何有。即非一切法，是虚名一切法耳，非真性中所有也。須菩提，所言一切法者，有而非實有，譬如人身長大，人身雖長且大，果真爲長大乎。須菩提深契佛旨，答云：如來説人身長大者，不過形軀色相一時假合，即非真實大身，是虛名爲大身而已。知大身非身，則知諸法非法。

須菩提菩薩亦如是至如來説名真是菩薩。

註 梵語菩薩，此云覺衆生。亦如是者，指上文而言，亦如大身之不實也。作是言者，指下文而言，謂我滅度衆生也。我當莊嚴佛土，此佛土謂佛刹。上如來説莊嚴佛土，此謂佛之心土。通達者，見得十分透徹也。無我者，無有我見也。法，理也。真菩薩，謂造到無我地位，即正等正覺，故云真也。

講 佛説大身不爲真實固矣，然不獨大身也。須菩提，菩薩之名爲覺衆生者，其不實亦如是也。蓋真性中本無衆生，祇因業緣現相，由我相立而成四相，則衆生並從業緣中現，反之真性了無可見。若菩薩自言，我當滅度無量衆生，則是有心除滅，分別衆生，我相未離，而反自增障，即不得名爲菩薩矣。此何以故。菩薩雖以佛法滅度衆生得名，但真性中惟無上菩提，本無衆生可度，又何有

背可據實無有法滅度衆生以名爲菩薩也。是故佛所説一切法，不過隨機順應，開導衆生，以悟本性，豈有法相之見哉。無我、人、衆生、壽者之四相矣，不特法無相見也。夫上求佛果，下化衆生，皆菩薩事也。既求佛果，則當嚴佛土矣，然嚴土亦非實法也。若菩薩自言，我當以七寶五采莊飾嚴整佛之刹土，是著於有相，豈足名爲菩薩。何以故。如來所説莊嚴佛土者，非爲外貌粉飾，乃即心佛土也。心土無相，本來清淨，云何莊嚴菩薩。六塵不染，清淨長存，不作莊嚴相，非莊嚴中有妙莊嚴焉，是則名爲莊嚴也。度生、嚴土皆非實有，此真無我法也。我前言無上菩提，其説雖多，總是無我之法。夫法界本空，一有我便著形迹，人與衆生、壽者緣我而有勢，必執其有法、有滅度、有莊嚴，何得名爲菩薩乎。若菩薩通達無我法者，我尚無有，何更有法。人法兩空，湛然清淨，此如來説

名真是菩薩矣。

○一體同觀分第十八

佛具五眼，體非實有，惟常在真心，虛靈不昧。眼雖分五，照共一心，所謂萬法歸一，更無異觀，非衆生種種諸心妄見所及。宋徵與曰：若有妄心，即有妄見，諸相成沙，三際爲限，五眼不通。若無妄心，則無三際可得，五眼一時開明，非諸沙相所能隔，故曰一體同觀。

須菩提於意云何至現在心不可得未來心不可得。

註　五眼者，以形論則爲眼目，以理論則爲心竅。眼通于心，凡人皆有，曰與佛無異，但因四相、六塵遮蔽，只有肉眼而已。佛有五眼，乃常住真心寂照，非過去、未來、現在妄心之觀見也。肉眼以形相言，天眼以諸天言，慧眼以智慧言，法眼以了諸法言，佛眼以佛知見言。眼以矚照爲義，五眼非實有五眼也，約所見以爲眼耳。如是世尊，如是者，應承之辭。有如是沙等恒河，言恒河之多，如一恒河沙之多，佛世界又如衆恒河沙之多，爾所指言恒河沙數之世界。若干，若，如也；干[二]，數也。猶言許多種心，謂衆生種種心也。過去心已滅，現在心不住，未來心未生，故皆不可得。此指生滅妄心，即若干種心之心也。

講　前說不見彼是衆生，不見我爲菩薩，不見淨佛國土，如是則不見諸法，名爲如來，將疑如來爲無所知見者耶。然而如來具足五眼，豈果無所見耶。故問須菩提曰：人目中有清淨眼根，能見形色者爲肉眼，如來有否。答曰：如來雖不局於肉眼，而亦有肉眼也。又問：諸天能作觀行，見世界中所有者，謂之天眼，如來有否。答曰：如來雖不囿于天眼，而亦有天眼也。又問：以根本智，證真空理，謂之慧眼，二乘有之，如來有否。答曰：如來雖不同於二乘，而亦有慧眼也。又問：以差別智，明一切法，謂之法眼，菩薩有之，如來有否。答曰：如來雖不等於菩薩，而亦有法眼也。又問：諸佛覺性圓滿，見光周徧，謂之佛眼，如來有否。答曰：如來與諸佛同體，寂照自如，了無障礙，如來有佛眼也。疊舉五眼爲問，須菩提皆以有是眼答。如來既具能見之眼，即具能知之智，故佛又以河沙爲問，更舉河沙之多，以數佛之世界果多不乎。須菩提亦以甚多答之。佛告須菩提：恒河沙等之恒河沙，一沙一世界國土中所有衆生各具一心，則其心有若干種，如來以清淨五眼皆盡見而知之。所以悉知者是何緣故。如來所説衆生諸心，總從六塵影現，皆識神顛倒之妄心，非真實常住之本心，是虚名爲心耳。所以説非心者何也。須菩提，汝試觀既事之後則爲過去心，當時則有，事過便無，可能常留而不滅乎，不可得也。過事之際則爲現在心，忽然著想，究竟成虚，可能實守而不變乎，不可得也。未事之時則爲未來心，時事未臨，于何懸擬，可能豫設而不失乎，不可得也。如來悉知者，知此不可得之心而已。三際覔心了不可得，識得他不可得處，故知諸心皆爲非心，是名爲心。然則如來豈冥然一無所見乎。正以五眼圓明，洞見到諸心非心，是以能一法不存，法法歸於無我耳。可見如來具足五眼，原無能見所見，而智眼亦歸無我也。剩閒曰：三心不可得，佛只申明得皆爲非心，是名爲心二語。如何是真心，不曾説破。講者只好隨佛言，繳明上文，於言外略爲指示數語，補明真心之意，歸到一體同觀，乃爲經文正義。若急於欲明真心，於上文是名爲心有作指點，真心於三不可得下從佛口中添出，是名真心，以繳上是名爲心。語意雖似深妙，與上下文勢欠合。故以皆爲非心是名爲心，一直説下，不點破真心者爲正解也。

〇法界通化分第十九

佛身充法界，通達化無邊法界佛世界也。世界由心建立，心爲萬化所從出，佛心能悟實性，法身充滿法界，

則變通莫測，神化無方，其福德之多無有窮盡矣。

須菩提於意云何若有人滿至如來説得福德多。

註　因，依也。藤蘿附木而生，曰緣。因緣者，因其布施之功而緣之以得福德也。福德有實者，取相也。福德無故，離相也。是人，指以世界寶施之人。取相之福德雖甚多，而非實離相之福，雖似無而實有，故足言多。前云甚多，以俗見言之，即以甚多者爲不多，以佛見言之也。

講　七寶布施，佛以屢言之，而此復説者，以上文言衆生心虚妄不可得，如是則福德依心而成，亦是虚妄，六度萬行俱非實法，修福又何益耶。故再發明無住相施之福德，以見因緣修福不可廢，但施相之不可不離也。因問須菩提曰：若有人以滿三千大千世界之七寶而爲布施，此因衆生心發出之善行也。以是布施，廣結因緣，得福多不。須菩提言：

果從因生，因從緣就，此人以是布施因緣得福甚多也。如來説因緣二字，須菩提已深領此意，但未發明原故，所以又呼須菩提而言曰：所云福德多者，若以福德爲有實，則妄識住相，取著能所，有違于本來空寂無爲之體，即成顛倒心。如來説是有漏福德，其報有限，不足爲多也。若以真智行慈，隨緣布施，能離于相，不見福德爲實，有順於本來空寂無爲之體，即非顛倒心，此乃無爲淨福，等如虚空，所以如來説得福德多耳。然則妄心住相之福，不當修，智慧離相之福，不當不修耶。福德無故福德多，則福德仍歸無我，修福原不礙菩提也。

○離色離相分第二十

色者，顔色。相者，形體。離者，不著。言求見如來者，離諸色相也。

須菩提於意云何至即非具足是名諸相具足。

註　色身者，三十二相也。諸相者，謂種種變現神通之相，又不止三十二相矣。具足者，無少欠缺也。色身主離色言，諸相主離相言。

講 前言身相非相，諸相非相，須菩提已知有法身法相。此承上福德無爲福德多。佛恐須菩提以如來色身認爲法身，故設問曰：佛可以具足色身見不。須菩提即解其意，遂答曰：不也，世尊。覺性虛空，非形所囿，如來不應以具足色身見。何以故。如來所説具足色身，乃是幻化應身，非真有具足色身也，是名爲具足色身耳，而可以色身見如來也哉。佛又問須菩提曰：如來變現神通之相，諸相具足，可以具足諸相見不。須菩提亦答曰：不也，世尊。蓋諸相亦形相耳，雖具足，不應以見如來也。何以故。如來所説諸相具足，乃外貌應現形相，非真有此諸相具足也，是名爲諸相具足耳，其可以諸相見如來也哉。

○非説所説分第二十一

分爲二節。無上菩提乃本來真性，此非言語可説也。如來爲覺悟衆生，只得以言語化導，演説般若，要知所説法正爲此。非言語可説者，謂不可説而説也。

須菩提汝勿謂如來作是念至無法可説是名説法。

註 勿謂、莫作，皆禁止辭，言勿謂如來心中自念云，我當有所説法度衆。蓋如來隨衆生根器而覺悟之，初未嘗有説法之心也。若言有所説法，是不明説法之旨，與佛意違背，非謗而何。以本性真空，有何可説。今云説法亦名耳，非實有法可説也。

講 佛告須菩提曰：汝勿謂如來有心作此念頭，我當有所説法以開示於人，汝切莫作是念。此何以故。設若有人言如來有所説法，則是淺見寡識，滯在言辭之末，違背真空妙諦，即爲謗佛，不能解會我所説之義故也。又呼須菩提曰：當知所謂説法者雖以言顯，猶以悟通，默識心源，非言語能到。無法可說，是名說法也，蓋無可說而說，名爲說法。

爾時慧命須菩提白佛言至說非衆生是名衆生。

註　爾時者，當啓問之時。慧，智慧，以德言。命，壽命，以齒言。謂有智慧而高年長老也。人至老耄，則昏瞶者多。須菩提老而得慧眼，年高有德，表稱以動衆。

講　爾時，具智慧通命源之須菩提深契佛旨，恐無說之說具佛慧者方能知之，衆生未必知，不知又安能信，因白佛言：頗有衆生於未來世得聞如來所說無法可說之法，能生實信心而無疑焉否。佛語須菩提曰：汝勿慮未來之世無有信佛法的衆生。蓋佛與衆生初非兩類，同具此心。彼爲衆生而真性原有，非可以衆生目之。彼雖非衆生，而業緣現在，又非可以不衆生目之。何以故也。衆生於衆生之中不能超脱者，以其不悔悟更新，自暴自棄，遂爲衆生耳。若如來所說，人性皆善，有何凡聖之殊。原非實有衆生，是假名爲衆生也。本性自在，安得聞佛所說而不生信心哉。

○無法可得分第二十二

無上菩提，本是真空，我尚非有，何況於法，故曰無法可得。

須菩提白佛言世尊至是名阿耨多羅三藐三菩提。

講　須菩提白佛言曰：我佛妄盡覺滿，得此阿耨多羅三藐三菩提，豈非以萬法俱空，圓明寂照，不俟外求，正爲無所得乃爲真得耶。佛深契須菩提之問而重許之言：如是，如是。我於阿耨多羅三藐三菩提，不從外得，乃我之真性也。真性虛空，神凝智泯，情絶思澄，不可以色相取，不可以言說求，無有少法可得，止爲開導衆生，是以名爲阿耨多羅三藐三菩提，使人知所歸依耳，豈有法可得哉。

○淨心行善分第二十三

妙性空寂，固無法可得，然欲得無上菩提，又當何所修耶。必須淨其心以行諸善事，借此法爲入道之門。

宗泐曰：淨心行善者，不著一法于心而行此善法也。

復次須菩提是法平等至即非善法是名善法。

註　是法即指菩提覺體，無法之法乃真法也。平等，謂凡有知者必同體也。無有高下者，非聖具而凡虧也，在聖不增故曰無高，在凡不減故曰無下。一切善法，如布施、持戒、忍辱、精進之類是也。

講　阿難復編次，佛告須菩提曰：是無可説無可得之菩提法，乃本然之性，原自平等，在衆生不減，在諸佛不增，無聖無凡。色身則有高下，而真性初無高下之分，所以名爲阿耨多羅三藐三菩提也。何以爲是名也。以真性中無有我、人、衆生、壽者四相之妄，但見爲平等，故有是名也。平等之法，不從性外得矣，然豈蓋廢修證哉。倘認本來現成，不假修行，此又廢法沉空，愚迷不返者也。唯依平等無相心，修一切六度萬行之善法，則虚己含真，從此明心見性，造至覺地，即得阿耨多羅三藐三菩提矣。此所謂自修自證，真無少法可得者。須菩提，不惟菩提無法可執，即一切善法在所當修而亦不可執泥。蓋所謂善法者，不過借此以接引衆生，開悟羣迷耳。及悟菩提，善法何有，本性中原無有此法也。如來説即非善法，是名善法，法非實有，而可執泥也哉。菩提之無少法可得也益明矣。

〇福智無比分第二十四

福即福德，智即智慧。住相實施爲人天有漏之因，只可言福。持經演説爲本性無量之功，不惟有福，兼爲有智。此福與智合，等如虚空，無可比方者也。

須菩提若三千大千世界中至算數譬喻所不能及。

註　如是等七寶聚，言七寶所聚之多，等之于須彌山王之高大也。佛以性中福德爲最上者，皆爲世人妄執因緣，要求福報之厚，故隨機逗教，反覆言之，以破人著相有爲妄福，而勉人以修身修性耳。

講　上言善法皆空，恐人又以經文爲空談，故以福德較之，使知自修也。佛告須菩提云：須彌爲衆山之王，可謂高大矣。若三千大千世界中所有諸山盡如須彌是高大而且多也，若有人積如是七寶以成聚，用此布施，福德固爲高大而多矣。然自性若迷，施福享盡，不免墮落，福何可救，于性何益。設若有人以此《般若波羅蜜經》，乃至四句偈等，受持而有得於心，讀誦而演說其義，則不徒自度，且能度人，利益無窮，是修自性福德智慧。此七寶布施之福德，不及比持經福德百分之一，豈止百分之一，雖千萬億分乃至算數之多、譬喻之廣，亦不能及此一分也。人可徒求布施福而不修性福哉。

○化無所化分第二十五

化者，度衆生也。無所化者，實無衆生得滅度也。蓋佛雖設法以化衆，然法非强設，衆生本有佛性，原非凡夫，不過隨其本性而導之，故有化而歸於無所化也。

須菩提於意云何至即非凡夫是名凡夫。

註　未度曰衆生，度後非衆生，非衆生則無衆生相，故曰實無有衆生如來度者。如來說有我者，就對凡夫而言耳。色身本空，我有何在。但凡夫不悟，妄認色身以爲我耳。

講　如來度生，現無邊身，說無量法，實實見之行事一一圓滿，非菩薩可及，豈可云無滅度乎。殊不知是法平等，則是衆生本來寂滅，如來不過因其爲衆生而設法以度之。如來不作度生念，所以能度生也。故呼須菩提而告之曰：汝意云何。汝等學道諸人，勿謂如來實有是念，我當用法以化度衆生。汝等莫作是念可也。此何以故。蓋般若真性人人具足，雖如來以法度之，然亦度其所自有，非益其所本無，化歸無化，實無有衆生是如來度者。設若見有衆生爲如來度者，是如來見得我能度化，即爲有我。人因我度，即爲有人。度人離塵，登我法界，即有衆生。度人生死，不入輪迴，即有壽者。一念不忘，四相畢具。所謂平等真法界，佛不度衆生者，謂何而如來豈有此耶。如來既無四相，又何有我乎。然如來説有我者，是對衆生而言，即非實有我也。而凡夫之人錯認幻相，以爲有我，蓋未能見性，所以我相未忘也。佛又恐人分别凡夫，復呼須菩提言：凡夫者似與如來異，若論本性真空自在，苟能了悟，隨入菩提，故如來説即非凡夫，是假名爲凡夫耳。然則如來、凡夫一而已矣，又豈有能度之如來、可度之衆生也哉。

○法身非相分第二十六

如來清淨法身乃從本性表出，即是真空，非屬相貌，無相可求者也，須心悟始得，不可以色相見。蓋色相總屬幻，有所見亦非真實，故曰法身非相。

須菩提於意云何至不應以三十二相觀如來。

註 轉輪聖王，是爲四天正統攝四大部洲，正、五、九月照南閻浮提，二、六、十月照西瞿耶尼，三、七、十一月照北鬱單越，四、八、十二月照東佛婆提，常如輪轉，照察人間善惡，以治四天。下乃二地菩薩，寄居金輪王位，修行在天人道中，未出三界，以業報福德，亦具三十二相，是業力所成也。觀與見不同，見者覿體之謂，觀者應作如是觀之觀，以心觀也。

講 前分既言如來無我，無我則無相矣。佛恐衆生執相之見未除，故復問須菩提曰：如來容貌端莊，具足三十二相，汝之意云何，果可以三十二相觀如來不。須菩提順佛言而隨答之曰：如是，如是。蓋認作以相觀如來，徵問須菩提也。如來不可以相見，可以相觀，因此有相以觀無相之妙，未嘗不可。此答在須菩提不爲錯，正是他深解進步處，但非佛發問意，令初發心人聞之，不知由無相方能現相，但見於相，昧於無相，未免執相以觀如來，誤入邪道。故佛轉詰以曉之曰：設若如來可以三十二相觀之，則轉輪聖王管四天下，周流不已，以福業多端，亦具三十二相，與如來相似，是轉輪聖王即當爲如來矣。須菩提深悟佛意，即應之曰：以我解佛所説義，自不應以三十二相觀如來也。

爾時世尊而説偈言至是人行邪道，不能見如來。

註　偈者，發言成句，又四句爲一偈也。色，顔色。見，親覩也。音，言音。聲，聲氣。求，索也。我者，佛自謂，此指法身真常清淨之我，亦對人而言我也。邪道者，聲、色乃是幻妄，惟真性方爲正覺。如來，謂真性法身也。

講　爾時，世尊印證解義而説爲偈言曰：如來之我本無色可見，無聲可求。若人以色見聲求，心遊性外，墮于識境，是人所行名入邪道，決不能見如來矣。蓋求我於聲色，是以如來爲有相也。欲見如來者，豈可以三十二相爲哉。

○無斷無滅分第二十七

前分既言不可以色見聲求，恐人疑如來斷絶諸法，消滅形相。不知真空妙體無斷滅相，故此分又發明之，蓋我以不可斷滅一切諸法起箇著無見也。

須菩提汝若作是念至於法不説斷滅相。

註　具足相，即前言具足諸相也。説諸法斷滅者，斷者不續，滅者不生。妙性本空，如明鏡纖塵不翳，任萬形之自起自滅，而鏡之明體寂照如如，未嘗斷滅。若作是念，如鏡先自著翳，則光揜而有斷滅相矣。此蓋我言求菩提者，不可念著于無，非謂如來不以具足相得菩提爲非也。

講　承上文言。須菩提，汝雖知如來不可以相見矣，設若作是念，謂如來不用具足色相之故，得此阿耨多羅三藐三菩提，將必舍去色相，別生見解。汝切莫作是念而謂如來無形相、無聲色，遂不以具足色相之故而得此阿耨多羅三藐三菩提心也。佛又告之曰：汝若作是念云，諸相皆無，纔發此阿耨多羅三藐三菩提心，是說度人諸法一切皆斷滅矣。如來雖脱塵緣，圓通無相，神化無方，而隨緣順應，原非斷滅者。法如斷滅，則心性何由發明，而真如亦幾乎熄矣。汝切莫作是念也。此何以故。凡發阿耨多羅三藐三菩提心者，必依諸法以爲修行之路，不得說法相俱捐，生斷滅相也。

〇不受不貪分第二十八

菩薩所作福德皆般若真空，直超彼岸，豈比世間布施之福德受而貪之也哉。曰不受者，一塵不染，縱有，向何處著。曰不貪者，心等虛空，欲愛從何處生也。

須菩提若菩薩以滿恒河沙等至是故說不受福德。

註 我者，私己之心也。成者，成就也。前於六波羅蜜中，揭出忍辱波羅蜜爲言，可見忍之義大矣哉。人於一切萬事，執著一箇我心就有四相，於六塵上見其可愛而受之，見其可欲而貪之，便不能忍耐以降伏其心，而於菩提遠矣。按《大般若經》，有安受忍，有觀察忍，修此二忍，便得無生法忍。此處知字是觀察忍，成字是安受忍。知一切法無我，得成於忍，便是無生法忍。

講 前分既言不著聲色相，不著斷滅相，真通達無我法矣。佛故呼須菩提而言曰：設若菩薩以滿恒河沙等世界之七寶持用布施，可謂多而獲福勝矣。然未免有貪受之心，非自性功德也。若復有人深知一切諸法從心而生，湛若太虛，不住不著，都是平等，無有我相，雖以法施普度而不自有其能得，以成就容忍之念，則此菩薩無我之功德勝前菩薩寶施所得之功德矣。然所以勝之者，何以故。以諸菩薩心本無我，既有法施功德，無有我施之心，誰其受之。惟此不受，福德無有邊際，故勝前菩薩所得功德也。須菩提未解不受之義，而白佛言：菩薩既如是而得福德，宜受享矣，云何菩薩不受福德也。佛答須菩提：菩薩所作布施福德，俱本真性無我之法，無有我相，無有能心，本爲利益衆生，不是爲自家受用。若起一念受用心，便成貪著。菩薩修福德，不應起貪著心，是故説不受福德也。

○威儀寂靜分第二十九

如來行、住、坐、臥，謂之四威儀。寂靜者，言威儀中真性寂靜，無去無來，如如不動也。此從威儀中指出寂靜，見性無染著、無生滅，不可認作以威儀爲寂靜也。

須菩提若有人言至亦無所去故名如來。

註　此分三言如來皆謂真性也。真性無相，若以四威儀形容之，是人不解佛所説如來之義理也。故名如來者，言無去無來，乃是如來之實義。名曰如來者，以是故也。

講　如來法身遍虚空法界，無相無所。凡其應現，是隨衆生業緣而來，其實真性自如，未嘗有去來之迹。人見如來應化威儀，得母〔三〕謂既非斷滅落空，又非色相落有，即是可以觀如來乎。是仍在應身上落想，而不能於法身上洞徹也。故呼須菩提告之曰：若有人言如來者，若來而應感，若去而入寂，若坐而跏趺，若臥而偃息，以此四威儀遂指名爲如來，則是著於有相，徒覩其形容而未窺其真性，此人不能解我所説如來之義矣。其不解者，何以故。所謂如來者，不以應化爲體，以法性爲體，盡法界一如不動，本無來去，止因與衆生同體，發起悲願度生。無量劫來，遍修諸行，熏成淨業，隨衆生心，應現救濟。謂其來也，衆生心淨，緣至即現，來無所從。謂其去也，衆生心垢，感畢即隱，去亦無所。是知法身真體絶無來去，故名如來耳。若顯現而成四威儀，不過爲化度衆生現出之迹像，迹雖有動靜而性實無動靜，豈可執是而言如來哉。夫無所從來則非有，亦無所去則非無，有無之見破盡，至是而色見聲求諸法斷滅之疑徹底消釋矣。

○一合理相分第三十

宗泐曰：南唐石本、新州六祖註本並作一合相理分。如來之具足色者，相也。真性之無去無來者，理也。無理則相無所攝，無相則理無所附。必真空之理與外具之相合而爲一，則表裏俱融，精粗無二矣。

須菩提若善男子善女人至但凡夫之人貪著其事。

註 微塵世界都非實有，悉是假名故。微塵在世界中，游氣飄揚，任其起滅。世界在太虚中，山河大地，任其聚散，猶如人身煩惱塵心，皆逐妄而生也。人人身中俱有妄想，其微細雜念猶如世界微塵，然非本性中物，不過影響虚幻而已，故云即非是名也。一合相者，猶朱子云氣以成形而理亦賦之之意。一者，不可分之以爲二。合者，不可析之以爲離。謂理與形合而爲一相也。以如來言，應化身中有法身，以凡夫言，四大身中有真性。推而言之，大而天地，小而萬物，有形者即有理，非形無以顯理，非理無以現形，皆是一合相。經言一合相，止就人身言也。世界微塵，先以爲喻耳。塵身假合，與塵界假合無異。塵界爲器世界，塵身爲有情世界，此以器世界列有情世界，故從世界微塵説到一合相。儒書云人身一小天地，即此義也。如來説者，以佛曾言之也。言即非者，謂無實也。言是名者，謂虚名也。凡夫業緣中，現如來隨緣應化，名一合相，皆非實也。其實而無相者，則不可説也。不可説者，以真性無相，不可言説也。相即無相，凡夫不知，貪著相事。相乃無相真性所現之形迹，凡夫貪戀執著，如目見色而愛色，耳聞聲而愛聲，泥此色身，誤認爲我，故沉淪六道，無由解脱，此其所以爲凡夫也。

講 上文言無所從來，亦無所去，則知應身全是法身，不落有無一見。但恐人隨語生解，向有來有去處見法身散爲應身，便謂如來住於異處，向無來無去處見應身攝歸法身，便謂如來住於一處。住於異處，則見一切法，實有一切法，而法不歸如，事相不得消亡。住於一處，則實相不能無相，而菩提有法，智照不得泯絶。彼如來於法界中隨緣應化，融通無礙，非於一處住，亦非異處住，故舉世界、微塵不實，喻法身、應化非一非異，而結歸一合相以明之。佛告須菩提曰：若有善男子、善女人以三千大千世界碎分爲微塵，於汝意云何，是微塵衆寧爲多不。須菩提悟而言曰：若以世界分而爲微塵，甚多。世尊，所以説者，其義何耶。若是微塵聚而成衆，果爲實有者，人皆知之，何須佛説，佛即不説是微塵衆也。所以説者何。碎界爲塵，妄塵幻聚，世人不知，故須佛説。佛所説微塵衆，即非實有微塵衆，是虚名爲微塵衆耳。須菩提又呼世尊而言：不獨微塵非實，如來所説三千大千世界皆由塵聚幻成，至劫數盡時，亦有變壞。此所以虚而不實，即非世界，是虚名爲世界也。何以故。若以世界爲實有者，世界凝合衆塵而成，即是一合相，而可執爲實有哉。如來所説一合相，則以四大五蘊形質幻成，理氣凝聚，性相假合，非實有一合相，是虚名爲一合相也。佛聞須菩提言，已知深悟其理，故呼而告之曰：是一合相者，實而不實，相而非相，即是不可以言説求之真性在焉。但凡夫之人聞諸佛説，不能證悟，淺則貪著諸塵而成緣競起，深則貪著色相而幻境愈增，遂繫縛於生滅雜念而不能解脱，豈知理相合一即是不可説之妙哉。

○知見不生分第三十一

本性原是真空，清淨無爲，真知無不照徹，纔起知識見解，則所見無非四相，便難發無上菩提之心。必妄起之知見盡滅不生，然後四相之見自然不生，而般若真知方露，可以證菩提，登彼岸矣。剩閒曰：真性本知見不生，此言明真性者也，要知見不生也。

須菩提若人言佛説我見至即非法相是名法相。

註 前言四相，此言四見。相者，法所現也，見者，心所取也，然相粗而見精矣。四見，謂作四相之見。三疊言之，是佛分别棄身見性之義。人無知見，即同頑石，佛豈無之，但知見有真妄耳。如《法華經》云：聞佛知見，示佛知見，悟佛知見，入佛知見。此知見之真也。《楞嚴經》云：知見立知，即無明本。此知見之妄也。王日休曰：見者，謂實有是見也。一泥于實，則多所貪著而妄念滋長矣。法者，事之法也。相者，形迹也。不生法相者，於事法之形迹，如我、人、衆生、壽者之見，皆不萌之於心也。如是知、如是見者，即無上菩提之真知真見也。即非法身，掃除名相之盡，是名法相，顯著實相之盡也。

講 前但破相，此乃破見。見心不破，

一異分際不除，故合破之。蓋佛恐人執著妄見，障蔽真見，不能證悟真性，故呼須菩提而問曰：若人言佛所説者，實有我見、人見、衆生見、壽者見，須菩提，于汝意中云何，是人可能解我所説之義否耶。須菩提答曰：不也，世尊。是人口雖能説，心非能悟，不能解如來所説之義也。其不能解者何以故也。世尊所説我、人、衆生、壽者之見，原是外現假象，不是性中真諦，即非實有此見也。因衆生滯於形迹之私，流爲物化之累，乃假名四見，爲衆生掃除執相，是名爲我、人、衆生、壽者爾，豈真有此見哉。佛因須菩提三疊四見之言，分剖明白，又呼其名而告之曰：大凡發阿耨多羅三藐三菩提心者，不但四相宜空，即於一切諸法皆是無相，識自本心，見自本性，應有如是之真知，如是之真見，如是之信受解悟，不生一毫法相。法相者，修行種種之法，一泥著則諸相生矣。不生，

則無上菩提渾然天真，而在外之形迹皆不足以爲累。但初修行人不假法相，其入無由。須菩提，凡是所言法相者，皆爲接引初學，令其漸進耳。若至了徹真性空寂，法相何有。故如來説即非實有法相也，是假名法相而已。夫法相非有，必無我、人、衆生、壽者之見，而般若真性于此可悟。發菩提心者，宜審於此。

○應化非真分第三十二

分爲三節。此分明凡應現于事、設化于外者，究非真實，惟本性自如乃爲真實。此經通章反覆説來，總歸到真空無相，即自性也。性本虛空。不取于相，如如不動二句盡之，如如不動乃真空也。全經爲度生而發，故以演説終之，度歸無度，説還無説，非真也。

須菩提若有人以滿無量至不取於相如如不動。

註　阿僧祇，西土之數名，猶云無央數耳。無量阿僧祇，乃積數之極多，不可以數計也。發菩提心者，謂發廣大濟度衆生之心也。推明經義曰演，宣揚經義曰説。如如不動，上如字謂真如性，下如字謂自如之甚也。不動，謂不逐相移動也。

講　般若大意上已説完，如來欲後人持説此經，以傳慧命，所以又呼須菩提而告之曰：若有人以滿無量無央數世界七寶持用布施，其得福可謂多矣。然不能離相布施，財施雖多，福終有盡。至於《般若波羅蜜經》，全是法身妙諦，一切諸佛及無上菩提法皆從此出。只恐人以文字目之，不以心持，以樂小心持，而不以菩薩菩提心持耳。若有善男善女發無上正覺度衆之心，實信奉持，不獨受持全經功德希有，於此經中乃至四句偈等，不徒受持，于己自明其性，又爲人演説，教人亦明其性，人己兼成，利益無盡，其所獲之福勝彼七寶布施者矣。佛又言曰：我所謂爲人演説者，汝亦知云何爲人演説乎。惟不取於相，如如不動。蓋我與衆生都是色相假合，若論真性，不著四相，不住六塵，人法雙忘，情智俱泯，自無形迹可求，亦無聲色可見。本來真空，何有相之可取。惟真如之性，無不如意應現，但如如焉，神通乎法界而定自然，妙化於無方而體常寂，偏虛空界，常住自在，初何嘗逐相遷移而有所動于中哉。此真可以演說矣。

何以故。一切有爲法至如露亦如電，應作如是觀。

註 法者，事之法也。有爲者，有所作爲也，上自天地化育，下至人事造作，皆有爲法也。夢者，夢寐也，睡時似有，覺了全無。幻者，幻術也，如結巾成兎、結草爲馬之類，皆虛幻不實。泡，水泡也，外像雖有，其中實無。影，形影也，光射則有，光滅則消。露者，露水也，朝濕則存，日燥則乾。電者，閃電也，忽有忽無，速于交睫。如是二字，指上六者而言。

講 佛又自申說云：我所言不取于相，如如不動者，何以故乎。蓋本性真空無相，原自如如，無所作爲者也。故凡聖賢皆以無爲爲法而親證之。若有所作爲，便虛妄不實。是以世間一切有爲之法，皆如夢寐之非真，如幻術之假化，如水泡之虛浮，如身影之恍惚，如朝露之易乾，如閃電之易滅，當作如是六者觀看。可見世間之事，諸行無常，有生有滅，非真有也。惟如如不動之性湛若太虛，超萬劫而常存，歷千變而不易。與之演說，其福德寧有量哉。

佛說是經已長老須菩提至皆大歡喜信受奉行。

註 此段乃阿難之記詞，結經常規，所謂流通分也。流通者，流通般若，利益衆生，如水之不壅塞也。比丘、比丘尼者，出家之男女二衆也。優婆塞、優婆夷者，在家之男女二衆也。天、人、阿修羅，六道中之三道也。經初但云與大比丘衆，今言四衆八部，顯前說經之初非不在會也。凡所聞歡喜，必妙契於心，契則信之真，受之切，而奉行不虚矣。

講　阿難因佛反復闡明般若之法，遂記而言曰：我佛説經已畢，首焉啓請之長老而名須菩提者，頓悟真空，默領心印。其時同會之聽法者，則有比丘、比丘尼焉，優婆塞、優婆夷焉，一切世間之人，天上之天人，並阿修羅神，聞佛所説此經，各人言下見性，不驚不怖不畏，皆生大歡喜，幸正法之得遇，莫不信受其言而持之於心，奉行其教而演之於人，雖歷億萬劫，永證菩提，而人已兼度矣。此正我佛慈悲，廣作津梁，以度羣迷者，爲功斯世，豈有量哉。

金剛經正解卷下終

校勘記

〔一〕「干」，底本作「于」，據文意改。

〔二〕「毋」，疑爲「毋」。

（李勁整理）

金剛經法眼懸判疏鈔（二）

清性起述

金剛般若波羅蜜經懸判疏鈔卷序

勅建西天寺武林後學沙門性起述

△將釋此經，判義分三。初、通序大意，文八。初、通叙大意，分六。初、標題。

金剛般若波羅蜜經者，

鈔云：此題法喻雙彰，華梵爲目，通別爲名。法喻者，金剛是喻，般若等是法。華梵者，金剛是華言，般若波羅蜜是梵語。若具梵語者，跋折羅般若波羅蜜，此云金剛智慧到彼岸。通別者，經之一字是通，以三乘十二分教俱名爲經故，金剛等七字爲別，不受餘稱故。餘義等釋，後文中辯，恐煩不引。

△二、除我法。

却衆生之我見，除徧計之異情，

鈔云：四見中以我見爲首故。我者，於五蘊中妄計我我所故。人者，妄計我生人中，轉於餘趣故。衆生者，妄計五蘊和合而生故。壽者，妄計我受一期果報，若長若短故。斯皆顛倒妄想，亦名四見。今云却衆生之我見者，下文云，若菩薩有我相、人相、衆生相、壽者相，即非菩薩。又云，我當滅度無量衆生，即不名菩薩。若菩薩通達無我法者，如來説名真是菩薩。云菩薩者，梵語，華言是大道心，亦名覺衆生。故云却衆生之我見也。徧計者，謂周徧計度我、人、衆生、壽者四見。異情者，異見情執，法非法相，斷常二見。今云除者，謂除去我、人、衆生、壽者、法、非法相。故下文云，是故不應取法，不應取非法。以是義故，如來常説，汝等比邱知我説法如筏喻者，法尚應捨，何況非法。此除徧計之異情也。

△三、示宗趣。

以破相顯性爲宗，以觀照實相爲趣。

鈔云：語之所尚曰宗，宗之所歸曰趣。又宗者，主也，唯以此法而爲主故。今此經大意，專以段段破相，故云，凡所有相，皆是虚妄。又云，不可以三十二相得見如來。又云，如來所説身相，即非身相。此即破除我、法之相也。又云，若見諸相非相，即見如來。又云，離一切相，即名諸佛。此則顯依他無性即圓成故，是頓彰般若性也。故云以破相顯性而爲宗故。觀照者，文云一切有爲法，如夢幻泡影，至應作如是觀者，即觀照般若也。實相者，則真實之相也。《經》云不取於相，如如不動者，即實相般若也。由前因聽文字般若章句，一念淨信，方得破相顯性，見道了明，從解起行，即入觀照，念念反觀真際路，斷煩惱障及所知障而證實相般若，水天一色露圓明耳，故以觀照實相而爲其趣也。又以觀照爲宗，實相爲趣，故思之可知也。

△四、法喻申明。

示般若源，悟金剛性，

鈔云：示文字般若，悟金剛性。示觀照般若，修金剛性。示實相般若，證金剛性。金剛有堅、利、明三義，謂堅喻實相，利似觀照，明如文字。此三般若，義雖有三，其性無殊。此金剛性，不可破壞，妙體常恒故。又此金剛性體大，般若相大，波羅密用大。此體相用，一即三，三即一者，無二法故。所謂斷盡無明，朗然大覺，唯一金剛心故。

△五、示真俗無礙。

於妙有中全露真空，於真空中全彰妙有。

鈔云：此顯不二之旨也。《心經》云，色不異空，空不異色，色即是空，空即是色，受、想、行、識，亦復如是。舍利子，是諸法空相，不生不滅，不垢不淨，不增不減等。斯乃即五蘊而全露真空，即真空而全彰五蘊。然五蘊性虚，本自空寂，全露真常，如波即水，無二法故。真空體實，隨緣應用，故有五蘊，如水成波，波因水現。《楞嚴》云，性色真空，性空真色，乃至五蘊、十二處、十八界，全是妙明真性中之影像耳。故云，若能轉物，即同如來。此《經》云，若見諸相非相，即見如來。又云，如來者，即諸法如義。是以鬱鬱黄花，無非般若，青青翠竹，本是真如。故知事依理成，理依事顯。《起信論》云，一心中有二門故，一、心真如門，二、心生滅門，以此二門各攝一切法，不相捨離。又云，此真如體，無有可遣，以一切法悉皆真故，亦無可立，以一切法皆同如故。當知一切法不可説不可念，故名真如。此雖顯真如門，而全彰妙有，不離如故。此《經》云不取於相，如如不動等，此總顯真俗圓融，二諦無礙，不二之旨也。

△六、引經結歎。

故云，是法平等，無有高下，是名阿耨多羅三藐三菩提之法門也。

鈔云：此即證成真俗圓融不二之旨也。是法者，即妙有而真空，即真空而妙有之法也。即真空而妙有不增，即妙有而真空不減，故云平等。無高下者，在聖而不高，在凡而不下，在涅槃而不高，在生死而不下。良由迷悟不一，故有差殊，於法體中，本來平等無高下，故是阿耨多羅三藐三菩提之法門也。阿耨等者，梵語，此云無上正等正覺，即成佛果位之名耳。法門者，法即軌持義，門者出入義。謂三賢十地，等妙二覺，莫不由斯般若之法軌持出入門故。是以菩提薩埵依般若波羅蜜多故得阿耨菩提者，其斯之謂歟。

以上通叙大旨一科已竟。

△二、諸位取三般若，得一心常住，分四。

初、五位妙果因何得就。

故三賢十聖，等妙二覺，得無上菩提者，

鈔云：十住、十行、十向爲賢，十地爲聖，等妙二覺爲超地之聖。又三賢爲十地之因，十地爲三賢之果，十地又爲等妙二覺之因，等妙二覺又爲十地之果。三賢爲解行菩提，十地爲分證菩提，等妙二覺爲究竟菩提。雖賢聖信解行證不同，而究竟所得者，唯一無上菩提。故《經》云，一切賢聖，皆以無爲法而有差別。

△二、因修三般若故，而得妙證，三。一、依文字般若，得見道分。

必先從文字般若，一念生淨信者，

鈔云：一念淨信者，即頓開圓解佛知見故。《經》云，是諸衆生，無復我相、人相、衆生相、壽者相，無法相，亦無非法相。以頓忘人法，解真空故，皆從文字般若而得見也。若約位次，正是十信位滿，得見道分。若約六即佛中，正是理即佛後，得名字即佛也。

△二、依觀照般若，得修道分。

然後而修觀照般若，

鈔云：見道分後，以般若智，圓照法界，超現量見，了達五蘊身心世界蕩然清淨，惟一真如，無差別故。所謂念念照常理，心心息幻塵，徧觀諸法性，無假亦無真。從此空假中三觀，次第深入，方了一心不二之本。漸修離相妙行，大智大悲，不住生死及涅槃故，以隨順無住法性，廣大妙理故。若約位次，正三賢位滿，得修道分。若約六即佛中，依教修行，法眼圓明，始起觀行，則得觀行即佛，漸次深入空假中妙行，還未得分證中道，只得相似即佛也。

△三、依實相般若，得證道分。

不取於相，如如不動，而證實相般若。

鈔云：由前修道分中，解行成就，方得分斷無明，分證真如，不取性相，忘緣等照，任放天心，以無功用行，得入薩婆若耳。若約位次，證十地位，乃至究竟斷盡生相無明，進超等妙二覺諸地位故，是謂得證道分。若約六即佛中，得分證即佛，及究竟即佛也。

△三、因妙證般若，故得一心所以。

故得了六度而即一心，悟萬行而即一體，所以一切色無非佛色，一切相無非佛相。

鈔云：三施該六度，六度該萬行。由前以證實相般若，窮徹圓明，大覺諸位，故能於菩提果上見昔因位中所脩六度萬行，皆攝一心常住本體，所以於妙果菩提之中，證一切色無非佛色，證一切相無非佛相。又佛者，覺也。覺一切色、一切相，無非妙果之色、妙果之相故，即以般若波羅密多之法而爲其本也。

△四、引偈證成，妙體常住。

故云：如來色無盡，智慧亦復然。一切法常住，是故本圓明。

鈔云：此偈證成上來一心常住所以。如來色者，即真如妙色也。隨緣應用，不變不異，根根塵塵，周徧法界，故爾全體解脱，具攝無邊廣大智慧，徧照諸法，本自圓明，本自常住。故《華嚴》云，如來成正覺時，入一相三昧，得一切衆生量等身，得一切刹量等身，得一切三世量等身，得一切法量等身，得如是無量無數清淨三輪等身，皆同一相，所謂無相等。故云，一切法常住，是故本圓明。

以上諸位脩三般若，而得妙證一心已竟。

△三、釋通妨難，令生正見，分三。初、由徧計執，故有根塵。

應知根、塵、器界，全是徧計所執。

鈔云：由難云，既法本常住，本自圓明，衆生日用何故而不覺知，何故而不見耶。故今釋曰，動靜理全是，行藏事盡非。冥冥隨物去，杳杳不知歸。真以根、塵、器界全是妙明真性中所現之物，宛似空華。凡情不了，用徧計性，周徧計度，妄執以爲實有，盡成虚妄者耳。如暗室之繩，踏之以爲虵者，即斯類故。

△二、若破徧計，見圓成故。

若除徧計，依他無性即圓成故。

鈔云：《唯識論》云，此性是唯識實性，略有二種。一、虚妄性，謂徧計所執。二、真實際，謂圓成實性。爲簡虚妄，説實性言。復有二性。一、世俗，謂依他起。二、勝義，爲圓成性。爲簡世俗，故説爲實。又徧計性，情有理無，依他性，相有性無，圓成實性，理有情無。此約法相宗義。若約法性宗義，其實依他無性即圓成故，由却除徧計，故能轉物，即同如來。

△三、依正如如，本法界故。

故説生界不減，佛界不增，山河大地，全露真常。

鈔云：由上依他無性即圓成故，此圓成實性，徧流六道而未曾減，往成聖道而未曾增，唯一法界常住妙理，頭頭本是真如，法法無非般若。故古德云，聞聲見色，盖是尋常。這邊那邊，應用不缺。所以山河大地，全露真常，緑水長天，彰法身故。

以上妨難釋通已竟。

△四、依信解證行，得成妙果。

固能依此信而信之，依此解而解之，依此修而修之，依此證而證之，入法界之玄門，成諸佛之妙果。

鈔云：依此信而信之者，《大品》云，一切法不信，唯信般若，名爲真信，即開佛知見故。依此解而解之，依此修而修之者，依解起行，即示佛知見故。依此證而證之者，行起解絶，斷十障，證十如，即悟佛知見故。入法界之玄門，成諸佛之妙果者，斷盡生相無明，五住究竟，即入佛之知見故。又六句中，前一句是信成就發心，次二句是解行成就發心，後三句是證成就發心，《起信論》云三發心也。問，前者已明信解修證斷惑之意，今者何又重明。答，前是明五位行人，因脩般若，已證菩提。今所明者，的指行人，自修之法，乃成妙果，故未重也。以上釋行人得信解行證妙果已竟。

△五、般若因種善根，始得信受，分二。初、標讚法勝。

是知般若之法，諸法中王。

鈔云：是知者，承前契後之辭。諸法中王者，彌勒偈云，實智爲了因，亦爲餘生因。了因者，是證菩提法身妙果之根本也。餘生因者，爲諸度妙行及報化之根本也。故《經》云，一切諸佛及諸佛阿耨菩提法，皆從此經出故。

△二、因多善得入。

苟非一佛二佛三四五佛而種善根，已於無量千萬佛所種諸善根，始能信而受之，捧而讀之也。

鈔云：夫般若之法，如摩尼寶珠，能濟一切諸渴乏之者，但無福人，決不得見，況能受持。故多生累劫，親覲無量諸佛，於一一佛前，常修戒定慧等，資糧助道妙行之力，始能信而受之，捧而讀之也。

△六、持法妙行，福廣難量，分五。初、持行福勝。

是以受持者功超餘行，讀誦者福過恒沙。

鈔云：深信曰受，受而領納曰持。閱本經文曰讀，離本朗念曰誦。夫以歷曠劫而修行，徧恒沙刹而行捨，若不知般若無我之法，朗徹心源，終成費行，如蒸沙作飯，必無實果。是以釋迦如來歷覲八百四千萬億那由他諸佛，悉皆供養承事，無空過者。若復有人，於後末世，能受持、誦讀此經，於我所供養諸佛功德，乃至算數譬喻所不能及。供佛之行尚不能超，況餘行乎。是故總經恒沙大千世界七寶以用布施，皆成有漏之福，豈成無爲妙果菩提，涅槃常樂我淨者哉。故持般若一行，福過恒沙，未作奇也。

△二、竪横較量。

十虚較量，難以測其邊，三千施寶，無以探其際。

鈔云：一、横較，二、竪較。先横較量者，謂十方虚空尚不能較量，况比餘法之類而能及哉。《經》云，一人發真歸元，十方虚空悉皆銷殞，斯皆般若性現之力也。次竪較量者，謂七寶佈施皆落有爲，增長生死，徒益煩多。永嘉云，住相布施生天福，猶如仰箭射虚空。勢力盡，箭還墮，招得來生不如意。爭似無爲實相門，一超直入如來地。故三千施寶，無以喻之也。

△三、天人供養。

在在則人天供養，時時則舍利分彰。

鈔云：夫般若是三世諸佛之母，故一切如來悉皆供養，最爲尊重。故《法華》云，十方諸如來，并過現未來，亦見亦供養，亦令得歡喜。是人之功德，無邊無有窮，如十方虚空，不可得邊際。况世間一切天、人、阿修羅等而不供養者乎。舍利者，梵語，此云身骨，乃佛滅度後，荼毗身骨，有八萬四千大數。《金光明》云，若人得一舍利如芥子許，能供養者，决定托生三十三天，受無量妙樂。此乃色身舍利，非法身舍利之體。《經》云，隨説四句偈等，所在之處，即爲有佛。故云時時則舍利分彰也。若人得一四句偈等能奉供者，得證菩提，豈可思議福德而較量哉。

△四、歴耳成種。

一歴耳根，永爲道種，

鈔云：若種餘善，即成人天小果，有漏之因。若薰般若妙善，一歴耳根，如人食少金剛種子，盡未來際，不可破壞，畢竟要穿一切有爲煩惱身過，到于無爲一切智地。所以金剛種入如來藏，瓜豆云何得錯根，此之謂也。

△五、彈指頓超。

彈指合掌，頓超劫海。

鈔云：夫以深信則讚，讚則歸依，以頓忘人法了真空故，是以超曠劫之無明，越恒沙之生死。故我世尊往昔一聞般若妙旨，則不隨生死流佈而成十地妙果。故佛告須菩提言，當知是經義不可思議，果報亦不可思議。《法華》云聞法歡喜讚，乃至發一言，則爲已供養，一切三世佛者，即斯類故。

以上持行難量已竟。

△七、舊疏新章，聞名周廣。

稽古註疏，千百餘家，望今解釋，循方徧滿。聞名者，盡娑婆界，仰望者，普徧塵沙。

鈔云：疏文分二。一、註疏繁多，二、聞名徧遠。註疏繁多者，謂三十二大士各説不二法門，五百比邱各説身因解脱，但能令人一言之下心地開通者，皆得以作龜鏡，苟非如來冥承付囑，何得註疏千百餘家而流通者乎。二、聞名徧遠者，謂般若之法，非但盡娑婆界而聞名，乃至盡法界以普周，窮塵刹而宏遠，莫不以斯般若之法利濟含生。故《大經》云，三世諸佛已説、今説、當説，我今亦如是説。佛子，我不見有一個國土如來，不説此十地法。何以故。此是三世諸佛向菩提道最上法故。《起信論》云，一切諸佛本所乘故，一切菩薩皆乘此法到如來地故。此《經》云，涅槃三世諸佛，依般若法，而證阿耨菩提。是以經、律、論等皆以般若而爲其本，豈聞名者以局一方之境，乃通方之妙道也。是以塵沙界而弘傳，則塵沙界而仰望，皆是如來護念此經，威德力故，豈虚謬哉。

△八、因利他切，略述疏章。

豈予膚見陋學，以管窺天，敢言測度者哉。無非利人心切，毛頭許智，投入佛心，余雖凡夫，亦無棄耳。

難云，舊疏新章廣多無數，何必要今重出。故今釋云，因利他切，略述疏章。豈者，承前之義。予者，自謂之辭。膚見者，淺見也。陋學者，學之至敝也。夫以法海無涯，豈虛空之可度。般若宏遠，較塵刹而難量。況以淺見陋學之人，其猶以管窺天，用蠡測海，敢以胸談臆見而能度量者哉。無非利人心切，頓忘膚見之能，以毛頭許智，欲測佛心。故清凉云，我今欲以一毛智，測量無邊法界空。是以塵培華嶽，無增萬仞之高，露滴天池，喜合百川之水。予雖凡夫者，泛常之流也。《經》云，凡夫者，即非凡夫，是名凡夫。但能初心一念，即頓開知見，深信般若，研窮佛境耳。故《大疏》云，即凡心而見佛心，事理雙脩，依本智而求佛智。未能自度先欲度人者，菩薩發心也。況夫如來常以般若護念諸大菩薩。予雖凡夫，亦無棄耳，自然冥承護念，俾令行者般若妙心朗然悟徹，命筆所述，量投佛意耳。

以上通序大意一科已竟。

△二、歸敬請加，分三。一、歸敬。

稽首法界海　十方調御師
般若諸大士　信解比邱僧
復禮須菩提　古今宏法者

鈔云：先明一體三寶，後顯別相三寶。若總若别，悉皆歸順，心冥道合，無二無不二故。先總明者，謂稽首二字，能歸行人。法界海者，即行者所緣境故。今初，稽者，屈也，至也。首者，頭也。謂欲述疏意，先通三寶，特舉三業，虔恭敬仰，屈己頭頂以至于地，心冥佛境，口誦辭句，剖析心誠，乞求加護。問，何故最初歸敬三寶。答，《别行鈔》云，略有七意。一、顯示三寶，俾令久遠流通，自他二利吉祥故。二、令人發生深信，不生疑惑故。三、令知恩德由三寶力方成慧解故。四、儀式應然，如世臣子，凡所作爲先稟君故。五、表有承稟，三寶證明，顯非胸臆故。六、像季傳教，障難由多，先敬三寶，請加護故。七、西天諸菩薩僧造論釋經，皆先歸故。由斯七意，故祈請加，能皈三業，深入法界，徧禮三寶。是以捨三業而攝歸一心，捨一心而歸三寶，故稽首而歸依也。

云法界海者，謂一切三寶不離法界，法界不離三寶。況一真法界，一切諸佛斷無明盡而親證，一切諸法從法界海流，一切菩薩分斷無明，分證法界，一切僧衆依法界海而修行。故《經》云，一切聖賢，皆以無爲法而有差别。無爲者，即一真法界之妙理也。又一真法界，即具同體三寶義理。謂法界中有大智光明徧照義故，即是佛寶，法界中能軌持恒沙性功德故，即是法寶，又性相圓融，和合義故，即是僧寶。又佛即是法，法即是僧，故云法界海耳。所云海者，謂法界中，既具一體三寶，即法界性中之德猶若大海，普容無量諸珍寶故。以上同體三寶義已竟。

〇次、别相三寶者，一、大乘三寶，二、小乘三寶，三、住持三寶。又佛不是法，法不是僧，自爲差别相也。初大乘有三者，法、報、化三身，或具十身，是爲佛寶，六度妙行，八萬四千無量法門，是爲法寶，三賢十聖，等妙二覺，是爲僧寶。次小乘有三者，五分法身，是爲佛寶，四諦十二因緣，是爲法寶，四果四向，是爲僧寶。後住持三寶亦三，金銀銅鐵，七寶所成，或泥塑木刻，寫畫形像，是名佛寶，西方貝葉，此方竹帛，黄絹紙墨，筆硯而成，是名法寶，剃髮染衣，受諸大戒，習行定慧，弘闡正法，是爲僧寶。所云寶者，謂三寶恒住世間，最爲殊勝，良友福田，世出世間，最尊最貴，名之爲寶。今此文中十方調御師，是爲大乘佛寶，般若是爲大乘法寶，諸大士者是爲大乘僧寶。

問，爲甚不舉釋迦師者，何也。答，以本師即諸佛之一數耳。又無量法門單舉般若者，以諸中中王故。

次信解比邱僧，復禮須菩提者，即小乘三寶中僧寶也。問，小乘三寶中獨舉僧寶而不舉佛、法者，何也。答，以大乘統攝故。今歸向者，以同在會上，回心向大，深信般若，故偏歸也。又比邱僧中獨舉須菩提而不舉餘者，何也。答，以須菩提是請法之首故。

古今弘法者，即住持三寶中僧寶也。問，何得獨舉住持僧，而不舉餘者。答，以住持中弘法僧寶最爲勝故。謂因僧弘闡，故知有法，知法即知佛有無量功德，故偏歸舉。

△二、請加。

願以同體慈　冥承善護念
句句合玄宗　言言投佛意

鈔云：謂三寶有無量勝德，今略舉一二。一者大慈，二者大智。云慈者，四無量心之首故，又是諸善中王故。云智者，諸佛菩薩具恒沙妙行，以般若智母而無其本。以慈行，不住涅槃故。以智行，不住生死故。是以不住生死，不住涅槃，即斯無住妙行中同體慈，同體悲，同體智，同體神力。以天眼遥觀，天耳遥聞，他心速鑑，無礙見聞，冥承護念之力，俾令行者圓覺妙心豁然開悟，所析妙義，句句得合玄宗之旨，言言投佛意故。

△三、回向。

回施諸有情　共證無上果

鈔云：回向有三意。一、回向真如，以修一切妙行理觀，冥同實際，無障礙故。二、回向衆生，將此所述疏意，自利利他，施與衆生，了般若故。三、回向菩提，願令我及有情得無上菩提，證常樂我淨無餘大涅槃故。以上行者三回向心，即《起信論》中三心圓發之文。一、直心，正念真如法故。二、深心，樂修一切諸善法故。三、大悲心，普救一切諸衆生故。以斯三心圓發之旨，即合三心回向之意，雖辭少有不同，而大意之旨，理實貫通，思之可得也。

以上歸敬請加一科已竟。

金剛般若波羅蜜經懸判疏鈔卷序

校勘記

〔一〕底本據《卍續藏》。

金剛般若波羅蜜經懸判疏鈔卷之一

勅建西天寺武林後學沙門性起述

△三、開章釋文，分二。初、列名。

一、教啓因緣，二、藏教分攝，三、會通餘部，四、乘所被機，五、教體淺深，六、宗趣通局，七、處會傳譯，八、誦持感應。

△二、釋義列科，爲八。且初科中分二。

初、總標列。

初、教啓因緣者，二。一、總因緣，二、别因緣。

鈔：教者，聖人被下之辭。啓者，啓一經之總源。因者，衆生本有佛性爲因。緣者，佛出世指示爲緣，謂佛因此由此而爲緣故。者者，牒定之辭，後之下文而釋之也。

△二、轉釋，又二。初、總因緣，分二。

初、標總題。

言總因緣者，

△二、釋總緣，文又三。初、喻申自利。

夫王道坦坦，千古同歸，一乘玄門，諸佛齊證。

鈔：千王大道，坦坦平平，經千古而不易也。佛佛道同，垂永劫之常恒，豈有異哉。故《法華經》云，十方佛土中，唯有一乘法，無二亦無三，除佛方便説。儒云，莫不由斯道也，斯之謂歟。

△二、證明利他。

故一切諸佛，爲一大事因緣，故出現于世，所謂開示悟入佛之知見故。佛知見者，即般若波羅蜜多智慧光明，普令一切衆生盡入無餘大涅槃故。

鈔：《法華經》中，佛告舍利佛云，諸佛世尊，唯以一大事因緣，故出現於世。舍利佛，云何唯以一大事因緣。所以諸佛世尊欲令衆生開佛知見，示佛知見，悟佛知見，使得清淨，故出現于世。由佛昔因願力故，感果得周圓，普令衆生開示悟入，盡得無餘大涅槃故。涅槃者，此云圓寂，亦云滅度。所謂以般若智慧光明，斷除煩惱障及所知障，滅度而滅度之。斯爲佛之本意本懷，豈有他哉。

△三、結大事因緣。

良以一切衆生本具佛性，故君子以人治人，改而止，豈同執柯伐柯，猶以爲遠哉。

鈔：由上佛智，破除一切衆生迷闇，令入大滅度者，良由衆生本來具有天然自性，真知真見，不假修爲而成就也。只因衆生逐妄迷真，不見自性，故諸佛出世，指示悟入，而爲緣也。故君子以人治人，下人皆可以爲堯舜耳。

△二、別因，分三。初、標數。

二、別因有十。

△二、轉釋，分十。初、諸佛護念，三。初、標。

一、爲諸佛常以般若護念諸菩薩故。

△二、釋。

夫以般若之法，佛佛道同，如王寶印，一同護念，是以諸佛證之，菩薩脩之，衆生仰之。仰之者則頓超劫海，脩之者則諸佛護念。乃至付之囑之，無非此一般若波羅密多之法也。

鈔：般若之法是佛心印，如千王寶印，一同護念，是謂永護憶念此般若之法也。由是諸佛證之以爲果德，菩薩脩之以爲妙行。妙行者，即十波羅之妙行，而證諸佛之果德也。

至於衆生一念淨信，圓覺妙心豁然開悟，頓忘人法解真空故。是以彈指合掌，頓超劫海。修習之者，果人護念。乃至付小菩薩，囑大菩薩，諄諄切切，饒舌叮嚀，無非皆爲此般若心印之法也。

△三、結。

是以世尊拈花，迦葉微笑，至於歷代諸祖，轉展護念，轉展付囑者，無非惟此一事而已矣。

是以者，承前契後之詞。世尊在靈山會上，談經三百餘會，説法四十九年。至後涅槃會上，世尊拈花，百萬人天大衆無不茫然。世尊告云，我以無相爲相，無門爲門，涅槃妙心，付囑摩訶迦葉。是後轉付阿難，以至達摩西來而爲此方初祖，轉囑神光。至于六祖會下，出於青原、南嶽，青原流于曹洞，南嶽派于臨濟，及我本師天濤雲老人等，共爲七十三世。無非以心印心，以法印法，惟此一事實，餘二則非真矣。

△二、教示降伏，分三。初、標。

二、爲令大士降伏其心悟真空故。

△二、釋。

謂佛直示真元，掃除我法二執，了一切衆生即涅槃相，無生可度。

鈔：《八識規矩》云，我執二種，法執二種。我執二者，一、俱生我執，謂於五陰等法中，强立主宰，妄立爲我，與身俱生故。二、分別我執，謂於計我法中，分別我能行善、我能行惡而起執故。二、法執二者，一、俱生法執者，謂無始時來，虚妄熏習，於一切法妄生執著，恒與身俱故。二、分別法執者，謂於邪師及熏邪教，分別計度執爲實故。分別二執，粗故易斷，細故難斷。今佛直示真知，頓令大根衆生開示悟入，了達一切異生即涅槃相，無生可度。故淨名訶慈氏云，彌勒如，衆生亦如，何有衆生而可化者。不起度生之見，即得破除俱生我執、俱生法執，頓斷諸障，頓證真如，圓滿菩提，歸無所得，是爲降伏其心故。

△三、示顛倒。

若起度生之見，我、人、衆生、壽者，即非菩薩故。

鈔：若有四相，非大士者，反顯不能降伏其心故。

△三、示無住法，分四。一、標。

三、爲令了無住法是菩薩故。

△二、釋。

謂一切妙行，如空中鳥跡，不住此岸，不住彼岸，不住中流，運無住法而爲其本。

鈔：一切妙行者，即十地所修十波羅密之妙行也。謂此諸妙行，若空中鳥跡，似空中風相，難説難可示，如是十地義，心意不能了。又云，非初非終後，非言詞所説。出過于三世，其相如虛空。寂滅佛所行，言説莫能及。地行亦如是，難説難可示，不住此岸下。《法界品》中，大願力精進救護一切衆生主夜神，告善財云，菩薩法者，譬如船師，不住此岸，不住彼岸，不住中流，運無住法而爲其本。《維摩經》中，文殊問淨名云，菩薩以何爲本。答，以無住爲本。又云，菩薩以從無住本，立一切法故。

△三、引證，分二。初、證無住因行。

故下文云：菩薩行六度等，應無所住而生其心。又云：若心有住，則爲非住。

鈔：大士行施度等，不住色、聲、香、味、觸、法心故。古德云，見色非干色，聞聲不是聲。山河及大地，全露法王身。由是不住有爲，不住無爲，亦不住非有爲非無爲，是故菩薩不住相想，而行施等諸度，是福德即非福德性，故又云，若心有住，則爲非住佛道矣。

△二、證無住果行。

又云：菩薩知一切法無我，得成于忍，此菩薩勝前菩薩，所作功德不可思議。

鈔：知一切法無我者，以般若智圓照自性，破除我法二執，了真空故。得成于忍者，坐斷能所現量，分斷俱生無明，分證十地真如，即得頓超伏忍、信忍、順忍，以至漸入無生法忍、寂滅忍故。此菩薩者，即超忍諸菩薩也。勝前菩薩所作功德不可思議者，謂勝地前初心菩薩，不能忘取相有漏心而行施等諸度也。今此地上菩薩，超通達位時，乃至無有少法可得，故云凡所作功德皆無漏行，不取性相，任放天心，忘緣等照，而行施度等者，由斯妙行，故不可思議云耳。

△四、結歸無住。

是以勸令一切大士，了無我法，得成于忍，能忍第一諦，證無住法故。

△四、示般若是諸法本，分三。初、標。

四、爲令知般若是諸法本故。

△二、釋。

謂般若之法乃諸法中王，是以六度四等塵沙妙行，皆以般若而爲其本。若無般若朗徹心源，一切行門成有漏故。

鈔：般若法即實相心印之法也。是以施等諸度、慈悲喜捨，乃至無量塵沙行門，皆以般若心印實相而爲其本。此般若法，或名真如，或名法性，或名本圓覺藏，或名常住真心，或名實際本來，是知百千之名皆不出乎實相心印之法體也。故諸大乘經皆以實相爲本，三藏十二分皆以實相爲源。故下文云，若衆生信心清淨，即生實相。生實相者，即生十地真如實相故。由得真如實相般若，方修一切妙行，得成真如無漏行故。若無下，反顯之文，謂若無般若慧光朗徹自性，知一切法了無我者，即所修一切施等行門成有漏也。

△三、引證。

下文云：一切諸佛，及諸佛阿耨多羅三藐三菩提，皆從此經出故。

鈔：斯顯果人及所證之法皆從般若心印而流出故。《圓覺經》云，善男子，無上法王有大陀羅尼，名爲圓覺，流出一切清淨真如、菩提、涅槃及波羅密，教授菩薩，一切如來本起因地，皆依圓照清淨覺相，永斷無明，方成佛道。故云是諸法中王故。

△五、直示真如離相，分三。初、標。

五、爲直示般若心印無迂曲故。

△二、釋。

謂般若之法直示真如無二法故，所以色空非有，妙性恒然。

鈔：般若法者，即真如心印法也。夫心印法者，非色非空，虚相本盡，真性本現。是故此真如法，從本以來，離言説相，離名字相，離心緣相，畢竟平等，無有變異，不可破壞，唯是一心，故名真如。

△三、引證。

下文云：離一切相即名諸佛。又云：如來者，即諸法如義。惟此一事實，餘二則非真故。

△六、爲被最上機，分三。初、標。

六、爲被最上一乘機故。

△二、釋。

謂般若之法，原非下劣根機可能承受。

鈔：根有三根，機有五性。今所被者最上乘故，非圓頓機莫能入也。問，三根普潤，大小兼收，方爲此法之圓妙耳，云何獨被大機而不被小機者耶。答，前不云乎，諸大乘經及三乘之法皆以實相爲本。今不被小而云被大者，有三義。一者，引未發大心者，令發大心故。二者，已發大心者，令永安住不退轉故。三者，令彼二乘生大慚愧，入佛智故。故云如來爲發大乘等説。由斯巧語，令彼小乘深信大乘二空真如，更進窮樓，回心向大，非實棄不被耳。

△三、引證，分二。初、獨被上機。

故下文云：如來爲發大乘者説，爲發最上乘

者說。

△二、激引小機。

又云：若樂小法者，著我人等，即不能聽受、讀誦、爲人解說，荷擔如來阿耨多羅三藐三菩提。

鈔：樂小法者，只樂生空，不解二空，以不知心外無法，不達五蘊、六入、十二處、十八界本來空寂，無我、無人、無衆生、無壽者。未脱法執見故，是以不能聽聞，不能受持，不能讀誦，亦不能利他，爲人分別解説，荷擔無上大菩提故。

△七、爲示見性必脩，分三。初、標。

七、爲令見性必脩故。

△二、釋。

謂若不持戒脩福，於此章句，雖復受持、讀誦，終無利益，如畫餅充饑之類。反此，必要持戒脩福，於此章句，能生信心，即生實相。

鈔：夫修證即不無，染汚即不得。故大事未明，如喪考妣，大事已明，還要如喪考妣。是知見性已後，必假修而證之。若不修行，曠劫無明，云何能斷。故《楞嚴》云，雖復受持讀誦，若不斷除殺盜淫妄，如蒸沙作飯，必無實果。又蓮池老人云，畫餅何益於饑腸，燕石難瞞于賈價。是故必要因戒生定，因定發慧，是爲如來三無漏學。決定清淨明誨，故曰，必要持戒修福，於此章句能生信心，即生實相。持戒者，戒也。修福者，定也。生信心者，慧也，即諸位之堦基耳。生實相，即生諸地之實相也。所謂斷十障、證十如故。

△三、引證。

故下文云：以無我，無人，無衆生，無壽者，修一切善法，即得阿耨菩提。

鈔：以無我人下，即見道分也。修一切善法者，即修道分也。即得阿耨菩提者，證道分也。

△八、示全修即性，分二。初、標。

八、爲令知全修即性故。

△二、釋。

謂令一切菩薩了達六度萬行無非般若妙行，以一切行門全修即性，無二行故。

鈔：全修即性者，即真如一行三昧法也。由真如一行三昧力故，得入無量諸三昧門。故得了六度而即一心，悟萬行而即一體，故云無二法故。

△三、引證。

下文云：若人發阿耨菩提心者，當生如是心，我應滅度一切衆生，滅度一切衆生已，而無有一衆生實滅度者。通達無我法行，如來説名真菩薩故。

鈔：了悟自性，生佛一如。我及衆生本來寂滅，奚有我能度衆生，我能修行者乎。故云通達無我行者，始知全修即性，如來説名真大士故。

△九、示銷重障，分三。初、標。

九、爲令多障菩薩銷重障故。

△二、釋。

謂設有菩薩，雖發大心，經多累劫，重障難除，故令持般若法，轉重障而成輕障，破煩惱障及所知障故。

鈔：雖發大心下，凡情未斷，般若未湌，雖經累劫修行施度等行，未超三界分段生死，未得斷除現行煩惱、一切重障。故勸持誦般若大乘之力，方銷分段煩惱、極重報障。故《普賢章》云，若欲懺悔者，端坐念實相。是故宜至心，懺悔六根情。即持誦大乘義，轉重障而成輕障故。重障者，即貪、嗔、癡等，煩惱障及報障也。輕障者，所知障也。由持般若力故，先破分別二執、現行煩惱，後破所知障。所謂般若止觀力强，俱生隨眠無不斷也。

△三、引證。

下文云：是人先世罪業應墮惡道，以今世人輕賤故，先世罪業即爲消滅，當得阿耨多羅三藐三菩提故。

鈔：先世罪業者，業兼煩惱障也。墮惡道者，報障也。由持般若性力，消生前之罪因，滅當來之報障，故受世人輕賤，免重業而成輕受，銷重報而成輕報也。故《淨業障經》云，若有菩薩先世造一切罪，因果未熟[二]，恐受當報。或于現生依教修行，持誦大乘，反受重疾，難堪難忍，或招顛沛，乃至一日一夜者，能消無間地獄一切重罪，況多日乎。當得下，正是斷二障，證二果故。

△十、斷疑生信，分三。初、標。

十、爲令斷般若諸疑現行及種子故。

△二、釋，分三。初、因信得入。

謂疑爲障萬善之門，不疑爲信成菩提之進步。故能從聞思修入三摩地，證般若波羅密等妙法門故。

鈔：《華嚴》云，信爲無上菩提本，信能必到如來地，故佛法大海，信爲能入。故知疑爲大障，聖道不疑，脱煩惱怨，無施多力。由是應知從聞思修，入於妙舍摩他三摩禪那。止觀二門，若一生疑，永無絶分，設或修之，半途退墮。故聞慧中，起步斷疑，淨信忍可，決擇分明，至果菩提，永不退轉，證入金剛心印，十地門故。由是弘法大士，總以斷疑生信、絶相超宗八個字等，爲此經之大綱也。

△二、指聞本法斷疑。

故下須菩提節節詳明，細問於佛，令破諸疑種子及現行故。若文中尊者未問於佛，佛即就遮未起之疑，名爲種子。若尊者已問於佛，佛即破之，是爲現行。

△三、斷疑章句所以，分二。一、證古今謬。

是以世親大士以分二十七段疑文，足爲明鏡。後學析之爲三十二分，非正意也。

鈔：彌勒偈云，調伏彼事中，遠離取相心。遠離能取、所取想心見故。及斷種種疑，種種疑者，即分二十七段疑也。亦防生成心。謂尊者已問，佛即就遮破之，爲現行疑。若尊者未問，佛即就遮，發揮斷疑之旨，早破尊者疑，使令不起，故云亦防生成心耳。故世親依斯妙偈後文兩句之義，列于二十七段疑文，謂之《金剛釋疑論》，發揮本經略意之旨。其中還有微細斷疑之意，總該在内，俾令來學明如指掌，易通佛意。後之昭明太子，以將此經列成三十二分，用古正今，實爲破碎斷疑文意。

△二、傍求未古。

更復傍求異解，理現雖明，未遵古意。

鈔：或緇或素，或高士等，廣依三十二分科文解釋，時人謂之文直義明，了無迂曲。故今釋之曰，不然。斯諸文釋，理觀雖妙，實爲傍求異解，而與彌勒、世親古釋之論似有違也。

問，既諸家古德依三十二分之文註釋，亦能發明理觀意旨，奚得局立斷疑之文以爲美哉。答，夫彌勒是補處佛，位證圓覺，深通佛意，爲法王嫡子。金口所宣八十行偈，解釋斯經，授之無著。無著又將此偈轉授世親，世親又依斯妙偈列成二十七段斷疑論文，解釋斯經。後之高賢，凡欲銷釋，總依此論，方不謬佛意，乃萬古之規鏡也。若依三十二分之文註釋，總然玄妙，未遵古意云耳。

△三、結歎。

良以古意，諸疑謂障道之首，生信爲入道之源。故知斷疑生信，乃得絶相超宗，令入般若波羅密等諸忍果故。

鈔：諸忍者，在無住文中前已釋故。

△三、結別因之緣，分二。初、結別因。

以上教啓十因已竟。

鈔：由上十種別因，乃宣此經之法，故下總結此經之緣，以避煩耳。

△二、總彰別緣。

雖未若《華嚴》教啓之緣，其中時方説主，入堪㈢托鉢，歸來趺坐，洗足收衣，衆成就等，聽法雲集，願樂欲聞者，即此經之緣也。

鈔：《華嚴玄談》，先明十因，次明十緣。然此經文略，未便廣引十緣之語，故大槩宣説之。十緣者，一、依時，二、依處，三、依主，四、依三昧，五、現相，六、依説者，七、依聽者，八、依德本，九、依請者，十、依加者。文雖少而義周，思之可也。

金剛般若波羅蜜經懸判疏鈔卷之一

校勘記

〔一〕「熟」，底本作「熱」，據文意改。次二「熟」字同。

〔二〕「堪」，疑爲「城」。

金剛般若波羅蜜經懸判疏鈔卷之二

敕建西天寺武林後學沙門性起述

△二、藏教分攝，三。一、總標。

第二、藏教分攝者，

△二、釋文，二。初、略釋。

藏即三藏二藏，教即五教，分即十二分。

△二、廣釋，三。一、釋三藏二藏，文二。一、釋三藏，文二。一、列名釋義。又二，初、列名。

言三藏者，一修多羅藏，二毗奈耶藏，三阿毗達摩藏。

△二、釋三藏義，三。一、釋經藏名義，三。初、標名。

今初、修多羅藏者，梵語，

△二、釋名義。

此云契經，謂上契二諦、三諦、四諦之理，下合異類衆生之機，方名契經。即貫義、攝義、常義、法義，謂貫穿一切義理，攝持所化衆生，常即古今不易，法即十界同歸。

△三、引餘名證。

更有《雜心》五義：或曰涌泉，注而無竭故。

或曰出生，則輾轉滋多義味故。或曰顯示，以佛聖教顯示事理真俗故。或曰繩墨，楷定邪正無偏曲故。或曰結蔓，能貫能攝，如結蔓故。總上五義，不出貫、攝、常、法四義等故。餘義等名，恐煩不引。

鈔：餘義等名者，西域更稱云席經，或曰線，或曰聖教。古德見此儒墨皆稱爲經，遂借彼席經，以目聖教，雙含二義，俱順兩方，借義助名，更加契字，揀異席經，甚爲允當，故曰恐煩不引。

△二、釋律藏名義，三。初、標名。

一、毗奈耶藏者，梵語，

△二、釋名義。

此名調伏，調練三業，通於止作、制伏，唯明于止。止即三業七支各各防非，作是三業七支各各俱善。是以不但永斷十惡而防非，轉更勤修十善而培德，即諸惡莫作、衆善奉行之義也。

△三、引餘名證。

或曰毗尼，此翻滅義，從因至果有滅義故。或云尸羅，此翻清凉，除煩惱熱有清凉義故。或云波羅提木叉，此翻别解脱，離諸過惡，有解脱義故。雖梵音楚夏，而大旨無殊，悉調伏義故。

鈔：從因至果有滅義故。一、滅業非，謂不殺、盜等，故律中云毗尼。二、滅煩惱，是發業之本，故《律》云，爲調伏貪等令盡，是故世尊制增戒學。三、得滅果，即無爲果，故《戒經》云，戒淨有智慧，便得第一道。故前二是因，後一是果。解脱者，梵語波羅木叉，此翻别解脱，此就因得名。然有二義。一、揀定道，名之爲别。二、三業七支各各防非，故名爲别。亦翻隨順解脱，此據果立，隨順有爲、無爲二種解脱果故。亦云性善，如《十誦律》。亦名守信，如昔所受實能持故。

△三、釋論藏名義，三。一、標名。

三、阿毗達摩藏者，梵語，

△二、釋名義。

此云對法。然法有二種，一、勝義法，謂涅槃是善是常，故名勝義法。二、法相法，通四聖諦。相者，性也，狀也，二俱名相。法既有二，對亦有二。一者對向，謂向前涅槃故。二者對觀，觀前四真諦理故。其能對者，皆無漏淨慧，及相應心所故，由對果、對境分二名故。故慧但是對而非是法，非所對故。舊譯爲無比法，以詮勝慧故。

鈔：慧者，是五別境中慧相應心所，即五徧行心所，作意、觸、受、想、思，與八識心王相應故。由對果對境下，謂涅槃爲果，四諦爲境，涅槃四諦二種爲所對，無漏淨慧爲能對，故云，慧但是能對屬心，而非是果法及四諦境法爲所對故。由斯淨慧心，能對果、境二法，而成論之義故。

△三、引餘名證。

或曰優波提舍，此翻論義，賓主問答有往復故。或云磨怛理迦，此翻本母，以教與義爲本母故。或曰磨夷，此翻行母，以依教義而成行之母故。雖梵音不同，皆屬對之義故。

鈔：教爲能詮，義爲所詮，爲依教義而成諸乘行故。

△二、攝屬所歸。

今此經者，正屬修多羅藏，兼律、論。故文云：如來滅後，後五百年，有持戒修福者，於此章句能生信心，以此爲實。豈非般若之法，總以持戒而爲其本，兼律義故。前後上下之文，全以賓主問答，往復窮通，斷疑生信，兼論義故。

鈔：前五百年解脱堅固，第二五百年禪定堅固，第三五百年持戒堅固，第四五百年多聞堅固，第五五百年塔寺堅固，後五百歲者，近于鬪諍堅固。又前兩個五百年正是正法一千年，次兩個五百年乃像季一千年，次後兩個五百年正是末法一萬年初季。尚有持戒修福者，言此經有大根機而受持者，總以多生劫來，即持戒定，人爲本基故，義兼律儀故。須菩提謁而問之，世尊答而斷之，斯爲賓主往復問答，是爲論義所攝故。以上三藏列名釋義竟。

△二、釋二藏，文二。一、正釋二藏名義，又二。初、標立名。

言二藏者，

△二、釋義，又二。一、示名義。

一、聲聞藏，二、菩薩藏。即前三藏之教，詮示聲聞理行果故名聲聞藏，詮示菩薩理行果故名菩薩藏。

鈔：聲聞者，因聞苦集滅道四諦法音，而依教奉行修自利法，名爲聲聞。行六度萬行等，修二利法，名爲菩薩。即前經、律、論三藏教典，詮示小乘生空理，詮示小乘戒定慧行，詮示小乘偏真涅槃果德，由斯詮示小乘教行理果四法，攝屬聲聞藏故。又前教是能詮，理、行、果等爲所詮。又菩薩藏中，教即十二分，理即二空真如理，行即六度妙行等，果即是無餘大涅槃果德，由斯四法，攝屬菩薩藏故。

△二、攝歸半滿。

又由緣覺之人多不習教，出無佛世時，攝屬聲聞故，但分爲二，即大小半滿之不同耳。

鈔：緣覺有二。一、聞十二因緣悟得果者，名爲緣覺。二、出無佛世時，如釋迦往昔，爲忍辱仙人，獨自㈠了明，名爲獨覺。獨覺又二。一、不發大乘者，自真獨覺。二、已發大乘者，是假名獨覺。因由不籍教故，攝歸聲聞藏。若已發大乘者，攝歸菩薩藏。半滿之不同耳者，一九部法爲半。《法花》云，我此九部法，隨順衆生説。二十二部法爲滿字教，如《華嚴》等故。又古德判一代時教，一、有相教，二、無相教，三、同歸教，四、常住教。前有相教爲半，後之三教爲滿。又三教中，前無相教爲半，以無相者未純顯中道義故，後之二教爲滿，以純顯常住中道了義故。是知半滿未局聲聞，故曰不同耳。

△二、攝屬所歸。

今此經者，屬菩薩藏攝。文云：此經如來爲發大乘等，即菩薩藏攝故。

鈔：此般若法是諸佛母，三藏之骨髓，萬行之本源，菩薩之所歸，諸佛之所證，非菩薩藏攝而何。如來爲大乘等，等者，等下文故。《經》云，如來爲發大乘説，爲發最上乘者説。又云，樂小法者不能聽受讀誦，爲人分別解説等。故不屬聲聞㈢藏，屬菩薩藏攝，以顯示大乘二空真如圓頓法故。

以上釋三藏二藏若名若義一科已竟。

△二、釋五教，文二。初、釋五教名義，分三。初、標。

言五教者，

△二、釋名義，文五。初、釋小乘，又二。初、立名。

一、小乘者，

鈔：賢首大師依《華嚴經》，判一代時教，立爲五教。初小乘法，即天台藏教。以天台立藏教名，故受招難。以濫三藏名義，故賢首立小教名耳。

△二、釋。

所説唯是人空，縱少説法空，亦不明顯，以依六識三毒建立染淨根本，未盡法源故。

鈔：初小乘中四。一、約法數多少，二、約二空差別，三、約所依根本，四、結成有餘。今初言七十五法者，五類法中有多少故。謂色法十一，《俱舍》頌云，色者，五根、五境及無表色。二、心法一，即是意識。三、心所有法，共四十六。謂大地法有十，《俱舍》頌云，受想思觸欲，慧念與作意，勝解三摩地，遍於一切心。大善地法有十，頌云，信及不放逸，輕安捨慚愧，二根及不害，勤唯遍善心。大煩惱六，痴逸怠不信，昏掉恒唯染。大不善有二，謂無慚及無愧。小煩惱法有十，頌云，忿覆慳嫉惱，害恨諂誑驕。如是類名，爲煩惱地法。不定有八，謂悔、眠、尋、伺、貪、嗔、并慢、疑。上之六類，有四十六。四者，不相應行法十四。一、得，二、非得，三、同分，四、無想異熟，五、無想定，六、滅盡定，七、命根，八、生，九、住，十、異，十二、名，十三、句，十四、文。故頌云，得非得同分，無想二定命，及生住異滅，并名句文身。五者，無爲有三。一、擇滅，二、非擇滅，三、虛空。總上五類之法，合七十五法。於此大乘欠二十五，次下當明。今文中雖不云數，義含在內。

所説唯是人空下，二明二空差別。謂二乘人，以其根劣，未堪聞説二空真理故。故《智論》三十一云，小乘弟子鈍根故，爲衆説生空。《起信論》云，法我見者，依二乘根純故，如來但爲説人無我等。縱説二空，少未明顯。

以依六識三毒建立下，三明所依根本。

然小乘計生死根本，雖有多種，略舉其三。一、計識心，如《正理論》第八説經部師，以現在色心等爲染淨因，意云如大乘中第八爲所熏故。二者，三毒爲因義，如大乘中，明前七識爲能熏故，令引《阿含》，但證三毒耳。而云等者，謂以三毒爲因緣故起於三業，三業因緣故起於三界，是故一切法。《中論·十二因緣品》云，衆生痴所覆，爲後起三行，以有此行故，識受六道身等，即其義也。三者，今取上二義，同有能所熏，熏方流轉故。若爾，焉異大乘。然則以參經意而不同者，但六識非第八爲所熏，縱説賴耶，但有名字，能熏又非七識，故全不同。

四者，未盡法源故者，謂由無爲法只有擇滅、非擇滅、虛空等三種，而未有真如等無爲明二空故，所以未盡法源故耳。

△二、釋始教，文二。初、列名。

二、大乘始教，

鈔：大者，簡小爲義。乘者，運載爲義。由前小乘教中只能自利，今大乘中而普運一切，故云爲大。始者，因對後已盡之説。今此教中未盡之説，故名爲始耳。

△二、釋文，二。一、釋名義。

由第二時但明于空，第三時説三乘，不許定性闡提成佛，未盡大乘至極之説，故名爲始。有成佛，有不成佛，復名爲分。

鈔：第二時但明於空者，依智光論師判一代時教，由前第一時小乘教中，明心境俱有，第二時爲中根人説法相大乘，境空心有，顯唯識道理。以中根猶劣，未能全入平等真空，故今疏云，第二時但明于空。第三時爲最上根説無相大乘，辨心境俱空，平等一味，故疏第三時説三乘不許下，非智光論師第三時義，即單取戒賢大師依《深密經》中意云，初小乘中説獨佛一人有大覺性，餘不説有，故皆不成。次一向成，是第二時中唯説一乘，一切衆生皆得成佛，爲一向成。若盡成爲太過，若盡不成爲太不及，故皆爲方便，並爲不了。以初未堪聞大，一向抑故，第二時勸令欣佛，一向揚故。第三時中，説三乘依理正説，有性皆成佛，無性不成佛，非太過也，故稱爲了，以普發一切乘故。此依《深密經》中意，是權説也。何則。夫《深密》中指第二時，云許一切衆生成佛，是《法華》最上一乘之實説，焉可依《深密》中云第二時暗指《法華》爲不了義乎。故清凉云，誰判《法華》爲不了義耶。又《深密經》中云，一切趣寂聲聞種性，雖蒙諸佛教化，終不能當得阿耨菩提。斯皆決定不許定性二乘及無性闡提成佛，豈實説耶。故云未盡大乘至極之説。故今取智光論師第二時判義，謂境空心有，法相大乘，及依《深密經》中第三時教義。今賢首大師總合一教，乃大乘之初門。俱即不了，故立爲始。復名爲分，以有成佛，云有不成佛故，乃立分耳。

△二、釋教義。

所説則廣談法相，少及法性，其所云性亦是相數，以依八識建立生死，及涅槃因，諸義類故。

鈔：所説則廣談法相下，云大乘法相有一百數。謂色法十一，心法有八，心所有五十一，心不相應行有二十四，無爲有六，故成百數。於前小乘七十五中，加二十五，謂心法加七，小乘唯一意識故，心所加五，不相應行加十，無爲加三，並如彼説。

疏少及法性者，法相法有九十四數，而無爲屬性，只得六數，故少及法性云耳。其所云性，亦是相數，今無爲法是法性義，尚以決擇分明，而有六數者，則可知雖云其性，亦在名相數耳。疏以依八識下，謂小乘法以第六意識爲染淨因，今始教中以依第八識而有涅槃，故云，無始時來界，一切法等依。由此有諸趣，及涅槃證得。界即因義，謂種子等。疏云諸義類者，即總結始教中多義也，乃是疏中敝煩意耳。若欲廣知，具如《唯識論》及《花嚴玄談》中説。

△三、終教，文二。初、立名。

三、大乘終教，

鈔：前大乘始教中未盡之説故，此教中已盡之説，故名爲終。若依智光論師判義，正是第三無相大乘中義，雖後頓、圓二教亦在義中，少分攝耳。

△二、釋文，二。初、釋名義。

由出中道妙有，定性、闡提皆當作佛，方盡大乘至極之説，故名爲終。稱實理故，復名實教。

鈔：由出中道妙有下，以實相離相，中道妙有，非色非空，故虚相本盡，真性本現，一切衆生本來是佛，豈以定性二乘及無性闡提而無成佛者乎。前始教中，有成佛有不成佛故，今此教中許一切衆生悉當成佛，比前義勝，故云方盡大乘至極之説，名爲終耳。

由純顯實相妙理，故復名爲實教。

△二、釋教義。

所説則多談法性，少及法相，其所云相亦會歸于性，以依如來藏隨緣成立諸義類故。

鈔：所説則多談法性下，以唯顯實相第一義故。其所云相亦會歸于性者，如説五蘊，五蘊即空，空即法性。又《華嚴》云，三世五蘊法，説名爲世間。彼滅非世間，如是但假名。又云，有諍説生死，無諍説涅槃，生死及涅槃，二俱不可得等。又如説心，心即離念。即如此經，雖云行施度等行，皆歸離相妙行，是般若性。故云，其所云相亦會歸于性耳。以依八識如來藏，隨緣成立諸義類故者，如來藏隨緣成立，有二義。《起信論》云，一者心真如門，二者心生滅門。是二種門，皆名總攝一切法。心生滅者，依如來藏，故有生滅心依。所謂依不生不滅，與生滅和合，非一非異。一切衆生平等一性，俱是真如隨緣成立。依他無性即圓成故，一理齊平，故説生界不減，佛界不增。如是義類，廣多無盡故。

△四、頓教，文二。初、立名。

四、頓教者，

鈔：由前小、始、終三教總名爲漸，今此中離言絶待，對前漸教，故名爲頓，以頓者不立漸次義故。

△二、釋文義，二。初、釋名義。

總不出説法相，唯辨真性，一念不生，即名爲佛，無漸次故，説名爲頓。

鈔：一念不生，即名爲佛。以觸處逢真，無漸次義故，立頓字名耳。

△二、釋教義。

五法三自性俱無，八識二無我俱遣，訶教勸離，毀相泯心，諸義類故。

鈔：一名，二相，三妄想，四正智，五如如。三自性者，一徧計，二依他，三圓成，即三自性也。二無我，一者人無我，二者法無我。訶教勸離者，以達摩西來，不立文字，以心印心，以法印法故。五法三自性，及八識二無我理，一切俱掃，以言語道斷故。如是義類，廣如《楞伽》《金剛》等經諸妙義故。

△五、圓教，文二。初、立名。

五、圓教者，

鈔：由前以漸而立頓名，以頓而立漸名。以漸而立頓名者，即小、始、終三教。以是法不可示，言辭相寂滅故，是名爲頓也。以頓而立漸名者，一切聖賢皆以無爲法而有差別，故名爲漸也。是以頓不礙漸，即行布次第故，漸不礙頓，即觸處圓成故。由是頓漸無礙，得入圓宗，故今第五立圓教名也。

△二、釋文義，二。初、釋名義。

統該前四，圓滿具足，得名爲圓也。

鈔：統該前四者，即小、始、終、頓四義，攝歸圓故，如海百川，以普同一味，名圓滿具足也。是以圓信、圓解、圓修、圓行、圓證，以因該果海，果徹因圓，得名爲圓義也。

△二、釋教義。

所説唯是無盡法界，性海圓融，緣起無礙，相即相入，帝網㈢重重，主伴交參，無盡無盡故。

△三、結五教名義。

以上五教之義，廣如《華嚴玄談》中辨，恐煩不引。

鈔：恐煩不引者，指略在廣，義有所陳。

△二、攝屬所歸，文三。初、正屬所歸。

今此經者，正屬于終，兼通于頓，義該小、始。

△二、引證，分三。初、證終教義。

文云：如來者，即諸法如義。又云：若見諸相非相，即見如來。又云：如來者，無所從來，亦無所去，故名如來等。斯爲事理圓融，二諦無礙，特顯中道，即《法華》諸法實相之妙義也。又云：信心清淨即生實相，攝終教義也。

△二、證頓教義。

又云：離一切相，即名諸佛，即頓教毀相泯心之旨也。又云：以無我等四相，修一切善，即得阿耨菩提等，亦頓教義也。

△三、證始教示顯性義。

又云：可以三十二相觀如來不者，斯借小乘心外有法，以探尊者，是該小教義也。尊者領意，即轉破云：不可以三十二相觀如來者，破相顯性，即借始教之義也。然此經者，雖借小、始二門之用，攝歸終、頓之源，直指一乘無二法故。

△三、釋通妨難。

問：何得不攝歸圓教。答：但屬圓教少分，以不陳之故。賢首大師判《華嚴》爲圓教一乘，有二義故。一、同教一乘，二、別一乘。同教一乘者，則同頓同終。別教一乘者，則不可思議。今此經者，即《華嚴》同教一乘所攝，非別教一乘攝也。

△三、釋十二分，文三。初、列名。

言十二分者，一、契經，二、應頌，三、授記，四、孤起，五、因緣，六、無問自說，七、本事，八、本生，九、方廣，十、未曾有，十一、譬喻，十二、論議。

△二、攝屬所歸。

今此經者，以屬八分所攝。此經既屬修多羅藏，豈非契經所攝故。尊者因請而說，即因緣所攝故。若以色見我及一切有爲法等偈，即孤起所攝故。歌利王割截身體，即本事所攝故。如來爲發大乘者說，即方廣所攝故。我從昔來所得慧眼未曾得聞如是之經，即未曾有所攝故。如夢、幻、泡、影等，即譬喻所攝故。賓主往復問答，即論議所攝故。雖文中過去然燈授記及五百世作忍辱仙人俱屬本事所攝，非授記及本生所攝故。至於應頌，文義全無，故非所攝。是以十二分中，惟屬八分之所攝故。

△三、總結。

以上第二藏教分攝一科已竟。

金剛般若波羅蜜經懸判疏鈔卷之二

校勘記

〔一〕「自」，底本作「目」，據文意改。

〔二〕「屬聲聞」，底本作「聲聞聞」，據文意改。

〔三〕「網」，底本作「綱」，據文意改。

金剛般若波羅蜜經懸判疏鈔卷之三

勅建西天寺武林後學沙門性起述

△三、會通餘部，三。初、標。

第三、會通餘部者，

△二、釋文，分六。初、通括大意。

既委此經，已屬同教一乘。然同教一乘，乃諸經之綱領，三藏之本源，是以前後一貫，始終無別。應知教雖分五，率本無殊，從初華嚴，次說阿含，次說方等，次唱般若，玄宗而爲其本。

△二、引經證成，文六。初、引小乘論明法空。

故《阿含論》云：無是老死，即法空也。無誰老死，即生空也。

△二、引《智論》明法空。

又《智論》云：三藏中明法空爲大空，摩訶衍中十方空爲大空，皆顯小乘已有二空。又《智論》中云：從初得道乃至涅槃，常說般若。

鈔：從始至終，皆以般若而爲其本故。

△三、引《淨名》明法空。

又《淨名》云：觀身實相，觀佛亦然。

鈔：《淨名》云，爾時世尊問維摩詰：汝欲見如來，爲以何等觀如來耶。維摩詰言：如自觀身實相，觀佛亦然。我觀如來，前際不來，後際不去，今則不住。不觀色，不觀色如，不觀色性，不觀受、想、行、識，不觀識如，不觀識性等文。斯取文義，指觀五蘊身而即實相真如般若之妙理故。

△四、引本經明法空。

此《經》云：信心清淨，即生實相等，是般

若義故。《仁王》亦説佛性名爲般若。

△五、引《般若》明法空。

《大品》云：欲得聲聞乘，當學般若波羅蜜。欲得緣覺乘，當學[二]般若波羅蜜。欲得菩薩乘，當學般若波羅蜜。是以三獸度河，各説清[三]淺，分河飲水，自有千差。故爾如來法隨機便，則教有乘殊，細推根源，惟一法耳。

鈔：《大品》云，欲得聲聞下，以般若智水而入三乘故。是故下智得聲聞菩提，中智得緣覺菩提，上智得無上菩提。是以三獸度河下，一兎，二鹿，三馬。以兎過河，云水太深，以鹿過河，云水却好，以馬過河，云水太淺，故云各説深淺。分河飲水自有千差者，云西竺有河名恒河，如此方秦淮河之類，謂各人門口飲水，清濁不等，味有差殊。斯則二喻，水喻般若，水性無二，機有深淺，諍惡不同。故爾如來法隨機便下，合上二喻法及機宜。云細推根源唯一法耳者，言般若性水無二別也。

△六、引《法華》明法空。

《經》云：十方佛土中，惟有一乘法，無二亦無三，除佛方便説。一乘法者，即般若法也。

鈔：引《法華》一乘實相，而分別説三。今直示本法，無二亦無三故。若有三説，自隨他意語，方便説也。

△三、釋通妨難，二。初、問難。

問：既惟般若一法，何用初説《華嚴》，終唱《涅槃》。

△二、釋通答難，分二。初、從本起末。

答：《華嚴[三]》爲直示最上大根衆生，其奈中下未授，故于一佛乘分別説三。

△二、攝末歸本。

循循善誘，引入般若大乘空慧。先所出納，是子所知。以至法華會上，仍將般若空慧，委付家財，三乘俱稟授記作佛，法王大寶自然而至，攝末歸本，流入薩婆若故。是知《法華》若無般若之法，將何付耶。

鈔：循循善誘者，即阿含時，廣説天人因果小教，以循循善誘，引迷流而得入涅槃故。二、引入般若大乘空慧者，即方等會上，以談法相大乘故。三、先所出納，是子所知者，如來將般若空慧法財，命須菩提、迦葉、富樓那等化諸[四]菩薩故，故曰是子所知。四、以至法華會上仍將般若空慧委付家財下，雖法華授記作佛者，以般若法而付囑之，方能流入一切智故。五、是知下，結歎云是知若無般若以心印心、以法即法者，決不能授記作佛耳。

△四、示般若流入諸法，文五。初、指般若即法界義。

是以般若之法，在《華嚴》爲一真法界，衆藝修之，令入般若波羅密門。

鈔：善財先近徧友，一言不示，表法男徧一切處故。指歸衆藝童子，唱四十二字陀羅尼門，先阿後茶，表示菩薩入四十二位賢聖真菩提路，總依般若波羅密法門而修之故。

△二、指般若即實相義。

在諸大乘經爲實相般若，

鈔：如來一代時教，皆依實相爲本，離此實相外，無法可酬故。

△三、指般若即金剛性。

在此經爲金剛般若。

鈔：《經》云，尊者問佛，此經我等云何奉持。佛告須菩提，是經名爲《金剛般若波羅蜜》，以是名字，汝當奉持。所以者何。佛説般若波羅蜜，即非般若波羅蜜等。

△四、指般若即覺藏義。

在《法華》爲本源覺藏，覺藏者即般若義也。

鈔：本源者，即真如自性也。覺藏者，即般若智也。是故《起信論》云，從本以來，自性滿足一切功德，所謂自體有大智慧光明義故，徧照法界義故，真實知識義故，自性清淨心義故，常樂我淨義故，清涼不變自在義故，具足如是過於恒沙，不離、不斷、不異、不思議佛法乃至滿足無所少義故，名爲如來，亦名如來法身。《論》又問曰，上説真如，其體平等，離一切相，云何復説體有差別如是種種功德。答曰，雖實有此諸功德義，而無差別之相，等同一味，唯一真如。此義云何。以無分別，離分別相，是故無二。

△五、指般若即涅槃性，二。初、正示名目。

在《涅槃》爲常住妙性，亦般若義也。

△二、引經證成。

故世尊將入潛輝，云：我以摩訶般若之力，徧觀三界，諸山大海大地含生，如是三界，根本離性，畢竟寂滅，同虚空相等。

鈔：大覺世尊將入涅槃時，頓示三摩禪那、三摩鉢底，反復三次，出定告衆云，我以摩訶般若之力至同虚空相等者，以示諸佛如來成道轉法輪入涅槃等，皆以般若之力而成就故。若無般若自性，將何爲本耶。

△五、名別義同。

是知名雖有異而妙旨無殊，豈非般若而爲諸法之本哉。

△六、賢聖同依。

故三賢之所依，十地之所證，十方三世諸佛，皆依般若，故得阿耨菩提者，以一體同觀無二法故。

鈔：般若既爲三世諸佛之母，豈以三賢十地而不依此法之所修哉。故三賢爲解行般若，十地爲修證般若，諸佛爲究竟般若。是以從因至果，無非般若性力而已矣。

△三、結。

以上第三會餘部文義一科已竟。

金剛般若波羅蜜經懸判疏鈔卷之三

校勘記

〔一〕「當學」，底本作小注，據文意改正文。

〔二〕「清」，疑爲「深」。
〔三〕「嚴」，底本作「歸」，據文意改。
〔四〕「諸」，底本作「讀」，據文意改。

金剛般若波羅蜜經懸判疏鈔卷之四

敕建西天寺武林後學沙門性起述

△四、乘所被，三。初、標。

第四、乘所被機者，

△二、開列章，文二。初、通括大意，分五。

初、生佛均體。

夫以物我無虧，人人本具。是以般若空慧，上至聖人，下至凡流，均本同源，照體獨立。

鈔：古德云，天地與我同庚，萬物與吾同體。故一切聖凡皆以般若空慧而爲其本，故曰均本同源，照體獨立，以從本以來不變易故。

△二、迷悟有殊。

迷之者永劫沉淪，悟之者刹那而得。

鈔：迷者即是衆生，悟者即是諸佛。固能達本同源，了妄即真，奚有生佛之可異哉。

△三、見聞成種。

奈生迷而不覺，故聞説無生之義，或驚或疑，或信或不信者，皆成般若之緣種也。何況信受奉持，如説修行等，自然直至道場，無迂曲故。

△四、徵何機得入。

然此經者，既惟一代時教，始終一味，未知被何等機而能可入。

△五、被機列數文。

然法雖一味，機分有十，前五揀非器，後五彰所爲。

△二、正釋文，二。各五。初、科，揀五非器文中。一、揀無信非器，二。初、正揀。

一、無信非器，以聞般若空義不解，反生誹謗。

鈔：佛能度一切衆，不能度不信人及無緣人。是以陳〔二〕東老母與佛同生，尚不受化，況餘者乎。故曰無信非器。不堪領聞般若，設或聞者不生信解，反生誹謗。《法華》云，破法不信故，墮〔三〕於三惡道。我寧不說法，疾入于涅槃。

△二、引經證義。

下《經》云：我若具說者，或有人聞，心即狂亂，狐疑不信，墮惡道故。

鈔：我若具說下，證成不信之義。

△二、揀違真非器，二。初、正揀。

二、違真非器，依傍此經，以求名利，不淨說法，集邪善故。

鈔：違真下，心地不朗，單依語言文字，而不求於真實第一義諦，唯尚希求名聞、利養、恭敬而說法故，所以心不淨也。故爾心清淨故，不爲利養，乃至沙彌，以求真實第一義諦，是佛說也。倘有絲毫爲利說法，是魔說也，故云集邪善故。

△二、引經證義。

下《經》云：若心取相，即著我、人、衆生、壽者相故。

△三、揀乖實非器，二。初、正揀。

三、乖實非器，謂如言取文，超情至理，不入心者，

鈔：乖實非器下，乖違真實第一義〔三〕諦故。所以違實義者，謂此人專依語言文字，執取見解，墮落筌蹄，故不能超情量，脱見解，謂于至極玄妙理趣未得入于心故。

△二、引經論證，三。初、先引論證。

故《論》云：隨聲取義，有五種過。

鈔：隨聲取義者，古德云，隨文生解，三世佛冤，離經一字，即是魔說。有五種過者，一不正解，二退勇猛，三誑他，四者謗佛，五者輕法。

△二、引經證義。

下文云：若取法相，即著我、人、衆生、壽者相故。

△三、結上三機。

上三凡愚非其器故。

△四、狹劣非器，二。初、揀機。

四、狹劣非器，謂一切二乘墮無爲坑者皆不入故。

鈔：狹劣非器下，《華嚴經》云，如來智慧大藥樹，唯除二處，不能爲作生長利益。所謂一切二乘墮於無爲廣大深坑，及壞善根非器衆生溺大邪見貪愛之水。然亦於彼，曾無厭捨。

△二、引經證義。

下文云：若樂小法者，著我見、人見、衆生見、壽者見。即於此經，不能聽受讀誦，爲人解說故。

△五、守權非器，二。初、正揀守權。

五、守權非器，謂有權教大士，經無量劫，每日三時行施捨身命故，以及七寶滿大千界。

鈔：《法華經》中，智積菩薩云，我見釋迦如來于三千世界，乃至無有如芥子許，非是菩薩捨身命處。斯則内施無盡。以及七寶下，外施不竭。由是内外弘施無量，所謂檀度之勝無可比也。

△二、非器假名。

若未聞般若無我之法，或時聞已，不信不解不順不入者，是等猶爲假名諸菩薩故。

鈔：雖廣行施，亦在大士之數，若未有二種善根，是爲假名菩薩。一者，未聞般若，由未聞故，云何了知無我法也。二者，已聞般若，雖聞般若，不信，由不信故不解，由不解故不順不入。是爲矇修狹劣之輩，豈超十地五忍之果哉。

△後五彰所爲中，分五。初、正爲機，三。

初、正揀。

一、正爲，謂一乘頓妙之法原非下劣機宜可

能承受。

鈔：法大機小，不能契合，機大法小，亦不能契合。是以圓頓機契合圓頓法而承受之。

△二、引經證義，三。初、爲發大心機。

故《經》云：如來爲發大乘者說，爲最上乘者說。

△次、證由具法器。

又云：如來悉知是人具大法器，成就無量不可思議功德。如是人等，荷擔如來阿耨多羅三藐三菩提故。

△三、證久種善因。

又云：若有持戒修福者，于此章句能生信心，以此爲實，當知是人已於無量千萬佛所種諸善根。

△三、結歎。

良以多生入正定聚，故聽文字般若，即入觀照生信，了悟真常，苟非廣多供佛具善根者，何能成就者乎。

鈔：一、十信未滿，名爲未入定聚。于六塵中，心不空寂，故聞般若妙旨而不解，故專信十善因果，親覲大乘知識，種諸善根熏習之力，故未入定聚。二者，已入信位，頓發大心，故聞般若之法，一言之下，心地開通，于六塵境，廓徹清淨，了達自性，本來即佛，無用外求，名爲入正定聚。故聽文字般若，即入觀照生信，了悟真常。苟非廣多下，由多生佛前，勤修戒定慧等，具諸善根般若種力，未得心地開悟，今復重聞，自然於聲色境觸處圓明，照體獨立耳。

△二、兼爲，分二。初、正揀。

二、兼爲，謂或有人敬信此法，聽聞、受持、讀誦，雖未悟入，而能信向成種，如人食少金剛等。

鈔：問，經得意旨，心領神會，方能信向成種，今既單信語言文字，奚能信向成種乎。答，雖聞語言文字般若，信向成種者，即無漏妙法熏入第八識有漏心中，或敬、或信、或受持、或讀誦、或供養，皆斯親厚般若之法力也。由今生有漏心中熏入，至于因圓果熟，即成無漏之種子也。如人食少金剛等，等者，等餘文。故普賢大士告如來性啓菩薩云，如人食少金剛，必竟要穿於身，出在其外。何以故。金剛不與肉身而同住故。菩薩摩訶薩亦復如是。若聽聞諸佛妙法，必竟要穿一切有爲身過，到於無爲一切智地，故曰金剛種入如來藏等。云云。

△二、引經證義。

故《經》云：乃至一念生淨信者，如來悉知悉見等，是諸衆生得如是無量諸福德故。雖今未解，後必得入。

鈔：淨信有二。一者，宿生多修施戒，少聽大乘般若，今生雖聽，唯信大乘，未得深悟，亦名淨信。二者，宿生已信大乘，深解般若，今又重聞，得法眼淨，名爲淨信。

今此淨信，簡非久熏，即以凡夫有漏心中新熏無漏文句之法，雖未明悟，即熏成文字般若而漸成無漏[四]之福德耳。故云，如來悉知悉見得如是無量諸福德故。所以然者，以無漏福德即達摩所云淨智妙圓，體自空寂，如是功德，不向外求，則爲自性中常光受用之福德。《法華經》云，佛子住此地，是則佛受用。常在于其中，經行及坐臥。故云，雖今未解，後必得入。

△三、結歎。

當知是人聞熏種子不可思議，果報亦不可思議。

鈔：《唯識論》云，種子有三，一、聞熏種子，二、修習種子，三、果德種子。今此三種種子義中，復有其二。一者有漏種子，二者無漏種子。夫熏有漏種子，即是人天十善因果之法。若熏無漏種子，即是文字般若無漏妙法。是知欲入道者，先得聞熏般若無漏種子，後得修習及果德種子而成就也。故云聞熏種子不可思議，果報亦不可思議矣。又聞熏種子即是因不可思議，以熏無漏法故。果報即果德種子，以成菩提涅槃常樂我淨諸果德故，即果德不可思議也。雖不云修習，而聞熏及果德二種種子義含在其內，故不云耳。

△三、引爲機，二。初、正揀。

三、引爲，謂即前權教取相菩薩未能入者，故借大權示現在小乘位者，啓請般若妙門，重重詳究，令破諸疑，深契無生，豁然頓悟，感傷悲泣，俾令權教大士自生慚愧。小乘尚以聞悟，況大乘乎。

△二、引經證義。

故下文中尊者涕淚悲泣而白佛言，我從昔來所得慧眼，未曾得聞如是之經故。

△四、權爲機，二。初、正揀。

四、權爲，即一乘取相凡夫。謂既不聞，況能受持。故諸菩薩權示聲聞，或在法會，如聾若啞，五百之徒，彰其絶分。

鈔：即一乘取相凡夫者，即人天小教及聲聞機衆之類。謂既不聞下，由是取相凡夫可知，總在心外有法，並不知諸法從本以來常自寂滅相。故諸菩薩下，謂諸大士等權示聲聞，影響大化，利濟小乘諸群類衆，令彼聲聞回心向大。故《法華經》中佛讚富樓那等云，諸比丘諦聽，佛子所行道，善學方便故，不可得思議。知衆樂小法，而畏於大智，是故諸菩薩，作聲聞緣覺，以無數方便，化諸衆生類。自説是聲聞，去佛道甚遠，度脱無量衆，皆悉得成就等。其文非一，或在法會下，即華嚴會上有富樓那、須菩提及大迦葉等五百之衆，在佛法座，如聾若啞，有眼不見，有耳不聞，故曰，五百之徒，彰其絶分，非實在法會而不聞也。

△二、引經證義。

或示在道而啓悟者，如須菩提等即斯類故。

鈔：謂須菩提等，本自現住小乘位中，單明偏真生空之法，未達二空真如妙理。然斯尊者久證無生，善通佛慧，因見小乘羅漢等未達大乘妙理，故須菩提等權示聲聞未解二空，啓請如來般若妙門，重重詳究，自破諸疑，引令悟入。奇哉，觀彼須菩提等向我同類，亦是小乘，尚已聞悟，而我等輩豈無仰攀，焉不悟入。若如斯者，入大乘位，豈不快哉。故古德云，彼既丈夫，我亦爾，何得自生而退怯。誠哉斯語也。

△五、遠爲，三。初、正揀。

五、遠爲，諸凡夫、外道、闡提悉有佛性，邪知傍見，自稱教法，或混亂佛宗，法説非法，非法説法，求其利養，雖今不解，後必得入。

鈔：遠爲機者，現遇正法未解，反以錯謬，亦作未來利益因緣，名爲遠爲，由種般若力故。謂諸凡夫、外道、闡提下，西天有九十五種外道，永斷善根，不信正法，名爲外道闡提。疏云邪知傍見，自稱教法者，或計冥諦爲宗，或想梵天爲本，或謂時方微塵虚空等而爲世間及涅槃本，廣如《華嚴玄談》中説。

或混亂佛宗下，即此方攻乎異見之類也。或計無爲爲宗，或想天主爲本，或稱彌勒爲因，或説無生老母遠在靈山，妄立三乘二乘大乘教法，或説圓明妙道爲本，如斯等種種因緣，混亂佛宗，法説非法，非法説法。

所謂非法説法者，或立虚空斷滅之性而作常住無生之法。法説非法者，反以妄剥施等六度是爲有漏之因。唯以一念無生，即是涅槃本際，奚得徒勞苦行，反修無益之因。故取諸祖語録極易解者以作憑據，及取《金剛》大乘妙典之文，亦謂自云辟邪顯正。又恐世人未解深語，故拈取佛典妙句，編作粗陋之言，而令世人種種易解，引入他宗。又復採取玄門修身鍊氣之法，以爲每日自修工夫。還有種種異説，難以盡舉。更引儒門無極而太極等語，發明各人本來面目，并引歷代祖師妙句等語，皆係參詳在內，混亂佛宗，穿作一處，謂之三教同源，可以廣化迷流，共成正覺。廣如此方外道，似佛弟子，非佛弟子等。或以無爲爲宗，及三乘等教，五部六册書内等説。又復彼教雖談空理，的指目前虚空以爲無生大道，故爾妄闢施戒等事則爲無益之行，貶斥小乘羅漢實非大道。而有令人獨坐，妄思修學，醍醐灌頂，腦後拔門，眼爲明珠寶，乃至身爲現世寶等，是爲七寶在人身中，若是識得，立地成佛，無施多力。毒哉，真魔説也。

夫既深信因果，求出苦輪，故爾等妄求一念無生，到歸元處，永無生滅，云何而有令人醍醐灌頂，身中七寶等説。若如斯者，豈非乃犯自語相違之過。又云無生，焉得有生。爾既又念生死苦惱，痛恨貪嗔癡等而爲根本，云何執定不用出家以修道果，乃至妻子五欲不礙菩提，既云妻子五欲不礙菩提，云何專又教人戒殺，永斷葷酒。夫五欲者，是生死之毒蛇。出五欲者，離煩惱之火宅。若不出家，云何能裂斷愛網、絶諸五欲。設不出家，共同妻子五欲眷屬，總然修行得證道果者，無有是處。

如非久證無生，即若龐公、王日休之類者，百中無一二。若我等果如龐公、日休高士之類，總然塵境修行，亦何有礙。故文殊飛箭于裴國相云，大士入俗，小士出塵。苟無此力，故古德云，毫釐繫念，三塗業因。故須要永斷淫殺盜妄飲酒食肉之戒，方有出塵消息。如不然者，若不投禮明師，廣通經論，即若蒸沙作飯，必無實果。故云，寧之千生不悟，不可一生著邪。然雖如是，亦能遠作菩提。故曰，雖今未解，後必得入。

△二、引經證義。

故《經》云：或有人聞，心即狂亂。不生正

解，起斷滅見，或執邪見，狐疑不解。竟謗毀者，必墮惡道。罪報若竟，一經於耳，果報緣種亦不可思議耶。

△三、釋通妨難，四。初、問。

問：既聞妙旨，不解生謗，何得還成果報之不思議耶。

△次、答難。

答：先聞妙旨，不解生謗，是以罪報盡而福報生，由此而增信入者也。

△三、引證義。

故《法華經》中，四衆聞常不輕語，謗墮苦處，罪報得出，還遇不輕教化，豈非般若緣種深妙也哉。

△四、結歎。

況一切衆生本具如來智慧德相，感應道交不可思議，無一衆生而非不可被也。

鈔：《華嚴》云，如來成正覺時作如是念，奇哉怪哉，一切衆生皆具如來智慧德相，只因妄想執著，不能證得。若離妄想，一切智、自然智、無礙智即得現前，故曰無一衆生而不可被也。

△三、結。

以上第四教所被機一科已竟。

金剛般若波羅蜜經懸判疏鈔卷之四

校勘記

〔一〕「陳」，疑爲「城」。

〔二〕「墮」，底本作「隨」，據文意改。

〔三〕「義」，底本作「壽」，據文意改。

〔四〕「漏」，底本作「福」，據文意改。

金剛般若波羅蜜經懸判疏鈔卷之五

敕建西天寺武林後學沙門性起述

△五、教體，文分三。初、標舉。

第五、教體淺深者，

△二、開列章，文五。初、結前生後，二。

初、是結前。

已知此經，優劣之機，普皆攝故。

△次、生後義。

未知何法而爲教體。

△二、通括大意，二。初、明道非言象。

夫道本忘言，非言象而莫入，法本無說，非名句而奚窮。

△二、示法離名相。

是以無言之言，以顯絶言之理，無相之相，以彰離相之源。

鈔：《法華經》云，是法不可示，言辭相寂滅。又云，諸法從本來，常自寂滅相。佛子行道已，來世得作佛。此總顯無言之言、無相之相，以彰離言離相之源故。

△三、標列彰數。

今依遵古所判，略分有十。一、音聲語言體，二、名句文身體，三、通取四法體，四、通攝所詮體，五、諸法顯義體，六、攝境唯心體，七、會緣入實體，八、事理無礙體，九、事事無礙體，十、海印炳現體。

△四、科揀優劣。

前四通小，後六唯大。又前七通三乘，後三唯一乘。

△五、別列名釋，二。初、合釋前三，又二。

初、雙標假實。

就前大小乘中，通用四法：一聲，二名，三句，四文。取捨不同，各有三說。

△二、雙釋諸乘，三。初、先釋小乘，三。

一、簡實非假。

一應作如是說，語言爲體，其名、句、文者，但顯佛教作用，不能開示佛教自體。

鈔：名詮自性，句詮差別，文者爲名句二種所依。故名、句、文等但顯佛教作用，故說語言聲音爲佛教體。謂若無其聲，云何能知名、句、文身作用差别之義，故則定聲爲體。

△二、揀假非實。

二云名等爲體，謂名、句、文身次第行列，次第安布，次第連合，故聲但依于展轉因故，謂語起名，名能顯義，定名爲體，舉名以攝句文。

△三、會通四法。

三者，然《俱舍》意，情無去取，若取其雙存，即合四法，以爲教體。以上小乘中論。

鈔：情無去取者，謂前論師以聲爲體，後論師以名等爲體，俱有偏僻。今《俱舍》論師以情無去取，亦不單取其聲而去其名等，故雙存兩用，即合四法，以爲教體。以上小乘中論者，云結四法，義在小乘。

△次、釋大乘假實，文四。初、釋雙標意同。今大乘中三意，亦同前故。

△二、攝假從實。

一云，攝假從實，以聲爲體，離聲無别名句等故。

△三、攝實從假。

二云，以體從用，名等爲體，能詮諸法，謂名詮自性，句詮差别，文即是字，二所依故。

△四、釋假實雙用，二。初、釋雙用。

三云，聲、名、句、文，合爲其體，由前二説皆有理教爲定量故。

鈔：聲乃名等體，名乃聲之用。離聲，名等不顯，離名等，聲要何用。況又體不離用，用不離體，故體用雙彰，以爲教之定量故。

△二、引教義證成。

《深密》第四云：不可捨于語言文字而能宣説。《淨名》云：以有聲音語言文字而作佛事。此《經》云：聞是章句，乃至一念生淨信者。既云聞者，非聲豈能知章句乎。

△三、雙結定量。

良以因聲㈠，故有缺曲，唇喉齒舌，風息爲緣，故有名句語言文字。由斯文字流傳後代，方生意解，生淨信故。若缺其一，何能成就。是以定量四法皆爲教體。

鈔：良以因聲故有缺曲下，謂佛之教體，由假因緣而得生故。由是故有語言文字流傳，刊梓竹板，記存永載，令諸衆生見聞意解，入佛智故。若缺其一下，謂缺其一法，不能爲佛教體，奚得成就者乎。是以定量四法下，以大小三乘，局定聲、名、句、文，通用四法而爲教體。

第二、向下七科，次第列釋，故通攝所詮，仍歸第四名耳。

△四、攝所詮體，文三。初、標。

四、通攝所詮體者，

鈔：由前局定聲、名、句、文四法爲教體者，單屬能詮，非屬所詮義。所云詮者，表也，以表詮佛性妙理。故聲、名、句、文四法爲能詮，以能詮出諸妙義作用。故諸佛妙義爲所詮，所詮真俗二諦，令人心地開悟作用故。以斯二法，缺一不可也。故若無所詮作用，能詮文字則無用矣。故第四有通攝所詮文義説也。

△二、釋文引證。

《瑜伽》八十一云：謂契經體略有二種，一文，二義，文是所依，義是能依，如是二種總名一切所知境界。此明文義相成，若不詮義，教文何用。

鈔：《瑜伽》下，明文義二種，缺一不可，展轉互相依故。《大經》云，一即是多多即一，文隨于義義隨文。如是一切展轉成，此不退人應爲説。此明教義相成下，釋上缺一不可，所以由無所詮妙義，而斯語言文字則無用矣。

△三、結前義。

故知通所詮，成契經體。

△五、諸法顯義，文二。初、釋名。

第五、諸法顯義體者，

鈔：前中，一文二義以爲教體，今此諸

法顯義體中，謂觸處成真，得意忘所，廓然無寄。假如不得得意忘所之旨，而諸文妙義盡屬知解宗徒，反成障礙，故知觸處明真而成教體者方得入法界矣。況一切衆生機悟不同，或得語言文字義而省悟者，或以擊竹聲聞而省悟者，或以觸身痛癢而省悟者，是故《楞嚴經》中，二十五圓通及古之聖賢莫不皆然也。故第五門有諸法顯義體等説。

△二、釋文，三。一、釋根塵爲體。

謂一切諸法徧于根塵，皆爲教體。

鈔：一切諸法者，即六根、六塵、六識，本是全體大法界心。是以全體大法界心，所以根根塵塵周徧法界，觸處成真，照體獨立，而爲教體。故清凉云，遇三毒而三德圓，入一塵而心淨。又《華嚴》云，知一切法，即心自性，成就慧身，不由他悟等，其文非一。問，《楞嚴》云此方真教主[二]，清淨在音聞。何得諸法以爲教體。答，非語言文字未爲教體。此名句等者，乃局一方之境耳。若諸法顯義體者，而通方大用，普攝羣機，乃爲妙也。

△二、出諸法顯義所以，三。初、示正義。

故知見色聞聲無非般若，觸心了境本是真如。

鈔：圭峰師云，鏡心本淨，像色原空。由像色本來空故，所以心本淨也。故靈源禪師見桃花悟道云，三十年來尋劍客，幾回葉落又抽枝。自從一見桃花後，始信從前更不疑。故曰，觸心了境，本是真如，以爲教體。

△二、引諸教證義，四。初、淨土經證。

極樂國土，水鳥樹林皆演妙法，

鈔：引《彌陀經》證者有二。一、有情説法，二、無情説法。初有情説法者，即極樂國土，衆鳥和鳴，及諸天人民羅漢菩薩而説法也。次無情説法者，即微風吹動諸寶行樹，及寶羅網出微妙音，譬如百千衆樂同時具足[三]，是諸衆生聞是音者，自然皆生念佛念法念僧之心等。乃至樓臺殿閣，光明徧照十方塵刧，無不皆演妙法。斯顯情與無情，同圓種智。

△二、引大經證。

華嚴性海[四]，雲臺寶網[五]，共轉法輪。

鈔：華嚴性海，雲臺寶網，同演妙音，毛孔光明，皆能説法。又云塵説剎説、熾然説、無間説、三世説、衆生説等。又偈云，剎説衆生説，三世一切説。故清涼老人云，花香雲樹，即法界之法門，剎土衆生，本十身之正體。是故動念無非法界，觸目本是菩提。故《淨名》云，或有世界以光明而作佛事，或有世界以飲食乃至語默動靜而作佛事等。但能得法入心，觸處逢如，無非皆法輪耳。

△三、引古德意證。

是以撲落非他，縱横非物，山河大地全露真常，目擊道存，吹毛大悟，崖中端坐，天帝散花，何用文義而詮教體。

鈔：古有一僧，因捎柴薪，路中忽然墮地，作聲有省，偈云，撲落非他物等語云云。目擊道存者，出《莊子》文中。因仲尼終日久慕温伯，直至見之，夫子以目擊瞬視，一言不發，拱手而歸。門人問之曰，夫子終日欲見，直至今日見之，一言不語者，何也。孔子曰，彼人者，以目擊而道存，何以語之也。吹毛大悟者，昔有鳥窠禪師，侍者終日久事，禪師一言不示，侍者欲辭而去。師問曰，爲甚去之。侍者曰，學人立事多年，和尚一言不示，故往别處再求佛法。師曰，我這裡濫賤的佛法，汝何不求。者曰，何處，願求指示。師以身上拈取布毛一吹。者忽然大悟，即曰，學人會也，更不别求參學矣。崖中端坐，天帝散花者，一日須菩提岩中端坐，即有釋提桓因天主而來散花。須菩提問曰，散花者誰。主曰，是我。因尊者善説般若，故來散花。者曰，我乃無説。主曰，我乃無聞。汝以無説而説，我乃無聞而聞。是故無説無聞，以談實相，何用文義而詮教體。

△四、引本經義證。

應知如來入城示衆，托鉢回歸，祇桓敷座，善現擎拳，無非直示家珍，何容囑語叮嚀，重宣饒舌者哉。故下文云，如來者，即諸法如義。

鈔：應知如來下，即是如來行住坐卧，穿衣吃飯，語默動靜四威儀中，師弟禮節等意，無非尋常日用之事，豈越人間分外之相有奇特也。苟能觸處明如，一卷離言，般若宗旨早已爲諸人註破了也。何必要歸來趺座，囑示叮嚀，重宣饒舌者哉。故孔子曰，吾無隱乎爾，吾無行而不與二三子者。又《中庸》云，鳶飛戾天，魚躍於淵，言其上下察也。斯則以無言爲言，無示爲示，古德所謂任性逍遥，隨緣放曠，但盡凡心，别無聖解耳。

△三、結示前義。

是以語默動靜皆説，則見聞覺知靜聽，苟能得法契神，何必要因言説。乃至八萬四千諸塵勞門，衆生以此而爲疲勞，諸佛以此而作佛事。

鈔：是以下，若語言，若默然，若動若靜，如瞬目揚眉等，無非皆宣説耳。則見聞下，若見色，若聞聲，若覺若知，通身六根，無非皆聽聞耳。古德云，若將耳聽終難會，眼裡聞聲始得知。故曰，苟能得法契神，何必要因言説耶。斯則總明法非定法，應無所住而省〔六〕其心也。乃至八萬四千下，言衆生本自觸處無生，蕩然清淨，良以無始無明熏習力故，故舉心即錯，動念即乖。故《淨土懺》云，毗盧遮那，遍一切處，其佛所住，名常寂光。是故當知一切諸法無非佛法，而我不了，隨無明流，是則于菩提中見不清淨，於解脱中而起纏縛等。故曰，八萬四千諸塵勞門，衆生以此而爲疲勞，諸佛以此而作佛事。又《淨名》云，諸佛菩提，在六十二見中求。

△三、總顯實相心法爲詮。

此之一門義通三藏，理徧諸門，祖印相傳者，惟此一事而已矣。

△六、攝境唯心，文二。初、釋名義，二。

初、正標釋名。

第六、攝境唯心體者，總收前五，並不離識，

鈔：謂前之五體皆心所變，以心外無法故。如聲是色，即二所現影，況聲上缺[七]曲，假立名、句、文身色法。是以聲色二法，能詮之體及所詮之義，并諸法顯義等，離心外無體可得。

△二、略引唯識義證。

一切所有，唯心現故。

鈔：一切所有下，引唯識義證，以遮外境。識表内心，離識之外，更無别法。彼引多教義證，成立唯識義旨。所以證者，以不籠統真如，顢頇佛性。故《起信論》云，依一心法有二種門，一、心真如門，二、心生滅門。然此二門，皆各總攝一切法，以此二門不相離故。《梵行品》云，知一切法，即心自性，故唯心現。

△二、釋文，二。初、立數。

然有四門。

△二、釋義，分四。初、釋唯本無影。

一、唯本無影，謂即小乘，不知惟識故。

鈔：惟本無影者，謂只知有聲、名、句、文四法本質，不知聲色如像故。若知聲色如影像者，以心外無法，像色原空，即了惟識故。

△二、亦本亦影，三。初、正明本影。

二、亦本亦影，謂大乘初教，佛自宣説，若文若義，皆是如來妙觀察智淨識所現，名本質教。

鈔：若謂如來實有説法，故名本質。因位説聽由於意識，故果位中亦惟意識，故云，妙觀察智相應淨識。以果位中智强識劣，故説此識與智相應。此智能於大衆會中，雨大法雨，故能説法智所依王即是第六，故云淨識之所顯現。而言淨者，純無漏故。《唯識疏》云，既云無漏心現，即真無漏，文義爲體。是故世尊實有説法，言不説者，是密意説。

△二、引證，二。初、佛地論證，二。初、機感文義自生。

《佛地論》云：有義聞者，善根本願增上緣力，如來識上文義相生，此文義相是佛利他善根所起，名爲佛説。

鈔：衆生今生有義聞者，亦係衆生往昔修習善根，發愿親覲諸佛菩薩及大善知識念，故得今世增上緣力，得覲於佛。由是如來識上文義相生，此文義相是佛利他善根所説，名爲佛説者。《法華經》中云，舍利弗當知，我本立誓愿，欲令一切衆，如我等無異。是佛利他善根，同行起也。今如來淨識上文義相生，契機而説者，是滿佛果德中愿也。

△二、文義生佛自現。

若聞者，識上所變文義，名爲影相。此文義相，雖親依衆生自善根力起而就强緣。名爲是佛説者，展轉增上緣力，生佛二識自然頓現。

鈔：若聞者下，單指衆生分上，第六意識中所變文義，名爲影相，非心外有法故。此文義相雖親依下，指佛自分中力也，謂雖是衆生善根熏習之力，到底而就佛强緣，自誓願力而宣演之。名佛説者，展轉增上緣力，生佛二識自然頓現者，由衆生昔自善力及佛本自願力，故感二互相應，如鏡互照，焕然齊現，無前後際故。

△二、指本經義證，二。初、機感生。

是知善現啓請，佛宣章句，皆由尊者及諸法會衆善根力，始聞般若，文義影相，自識方現。

△次、佛自願力應。

如來昔誓願力，熏習淨識，而宣演之。

鈔：《法華經》云，如我昔所願，今者已滿足，化一切衆生，皆令入佛道等，其文非一。

△三、結彰本影互現。

彼此無非增上緣力，皆繫唯識現故。文義相生，是爲亦本亦影耳。

△三、唯影無本，三。初、正釋無本義。

三、唯影無本，謂大乘實教，離衆生心，佛果無有聲色功德，唯有如如及如如智獨存，大智大悲增上緣力，令彼所化根熟衆生心中見佛説法，是故聖教唯是衆生心中影相。

△二、引經證義，二。

《大經》云：諸佛無有法，佛于何有説，但隨其自心，謂説法如是。此《經》云：莫謂如來有所説法，即爲謗佛。又云：若以聲色見聞于我，是人行邪道，不能見如來等。

鈔：初引《華嚴》，證離衆生心，佛果無有聲色功德，唯有如如智等獨存。次引本經，證非但離衆生心而佛無有聲色功德。然佛證自受用際中，亦本來無有聲色，故誡之曰，莫謂如來有所説法，即爲謗佛。以是法不可示，言辭相寂滅，故下偈重又誡之曰，若以聲色聞我者，是人乃墮有爲坑中，落邪見故，以心外有法不能見如來法身也。無非衆生機感有見，而實如來無所見也。

△三、結歎唯影無本。

是以離衆生心，佛本無聲色可得，但隨衆生往昔自善根力，心中見佛聲色者，俱影相耳。

△四、非本非影，三。初、正釋。

四、非本非影，如頓教説，一切法界本無聲色影相，言亡絶慮，性本離故。

鈔：疏引頓教義，明非本非影，一切法界本無聲色影相等者，《起信論》云，以一切法唯同如故，當知一切法不可説、不可念、不可立。是故此法從本以來，離言説相，離名字相，離心緣相，畢竟平等，無有變異，不可破壞，唯是一心。故曰，言亡絶慮，性本離故。

△二、引本經證義。

故下文云：應離一切相，是阿耨菩提。故云非本非影。

△三、指略在廣。

龍樹等宗，多立此義。

鈔：龍樹等宗下，等宗者，等餘宗故。謂龍樹依《智度論》，總判離相以爲宗要，故此經破相顯性，爲此經之要義。故下文云，離一切相即名諸佛等。又此四門，前是小教，以不了名等四法聲色是影像故。二是始教，故雖知是，而未脱盡聲色意解，還存法相見故。三是終教，以一聲色無本唯影故。四頓教，由離言絶待，不可以智知，不可以識識，是故言語道斷，心行處滅，故非本非影耳。

△七、會緣入實，三。初、釋名義。

第七、會緣入實者，前來六門，同入一實故。

鈔：夫唯心頓現一切法者，緣會而生，緣謝而滅，前來六門同契真如實際法故。《法華》云，唯此一事實，餘二則非真。又云，無量衆所尊，爲説實相印等。

△二、列數標名。

亦有二義：一、以本收末，二、會相顯性。

△三、釋文，二。初、以本收末，又二。初、正釋。

前中以聖教從真如流，故不異於真。《攝論》云：此真如所流教法，最爲勝故。此經破相顯性，惟示真如，金剛般若所流分教，最勝殊妙，超餘法故。

△次、引證本經如義。

下文云：云何爲人演説，不取於相，如如不動等。斯即以本收末，一一文字，攝歸如故。

△二、會相顯性，二。初、正釋。

二、會相顯性者，謂差別十二分教，從緣無性，即本真如，故虚相本盡，真性本現。

鈔：如來言説皆順於如，故《金剛三昧經》云，如我説者義語非文，衆生説者文語非義。《仁王·二諦品》云，大王，法輪者，法本如，應頌如，乃至論義如等。此經明教即是如，不説如皆是教。若取諸法顯義，皆爲教體，一切法皆本如也，則無如非教。故云，虚相本盡，真性本現。

△二、引證。

下文云：如來所説一切法，即非一切法。解曰：既所説教從緣無性，即非一切法也。

△四、結諸法如義。

斯乃從緣入實，會相顯性，即諸法如義，而爲教體。

鈔：《法華》云，諸佛兩足尊，知法常無性。佛種從緣起，是故説一乘。斯則總以諸法如如之義，而爲教體。

△八、事理無碍體，分三。初、列名。

第八、事理無碍者，

鈔：由前因緣生滅之法，從緣成立，各無自性，衆生不了。由遍計性，執取我法，以爲實有。若除遍計，依他無性即圓成故，故前有會緣入實義。所謂諸法從本來，常自寂滅相。四相同時，體性即滅，唯一真如，無二法故。今此門中，以真如玅理不碍隨緣，

成立一切法故，即理不碍事義。而一切法又不碍凝然真如一味平等，即事不礙理義。如水成波，波即水故。由事不碍理，理不碍事，爲之事理無碍法界，而爲教之體故。

△二、釋文，三。初、理不碍事義。

謂一切教法舉體真如，即不碍十二分教，事相燦然。故云：如來説一切法，即非一切法，是故名一切法。

鈔：以真如體，雖非生滅，而隨緣自性，成立一切法故。《法華》云，是法住法位，世間相常住。於道場知已，導師方便説。即舉體真如，不碍十二分教，事相燦然。若有碍者，焉能説之。又云，於一佛乘，分別説三。一佛乘者，即真如義也。分別説三者，由真如故，成立一切法也。是故諸大乘經，總依真如實相而爲根本。又云，一切賢聖皆以無爲法而有差別。故云如來説一切法下，引經證成可知。

△二、事不碍理義。

雖真如舉體爲一切，不碍一味平等，故云：如來説一切相，即非一切相。

鈔：由真如法體，雖是隨緣一切法等，而一切法等相又不碍真如平等一味，故《法華》云，諸法從本來，常自寂滅，依他無性，即圓成故。

△三、雙證二義無碍。

又云：是法平等，無有高下，是名阿耨菩提。

解曰：無高下者，性相融鎔，真俗一貫，是爲一味平等，無高下故。

鈔：《起信論》云，一心中有二門，一、生滅門，二、不生滅門，以此二門不相離故。又云，心真如者，即是法界大總相法門體。所謂心性不生不滅，一切諸法，惟依妄念而有差別。若離心念，則無一切境界之相，乃至云畢竟平等，無有變異，不可破壞，唯是一心，故名真如。故曰，性相圓融，真俗一貫，乃爲一味平等，無二法故。

△九、事事無碍義，三。初、釋名。

第九、事事無碍體者，謂前八門俱收此經以爲教體，雖後二門未收此經，其少分義亦兼攝耳。

鈔：釋名來意可知，更不繁釋。

△二、釋文，二。初、正釋。

何則。夫談真則違俗，舉俗則違真，今既真俗圓融，事理無碍義，故亦有事事無礙體也。

鈔：談真則真顯俗隱而違之也，談俗則俗顯真隱而違之也。今既真俗下，謂由真非俗外而俗不違也，俗非真外而真不違也。是故即俗而真，即真而俗，用不離體，體不離用也。故《大經》云，菩薩以有爲界而不滅壞無爲之體，以無爲體而不滅壞有爲之相。又無爲體即有爲故，一即一切，以有爲相即無爲故，一切即一。一即一切，一切即一，故即事事無礙體也。

△二、引證，二。初、引《大疏》義證。

清涼云：理隨事變，則一多緣起之無邊，事得理融，則千差涉入而無礙。今夫一般若法，理貫十門，義通三藏，八萬行門，百界千如，以一貫之，豈非一法即多法，多法即一法。

△二、引《心經》義證。

是故《心經》以般若空義，貫通五蘊、六入、十二處、十八界，世、出世間，聲聞法、緣覺法、菩薩法，乃至涅槃。三世諸佛，皆依般若法故而證阿耨菩提。若百川歸海，普同一味，雖以一滴，逈異百川，以一味義，具多味故。

鈔：《大疏》云，一切諸法真心所現，如大海水，舉體成波。以一切法無非一心，故大小等，隨心迴轉，即入無礙。

△十、海印炳現體，文三。初、釋名。

十、海印炳現體者，

鈔：《華嚴大疏》云，譬如大海，普印四天下一切森羅萬象無不炳現，如來海印定光三昧亦復如是，而能普印一切色身三昧。故下偈云，或現童男童女身，天龍及以阿修羅，乃至摩睺羅伽等，海印三昧威神力等。即以海印炳現而爲教體也。

△三、釋文，三。初、正釋。

如前差別無盡妙義，皆是如來海印定中同時炳現。雖此經義未曾唱明，然默契心源，海印定光亦含此義。是知舍衛托鉢，洗足跏趺，一動一靜，一語一默，皆如來性識浪渟，湛如巨海，月落澄潭，本非來去。

△二、引證。

故《經》云：如來若來若坐若卧，是人不解我所説義。何以故。如來者，無所從來，亦無所去，故名如來。

△三、結嘆。

是知二門義屬兼通，未若《華嚴》博唱，帝網重重，無盡無盡，故慎勿局定以説無耳。

△三、總結十義。

以上第五教體淺深一科已竟。

金剛般若波羅蜜經懸判疏鈔卷之五

校勘記

〔一〕「聲」，底本作「雙」，據文意改。

〔二〕「主」，底本原校疑爲「体」。

〔三〕「足」，底本原校疑爲「作」。

〔四〕「性海」，底本脱，據文意補。

〔五〕「網」，底本作「綱」，據文意改。次二「網」字同。

〔六〕「省」，底本原校疑爲「生」。

〔七〕「缺」，底本原校疑爲「屈」。

金剛般若波羅蜜經懸判疏鈔卷之六

敕建西天寺武林後學沙門性起述

△六、宗趣通局，文三。初、標列。

第六、宗趣通局者，夫語之所尚曰宗，宗之所歸曰趣。

鈔：宗者，崇也，故云所尚，亦云尊也，尊者，主也。宗歸曰趣，趣者，趨也，以吾人之所趨向故。清凉云，亡軀得其死所，竭思有其所歸。故曰，不論是何等法門，乃我之所崇，即我之所尊，而爲歸向趣故。故佛一代時教，總以因緣爲宗趣耳。故舍利弗習外道時，路遇馬勝比邱問曰，汝師以何爲宗。答曰，以因緣爲宗。又復問之，尊者即答偈曰，諸法從緣生，諸法從緣滅，我佛大沙門，常作如是説。又《中論》云，空假中三觀，總以因緣而爲宗，主趣向義故。故《論》云，因緣所生法，我説即是空，亦名爲假名，亦名中道義。即以因緣爲宗，以空假中三觀爲趣，所謂一空一切空，一假一切假，一中一切中故。

△二、開列章，文四。初、標列名教。

先明其通，後明其别。

△二、轉釋名義，分十。一、我法俱有宗，

二。初、列名。

第一、我法俱有宗，謂犢子等部，或少一分。

鈔：夫論一代聖教，不出十宗大意。其中前四俱屬小乘，次五六二宗通大小乘，後四宗惟一乘。又前六宗通十八部，并上座部及大衆部。今初，上座部中，如來涅槃三百年後，轉名説一切有部。又三百年後，從一切有部流出犢子部。次又三百年後，從犢子部流出四部。一名法上部，二名賢冑部，三名正量部，四密林山部。後次第三百年後，還從一切有部流出化地部。又一百年後，從化地部出二部。一名本末經部，一名法藏部。次又三百年後，出飲光部。次又四年後，出雪山部。今上座部，轉名説一切有部爲本，分二類各五爲末，本末合成十一部。因上座部轉名一切有部，流出十部，皆從如來滅度一千四百零四年中而流出故。

〇二、大衆部中分八部，次如來二百年出第一名一説部，次又二百年出第二名説出世部，次又二百年後第三名鷄胤部，四名多聞部，五説假部，六名多山部，七名西山部，八名北山部。又大衆部爲本，八部爲末，是爲兩次本末，合成名義，爲二十部。今我清凉祖意，將本末十八部及二部中義旨，判分六宗，屬大小乘故。故《文殊大士問經》云，十八及本二，皆從大乘出，無是亦無非，我説未來起。故佛住世時，文殊即記當來之事。

疏或少一分者，謂犢子部等五部，俱計我法而立宗故。向下第二科中詳釋。今云等者，等取根本經部，不等取末經部。根本經部者，原從説一切有部流出。又從化地部中，一百年後流出末經部。又將根本經部并末經部合成一部，名本末經部。故單等取本經部義，即本末經部中一半耳，故疏云或少一分。

△二、立我法俱有宗所以，三。初、正彼計立，二。初、立三聚。

彼立三聚，一、有爲，二、無爲，三、非二聚，非二即我。

鈔：一、有爲聚，二、無爲聚，三、非有爲非無爲聚，大意掃除二邊，非有非無處計立爲我。

△次、立五法藏。

又立五法藏，謂三世過去、現在、未來。爲三，無爲爲四，第五不可説藏，我在其中，以不可説有爲及無爲故，是爲三聚五法藏者。

鈔：初標，次釋，後結。謂有無二爲偏三世故。又此有無二爲在三世中不可得故，彼宗以不可得中計立爲我。

△二、立我所以。

大意爲雙遣有爲及無爲，故云不可説等，離二邊故，立爲我意。

鈔：大意下，立我所以，因雙遣有無，離二邊故不可説也，以不可説中而有我意。

△三、出彼宗過。

然此一部，諸部論師共推不受，呼爲附佛法外道，所計雖殊，皆立我故。

鈔：然此一部下，破也。謂西天九十五種十一師等，因計有我，故成外道。而佛法中，佛説一代聖教皆破有我，故計立我者是生死根本，云何今佛法中而立我者，豈非是附佛法中之外道乎。疏所計雖殊，皆立我故者，正出彼過意，皆偏犢子等五部義故。

△二、法有我無宗，二。初、出部名。

二、法有我無宗，謂薩多部等。

鈔：薩多婆等者，即説一切有部。二、雪山部，即是上座本部宗輪出，論中義又多同説一切有部，故亦等取上座部也。三、多聞部宗輪出，其中餘義多同一切有部，並不立我，計法實有。故是三全部，而言等者，等取化地部，末計少分耳。

△二、立法有我無宗所以，三。初、正彼立宗。

彼立諸法不離色心，或立三世無爲，或分五類，皆無有我。以無我故，異外道計。

鈔：彼立諸法，即五蘊、六入、十二處、十八界等，不離色心二法。於色心等法，各各推求誰爲我者，誰爲主者，即忽然而得生空觀也。及無爲自性尚不可得，何處而立我者，故云實無有法也。或立三世無爲者，即化地中少分義。云過去、未來並皆實有，亦有中一切法，所知所識，各無自性，故名一切法無我。疎或分五類，即上三世及無爲法不可説藏，前立有我，今不計我，了無我故。故疏云，以無我故，異外道計。所以勝前宗部，不立我也。

△二、出無我除過，二。初、立因緣正破。

又於有爲之中，立正因緣，以破外道邪因及無因故。

鈔：於有爲中立正因緣者，佛於大小乘教，不離因緣。言因緣者，即一切有爲色心等法也。故圭峯大師云，夫因緣者有二，一內，二外。外因緣者，謂水、土、人、時而芽得生，泥團、輪繩、水火、陶師而器得成。內因緣者，外由內緣，本末相收，爲一緣起。故佛教從淺至深説一切法，不出因緣二字。然有四重。一、因緣故，故生死成壞。《涅槃》云，我觀諸行無常，云何知耶，以因緣故。二、因緣故即空，謂不自生，若自生者，種子不因他力而成故。不他生，若他生者，何待種子而生。不共生，若共生者，即自他多果過之生。不無因生。若無因，云何成立一切果也。三、因緣故即假，如鏡像水月之流，緣會不得不現。四、因緣故即中，若言不從因緣生，即是定有定無，墮斷常見。故《中論》云，因緣所生法，我説即是空，亦名爲假名，亦名中道義。是以立正因緣，以破外道邪因無因。所謂自然爲因，能生萬物，即是邪因，謂此五穀不因他力而成就故，又人不修而自成故。所謂無因者，即謂萬物自然初生，如鶴之白，如烏之黑，即是無因，故妄計虛空微塵性等，而以無因爲生，無因爲果。若計自然及無因生，乃成大過，豈人不教而自善也。

△次、計邪無二因爲本。

然西域九十五種外道，或是邪因，或是無因等，而爲世間及涅槃體。

鈔：西域九十五種不出十一論師。所云外道者，心遊道外，以不了自性，妄計自然無因而爲世出世間本，故名外道。今出其名，令學者不可不知。

○一、數論師，計冥初生。即二十五諦法數，從冥諦而生，名數論師，如《華嚴玄談》中說。

○二、衛世師，計六句和合。六句者，一、實，二、德，三、業，四、大有，五、同異，六、和合，爲六句義耳。

○三、塗灰師，計自在天生萬物。

○四、圍陀師，計那羅延天生四姓。

○五、茶論師，計本際生。

○六、時敬師，計物從時生。

○七、方論師，計方生人，人生天地。

○八、路伽師，計色心二法皆極微作。

○九、目力師，計虛空爲萬物因。

○十、宿作論師，計苦樂隨業生。

○十一、兼因師，計自在天生。

△三、引疏正破。

清凉云：以不知三界由吾自心，從癡有愛，流轉無窮，迷正因緣，故異計紛然，安知因緣性空妙有。《中》《百》等論，亦廣破之。

鈔：以不知三界下，引《清凉大疏》，破無因及邪因故。謂不知欲界、色界及無色界皆從自心中，流出動業、即欲界有漏善惡而成就故也。不動業，即修有漏禪定而成就不動業。現行熏入第八識心中，成種爲因，而招當報有漏三界欲界、色界、無色界異熟[一]之果。故《唯識頌》云，無始時來界，一切法等依，由此有諸趣，及涅槃證得。解曰，界者，因也。謂無始時來，一類相續種子而生現行，成一切法等，由此而有三善三惡趣道，異熟果故。及修戒定慧等，而證得涅槃世出世間果也。豈同外道，或以邪因及無因等，迷正因緣異計紛然者乎。故云不知云云耳。

△三、結破。

是知佛法之淺淺，已破外道之深深。

鈔：小乘論中立生滅因緣之旨，尚以破之，況終、頓、圓三教之旨而不破哉。

△三、法無來去宗，二。初、出部名。

三、法無來去宗，謂大衆部等，

鈔：出部名者，一、大衆部，三、鷄胤部，四、制多山部，五、西山部，六、北山部，七、法藏部，八、飲光部。今云大衆部等者，等下六部半義故，所云半者，又等取化地部中一少分耳。

△二、立彼宗義所以。

説有現在及無爲耳，其過未之法，體用俱無。

△四、現通假實宗，二。初、出部名。

四、現通假實宗，謂説假部等，

鈔：一全分，一少分，一全即説假部，一少分即末經部。其成實論師，先是數論弟子，以所造爲能造，後出家時入佛法中，即經部攝故。

△二、立彼宗意。

謂就前現在之中法，在蘊爲實，在界爲假，其《成實論》經師即斯類故。

鈔：現在法者，即真俗二諦，不離假實。蘊門明義是實，實者，積聚故。界處門者，明義是假，假者，體假積聚故。其《成實論》者，即少分末經部義。

△五、俗妄真實宗，二。初、出部名。

五、俗妄真實宗，即出世部等，

△次、立彼宗意。

謂世俗是假，以虛妄故，出世是真，非虛妄故。

△六、諸法但名宗，二。初、出部名。

六、諸法但名宗，謂一説部等，

△次、立彼宗意。

云一切我法，但有假名，無有實體故。

鈔：《中論》云，若有世間，即有出世間。既無世間，何用出世間等。故出世間，亦假名耳，無實體故。以上六宗通大小乘故。

△七、三性空有宗。

七、三性空有宗，謂徧計是空，依他圓成是有。

鈔：三性空有下，徧計虚妄是空觀，依他是假觀，圓成是中觀。又遍計情有理無，依他相有性無，圓成理有情無。又徧計純相，圓成純性，斯即法相宗義。若約法性宗義，了妄即真，以相即性故。

△八、真空絶相宗。

八、真空絶相宗，謂心境兩忘，直顯體故。

鈔：法無相想，思則亂生故。不隨智見，離心境故。坐斷有無，超現量故。觸亂逢真，照體獨立故。

△九、空有無礙宗。

九、空有無礙宗，謂互融雙絶而不礙兩存，真如隨緣，具恒沙德故。

鈔：九空有無礙宗下，立雙遮雙照，方成德性宗義。互融者，謂有即是即空之有，空即是即有之空，語空必攝於有，語有必攝於空，故曰互融。言雙絶者，有即空，故有絶，空即有，故空絶。言不礙兩存者，不壞空有相，故有即空而不泯，空即有而不忘。真如隨緣具恒沙德者，由有不礙於空，空不礙於有，空有無礙，離即離非，雙照雙遮，是爲真俗圓融，性相如如。不二而二，二而不二，名不可思議德也。故香林大祖和尚云，一色無邊際，紅蓮到處開。分明離取捨，那更有安排。端的無餘事，香風時送來。又溈山師云，聞聲見色，蓋是尋常。這邊那邊，應用不缺。即空有無礙圓宗之旨耳。

△十、圓融具德宗。

十、圓融具德宗，謂事事無礙，主伴具足無盡，無盡自在故，以後後之旨深於前前故。

鈔：圓融具德者，謂一爲無量，無量爲一，一地即攝一切諸地功德。此有四句。一、一即一切，二、一切即一，三、一即一，四、一切即一切。又則一句中，容有四句義旨，如一切諸地，如是乃至無量，依正凡聖心境法門，莫不皆然耳，故名圓融具德自在宗義。

△三、料揀。

前四唯小乘，五六通大小，後四唯大，七即法相宗，八即無相宗，後二宗即法性宗。又七即始教，八即頓教，九即終教，十即是圓教。

△四、攝其所歸，二。初、攝屬諸宗，二。初、有該無屬。

今此經者，謂前六宗但有所該，無其所屬。即如破相顯性，破相即妄，顯性即真。一切法等但有假名，即該前故。

鈔：《經》云，佛問須菩提云可以三十二相見如來否，不也世尊，不可以三十二相得見如來等文非一。斯諸文義，皆以一切法等但有假名，破相顯性，故該前六宗文旨。

△二、正屬所該，四。初、屬法相宗。

又此經除徧計性，我法二執，依他不有，圓成不無，即含法相宗義。

鈔：《經》云，凡所有相皆是虚妄，即掃徧計性也。又云，若見諸相非相，即依他性也。即見如來等，即圓成實性也。其文非一故。

△二、屬法性宗。

又示三性徧計、依他、圓成三性。三無性等，即色即空，即空即色。故云：是法平等，無有高下，是名阿耨菩提。即終教宗，如《法華經》中平等大慧教菩薩法故。

△三、屬頓教宗。

又即俗非真，即真非俗，非真非俗，離性離

相，言語道斷，心行處滅，乃至無有少法可得，是名阿耨菩提，即頓教宗義。

鈔：即俗非真者，真不可得故。即真非俗者，俗不可得故。是故真俗皆不可得，則廓然無寄，一念不生，即名爲佛。是故不説法相，惟辨真性等，即頓教中義耳。

△四、攝屬圓宗。

後十圓融具德宗者，雖未全攝，亦少分攝故。如前第五教體淺深中辨，恐煩不引。

△二、本宗，四。初、二師所立。

若依圭峰大師所判者，以文字般若爲宗，以觀照實相爲趣，或以無住爲宗，以斷疑生信爲趣。

鈔：前是圭峰師立，後宗泐大師立。

△二、和會二宗。

評曰：以無住爲宗，即前圭峯義故。謂住而不住，即實相般若，妙體常寂故。不住而住，即文字觀照般若，不彰而自彰故。

△三、自評恐謬。

以予之意，以破相顯性爲宗，以觀照實相爲趣。文中有段段非相遮義，故云破相。又云即見如來等，是顯性義。又應作如是觀，不取于相，如如不動。如來者，即諸法如義，是觀照實相而爲其趣也。

△四、證後師不謬前旨。

今三宗評論，無住之宗亦爲正義。《經》云：以應無所住而生其心，乃諸經之綱領、三藏之本源，故六祖聞之，豁然大悟，諸佛心印，菩薩依止。是以一即三，三即一者，無二法故。

△三、總結。

以上第六宗趣通局一科已竟。

金剛般若波羅蜜經懸判疏鈔卷之六

校勘記

〔一〕「熟」，底本作「熱」，據底本原校改。次「熟」字同。

金剛般若波羅蜜經懸判疏鈔卷之七

勅建西天寺武林後學沙門性起述

△七、處會傳譯，三。初、標。

第七、處會傳譯者，

△二、釋文，二。初、明佛説，二。初中又三。初、標處會。

初、總明佛説者，大部六百卷文，四處十六會。

△二、詳處會。

王舍城鷲峰山七會，山中三會，山頂四會。二、給孤獨園七會。三、他化自在天摩尼寶藏殿一會。四、王舍城白鷺池邊一會。

△三、指本經處會。

此經則給孤獨處第九會，乃第五百七十七卷之本。

鈔：以上明佛説已竟。

△次、明傳譯何時，二。初、指諸佛傳譯。後別明傳譯此經卷者，時主前後六譯。一、後秦羅什。

鈔：鳩摩羅什者，梵語，此云童壽。祖印度人，文[二]以聰敏見稱，母是龜茲王妹。母孕什時，增益慧辨。七歲出家，日誦千偈，義旨通至。九歲與外道論義，辨挫邪風，咸皆愧伏。年十二歲，有羅漢奇之，謂母曰，常守護之，若年三十五歲不破戒律，當大興佛法，度無數人。師又習五明論，四韋馱典，陰陽星算，必窮其妙。後轉習大乘，數破外道，遠近諸國，咸謂神異。母生什後，亦即出家，聰拔衆尼，得第三果。什既受具，母謂什曰，方等深教，應闡秦都，於汝無益，何如。什曰，菩薩之行，利物亡軀，大化必行，鑪鑊無恨。母即告曰，汝立誓宏，吾不與止。什自是已後，廣習大乘，必洞其奥。西域諸王請什講説，必長跪座側，命什蹹登。苻堅建元九年，太史奏云，有德星現於外國，當有大德智人入輔中國。堅曰，朕聞西域有羅什，襄陽有道安，將非此耶。後遣吕光統領七萬雄兵，西伐龜茲。王不能捨，什曰，爲我一人，傷害衆多，吾不能忍。王只得含淚而送。什雖同吕光進國，吕見師幼少，生慢。因什善卜數類應，吕又用之。吕立創西凉爲主，亦請什留。至姚秦宏始三年，興滅西吕，方入長安。秦主興加厚禮之敬，入西明閣及逍遥園，别館安置數僧，嵜等八百沙門，諮受什旨。又于草堂寺，共三千僧衆，手執舊經本而參定之，莫不精究洞明深旨。時有僧叡覲什，故什所譯經，叡並參正。

二、後魏菩提流支。

鈔：此云覺希，北印度人。徧通三藏，妙入總持，志在宏法，廣流視聽。魏宣武帝，洛陽翻譯，此經在内。

三、陳朝真諦。

鈔：梵語波羅末陀，此云真諦，西印度優禪尼國人。景行澄明，器宇清寧，藝術異解，編素諳練。梁武泰清，於寶雲殿，屬侯景紛紀，乃適豫章、始興、南康等，雖復恓惶，譚叢無輟。即汎泊西歸，業風賦命，飄還康州，住制止寺翻譯。訖陳恭〔三〕建，譯五十部，今經亦在其數。

四、陳朝達摩笈多。

鈔：隋言法密，南賢豆國人。開皇十年來屆，見文帝，請入京寺。義理允正，稱經微旨。然而慈恕立身，恭和成性，心非道外，行在説前。戒地夷而淨，定水幽而潔。經洞字原，論探聲意。至煬帝定鼎東都，置翻譯館，而有《金剛》文義在耳。

五、唐初玄奘。

鈔：師是河南洛陽人，俗姓陳氏，潁川仲弓之後。出家，徧探諸藏，皆有錯悮，常慨教缺傳匠，理翳譯人，遂使如意之寶不全，雪山之偈猶半。於是裸足涉，履險若平夷。既戾梵境，等諮無倦，五明四含之典，三十二之筌，盡搜其微，究其妙法。師討經論一十七周，遊覽百有餘國。貞觀十九年回歸上京，勑宏福寺翻譯。已上多出靜邁法師《譯經圖記》。

六、大周義淨。

未曾詳出，另閱別章。

已上六人皆三藏。

鈔：三藏表德，法師舉名，由德而顯，故彰其名。所以莊生云，名者寔之賓，德者名之主。若無其德，苟有其名，故夫爲人師者，不可以無德而虛當其名。若虛當者，則損其福耳，況未通經旨者乎。今云三藏者，即通習經、律、論三藏，達無相法，住於佛住，兼修自利利他，而爲三乘人則，以法爲師也，即前之六師耳。又六師各有其諱而爲之别，三藏等四字而爲之通，是爲通别德而彰顯也。

△二、指本經傳譯釋主，二。初、傳譯主。

今所傳者，即羅什宏始四年於長安草堂寺所譯。

△二、釋論主，文二。初、補主傳釋。

天竺有無著大士入光定，上昇兜率，親見彌勒，稟受八十行偈。

鈔：梵語彌勒，此云慈氏。以多生劫來，恒修慈行，而得慈心三昧之定，故云慈氏。佛世時，降生西天婆羅門種。輔揚大化，影彰佛會，現爲釋迦法王之子，處補當來之記，已入賢劫千佛中第五尊龍華教主，度無量衆，廣如《下生經》説。今現在兜率天宫内院，教化諸天及菩薩衆。因無著大士欲習大乘真理，未諳深求的旨，悲嘆本師涅槃，心意思惟。幸喜彌勒補處大師而在天宫，即入日光定力，上昇見彌勒大士，親傳八十行偈，金口解釋通卷要旨。可知此經乃佛心印耳。

△二、論主轉授。

又將此偈轉授世親，世親又將偈作長行，解

釋成三卷論，約斷疑執以釋。無著又造兩卷之論，約行位以釋。

鈔：世親、無着本係親仲，因世親專習小乘，無著專習大乘。無著未證果時，習學大乘，根鈍未悟，欲尋短見，因有他方羅漢而化度之。雖入小乘果證，心本大乘之種，還求大乘二空真知，因見彌勒，後方悟入。無著因見親弟不好大乘，專習小者，毁剥大乘，故無著見弟來見，告云，吾之病也，爲爾所害。爾專讃小乘，毁説大乘，必墮苦處，是吾憂也。今吾所未閲之大乘餘典，吾未觀者，爾代吾閲。親即生大慚愧，速閲《華嚴》《大乘》等教，又觀彌勒《金剛》偈頌畢，即向兄求懺曰，可將利劍割吾舌根，吾不欲命矣。兄即止曰，汝不可爲也。如人從地跌倒，還從地起。先言毁説大乘之錯，今可將舌根轉讃大乘，即懺過愆而復其功也。故世親依斯妙偈，裂成二十七段疑文，窮幽妙旨，無不明矣。無著謂此經發揮諸地位中真如意旨，故約十八行位而釋之也。

△二、結歎釋論二主。

是知古今解釋者，若不遵無著、世親二大士者，俱是傍求異解，未合聖意耳。

鈔：決不可易古就今，總然玄妙，無非後撰之已見耳，故云未合聖意也。

△三、結。

以上處會傳譯一科已竟。

金剛般若波羅蜜經懸判疏鈔卷之七

校勘記

〔一〕「文」，底本原校疑爲「父」。

〔二〕「恭」，疑爲「泰」。

金剛般若波羅蜜經懸判疏鈔卷之八

西天寺後學沙門性起述

△八、誦持感應，文三。初、總標。

第八、誦持感應者，

△次釋文，二。初、列名。

其利有十：一、諸佛護念，二、衆聖弘讚，三、功超餘行，四、内施不及，五、外施無比，六、銷極重障，七、開佛知見，八、福利無邊，九、感應多端，十、常被天人供養。

△二、轉釋，文十。一、諸佛護念。

第一、諸佛護念者，《經》云：如來善護念諸菩薩，善付囑諸菩薩。然斯護念有二。一、如來住世四十九年，雖説八萬四千法藏，以一般若之法，常自護念。二、如來滅度後，乃至見者聞者廣生敬信，受持讀誦，分別解説，無不歡喜，普利無邊，皆是如來護念此經，感德力故。

△二、衆聖弘讚，二。初、西竺讚傳。

二、衆聖弘讚者，謂無著大士將登地位，上昇見彌勒菩薩，傳授金剛般若宗旨，八十行偈，親口解釋。二十八祖龍樹、馬鳴諸大士等，亦弘般若，以爲修福之本。

△二、此土弘闡。

此土五祖，廣勸人持誦此經，即能見性成佛。故六祖聞之，豁然省悟。諸佛宗匠盡入此門，弘闡敷揚，讚莫能盡。夫彌勒是補處之佛，尚以宏傳，況餘者乎。

△三、功超餘行，二。初、得法超勝。

三、功超餘行者，設有大士經無量劫，行諸度行，如捨身命布施等。若菩薩知一切法無我，得成于忍，此菩薩前勝〔二〕菩薩所得功德，不化〔三〕可思議。

△二、供行不及。

《經》云：我念過去無量阿僧祇劫，於燃燈

佛前，得值八百四千萬億那由他諸佛，悉皆供養承事，無空過者，若復有人，受持般若一行，於我所供養諸佛功德，乃至算數譬喻所不能及。解曰：供佛之行尚不及，況餘行乎。

△四、内施不及，二。初、每日施行劣。

四、内施不及者，《經》云：若有人，初日分以恒河沙等身布施，中分後日以恒河沙等布施，如是無量百千萬億劫，以身布施，

△次、持般若行勝。

若復有人，聞此經典，信心不逆，其福勝彼，何況書寫、受持、讀誦、爲人解説。豈可思議福德較量者哉。

△五、外施無比，二。初、外施無及。

五、外施無比者，《經》云：如恒河中所有沙數，如是沙等恒河大千世界，七寶以用布施，

△次、持行福勝。

若復有人，於此經中，乃至受持四句等，爲他人説，而此福德勝前福。

△六、銷極重障。

六、銷極重障者，若人多生累劫，罪障深重，故能於現生中他緣迫逼，障於道法，不得熏修，異熟報障實難除滅。今持般若，盡淨無餘。如教啓十因中辨。

△七、開佛知見，三。初、聞信得法。

七、開佛知見者，《經》云：若復有人，得聞是經，信心清淨，即生實相，當知是人成就第一希有功德。夫實相者，是諸佛心印，惟佛與佛，乃能究竟。

△二、諸聖莫測。

《法華》云：不退諸菩薩，其數如恒沙。一心共思求，亦復不能知。除諸菩薩衆，信力堅固者。

△三、結歸本經。

是知《法華》以實相爲開示悟入之本。今此經者，以一念淨信，即生實相，豈非開佛知見者乎。

△八、福利無邊，二。初、無住行勝。

八、福利無邊者，《經》云：由菩薩知般若，以無住相布施，其福德不可思議，十方虚空尚不能喻，况比餘法之類而能及哉。

△次、結歸本旨。

解曰：若不受持此經，何能了無住相布施者乎。

△九、感應多端，二。初、總讚普益。

九、感應多端者，夫以般若之法，如摩尼寶珠，能滿一切諸所求者，故利濟無邊，益施無盡。

△二、别讚弘濟。

或以解冤而釋結，唐武德年間，長安蘇仁恃富，不知罪福，過分宰殺，及餘重過。忽染疾，見二使押見閻羅：汝生前修福，以至今富。汝今恣意殺生，減算絶禄。令獄卒驅至刀山。仁即憚怖，云：仁生前曾請書《金剛經》一卷，送安國寺神敬僧受持，此僧遷化，豈無報應。言未竟。見神敬手持《金剛經》，即作證驗，願王放赦。王即允從，回陽增壽。印施此經千卷，修水陸大齋，施田百畝，敬供三寶。或以脱苦而超昇，隋沙門名法藏，稟性精嚴，于洛州縣募衆建寺，又寫經八百卷。謂法藏曰：汝造寺寫經，有互用之罪。我今勸汝誦《金剛經》，可消此罪。俄而疾愈，罄賣衣鉢，書寫此經，令人受持。壽至九十，端坐而化，云生西矣。或以讀誦而延命，如琰法師，聞相師云難過十九歲，大驚，即回誦《金剛經》，後壽至九十歲而終。或以了道而無生，宋時有王氏女，常念《金剛經》，懷孕二十八月，憂産之患。偶見僧勸印施《金剛經》千卷，王氏遂依，即生二男。壽至六十，無疾而終，見二使引，閻羅命坐。誦經畢，王曰：何不誦補缺真言。曰：世間無本。王即示呪曰：唵呼嚧呼嚧社曳穆契莎訶。一、回向真如實際，心心契合。二、回向佛果菩提，念念圓滿。三、回向法界一切衆生，同生淨土。王誦畢，即使送回：汝再壽終，即得生淨土，此間不復來矣。故云了道而無生也。或以講念而消毒，昔南嶽思大師，深達般若，善通佛慧，所得妙旨無不窮源，是以廣化者多。當時諸大論師生忌妬，即將毒藥暗藏食内供養。師飲後，乃有痛患，因念般若法力解化，未罹其患。或以稱名而退敵，昔帝釋天尊，被修羅爭權，天帝即昇善法堂，念般若力，而即退散。感應萬殊，止非一二，現載典章，俱有名擧。良以無爲妙果菩提，尚以成就，况人天小果之應者哉。

△十、常被供養，文三。初、指諸果同本。

十、常被天人供養者，夫一切佛者，以法爲

師，若無其法，何能成就六度妙行及法、報、化三身者乎。故一切佛及諸佛阿耨菩提，皆從此經出故，是以有法即有佛，有佛即有僧。法身無二，一體同觀。佛雖去世，法身常住。若無般若經卷，何能知法身常住乎。故信受弟子，即信受佛真法身。今持般若之行，即修諸佛之妙行。既修諸佛之妙行，必證妙行之果。應知始終一貫，因果無二者，無非般若法也。

△二、指全身舍利。

故在在則天人供養，時時則舍利分彰。《經》云：若有隨説此經，乃至四句偈等，當知一切世間天、人、阿修羅等，皆應供養，如佛塔廟，何況有人盡能受持、讀誦，當知是人成就第一希有之法。若是經典所在之處，即有佛故。

△三、問答斷疑，二。初、問答。

問：《法華》是諸法中王，此經亦是諸法中主，何得此經更爲尊妙。答：《法華》爲開權顯實，會三歸一，俾令三乘俱稟受記作佛。若無般若之法，佛道何修，妙果何證。是以《法華》委付家財，皆以般若玄宗而爲其本。

△二、結歎諸法中王。

應知《法華》既爲諸法中王，此經亦爲諸經中王，佛親證之，菩薩修之，佛佛道同，惟此一法者耳。

△三、結大科。

以上第八諸持感應一科已竟。

金剛般若波羅蜜經懸判疏鈔卷之八終

校勘記

〔一〕「前勝」，疑倒。

〔二〕「化」，疑衍。

（李勁整理）

○二七二

金剛經法眼註疏〔一〕

清性起述

序

《金剛般若波羅蜜經》者，乃斷疑生信、絶相超宗之玅諦也，誠所謂言思道斷，心智路絶，本來具足之理，聖凡平等，無假旁參外求者，又何庸爲之銓註哉。但因根器不等，信解各别，故登高必自卑，行遠必自邇，不有梯航，何由跋涉。所以躋須彌之峻，探覺海之淵者，必籍循於經疏，始得聞思修證斷惑之階，以漸臻於不可思議之果德也。今西天禪寺武林元公，師原名妙德，先習賢首宗乘，乃京都懷師之嗣。後謁金山天濤雲師，得授磬山心印。因避香林叔諱，故别稱曰元峯。幼而穎慧，師八歲雖依父習儒，敏慧達文，絶無染世之見。長而慈明，立四願之弘誓，究一經之苦心，師每日恒究宗泐《金剛斷疑》文一卷爲事。探討淵賾，辨論圓通。爰取諸家《金剛》註疏，參考互證，審詳法眼，一切無如宗泐大師所註之爲諦當也。於是膏晷相繼，不間寒暑，分科釋義，一部宗註，總以泐師《斷疑》文意之旨而爲其證也。俾經眉目了然，宗旨不昧，無非欲令後進者常如視掌，得以有所究明，而同歸於金剛心印法也。有志高賢，於斯樂修者，因註疏而漸通經旨，因經旨而頓悟佛性，則速得斷障證真，咸達最上一乘，庶幾不虚元師精持廣利一片婆心也。是爲序。

旹在乾隆歲次乙未中秋日，謹識於淨意軒中，石城俞兆龍熏沐和南。

校勘記

〔一〕底本據《卍續藏》。

九祖來源敘

夫道本無名，法本無説。即斯《金剛般若》尊經者，乃諸佛之心印，法藏之本源。雖則《華嚴》主伴等經，《華嚴》爲主，餘經爲伴。其寔皆不越乎《金剛般若》心印之法也。是以釋迦本師於燃燈佛前得授心印，頓入無生，以至圓極菩提，歸無所得，而又復示善現尊者，傳流法海。若非我祖彌勒大士，當補法王之位，得佛心印者，豈能宣傳八十行妙偈，解釋斯經者乎。是以彌勒之偈授於無著，無著又授于世親。親因得斯妙偈之旨，以分二十七段疑文，頓掃十地、等妙二覺脩證斷惑之見，方得露彰金剛心印之道。由是西域流傳，盡闡斯義。自後六朝諸師翻譯，唯羅什大師譯本，其文義方妙。然震旦諸師註釋，總未得其旨歸，而只有唐時圭峰大師得斯精要，故述彌勒、無著、世親等諸偈論以證經旨，爲之《纂要》。然斯纂疏，其旨也淵，其文也簡，故長水大師乃圭峯之裔孫，循照《纂要》文義，分科細釋，爲之《刊定記》，文合成四卷。後之學者又謂其記文繁義廣，難以一時便學。故諸師婆切，總要辭便義近，俱依三十二分之文註釋本經，殊不知即將彌勒等語之要旨漸皆昧矣。幸明初洪武年間，有宗泐大師爲海内法將之首領，奉太祖帝詔命，閲大藏，博究諸宗，集彌勒等祖之要旨，所謂言簡義豐，語近旨遠，猶杲日麗天，理足圓備者，至矣。然此師註釋斷疑之文，雖則清而且徹，無非略其要旨，故辭文易讀而妙旨淵淵，即淺識之者難以探其幽閫。故余不揣固陋之見，乃利他切，分科釋義，欲令來學視如指掌。倘有錯謬半句之義，即沾鑪鑊之咎，亦無恨矣。今將註釋《金剛》，九祖聖號以冠其緒，令諸學者知有來源，以發其端云序。

第一祖特授釋迦心印燃燈古佛

第二祖得授心印本師釋迦牟尼文佛

第三祖得佛心印宣傳妙偈彌勒尊佛

第四祖得授妙偈造十八住論無著大士
第五祖傳授妙偈分疑釋論世親大士
第六祖翻譯本經不謬佛意羅什大士
第七祖纂集論偈證經義旨圭峯大師
第八祖分科釋疏纂要義記長水大師
第九祖普攝諸祖要義註釋不謬宗泐大師

以上九祖聖號，凡諷誦講演者，必要拈香禮敬，冥祈護念，成就自行得四辨智，其爲師者，方不謬佛意。祈高賢者一一奉行，故稽首云爾。

乾隆歲次乙未仲秋月日傳臨濟宗三十七世兼演慈賢二宗武林後學沙門性起元峰氏謹識于西天丈室。

金剛般若波羅蜜經註疏卷上

清西天禪寺後學沙門性起述
石城居士俞兆龍校閱敬刊

如來大仙道　微妙難可知
離垢聰慧人　淨眼乃明見
我承佛力持　疏釋冥佛意
普令諸異生　得法眼清淨

原夫道本無名，非名言而莫入，法本無說，非疏釋而莫傳。故今以無說中而宣說之，即斯經文，疏釋爲二。初、註釋名題，次、銷釋文義。今先釋名題者，一、總釋，二、別釋。云總釋者，梵語具名拔折囉般若波羅蜜偺多羅，此方云《金剛智慧到彼岸經》。金剛是喻，般若等是法，是法喻雙彰之名目也。又經之一字是通稱，金剛等七字是別稱，即總別爲名耳。二、別釋者，分七義釋。一、目三般若，二、從體起用，三、攝用歸體，四、獨顯中道，五、攝受餘名，六、攝歸一心，七、聞名得益。

今初、目三般若者，夫金剛本具堅、利、明三義，謂堅喻實相，利如觀照，明如文字，即順修證斷障之旨。何以故。由聽文字般若，剎那省悟，得入觀照，了蘊、處、界法本來寂滅，斷十障，證十如，而窮源實相，金剛智慧到彼岸故。又即法身，即金剛二字。即般若，即轉識成智。即解脱，即斷障證真，到彼岸故耳。是三德密藏故，一即三，三即一，三一存亡，不縱不横，不並不別耳。

第二、從體起用者，金剛是體，以妙體常恒不變易故。智慧是金剛性中相，以轉八識而成四智，得有爲無漏自他受用妙體相故。波羅蜜是金剛性中妙用，以自性中念念流出八萬四千諸度行門，自他俱益到彼岸故。故《論》云：一、體大，謂一切法真如平等不增減故。二、相大，謂具足無量性功德故。三、用大，能生一切世間出世間善因果故。又云：一切諸佛本所乘故，一切菩薩皆乘此法到如來地故。

第三、攝用歸體者，謂諸菩薩念念求證菩提，自修化彼，斷障證真，轉識成智，得入金剛心，到彼岸時，迥無異熟之相，似心月孤圓，究竟絶言詮故。

四、獨顯中道者。夫金剛心印法中，本具體相用三，無二法故，由妙體應用隨緣不異相故，故得攝用歸體。夫攝用即體離諸相，體離諸相，即金剛心印迥無異相，名爲佛故。

五、攝受餘名者，金剛般若心法，原爲三世佛母諸藏本源，從一名流出諸名。所謂真如涅槃、菩提實相、常住真性、楞嚴大定等持王三昧，《金光明》《心地觀》諸典之名，盡從金剛般若到彼岸七字妙義中一一流出。是以諸典之名不出本題之目，本題之目流出諸藏之名，直至溯流窮源，唯證乃知，實言語道斷，心行處滅，以文字性空究竟無所説故。

六、攝歸自心者，夫金剛心印之法，一切衆生身心之本體也，自他本具，物我無虧。從本以來，靈明廓徹，廣大恢弘，昭昭乎在心目間而相不可覔，晃晃乎在聲色内而理不可分。大而無外，小而無内，非徹法之慧目，離念之智燈，不能徹見自心如此之靈通也。故古德云：祇自本來舊相識，等閒舉著便訛訛。夜來一陣狂風起，吹落桃花知幾多。故臨濟纔未入室，即刻打出。若不被大愚舉破，濟未得徹，因舉破，濟言下坐斷心意識，得入金剛心印法耳。

七、聞名利益者，夫金剛心之法，雖生佛本具，須假熏習。若不熏習成種，奚得斷惑證真，轉識成智。故熏有漏善，成有漏種，熏無漏法，成無漏種，所謂金剛種入心，瓜豆云何得錯。故清涼云：見聞成種，八難超十地之堦，解行在躬，一生圓曠劫之果。是以尊者暫聞名即非名，頓悟大圓覺地，鳥聽色空無二，轉報疾證無生。可爲功不多施，即得頓超妙果，一念淨信，得法圓成。是以釋迦歷事供佛尚不能喻，累修餘行豈可及哉。是故勉諸來學，痛發善心，若得手捧目觀，非宿緣種，粉身求法，豈偶遇斯。嗟乎，方今之際，見而不能持，持而不解，解而不能修者，如人終日數寶，自無半錢，則何益哉。裴休相國云：諸天纔樂，修羅方嗔，餓鬼飢渴，畜生愚迷，惟人道修得聞正法。故人而不修者，則吾未如之何也已矣。以上總釋名題一科已竟。

△第二、别釋文義者，夫經非疏而不解，疏非經而不彰，經疏兩全，文融義貫，更互彰明。所謂疏經而辭不取茂，疏太略而又恐理不暢明，是以義不敢略，文不敢繁，文質彬彬，方敢註釋。今將照古分科裂爲三分。一、序分，二、正宗分，三、流通分。今初、序分，又二。一、證信序，二、發起序。今初、證信序。

如是我聞一時佛在舍衛國至千二百五十人俱。

疏：宗泐師云，如是者，即信順之辭，指一經所聞法體，即信成就義。阿難謂如是之法我從佛聞，即聞成就義。一時者，即佛說法應機之時，所謂曾子避席，夫子示孝，乃師資道合，擊叩冥會之時，即時成就義。佛者，覺也，即三覺具圓，萬德悉成，乃稱至極之聖，故名爲佛，即說法主成就義。舍衛國祇樹給孤獨園者，梵語舍衛，此云豐德，或曰名聞，謂彼國中五塵甚妙，人多解脫，恒出智賢，故五天竺國多聞其名。祇樹等者，即祇陀太子所施之樹。給孤獨長者，以金磚墁地買太子園，請佛並同供養故。祇樹云云等，然園該在前，樹應在次。長者是波斯匿王之臣，祇陀即匿王太子，由君臣之別故，樹供以佔其先也。即如來說法之處，即處成就義。言大比丘者，梵語，此云乞士，或曰怖魔，或曰破惡，即應供、殺賊、無生之因名耳。今比丘云大者，有三義簡。一、簡初戒，二、簡未證果者，三、簡無妙辯。故今無此三種，唯果證已具，辯才無量，敷揚佛化，名大比丘。千二百五十人俱者，優樓五百，伽耶三百，那提二百，三迦葉等，共合一千，舍利等具二百五十人共來歸佛。初遇見佛果證，感佛恩義，故常隨事，即聽法之衆成就義耳。

從初如是信成，師資機合，說聽時成，佛主說法處在舍衛祇桓精舍，衆成就等，名爲六種成就，即爲證信序，證信來學，事事憑據。冠於諸經之首，通該俱有，名爲通序。故阿難問佛一切經前當安何語，佛言當安如是我聞等。非但我法如是，三世諸佛法皆如是。

△二、發起序。

爾時世尊食時著衣至收衣鉢洗足已敷座而座。

疏：發起序者，亦名爲別序。夫諸經皆有發起，今此以乞食爲發起者，蓋表一切衆生依食而住，即一切諸佛依餐般若法住。爾時者，當是時也。世尊者，超三賢之上，越十地之聖，三乘共仰，九界同歸，故曰世尊。食時者，清旦之時也。著衣者，三衣中之大衣，即二十五條福田衣也。持鉢者，梵語鉢多羅，此云應量器，有大小升數之别。今云鉢者，略梵語，即天王所奉之鉢也。次第乞者，佛心平等，不擇貧富，均利檀那，故次第而乞也。本處者，即還祈樹給孤獨園中精舍之處也。洗足者，食訖而洗足也。問，佛本無垢，何洗足乎。答，生本不迷，逐妄故迷。今表破妄歸真，斷疑生信，故洗足去塵以表之也。敷座而坐者，佛本具四威儀相，今云敷座者，即阿難敷尼師檀之坐具。如來結跏敷坐之時，即四儀中之一相耳。夫如來爲淨法界身，本無出没，大悲願力示現受生，故若來若去，似潭清而月現，若出若没，若孤雁以履空。故金剛藏讚佛偈云，如來大仙道，微妙難可知。非念離諸念，求見不可得。又云寂滅佛所行，言說莫能及等偈云云。所謂未舉足前，大城早至，未動心志，而已轉法輪，奚待善現申請佛示妙音以談般若也哉。以上釋證信發起序一科已竟。

△二、正宗分，四。初、當機申請，二、如來讚許，三、當機佇聞，四、如來正說。初、當機申請，二。初、修敬讚佛，二、正陳所問。

初、修敬讚佛。

時長老須菩提在大衆中至善付囑諸菩薩。

疏：長老須菩提乃此經發起之人。稱長老者，以其德長年老也。梵語須菩提，華言空生，亦名善現。從座起至恭敬，乃請法之敬儀。座起者，從本座起立而至佛座前也。偏袒右肩者，尊者搭僧伽黎衣，面上于佛，表師資道合無二體也。右膝著地者，右邊膝蓋著地跪佛，名爲胡跪，西域外國如此方滿禮無二。合掌者，合十指掌，無二念也。恭敬者，内懷敬佛之心，外有三業陳肅之表。希有者，即讚佛之辭也。以上具陳三業儀表。

善護念者，爲護念現在根熟菩薩，與智慧力，令其成就自行，與教化力，令其攝受衆生也。善付囑者，爲付囑未來根熟菩薩，已得大乘者，令其不捨，未得大乘者，令其勝進也。護念、付囑即希有事也。佛德之大無過度生，然雖注意般若度生，必待請問，故善現覩相知意，即首稱歎希有，而後請問也。

△二、正陳所問。

世尊善男子善女人至應云何住云何降伏其心。

宗泐師云，此發問之端也。阿耨多羅等者，華云無上正等正覺也。問意以如來護念、付囑現在未來菩薩，令成佛果。是菩薩雖發道心，誓度衆生，求成佛道，其心云何安住大乘，云何降伏其心，使至佛果而不退失耶。

文中云善男女者，具五位人。一、資糧位，二、加行位，三、通達位，四、修習位，五、究竟〔二〕位。今此經者，正攝資糧及加行二位菩薩，漸入通達至究竟位耳。

△二、如來讚許。

佛言善哉善哉至應如是住如是降伏其心。

疏：善現既實請問，稱佛妙心，故印可善哉，當爲汝說。而又誡約云應如是住，如是降伏其心者，即佛心傳意授之辭，在佇聞中辨。

△三、當機佇聞。

唯然，世尊，願樂欲聞。

疏：由佛示如是二字，意含得無住心，名爲佛住。了障即真，名降伏其心，故善現即會佛意，故曰唯然世尊而應諾之也。如孔子示門弟子一貫，曾子曰唯，頓徹仲尼心印之法。今尊者於佛言下廓徹心源。如下文云，刹那淨信，得法圓成。故尊者啓請，欲佛細説，博施於衆，故云願樂欲聞。願樂欲者屬信慧，聞即聞慧。所謂不依文字而求真諦者，即真聞慧耳。

△四、如來正説，二。初、正答所問，二、躡跡斷疑。初、正答所問，二。初、答伏心，又二。初、標。

佛告須菩提：諸菩薩摩訶薩應如是降伏其心，

疏：菩薩者梵語，此方云覺有情，謂深悟佛性，煩惱未淨，名覺有情。摩訶薩者，此方云大生，即大道心衆生，是菩薩中之大菩薩也。所謂信大乘，解大法，修大行，證大果，故名大士稱耳。

△二、釋，分四。初、廣大心，二、第一心，三、常心，四、不顛倒心。今初、廣大心。

所有一切衆生之類至若非有想非無想。

疏：宗泐師云，人與傍生具通四生，諸天、地獄、中陰三名化生，鬼通胎化，皆係欲界。若有色，即色界四禪天也。若無色，即無色界四空天也。今云有想，即四空中識處天也。無想，即四空中無所有處天也。若非有想非無想者，四空天中有至極頂處。此天由四禪四空八定之力，如水成冰，滓諸魚草，使勿流動，諸識暫息，亦復如是。所謂前轉識俱盡，唯留賴耶識性，若計若亡。若計，粗想雖滅，細想未除。若亡，識性忽然不現。由細想未除故，在此天妄計涅槃以爲自得，諸世間人無如我者，故云生大我慢，故在無明我愛住地，生死未脱，報盡還墮淪趣。菩薩見之，生大悲心，三界無量衆生欲度脱盡，是爲廣大心耳。

△二、第一心。

我皆令入無餘涅槃而滅度之。

疏：涅槃梵語，此云圓寂，或曰滅度。涅槃有四。一、自性涅槃，二、無住涅槃，三、有餘涅槃，四、無餘涅槃。初、凡聖共有。次、諸佛應化。三、小果，只斷三界見思，未脱無明。四、已脱盡，故曰無餘。然諸大士欲度生者，乃以何法。即以涅槃法而滅度之。然雖涅槃，非大涅槃則度生何益。今欲令一切衆生悉入無餘大涅槃故，方爲菩薩第一心耳。

△三、常心。

如是滅度無量、無數、無邊衆生，實無衆生得滅度者。

疏：請大士雖發殊勝之心，欲令一切衆生入涅槃者，由恐自他生見未空，故修止觀二門。謂念念度生時，實無衆生得滅度者，念念度生，了生即幻，非幻不生，即是假觀。念念寔無生度，即是空觀。所謂空有不住，二諦雙忘，了生佛于一如，鑑自他於不二。諸見自除，法法本來常寂滅故，是則名爲常住心耳。

△四、不顛倒心。

何以故須菩提若菩薩至壽者相即非菩薩。

疏：若有四相，謂之四倒。宗泐師云：若一切衆生不令滅度及見衆生實滅度者，則未能了達本源，遂有我、人、衆生、壽者四相，不名菩薩。我者，於五蘊中妄計有我我所。人者，妄計我生人中，異於餘趣。衆生者，妄計五蘊和合而生。壽者，妄計我受一期果報，一期果報若長若短壽命也。此皆顛倒妄想，亦名四見。大士用無生般若妙智，了蘊、處、界等本來寂滅無諸相故，名降伏其心，則無顛倒心耳，否則非菩薩也。

△次、答安住妙行，三。初、正答無住，次、顯益，三、總結。今初、正答無住。

復次須菩提至菩薩應如是布施不住於相。

疏：應無所住者，謂心不住六塵境緣相想而行施等諸度者，以念念恒習妙理真如寂滅行故。夫施行之義，原係具該六度之行。故慈氏偈云：檀義攝於六，資生無畏法。此中一二三，名爲修行住。初、資生施，即攝初度。二、無畏施，即攝中二度，謂持戒不惱衆生，忍辱不報有寃。三、法施，即攝後三度，謂精進不倦説法，禪定不錯機説法，智慧不顛倒説法。然三種施度不越六塵境緣，資生、無畏了達内、外、中間，三輪體空，故不住六塵之增，以了能取、所取、心、境諸法悉無我者，自性本不生，空性圓寂故。法施者，以師説法之時不取於相，如如不動故，由菩薩不住六塵相想、心無取著、三輪空寂、妙理行故，故偈曰是名修行住。由修妙理止觀二門，斷十障，證十如，故名爲住行。又菩薩不因爲自身而行施行，不爲報恩而行施行，不爲果報而行施行，由恐菩薩於六塵法中，起貪、起嗔、起癡、起愛，成分段生死障及變易生死障諸異事故，故佛復示空生曰，菩薩應如是布施，不住於相。

△二、顯益斷疑。

何以故若菩薩不住相至亦復如是不可思量。

疏：宗泐師云，此段恐人〔三〕疑云，既無住相行施等行者，即離相行，則無福報。故佛破疑云，離相之施其福轉多。蓋由不住相施等諸行契合性空故，性空寂滅，施福離相亦無際故，故十方虛空尚難爲喻也。《論》云，虛空諸喻，其義有三。一、遍一切，二、寬廣高大，三、究竟不窮。此三輪喻，義兼法體，亦具含三義耳。

△三、結益應住。

須菩提，菩薩但應如所教住。

疏：如所教住者，如我上來示不住相想度等諸行，深契無相妙理之性。所謂斷障證真，是菩薩真住耳。以上答降伏、安住一科已竟。

△疏：二、攝跡斷疑。文分二十七段疑義。恐菩薩修諸妙行時，墮有爲無爲諸見異事，取相心故，故文中節節斷疑，掃却諸見。彌勒偈云，調伏彼事中，遠離取相心。及斷種種疑，亦防生成心。今初、斷求佛行施取相疑。此疑從前文不住相布施意而來，文三。

初、探疑反詰。

須菩提，於意云何，可以身相見如來不。

疏：斷疑云，佛恐尊者生疑，意云前既修無住相行施，是無相因行，云何今日見佛成道，又感有相果耶。故拈此辭，而探詰尊者云，可以身相見云云不。

△二、斷疑了見。

不也世尊不可以身相至如來所説身相即非身相。

疏：由尊者暫聽探辭即領會佛意，非住乎身相而見如來也。以了達相即非相，則見佛法體耳。

△三、重釋顯真。

佛告須菩提凡所有相至若見諸相非相即見如來。

佛又恐尊者雖悟無相之旨，未得徹淨疑種，故重示斷疑文曰：爾凡所見者，皆屬徧計性也。若觸見逢真，以了相即非相，即見真寔之相，所謂依他無性即圓成體，故云山河大地全是妙明真性中之影像耳，緑水長天彰法身故，即兼依法相宗而釋之也。

若純依法性宗釋，彌勒偈云：分别有爲體，防彼成就得。三相異體故，離彼是如來。謂諸有爲法中，不出生住異滅四相，故諸菩薩修習中道觀時，求佛真淨法體，恐墮生滅四相有爲分别法中，故云離彼是如來。即前修離相妙因，今異熟果盡，即證成離相果耳。

△二、斷因果俱深難信疑，四。初、無信爲疑，二、遮疑顯信，三、深詳信因，四、結歸離相。今初、無信爲疑。此疑從前無住行施、無相見佛兩段經意而來。

須菩提白佛言世尊至言説章句生實信不。

疏：宗泐師云，無住相行施，因深也。無相見佛，果深也。因果之法既深疑，現未在迷鈍根衆生難以領悟，不能如是生寔信心，誠恐傍無機者，故尊者發言白佛而請詰之。

△二、遮疑顯信。

佛告須菩提莫作是説至能生信心以此爲實。

疏：宗泐師云，佛答非但現在有信，而且未來末世自有具福慧者，聞此般若，能生寔信。後五百歲者，《大集經》云，正法一千年，兩個五百歲，恒修解脱，以禪戒堅固故。次像法一千年，亦兩個五百歲，即多聞修福堅固故。三末法一萬年，謂初五百年，即多是非，以鬭諍堅固故。戒、定不修，多貪利養，多甚怠惰，故爭名奪利而爲事也。況聞正法而修之者乎。今佛示尊者，到此末世萬年初中，尚具宿根，有人深信，況現在及正、像二季法乎。又持戒者，戒也。修福者，定也。聞章寔信者，慧也。故彌勒偈云，説因果深義，於彼惡世時，不空以有寔，菩薩三德備。三德者，即具戒定慧三學也。故知法不礙信，時不礙機。

△三、深詳信因，二。初、善根深遠，二、慧福圓滿。今初、善根深遠。

當知是人不於一佛二佛（至）乃至一念生淨信者。

宗泐云：若論寔信之由，從多佛所已種善根，聞此大乘之法則能生實信者，至於一念少時生信，亦從佛所種諸善根而然也。所謂非十信位滿即資糧、加行，進通達位也。問：何以謂之一念寔信。答：直心正念，真如法體，觸境無生，逢緣不動。了生滅本無生滅，不墮情識，息心達本源耳。

△二、福慧圓具，二。初、佛智明鑑，次、離我法執。今初、佛智明鑑。

須菩提，如來悉知悉見，是諸衆生得如是無量福德。

疏：信心生一念，諸佛盡皆知。凡有衆生聞是章句，乃至一念淨信，佛智眼圓，無不明鑑，生悟妙圓本性，得進通達，遊十地果圓之處，所以得福無量。

△二、離我法執，二。初、遣二邊執，次、轉破二見所以。今初、遣二邊執。

何以故。是諸衆生無復我相、人相、衆生相、壽者相，（生空見也。）無法相，（即法空也。）亦無非法相。（又遣除無相見。）

宗泐云：此順釋生信得福之故，該乎生法二空。《論》云：有智慧者了知生法二無我故，言無復我、人、衆生、壽者四相，此生空也。言無法相，亦無非法相者，遣掃有無二邊見也。

△二、轉破二見所以。

何以故是諸衆生若心取相至即著我人衆生壽者。

宗泐云：此顯違經非福，言心取相等，即我執見也。今破我執見故，心不取相想。若取法相者，此法執見也。若不取之，則空法執見也。何以故。若取非法等者，云大士雖空我法二見，毀相泯心，又恐咬傷慧命，墮無爲坑，見不得超中道，心印之法豈得圓妙福乎。

△四、結歸離相。

是故不應取法不應取非法至法尚應捨何況非法。

是故者，承前契後之義。不應取下，文中本缺一句。具説者，不應取心，不應取法等，謂內不取心，覓心了不可得故。外不取法相，了境本空故，以觸境無生，非生滅故。不應取非法者，恐諸大士初心入般若者，若心境既除，何法修證。故雖見無爲實際，即不住無爲見。是故念念勤修妙行，淨佛國土，成就衆生，故云不應取非法耳。以是義故等者，謂佛常示諸比丘衆，我常示有示無，總掃衆生執見，汝不可隨我文字而轉，取有取無，取非有非無之見。我常示説如人度筏，於語言文字莫生住見想故。又如以指示月，莫以指上而作月想，無非樹摇風動，舉扇類月云耳。法尚應捨，何況非法者，謂實相心印之法，捨却尚不取見，況取非法斷滅見者，若取著法非法見，總成外道見也。故彌勒偈云：彼不住隨順，於法中證智。如人捨船筏，法中義亦然。證智者，以智了如，如相不可得，以如冥智，智相不可得。如不可得，徧法界而週圓。智不可得，應用全而彰于心目。所謂寂寂然，用繁興以恒如，靈靈然，智週鑑而常淨。得法自性，唯證者方知耳。

△三、斷無相云何得説疑。此疑從前第一疑中不可以身相得見如來意而來，分二。初、問答斷疑，二、校量顯勝。初章又二，初、約疑處爲問，二、順理實答。今初、疑處爲問。

須菩提於意云何如來得阿耨至如來有所説法耶。

疏：因果不可得，故示無有相，云何得道果，菩提樹下説。故恐尊者疑，反問而徵詰。

△二、順理實答，二。初、略標正意，二、究竟根由。今略標正意。

須菩提言如我解佛所説義至無有定法如來可説。

疏：尊者會佛意，我解佛法體。不得定有無，中道亦不計。了了寂滅果，故無定法體。法體本自無生，言辭相寂滅故。

△二、究竟由，二。初、示法不可取，次、因名句出聖。今初、示法不可取。

何以故。如來所説法皆不可取，不可説，非法，非非法。

疏：偈云，應化非真佛，亦非説法者。由應化非真，故所説語言文字無取著故。又不可以作有取，故云非法，不可以作無取，故云非非法。

△次、因名句出聖。

所以者何。一切賢聖皆以無爲法而有差別。

疏：雖本文字性空寂滅，無所取著，由斯寔相妙音隨大小乘，三賢十聖機宜差別之見，差別之證，直至等妙二覺之聖，由斯妙音，剎那暫聞，流入大圓覺海。故《淨名經》云，佛以一音演説法，衆生隨類各得解。所謂於一乘法，分別説三，其猶水無深淺，因機有差別耳。

△二、較量顯勝，二。初、示離相福妙，二、持法轉勝。今初、示離相福妙。

須菩提於意云何至是故如來説福德多。

疏：佛雖徵示有爲七寶滿大千世界而用施者，意指無爲福勝。所以福勝者，菩薩以無住相想而行施等諸行，即修離相福行。今尊者領會佛意，即答離相之福，寔果勝耳。何以故下，重徵福勝所以是福德性者，即離相福德之性，同真際等法性，是故佛説福德之性最爲多耳。

△二、持法轉勝。

若復有人於此經中至所謂佛法者即非佛法。

疏：佛重示上離相之福而不及持行演説之福。言乃至四句偈者，舉少以況多也。然持經福勝者，蓋諸佛及所證法，無不從此般若而生，故稱佛母，良有以也。彌勒偈云，於寔爲了因，亦爲餘生因。釋曰，了因者，成法身體。餘生因者，成報、化體。謂佛示上文離相行施不及者，只成報化果德。然斯離相因行由持般若悟性之力，始得離相而成報佛，故爲餘生因耳。今持法演説得成法身者爲了因，故又偈曰，唯獨諸佛法，福成第一體。佛又恐尊者取著法見，墮智障中，故云所謂佛法者即非佛法，圓極菩提歸無所得，即斯義故。

△四、斷聲聞得果是取疑。此疑從上無爲法不可取説而來，分二。初、斷四果無我證，二、斷智障不取證。初又四。初、破我見證預流，二、斷二果障，三、斷三果惑，四、斷四果惑盡。今初、破我見障。

須菩提於意云何至須陀洹是名須陀洹。

宗泐師云：梵云須陀洹，華言入流，亦名預流果，此聲聞所證初果也。已斷十種見惑，離四趣生，預入聖人之流，故名入流。言無所入者，因破我見之惑，故不著我。證入流果，又不著於六塵境界，故言不入也。

△二、斷二果障。

須菩提於意云何斯陀含至是名斯陀含。

疏：宗泐師云，梵語斯陀含，華言一來果，此聲聞第二果。蓋欲界九品思惑，前六品已斷，後三品未斷，更須欲界一度受生，故云一來。實無往來者，謂不著於往來之相也。

△三、斷三果惑。

須菩提於意云何阿那含至是名阿那含。

疏：宗泐師云：梵語阿那含，華言不來，此聲聞第三果也。斷欲界思惑盡，不來欲界受生，故曰不來。言實無不來者，謂不著於不來之相也。

△四、斷四果惑盡。

須菩提於意云何阿羅漢至即爲著我人衆生壽者。

疏：宗泐師云，梵語阿羅漢，華言無學，此聲聞等四果也。此位斷三界煩惱俱盡，究竟真理，無法可學，故名無學。言實無有法名阿羅漢者，謂無無學證之相也。若言有證，即著四相耳。

已上四果，聲聞因破我見得證。《論》云，向説無佛果可證，無佛法可説，云何四果各取所證而説。恐起此疑，故佛約此而問，善現皆答以離著，深會佛之意也。

△二、斷智障不取證。

世尊佛説我得無諍至而名須菩提是樂阿蘭那行。

疏：宗泐師云，此乃善現引自己所證離著，令人生信也。然善現所證之果，不過無學，而世尊特稱其第一者，以無諍故也。梵語阿蘭那行，華言無諍行。無諍者，謂離二障。一者惑障，見、思惑盡。二者智障，則不計取涅槃性見，故無諍也。若云我自證，則墮凡夫性，以寔無所得，印我證寂靜。

△五、斷釋迦燃燈取説疑。此疑亦從第三疑中不可取不可説而來。

佛告須菩提於意云何至於法實無所得。

此段斷釋迦然燈授受之疑。善現述己所證離著，固已得矣，而如來又恐善現疑佛，若受然燈之記，於法實有所得，故興此問而探尊者曰：如來於然燈佛前有法得不。善現會以實無所得，是無疑矣。夫無得者，非墮斷滅見。故《唯識》母頌云：若時所緣，智無所得，爾時住唯識，離二取相故。夫離二取者，得唯識真勝義性，是故法不得有無，始證無生際。

△六、斷嚴土違於不取疑。此疑亦從第三疑中不可取而來。

須菩提於意云何至應無所住而生其心。

疏：疑意，法不究竟取，諸菩薩云何修諸萬行復取淨土耶。佛恐有此疑，反問而詰之曰，菩薩莊嚴佛土不。佛一徵問，尊者即會佛意云，莊嚴佛土者，即非莊嚴，是名莊嚴耳。夫修六度妙行，本離諸相，銷歸唯識真勝義性，本自淨耳，故云隨其心淨，即佛土淨。是故諸菩薩摩訶薩應如是生清淨心者，警誡初心大士，切不可墮于聲色之處，故不應住色等六塵緣影之境，以無所住而生其心也。夫生心者，以無所住心，念念行施度等行，念念了施度等相不可得故，由不可得，即生滅相而無生滅，唯一真如。所謂斷障證真，如十五夜中之月漸漸圓明。下文云，信心清淨，即生實相，至佛果地，實相分證，究竟方圓，名爲生心者耳。偈云，智習唯識性，如是取淨土。即寂光真境之淨土，故無取爲取也。

△七、斷得受報身是取疑。此疑亦從第三疑中不取而來，分二。初、問斷疑，二、較量顯勝。今初、問斷疑。

須菩提譬如有人至佛說非身是名大身。

疏：佛又恐尊者起疑，曰法既不可云自取自證，故諸聲聞及諸菩薩雖聞法音果證不可計云取證，又諸菩薩修淨土行亦不可云取云證，云何諸菩薩至果菩提又取證法王身相耶。故拈此譬而探問尊者曰，譬如有人身如須彌山王，分别自身我爲大不。尊者即深悟佛意云，謂諸菩薩轉識成智，得有爲無漏，頓空色心二法，決無分別自取。我今得受報身果證，若刹那有自取相心，即墮凡夫限量分際，決不冥同實際。由不取故冥同寔際，故尊者答云甚大。猶如須彌山王住世間中，最高最大，終不取自相故。菩薩亦爾，得受報身之時，終不云自取證，得受大報身相，因無自身相故。以無得爲得，無受爲受，離諸相故，同真際等法性，故云佛説非身是名大身。故彌勒偈云，如山王無取，受報亦復然。遠離於諸漏，及有爲法故。又云，證無漏無爲，非身是大身。

夫佛菩提者，息心達本，萬慮都捐，智離中際，寧得有無。故前文佛示法不可取，辭不可得。是故尊者亡證，迦文亡取，取證寂然，以如如智，證如如性，故依正二報冥同寔際，息却心意識耳。

△二、較量勝，二。初、外財顯勝，二、内財顯勝。初又二。初、正校顯勝，二、別顯經勝。今初又二。初、彰漏福至勝，二、特顯法勝。今初、彰漏福至勝。

須菩提如恒河中所有沙數至須菩提言甚多世尊。

疏：宗泐師云，恒河西竺之河，周四十里，其河中沙最多最細。佛多近此説法，故取爲喻。夫説一大千世界七寶布施福尚殊勝，況今拈一恒河中沙，重數多多恒河，而多多恒河中沙，復數多多大千世界，即此多多大千世界滿中七寶徧施益衆，其有漏因果福德寔無可喻，所謂等空界而爲量，徧三世以無盡。斯爲佛借喻義，以彰法勝耳。

△二、特顯法勝。

佛告須菩提若善男子至而此福德勝前福德。

疏：夫得一句義，能破異熟二障，所謂蕩五藴而非有，洗凡聖眼而入一心，圓極菩提歸無所得，況四句偈得法圓妙者哉。故今周徧恒沙廣施益衆，未破五藴終有漏，故云此無漏之福勝前有漏之福，所以越過恒沙，未足奇也。

△二、別顯經勝，四。初、尊處讚人，二、約義辨名，三、施福劣塵，四、感果離相。今初、尊處讚人。

復次須菩提隨説是經至即爲有佛若尊重弟子。

宗泐云：藏佛舍利之處謂之塔，奉佛形像之處謂之廟。隨説此經四句偈處，天人固當敬之如佛塔廟，況能具足持誦者乎。成就最上第一希有之法者，成無上佛果菩提也。若是經典等者，經典所在即佛之所在，持説之人即佛弟子，因法乃尊也。

△二、約義辨名。

爾時須菩提白佛言至白佛言世尊如來無所説。

宗泐云：善現既聞持經成就希有之法，故問此經何名，我等云何受持。佛答此經名《金剛般若波羅蜜》，能斷一切疑，破一切執，斷十障，證十如，金剛妙智到彼岸耳，汝當奉持。奉持有三。一者，見道分持。謂聞文字般若章句，圓覺妙心廓然開悟，頓忘人法而了真空，直至了無所了息心達本源者，是爲得見道分奉而持之者也。二者，以觀照般若妙利之智，念念照常理，心心息幻塵，偏觀諸法性，無假亦無真。所謂一空一切空，一假一切假，一中一切中，以無分別智，無證分別如，能所冥合，頓入第一義諦者，名爲得修道分奉而持之者也。三者，斷障證真，無明永別，息却心意識，種淨盡無餘，真寂滅場大阿蘭若者，名爲得證道分奉而持之者也。前屬初心，次屬地位，後屬佛果。然破執斷疑，雖用般若之智以了于如，而如智之相了不可得，故云即非般若波羅蜜也。故《心經》云無智亦無得。如來又慮尊者既無如智可得，云何又言以文字三般若等斷障證真耶，故又徵詰：般若有可説耶，無可説耶。尊者答云：以文字性空，寂滅無所説故。《法華》云是法不可示，言辭相寂滅耳。

△三、施福劣塵。

須菩提於意云何至世界非世界是名世界。

疏：由前云無量恒沙徧施益衆，無非轉報異熟果福至廣至大，雖斯有情異熟福果，由成貪等煩惱障性，不及微塵世界是無情無記，不生貪等惱性不落損益之記。夫修有漏善，因通善惡，果唯無記，故修善得益記，造惡得損記。今微塵世界，是唯無記，既無善惡之因，焉屬異熟苦樂損益之果，故無染心煩惱，由是較量徧施有情，不及塵界無情無記之論。今名、句、文身，在二十四個不相應中，亦屬無記。然斯無記超勝於前無記，所以超勝者，由前無記只不落損益，今茲名句雖是無記，是無漏妙法，若人得聞開悟，能斷煩惱，能證菩提，成無漏妙果，是故超勝。由故非微塵，由故非也〔三〕界也。謂微塵是因，世界是果。又世界散而爲塵，微塵聚而爲世界，由故有散有聚，無有定性，以喻金剛自性異熟果空，永斷生滅、非生滅之相，則非因非果，證入大圓覺耳。又前是有漏無記，今此斷障證旨是無漏無記，故所展轉較量斯經宗旨，乃勝中之勝矣。

△四、感果離相。

須菩提於意云何至是名三十二相。

宗泐師云：三十二相者，應身相也。非相者，法身相也。是名三十二相者，應全是法，法全是應，不妨說三十二相也。言施寶之福縱能成佛身相，但是應身，不及持說功德能成法身，故云感果離相耳。

△二、内財顯勝，二。初、正較量，二、別顯殊勝。今初、正較量。

須菩提若有善男子善女人至爲他人說其福甚多。

宗泐云：七寶布施，外財也。身命布施，内財也。身施者，如尸毗王代鴿是也。命施者，如薩埵飼虎是也。以輕重較之，則外財易而内財難。然斯二施皆有爲有漏因果，總不如持説四句能取菩提之妙果也。

△二、别顯殊勝，四。初、泣歎法深，二、今信得益，三、當信同佛，四、聞信不怖。以上四科，總顯法勝，離相得益，超佛果地。今初、泣歎法深。

爾時須菩提聞説是經至未曾得聞如是之經。

宗泐師云：善現聽捨内外二財，重重較量，節節斷疑，搜盡窮源，總不及持經功德之勝，故尊者深領佛旨，於内外根境蕩然清淨，頓入二空心印之法。故尊者歎云：希有，佛説甚深旨趣，我從昔來所得慧眼，未曾得悟如是實相深妙之經。夫尊者慧眼，非大乘之慧眼，即證小乘之慧眼也。故尊者前得小乘慧眼，今聞佛深旨，頓悟圓明，得法眼淨，已入通達位，至近八地得分證真如矣。或有教説，尊者是青龍陀佛一轉，今權示小乘，故已未曉，啓請如來般若妙門，重重詳究，節節窮源，俾令在會之衆住小乘者，見尊者一悟，即入回心向道，頓捨小乘。又令初心菩薩生其慚愧，永不退轉，頓證無生。小乘尚以聞悟，况大乘乎。若已證無生忍者，即一生當得阿耨菩提。向下尊者故慶現未衆機，必深悟實相，決記無生忍耳。

△二、今信得益，文二。初、由信得益，次、得益所以。今初、由信得益。

世尊，若復有人得聞是經，信心清淨，即生實相。

尊者慶現在生信心者，即頓忘人法，了真空故，是入通達位也。生寔相者，即得斷障，得分證真如，是入修習位也。以至寔相圓成，得究竟位也。下文云：離一切相即諸佛也。又云：應無所住而生其心，即生如是寔相心也。

△次、得益所以。

當知是人成就第一至是故如來説名實相。

疏：夫因生信，得證如是妙實相地，故

云成就第一希有功德至超彼岸云耳。世尊是實相下，由證彼岸得越相即非相，是名真實相也。

△三、慶當信同佛。

世尊我今得聞如是經典至離一切諸相即名諸佛。

疏：尊者前慶現機得益希有，次慶未來之機若聞此經更稱希有。所以稱希有者，宗泐師云，我今值佛，獲聽此經，信解受持不以爲難。而未來衆生得聞是經，若能依此而修，是爲真修，依此而證，是爲真證。所以然者，若人刹那生信，即得見道分、修道分、證道分，頓破我人四相。離此諸相即成正覺，故名爲佛，是故云希有中之希有。

△四、聞信不怖，三。初、印證尊者，次、獲法離怖，三、超第一彼岸。今初、印證尊者。

佛告須菩提：如是，如是。

佛印如是又如是者，有二義。一、印尊者自悟，得法眼淨。二、印現未二機，得證實相之語。故印如是中之如是耳。

△次、獲法離怖。

若復有人得聞是經至當知是人甚爲希有。

疏：不驚者，謂小乘、權教二機，聞此真空實相妙旨，決生驚疑。今決不生者，故稱希有，得入通達見道分也。次不怖不畏者，謂入初地時，頓悟聲色圓明，捨異生障，證一分偏行真如。偏行者，即周徧一切妙行，盡入真如大海，更無餘法。所謂了六度而即一心，悟萬行而即一體，始證一切色無非佛色，證一切相無非佛相，所以永離怖畏，漸證真如大海，故稱希有，得第一彼岸。

△三、超第一彼岸。

何以故須菩提如來説第一至是名第一波羅蜜。

疏：佛雖示般若第一彼岸者，然法本無説，慮恐初地位機又生般若智障，故又掃云，佛雖示般若第一，然而又切不可以住般若智見。若生般若智見，而後地諸障決不能斷，妙圓覺海決難證耳。

△八、斷行説未脱苦果疑，二。此疑從上捨身布施而來。初、證無相以爲忍，二、勸離相以修忍。今初又二。初、略標忍體，二、舉行釋成。今初、略標忍體。

須菩提忍辱波羅蜜至是名忍辱波羅蜜。

忍辱者，六度之一也。安受曰忍，毀害曰辱。前云捨身命之福報是生死苦因，不及持説之福，此之行忍亦捨身命，不成苦因者何也。佛恐尊者有此疑意，故佛示斷疑文曰：須菩提，由忍行心，方到彼岸，佛示忍辱即非忍辱行耳。所以非忍辱者，了内外心境不可得故。由不可得，故云忍辱即非忍行心。夫忍辱者有二義。一、生忍，内有能忍之心，外有所忍之境未除。二、法忍者，不見有少法可生，少法可滅，生滅心相廓徹清淨，故證離相行耳。

△二、舉行釋成。

何以故須菩提如我昔爲至無衆生相無壽者相。

宗泐師云：如是忍行佛昔曾行，故引歌利王割截苦行之事以證明之。梵語歌利，華言極惡。佛累宿世作仙人時，山中修道。王因畋獵，忽睡片時。宫妃女等遊玩深山，忽覩仙人端坐入定，而回繞之，仙人即生慈念而開導之。王睡忽省，見侍從不在，即生惱怖而尋訪之，見自侍從回繞仙人，王即生惱，怒而問之曰：爾可所作已辦否。答曰：未辦。又問：可生貪愛不。仙人答曰：不生貪愛。王言不信，又問：爾道修行，以何爲本。答曰：以持戒、忍辱爲本。王曰：爾既忍辱，吾當割截耳鼻。仙人凝然不動。侍從即止王曰：此聖人也。王曰：他既聖人，更再割截去其手足，看其動否。仙人又凝然不動。而仙人護法神衆即生惱怒，空中大石如雨而下。王即懺悔，求救曰：願求大士莫生嗔恨。答曰：

我無嗔恨，爾無果報。王曰：實難信也。答曰：我有嗔恨無慈愍爾者，我身割截不得如故。我若決無嗔恨，反有慈忍爾者，我身還復如故。仙人立誓，大石即止，身體如故。由我昔得無生智力，能除我人等四相，了五蘊相本來空故。佛又引於五百世作忍辱仙人：我於爾時亦離我人等四相。凡有一切來毁我者，我亦無生智力而破除之，反以悲心而拔濟之。是故恒習悲智二心雙運之力，證非一生妙行，況一世乎。故彌勒偈云：離我及恚相，實無於苦惱。共樂有慈悲，如是苦行果。又云：爲忍波羅蜜，習彼能學心。能學心者，即悲智雙運，隨順無住法性，以不住生死及涅槃故，乃習如是妙行心耳。

△二、勸初心離相，以運悲智，分三。初、正勸示離相，二、勸雙運悲智，三、示離諸相。今初、正勸示離相。

是故須菩提菩薩應離至若心有住即爲非住。

宗泐師云：佛累世行忍，以無我故，得成菩提，故勸示初心大士應離諸相。離相者，即不住色、聲、香、味、觸、法六塵心也。所以不住六塵心者，以了諸法從本來常自寂滅相，是故菩提不住六塵，不離六塵，應生無所住心。設有一法勝過一法，亦不取之，所謂魔佛並遣，青天也須喫棒。故《經》云若心有住則爲非住佛道矣。

△二、勸雙運悲智。

是故佛説菩薩心不應住色布施至應如是布施。

是故者，承前契後之辭。前示佛行忍行，皆以悲智雙運、忘我離相之力。今佛勸示離相之後，亦勸示以悲智雙運之力而成就菩提。分二義。一、先示菩薩不應住色布施者，運智也。宗泐師云：夫色爲六塵之首，施爲六度之初。今舉其初即攝其後，不住色等六塵而行施等行者，菩薩以無生般若妙智，了施無施相，達五蘊内外三輪空寂，即不住生死際也。次、佛又示尊者，菩薩爲利益一切衆生應如是布施者，運悲也。謂菩薩雖以般若照空離相，但恐若無悲心，則墮無爲坑見，懶修萬行不度生耳。故菩薩爲利生脱苦忘己，念念而行財施、法施、無畏施等，利諸生也，則菩薩不墮涅槃見也。問：既已離諸相，奚得又運悲心耶。答：雖以離相，則證素法身也。今運其悲，方得萬德莊嚴而成菩提。故古德云：衆生度盡恒沙佛，諸佛何曾度一生。是故以悲心不墮涅槃，以智力不墮生死，故下文復示離相寂滅，方得平等。

△三、示離相證真。

如來説一切諸相至一切衆生即非衆生。

前示悲智雙運，又恐菩薩仍墮偏愛之見，故重示文曰：夫諸相寂滅，本是清淨，何假修爲，何假造作。況一切衆生，即涅槃相，無生可度，故示相即非相，生即非生耳。是故總彰離相，始得證真斷惑云爾。

△九、斷能證無體非因疑。此疑從上文爲利生行施而來。

須菩提如來是真語者至所得法此法無實無虚。

宗泐師云：如來所得菩提妙果，如理而證，離於言説，何故累稱持説功德勝餘布施等福耶。然佛無所證而證，無所説而説，即所證所説無不當理。佛恐善現未達此意，故又告云是真實等語。真語者，説佛菩提也。實語者，説小乘法也。如語者，説大乘法也。不異語者，説授記事也。不誑語者，不誑衆生也。古謂無此一句，今本有之。如來所證之法，本離言説，故曰無實。對機有説，故曰無虚。夫無實者，因内證真如，了無一性，故所言無實也。雖本無實，對機示無虚者，謂如來海印定中流出名、句、文身，示三乘、四諦、十二因緣、六度等法，能令衆生得聲聞乘，得緣覺乘，得菩薩乘，決無差耳，故云一切聖賢皆以無爲而有差別，又云若持句法藏，即超佛妙地。

△十、斷真如遍有得無得疑，此疑從前不住相而來。分二。初、喻斷疑，二、贊經功德。

今初、喻斷疑。

須菩提若菩薩心住於法至日光明照見種種色。

宗泐師云：聖人以無爲法真如得名，然真如之體徧一切時、徧一切處，何故衆生有得者有不得者，葢心有住法、不住法之異耳。住者，著也。謂總然凡情已斷，聖見未脱，皆爲繫著。設聖見已除，倘真如現量體中，有絲毫能所未斷，種子未淨，皆爲有住。直至金剛道後，異熟果空，如淨滿月，獨無伴侶，名無住也。故大士施行法中，有毫釐生滅心相未曾捨盡，名爲有住，不成檀度波羅蜜也。如入暗中，則無所見。暗者，即無明也，謂初地進二地、三地、四地、五六地等不明，俱屬無明暗也。故云如人入暗，無淨眼見也。設如菩薩行檀度施行時，永捨内外二財，了無取相，假如真如一法更又勝過真如法者，亦不取之。所謂捨到無可捨處，證到無可證處，能證所證，一切俱忍，方爲菩薩不住心法而行布施，永斷無明。如人有目，日光明照，見種種色。見種種色者，即喻親見如來寶所，不求自得，成就如來大檀波羅密也。問：既云無法可見可住，云何又見寶所成檀度耶。答：夫寶所者，即大圓覺寂光性也。以無得爲得，無見爲見，無成就中而成就耳。

△二、讚經功德，分七。初、與佛智分齊，二、校捨命不及，三、餘乘不測，四、在處如塔勝，五、離障得果勝，六、超事多佛勝，七、具説驚人勝。今初、與佛智分齊。

須菩提當來之世至皆得成就無量無邊功德。

言未來世中，若有受持讀誦者，佛眼佛智悉知悉見，既行勝因，必成妙果。勝因者，入通達位也。妙果者，超十地得妙圓覺海之果也。故曰：成就無量無邊功德。

解說。

△二、校捨命不及。

須菩提若有善男子善女人至受持讀誦爲人解說。

初日分者，寅、卯、辰時也。中日分者，巳、午、未時也。後日分者，申、酉、戌時也。如是一日三時，捨身無量，身歷無量劫而行布施。然世間固無此事，今佛說此喻，以示權教菩薩乃累劫住相行施，終無利益。若人得聞此經，刹那生信，即得頓超累劫，隨順自性，不逆果證，故曰其福超勝，何况書寫、受持、誦說耶。信力曰受，念力曰持，對文曰讀，背文曰誦。所謂書寫、受持、讀誦者，自行也。爲人解說者，化他也。

△三、餘乘不測。

須菩提以要言之至不能聽受讀誦爲人解說。

宗泐師云：此般若之體，本絶言思，其功德廣大，不可得而稱量也，非樂小乘者所可得聞，故曰爲發大乘者說，爲發最上乘者說。發大乘者，指資糧、加行二位之人，令入通達，得見道分也。最上乘者，指修習位及究竟位人說也。若約機宜，總指終、頓、圓三機之人。餘者權教，取相菩薩及小乘之機，皆不能攝也。如是大根之人修此法者，則成就不可思議功德，故能荷擔無上大菩提。故彼小乘者，不能聽受、讀誦、爲人解說，爲著四見故也。

△四、在處如塔勝。

須菩提在在處處若有此經至以諸華香而散其處。

宗泐師云：塔爲藏佛舍利之處，若天、人、修羅，固當敬事，此般若經卷所在之處是真法身舍利寶塔，可不敬乎。

△五、離障得果勝。

復次須菩提善男子至當得阿耨多羅三藐三菩提。

宗泐師云：持誦此經，人當恭敬而反被人輕賤者，何也。以宿罪業，合招惡報，由經力故，轉重報而成輕報，但被輕賤。被輕賤故，其罪消滅，當得無上菩提。所謂煩惱、所知二障，無不斷也。持經功德可爲大矣。

△六、超事多佛勝。

須菩提我念過去至乃至筭數譬喻所不能及。

宗泐師云：阿僧祇，翻無數時。那由他者，十億爲洛叉，十洛叉爲俱胝，十俱胝爲那由他。如來於過去然燈佛前，供養無數諸佛，其功德可謂深且大矣。乃言不及末世持經功德者，蓋持經能生妙解，得證菩提，供佛雖感福報，但是事相，故持經功德千百萬億分中不及一分也。又言筭數、譬喻所不能及者，蓋事相之福是可思議之法，而般若妙智，忘能所，絶對待，不可得而思議者也。

△七、具説驚人勝。

須菩提若善男子善女人至果報亦不可思議。

疏：此經非大乘根器不能持誦，而持誦所感功德，豈常人可聞。聞必狐疑不信，故不具説。蓋此經之義趣與其果報，皆不可思議故也。

金剛般若波羅蜜經註疏卷上

校勘記

〔一〕「竟」，底本作「意」，據文意改。

〔二〕「人」，底本作「入」，據文意改。

〔三〕「也」，疑爲「世」。

金剛般若波羅蜜經註疏卷下

△十一、斷住修降伏是我疑。此疑從前諸文無我而來，分二。初、重詰細由。

爾時須菩提白佛言至云何應住云何降伏其心。

疏：宗泐師云，善現初問此義，至是復問者，何耶。蓋問辭雖同，其意則別。所云別者，謂初問意但問能降能住之法，此之問意，若謂我能住能降者，存此分別之見，則障於證真無住之道。故尊者又問，其文雖重而義非贅也。

△二、正示心印。

佛告須菩提至阿耨多藐三菩提心者。

疏：宗泐師云，此一節文意亦與前同，但是破情顯智，所破之情即我人等四相，是地前粗執，所顯之智即般若真智。自此而下，忘智顯理，破我人等四相，即地上細執。所謂斷十障，證十如，由此賢位，漸入聖位階矣。

當生如是心等下云云者，了一切異生即涅槃相，同一味故，是故平等淨界，佛無生度。若有生度，即菩薩證智未忘，能所生滅，相未淨故，所以我人等四相決未斷也。所以者何。實無有法發菩提心者，以妙圓覺海心證智都不得，所謂菩薩入初地時，得偏行真如并下九種如如心也，故即頓捨異生等障耳。

△十二、斷佛因是有菩薩疑。此疑從上實無有法發菩提心者而來，文二。初、反問徵詰，二、尊者領悟。今初、反問徵詰。

須菩提於意云何至得阿耨多羅三藐三菩提不。

疏：宗泐師云，由前實無有法發菩提心者，意謂無發心者則無菩薩，云何本師於燈佛前名曰善慧，行摩訶衍，得授記耶。佛恐尊者潛有此疑，故佛反問而詰之曰，佛於然燈佛所爲是有法得耶，無法得耶。

△二、領悟實答。

不也世尊如我解佛至得阿耨多羅三藐三菩提。

疏：尊者領悟答意云：佛雖爲善慧，彼時都無所得，離諸分別，證得唯識真勝義性，離諸名相，絶諸對待，由證無生法忍，故燈佛而印證來記作佛云耳。是故善慧已證能所相淨，誰云菩薩行耶。

△三、印證其答。

佛言如是如是至如來得阿耨多羅三藐三菩提。

疏：宗泐師云：善現會法無所得者，以了佛昔智境相淨，始證無生忍果，故佛然其意，乃言如是如是，印可尊者契佛心地法耳。

△四、反復申明。

須菩提，若有法如來得阿耨多羅三藐三菩提者，然燈佛則不與我授記，汝於來世當得作佛號釋迦牟尼。斯反文也。以實無有法得阿耨多羅三藐三菩提，是故然燈佛與我授記，作是言，汝於來世當得作佛號釋迦牟尼。即順文也。

疏：由上示法無所得，始證阿耨菩提。今又反覆申明，總示法無自相，離諸名字，以令尊者頓悟如來所證妙果乃佛心地中本來具足，故今直示心地法門，於無授記中而云授記也。故佛實無法得，昔燈佛印證我佛心地之果耳。

△十三、斷無因則無佛法疑。此疑從上佛在然燈佛前因無法得而來，分三。初、斷無佛法疑，二、直示法體，三、喻示超法體。今初、斷無佛法疑。

何以故如來者至佛得阿耨多羅三藐三菩提。

疏：何以故者，徵起之辭也。疑意，由前云實無有法得菩提果，故授燈記。若果實無有法得而證佛者，則因既無法得，果亦無法得，云何至佛菩提而又有法得耶。故佛直示斷疑文曰，如來者，即諸法如義，謂佛所證之法非從外得，性本自如，非生滅之法體耳，豈墮二邊者乎。

△二、直示法體。

須菩提如來所得阿耨多羅至是故名一切法。

疏：宗泐師云，所得菩提者，忘情執而理現，蕩智相而無生，體露真常，無拘戲論法耳。無實等文者，掃二邊相也。謂如來法體，非墮有爲相也，故云無實，獨露真常也，故云無虚。以是之故，所以如來觸處自如，唯佛與佛乃能究竟。

須菩提下，佛又復示善現。法非法義者，以一切法虚相本盡，真性本現，故云即非一切法也。亦不可云無一切法，故云是故名一切法耳。所謂即妙有而真空，即真空而妙有，空有鎔融，離即離非，獨顯如如，方契菩提心印法故。

△三、喻示超法體。

須菩提譬如人身長大至即爲非大身是名大身。

宗泐師云：上示如來所證真如法體，徧一切處，豈非是長大際相。故佛恐尊者潛於法體中生長大見，特示以喻而徵之曰：譬如人身長大，而起長大見否。尊者因喻有悟法體，非長短大小量也。以是之故，佛説非身，是名大身。然大身有二。一者、法性身，是異熟果盡，證無爲無漏，故非大小相也。二、功德身，轉識成智，證有爲無漏，故非大小相也。前是法身，後是報身。又報身攝歸法身，故名非身。攝法身而成報身，故非大身。是以離諸漏相，證無我二性，故非大小相也。

△十四、斷無我度生嚴土疑。此還從十二疑中實無有法發心者而來。

須菩提菩薩亦如是至如來説名真是菩薩。

疏：上示無我無人，云何度生及淨佛土耶。佛恐善現有疑，即示斷疑文曰，菩薩亦如是，若云我當度生，我當嚴土，則不名菩薩矣。以菩薩不了法界平等，無增減故。若於平等淨界，達無增減，則終日度生，無生可度，終日嚴土，無土可嚴。所以然者，以菩薩通達無我法故，是則名爲真大士也。故彌勒偈云，不達真法界，起度衆生意。及清淨國土，生心即顛倒。故知刹那生心，非達無我法故。

△十五、斷諸佛不見諸法疑。此疑從不見生土可淨可度意而來，文二。初、五眼明淨，二、心徹智淨。今初、五眼明淨。

須菩提於意云何至如是世尊如來有佛眼。

疏：宗泐師云，前説不見生土，不見爲我菩薩者，如是不見諸法名爲如來。然而如來具足五眼，豈都無所見耶。佛恐善現潛有此疑，由是一一反問而詰之曰，如來位證果圓，可得五眼圓明見諸法否。故尊者一一答云如是如是，而具足之也。夫五眼者，古德云，天眼通非礙，肉眼礙非通，法眼唯觀俗，慧眼了諸空，佛眼如千日，照異體還同。此之五眼，通該十界，而優劣有殊。如《經》所説五眼，皆如來所具者，無非佛眼也。

△二、心徹智淨。

須菩提於意云何如恒河中至未來心不可得。

疏：由佛既具五眼圓明，故復示尊者云，無量恒河沙世界，若干衆生之心，種種異見不同，佛悉知者，蓋由以無分別智而知，猶圓鏡之臨空，若澄波之月現，所謂光吞萬像影，無喜亦無嗔耳。一切諸心皆爲非心者，妄識本空也。是名爲心者，真心不滅也。所以者何下，釋非心之所以。蓋三世之心，過去已滅，未來未至，現在不住，皆是虚妄生滅，故求之不可得也。

△十六、斷福德例心顛例疑。此疑從上心住顛倒而來，文二。初、問答標多，次、反覆申明。今初、問答標多。

須菩提於意云何至以是因緣得福甚多。

疏：宗泐師云，前説衆生心有住著，是爲顛倒，若福由心造，豈亦是顛倒耶。佛恐潛有此疑，故佛舉示大千滿中七寶徧布，施與衆生，是人以是因緣，得福多否。尊者答意深解佛説，以無住相布施方爲得福多耳。

△二、反覆申明。

須菩提若福德有實至如來説得福德多。

疏：宗泐師云，佛斷此福德有實者，住相布施，成有漏因，其福則寡。福德無者，是離相布施，成無漏因，其福乃多。是則不住於相，心離顛倒，所作之福無非善也。

△十七、斷無爲何有相好疑。此疑從前如來者即諸法如義而來，文二。初、斷色身是佛疑，二、斷諸相是佛疑。

今初、斷色身是佛疑。

須菩提於意云何佛可以至是名具足色身。

疏：宗泐師云，上説諸佛所證，乃無爲之法，云何佛身而有相好色耶。佛恐尊者潛有此疑，故佛反問而詰之曰，佛可以具足色身見否。尊者深通實相，故答云，不應以具足色身見，以色即非色，身即非身，唯一法身體也。故云法身妙無爲，不墮於諸色，亦不離色身，見佛具足體。

△二、斷諸相是佛疑。

須菩提於意云何如來可以至是名諸相具足。

疏：前示色即非色，所謂匿王觀身實相，觀佛亦然。佛又重示諸相非相問答意者，謂法身無爲，不墮諸數，直指靈源，一真淨法界體故。慈氏偈曰，不離於法身，彼二非不佛。故重説成就，亦無二及有。無二者，無色相二身也。所謂色不異空，故即色相而即法身之妙體也。故云了達本來際，智相都不得。

△十八、斷無身何以説法疑。此疑從上身相不可得見而來，文二。初、遮異見，二、示正見。今初、遮異見。

須菩提汝勿謂如來作是念至不能解我所説故。

疏：宗泐師云，如來色身相好，不可得見，云何爲人演説法耶。佛恐尊者潛有此疑，故佛斷疑切誡辭曰，汝勿謂如來有所説法。今衆生見佛有所説者，乃佛昔悲願弘深，於平等法界無增減中而示聲色，演法利生。以是法不可示，言辭相寂滅，故云莫作是念。

何以故若人言下，謂若生等不達此意，實謂如來有所説者，則爲謗佛，不能解我第一義諦故。若生等不執此意，則知如來稱性而説，説即無説，則無增益謗咎之過耳。

△二、示正見，二。初、示説無説相，二、示大生得入。今初、示説無説相。

須菩提，説法者無法可説，是名説法。

疏：由佛上遮異見，故向下直示説無説相，所説文字，性空寂滅，即解脱相故。

△二、示大生得入。

爾時慧命須菩提白佛言至聞說是法生信心不。

宗泐師云：善現解空第一，與般若空慧相應，以慧爲命，故稱慧命。前云身乃非身之身，法乃非說而說，身說俱妙，難信難解，所以有此疑問。

佛言：須菩提，彼非衆生，非不衆生。

疏：宗泐師云，衆生有聖有凡，而凡夫衆生於般若性不能深信，聖體衆生乃能信解。言彼非衆生者，非凡情衆生也。非不衆生者，非聖體衆生也。聖體衆生者，即大根器也，豈可視爲凡情衆生而不能信乎。佛恐善現未達此意，故下文重又釋之。

何以故須菩提至說非衆生是名衆生。

疏：宗泐師云，衆生衆生者，牒上文非衆生非不衆生也。如來說非衆生等文者，言非凡夫，是聖體衆生，乃能信耳。

△十九、斷無法如何得說疑。此疑從上十二、十三疑中無法得阿耨菩提而來，文二。初、詰探幽微，二、佛示玄妙。今初、詰探幽微。

須菩提白佛言世尊至爲無所得耶。

疏：宗泐師云，前既云實無法得成無上覺，如何却有修證。故疑問之曰，爲佛證菩提，是得無所得耶，證無所證耶。然尊者已知佛得無所得，證無所證，方入大圓覺海，今欲佛重露幽微，以示後徒云爾。

△二、佛示玄妙，三。初、示無法得，二、示平等爲正，三、示修成證果。今初。示無法得。

佛言如是如是至名阿耨多羅三藐三菩提。

疏：由善現得悟佛意了證之處，故印證云如是如是。我證菩提實無法得，所謂成道亦無得，本性圓寂故。

△二、示平等爲正。

復次須菩提是法平等無有高下至三藐三菩提。

疏：由前示無少法可得，佛又恐尊者墮無生見解，故此文中復示菩提無纖毫增減。所謂諸菩薩超十地果圓，證寂而常照，照而常寂，以至非寂非照，即寂即照，離即離非，坐斷一切，頓離諸相，名曰平等，真平等耳。故云是法平等，無有高下者，是名得阿耨菩提果也。

△三、示由修成證，分三。初、由證無我，二、示助修成證，三、智淨果圓。今初、由證無我。

以無我，無人，無衆生，無壽者，

疏：以無四相下，謂智淨理圓，獨無伴侶，豈有我、人、衆生、壽者智相、法我見哉。由菩薩妙舍摩他，止觀力故，證無我分圓也。

△二、示助修成證。

修一切善法，即得阿耨多羅三藐三菩提。

疏：修一切善法者，即三施該六度，六度成萬行也。由修離相之力，超十地果圓，即得阿耨多羅三藐三菩提故。

△三、智淨果圓。

須菩提，所言善法者，如來説即非善法，是名善法。

疏：夫斷障證真，已入妙圓覺海，所謂證無證相，智無智相，生滅心淨，誰云善法，誰云非善法耶。唯證者蕩無纖塵耳，故亦名善法也。

△二十、斷所説無記非因疑。此疑從上修善法而來。

須菩提若三千大千世界中至筭數譬喻所不能及。

疏：前云既從修善法得證阿耨菩提者，則佛所説是無記法，不能克證菩提果耶。佛恐尊者潛有此疑，故直示斷疑文曰，夫名、句、文身，雖屬無記之法，若人得聞一歷耳根，即得頓斷色空二相，入無漏心印，故持寶滿大千之界，須彌之多，而不及持經福行者。何也。蓋持經福行得成無漏福果之因。故慈氏偈云，雖言無記法，而説是彼因。彼因者，即菩提妙果之因也。

△二十一、斷平等云何度生疑。此疑從第十九疑中是法平等而來，分三。初、示實無生度，二、示有度則墮四相，三、示佛假我非墮情見。今初、示實無生度。

須菩提於意云何至實無有衆生如來度者。

疏：由前既云是法平等，則無生佛之相，云何諸佛令生入滅度耶。故佛恐尊者潛有此疑，徵示斷疑文曰：汝勿謂如來作是念有生可度。何以故。以平等真界，佛無生度，故云實無有生如來度者。

△二、示佛有度則墮四相。

若有衆生如來度者，如來則有我、人、衆生、壽者。

疏：若佛計度生見，則生界不空，墮於四相。以實無生度，故生界不減，佛界不增。是故達平等者，生無生相，佛無佛相。

△三、示假我非墮情見。

須菩提如來說有我者至即非凡夫是名凡夫。

疏：如來示云有我者，不見我非我耳。雖云我者，隨世俗諦，說假我意。然而自證分際中，獨無伴侶，誰云我耶非我耶。而凡夫之人見佛云我，則云佛尚稱我，云何是非我耶。故佛示云，若計我者，是凡夫也。若不計我，則非凡夫，是聖見衆生，即假名凡夫也。

△二十二、斷以相比知真佛疑。此疑從第十七疑如來不應以色身諸相而來，分三。初、詰探，二、佛難，三、佛遮。今初、詰探。

須菩提於意云何至以三十二相觀如來。

疏：以三十二相者，應身也。觀如來者，法身也。今佛擊探尊者曰，汝可以在吾三十二相應身中觀法身如來否。尊者答云，如是，如是，以三十二相應身中，觀法身如來也。

△二、佛難。

佛言須菩提至不應以三十二相觀如來。

疏：由上善現即答以應身中可見法身如

來，故佛恐尊者以佛法身仍墮聲色之量，隨示輪王亦同佛相而難之也。夫輪王者，昔無非修施戒之福，未脱欲界果色，因福果熟，似同佛相，即非無漏之色，是見愛色也。今佛轉識成智，得有爲無漏不墮諸數，即聲色而非聲色，同真際等法性，豈以輪王見愛之色而可類哉。故佛難示尊者曰，若以三十二相觀如來者，即轉輪聖王亦爲如來矣。須菩提白佛言下，即尊者一聞難語，乃徹悟如來法身頓離諸相，不可以聲色境上而見佛法身也。所謂宗門法眼非是色邊際事，豈虚謬語耶。

△三、佛遮。

爾時世尊，而説偈言：若以色見我，以音聲求我，是人行邪道，不能見如來。

疏：佛既見尊者一悟法身非聲色境，故重示偈證曰，若以聲色見聞我者，是人乃墮凡夫徧計性也，豈見法身如來淨妙之體也哉。是知要百尺竿頭重進一步，十方世界頓現金身矣。

△二十三、斷佛果非關福相疑。此疑從上不應以具足相觀佛而來，分四。初、遮毁相之念，二、出毁相之過，三、明福相不失，四、明不失所以。今初、遮毁相念。

須菩提汝若作是念至得阿耨多羅三藐三菩提。

疏：宗泐師云，上明如來所證菩提不從福德而致，是則菩薩所修福德不成菩提之因，亦不克果報耶。佛恐尊者生疑，墮無爲坑見，離福德相而成如來，故佛誡辭曰，汝若執離相見，不以具足福德相故而得阿耨多羅三藐三菩提者，則墮毁相見，撥無因果過。故佛切誡尊者曰，莫作是念，如來不以具足福德相故得阿耨菩提也。

△二、出毁相過。

須菩提汝若作是念至説諸法斷滅莫作是念。

疏：由上誡尊者切切辭云，汝莫作小乘斷滅見念。汝若作是念，發阿耨多羅三藐三菩提心者，豈非説諸法斷滅相，則墮外道見也。

蓋大乘所修福德之因、福德之果，但離取著之相，故又誡云莫起小乘斷滅見之念耳。

△三、明福相不失。

何以故發阿耨多羅至於法不說斷滅相。

疏：何以故下，重徵其意。言發菩提心者，必須悲以導諸行，智以斷諸惑，習三心之妙觀，運定慧之雙融，遊十地之真如，涉五忍之覺海，方得成就妙菩提果，遠離斷滅相也。宗門所謂修證即不無，染污即不得，豈墮斷滅見也。

△四、明不失福所以，分二。初、明地前住相行施，次、地後證無我法。今初、明地前住相行施。

須菩提，若菩薩以滿恒河沙等世界七寶持用布施。

疏：宗泐師云，假使初心大士以無量世界七寶行施度等行，皆以住相而行之者，所謂五蘊心相不能廓徹清淨知無我者，尚未得入通達位，況進修習位及究竟位中忘取相心耶。

△次、地上證知無我法，分二。初、超勝地前，二、斷疑取證。今初、超勝地前。

若復有人知一切法無我至以諸菩薩不受福德故。

疏：宗泐師云，若有人知一切法無我得成於忍云云者，無我、無人法二執見也。忍者，即無生法忍也。謂初地已去，至入究竟位中，俱名爲忍，故地前亦名爲忍。修比量觀，未脱取相心故，即解行無生也。從初地至十地，謂之分證無生。從十地至等妙覺地，謂之究竟無生。既得無生忍已，則勝于地前忘相行施，其究竟大不同耳，故云此地上勝於地前菩薩所作功德。何以故。以諸菩薩不受福德故。言不受者，不受有漏諸福德也。夫有漏者，未斷分段及變易生死心意識也。今得無漏之福，所謂轉識成智，得有爲無漏，永證大圓覺地，故云不受住相之福德也。

△二、斷疑取證。

須菩提白佛言世尊至是故說不受福德。

疏：佛直示無漏妙德，則不受而受，得入性功德耳。尊者因不解此意生疑，復白佛言，世尊，菩薩云何不受。既不云受福德，云何能證無生法忍。佛即示之曰，菩薩所作六度萬行之福德者，不應貪著有漏無漏取相之心，是故云不受諸福德也。所謂富有萬德，蕩無纖塵者，是名真福德耳。

△二十四、斷化身出現受福疑。此疑從上不受福德而來。

須菩提若有人言至亦無所去故名如來。

疏：宗泐師云，有來去坐臥者，乃應身如來也。無來無去者，法身如來也。然如來昔行菩薩道時不受福報，云何至果菩提有去來坐臥之相，使諸衆生供養獲福。佛恐尊者有此疑意，故佛示之曰，雖有去來動作之相應身受供，而法身之體如如恒不動也。故彌勒偈云，去來化身佛，如來常不動。於是法界處，非一亦非異。由非一非異，故亦能一能異，一多圓融，自在無礙耳。

△二十五、斷法身化身一異疑。此疑從上應有去來法無去來而來，分七。初、破應身異相，二、破法身一相，三、破一異合相，四、破凡夫墮我相見，五、示真我相，六、示正知見相，七、示寂用雙忘相。今初、應身異相，分二。初、問微塵多否，次、答微塵喻應無性。今初、微塵多否。

須菩提若善男子善女人至須菩提言甚多世尊。

疏：佛問世界碎塵而又稱微塵者，乃極微細之塵也。即如空中遊塵而破七分，七分之塵又各破七分，乃透佛金之塵，亦名隣虛塵，即色邊際塵也。今佛舉示尊者，故答云甚多。

△二、答微塵喻應無性。

何以故若是微塵衆至則非微塵衆是名微塵衆。

疏：以世界既碎爲塵，故塵性實無所有，以世界對待爲名，故云微塵衆也。所以者何下，云佛說微塵衆，微塵以世界爲體，故塵無塵性，則非微塵也。然此碎界爲塵，各住本位，亦可寄名微塵，故云是名微塵也。今則塵無異性，以喻法身流轉諸趣，動作施爲，如水成波，則波無異相。若内證一心，本無異相，外應隨機，寓名應相，即應相即應身而無應身異相也。

△二、破法身一相。

世尊，如來所説三千大千世界，即非世界，是名世界。

疏：既微塵聚而爲界，故界即非界。今現住本位，故亦名世界，以喻法身原本應身異相而成法身，故法身一相了不可得。又則佛身無爲，本不墮諸數，豈有一相而可異哉。

△三、破一異合相。

何以故若世界實有者至但凡夫之人貪著其事。

疏：前示應無異相，後示法無一相，今既一異之相不存，況存一合相者，善現又恐法衆墮一合相見，故復示之曰，世界雖塵聚成，有似一合相者，然一合相者，即非一合相也。所以然者，若塵既聚爲界，中間合相，又從誰立。因隨世俗言説，假名一合相者，故佛印證尊者曰，一合相者，即是不可説也。但凡情墮於心識種種執取計量之見，是故佛法性體本是離垢，凡情不了，於無言説中墮于言説耳。以上破非一異合相已竟。所謂法體如如，無自相也。

△四、破凡夫墮我相見。

須菩提若人言佛説我見至是人不解如來所説義。

疏：由前法無自相，法身真我又從誰得。故佛斷尊者疑曰：若衆生自墮情執，不空四相，反云如來亦有四相之見。故佛徵尊者曰，若人云佛有四相我見，是人解我所説義不。尊者頓會佛意，答云，不也，是人不解佛義，不見如來真法身我也。

△五、示真我體。

何以故。世尊説我見、人見、衆生見、壽者見，即假觀。即非我見、人見、衆生見、壽者見，示空觀。是名我見、人見、衆生見、壽者見。即中觀。

疏：何以故下，重徵真法身體。所云真法身體者，由隨世俗，假立我説。今溯本窮源，我即非我，見即非見，是名真我真見、真法身體也。

△六、示真知見。

須菩提發阿耨多羅至如是信解不生法相。

疏：佛示初心大士欲得超無上菩提者，莫墮心意識見而求佛真法身體。夫真佛法身體者，以無分別智而知，以無分別見而見，以無分別信而解，是爲得真知、真見、真信、真解。是故信解理圓，智無生見，豈生法相乎。

△七、示寂用無礙。

須菩提，所言法相者，如來説即非法相，是名法相。

疏：夫内證一心，故寂用雙忘，一片真如，毋[二]容毛髮相入，故佛直示一心相即非相耳。若以即寂而用，應物示機，豈無法相，故云是名法相。其猶月落萬川，本非來去。若以即用而寂，如來不出世，亦無有涅槃，故證大圓覺海。是以寂用雙忘，法無自相，寂用無礙，非一非異，能一能異者，《妙法蓮華》證於斯矣。

△二十六、斷化身説法無福疑。此疑從上塵喻化身是異而來，分二。初、明演法功德，次、明説法離染。今初又二。初、示無住相施，二、較演法福勝所以。今初、示無住相施。

須菩提若有人以滿無量至七寶持用布施。

疏：阿僧祇者，此云無數，今云無量阿僧祇者，即無量數之無數也。以爲大千世界之數，則多多矣，今菩薩以滿多多大千中七寶徧布施與衆生，然雖施寶之多，兼修離相之行，亦不及持經演法之福。

△二、較演法福勝所以。

若有善男子善女人至爲人演說其福勝彼。

疏：若男子、女人者，一者貫通五位大士，二者貫佛座下弟子七種人等，如《華嚴》善財參五十三位之人耳。然雖文中云發菩提心者，示因中大士，即該果中諸大士也。今持經乃至四句偈等者，自修也。爲人演說者，令他修也。前示離相施行福，今示演法施行福勝。所以福勝者，其義有三。一者，弘法大士自修勸他演法之時，若人一歷耳根，永爲道種。《大經》云，如人食少量剛種子，必竟要穿有爲無爲身故。是故彼菩薩雖修離相施行，不能令生得世出世間如是諸妙利故。二者，演法大士非但自得斷障證真，亦得令彼無量有情速得斷障證真，展轉教化無量諸有情故。三者，演法大士自修益彼，或以財施，或以法施，或以無畏施，總以般若波羅密多止觀妙行而爲其行，斷障證真，得入大圓覺海。是故云其福勝彼耳。

△二、示說法離染。

云何爲人演說。不取於相，如如不動。

疏：前先明自利，兼明利他，今此文中專爲利生演法，即爲利己斷障證真之義。所以云利生演法，何故。得利已證真者，由大士爲人演說法時，不取語言文字相，不取音聲相，不見自，不見他，不取性，不取相，以如如智，内證一心，以如如境，外無異相。所謂心無心相，境無境相，同真際等法性，非一相，非異相，非一異相。寂而常照，應用了然故，照而常寂，照本寂故，寂照同時，一心不生萬法無咎故，離一切相名諸佛故。是故演法利生，故得斷障證真，利己而已，豈虚謬哉。

△二十七、斷入寂如何說法疑。此疑從上演法與不動而來。

何以故一切有爲法至如露亦如電應作如是觀。

疏：上言如如不動，則佛常住世間，爲

衆生説法，何故又入涅槃耶。是故説偈示之曰。夫有爲法者，即世間生滅法也。佛生人中示同生滅，何故耶。由一切衆生在迷，不達真如法一故，妄見無常生滅之法，妄生我、人、衆生、壽者四相。今佛復示六種之喻，以破我人等四相。所謂如夢不真故，如幻不實故，如泡畢竟虚假故，如影不常故，如露刹那生滅故，如電非但刹那生滅而且無實故。又前三喻以喻虚假不實，當體全空故，後三喻以喻刹那生滅畢竟無常故。又影兼二義，一虚假，二是無常。由前大士入寂將證實相之地，復以如幻三摩提妙舍摩他之力，却來觀世間猶如夢中事。所謂一空一切空，法體如如無自相故。二、一假一切假，非但有爲諸法如夢幻影，即此真如亦是幻故。三、一中一切中，即此幻法世出世間生滅之相，同真際等法性，非空、非假、非中故。由此文字觀照般若而證入實相第一義諦。故云應作如是觀者，所謂不觀五蘊相，不觀五蘊性，不觀五蘊如，非觀非不觀。又觀無所觀，故即觀而止，無觀而觀，故即止而觀。又由觀本即止，止本即觀，是故止觀雙融，以妙定而即慧也，以妙慧而即定也，方是真如活潑潑地，頓入金剛心印法耳。以上釋正宗分一科已竟。

△三是流通分。

佛説是經已長老須菩提至皆大歡喜信受奉行。

疏：佛説此經已者，是阿難結集法藏般若義畢，乃收語之辭也。長老須菩提者，舉請法之首也。比丘二字，前已釋也。尼者，梵音，此云女也。前比丘等者出家二衆，後優婆塞、優婆夷者在家二衆。今云優婆塞及夷者，梵語，此云覲事男及覲事女也。所言覲事者，謂以在家二衆全受五戒，恒以親覲供養三寶而爲其事也。故在家二衆，謂之外護三寶，兼弘正法，普引雜類有情而入佛道。故出家二衆，謂之内護三寶，演法利生，攝諸羣衆，三乘普濟，引導迷塗，入涅槃故。然佛四類弟子，唯比丘而爲其主，然此比丘復更選擇有道具德者乃可傳也。一者得法眼，二者是戒德，三者具定慧，四者具辨才，五者具大乘根器，六者具大悲心性，七者具聲相福德圓滿。若缺一二德者，難爲知識，豈可傳宗續於慧命乎。若果具如是七德，將遊十地之法門，或古佛重示現也。所謂流通不絶，法週沙界，豈可量哉。

一切世間等云云者，天即三界二十八諸天也。人即是天子以至于庶民也。阿修羅者，梵語，此云非天，有天之福而無天之德也。具如别釋。等者，等諸雜類衆也，如《華嚴》器世間及有情世間也。

聞佛至信受奉行者，凡在般若會中，一聞佛旨，所謂蕩色空而非有，洗凡聖眼而入一心，洞法界之本由，徹圓明之大覺，速得斷障證真，豈非皆大歡喜信受奉行者哉。

回向偈曰：我以精進力，悲智運妙心。凡情毛道智，測量法界空。不取性相際，妙觀入無爲。超十地行圓，永證常樂果。

金剛般若波羅蜜經疏義終

校勘記

〔一〕「毋」，底本作「母」，據文意改。

音釋

疏：了藴處界法，本來寂滅。

謂五藴一科，十二處一科，十八界一科。梵語塞建陀，華言藴。《仁王經》云：諸衆生等有色心二法。色名色藴，心名四藴，皆積聚陰覆真實性也，即色、受、想、行、識五藴也。斯爲合色開心論。二、十二處者，眼、耳、鼻、舌、身，及色、聲、香、味、觸，謂之十處色法。又斯二處法塵，謂第六識、七識各有半分，所謂獨影境及真帶質、似帶質境中論，即無表色也。心者即六識及意識見分中論，謂之開色合心論耳。三、十八界者，謂六根、六塵、六識爲十八界。界者，各有分際。斯爲心色俱開論。前五蘊爲實，在界處爲假，即假實論三科義也。若溯流窮源者，由迷自性，智故成識，或多或少論。由迷性，故成色，亦或多或少論。若能轉識成智，轉性不計我人等法，以智了色，色如影像不可得，故以性冥智，智不可得，智性一如。所謂觸處成真，法法本來常寂滅故，是心印耳。

疏：斷十障，證十如，而窮源實相金剛智慧到彼岸故。

註云：十障者，即十地中俱生所知障也。十如者，即十地中所證真如也。今云十障。

一、凡夫我相障，有二愚故。一、執著我法愚，即異生障。二、惡趣雜染愚，即惡趣諸業果等。此業果等，雖非愚品，愚品類故。若斷此一障二愚，即證得徧行真如。謂此真如所顯二空，無有一法而不在故。若證得此真如已，即入菩薩初歡喜地。言歡喜者，初獲聖性，具證二空，能益自他生大歡喜故。又有三義，一得位，二證理，三成行。由此三故，名極歡喜，即初始證一分實相金剛智慧到彼岸故。

二、邪見障，誤犯身、口、意三業障。此障有二愚。一、微細誤犯愚，二、種種業趣愚。以此一障二愚，能障二地。若斷此一障二愚，即證得最勝真如，具成無邊淨戒之德，於一切法最爲勝故。若證得此真如已，即入菩薩第二離垢地。言離垢者，由極遠離犯戒垢故，謂性戒成就，非如初地思擇戒。由斯義故，名離垢地，而又進窮證第二分實相金剛智慧到彼岸故。

三、闇鈍障，即令聞、思、修三慧忘失，及障勝定總持。此障有二愚故。一、貪欲愚，此障勝定及彼修慧。二、圓滿陀羅尼愚，此障聞、思及障陀羅尼故。若斷此一障二愚，即證得勝流真如，謂此真如所流教法極爲勝故。若證得此真如已，得入菩薩第三發光地。言發光者，以成就勝定總持，發起無邊妙慧光，故名發光地，而又進窮證第三分實相金剛智慧到彼岸故。

四、微細煩惱現行障，即定愛法愛而不捨故。此障有二愚故。一、等至愚味八定故，二、法愛愚，即解法慢。今得無漏定、無漏慧教，故違於彼。由斷此一障二愚，即證得無攝受真如已，便成菩提法不住道，精進不退，得入菩薩第四燄慧地。言燄慧者，法喻雙彰之名，亦有三義。一、初入證智，能燒前地解法慢薪。二、安住最勝菩提法，燒煩惱薪，慧燄增故。三、地滿足故，依證智摩尼，放淨慧光，故名爲燄。由斯三義故，名燄慧地，又進窮證第四分實相金剛慧到彼岸故。

五、下乘涅槃障，即前四地出世厭生死苦樂趣涅槃障。此障有二愚故。一是欣，二是厭，所謂欣涅槃之寂靜，厭生死之苦耳。有此二障，難越二乘，未得出真入俗利諸生故。由斷此一障二愚，即證得類無差別真如，謂此真如生死涅槃皆平等故。若證得此真如已，得入菩薩第五難勝地。言難勝者，此地中真諦智是無分別，世間工巧智是有分別，此真俗二諦相違，應令修合難合而能合故，令極相應，故名難勝地，又進窮證第五分實相金剛智慧到彼岸故。

六、粗相現行障，即執有染淨粗相現行故。此障有二愚故。一、觀察行相流轉愚，即是此中執有染故。二、多相現行愚，即是此中執有淨故。若斷此一障二愚，即證得無染淨真如，謂此真如本性無染，亦不可説後方淨故。若證得此真如已，即入菩薩第六現前地。言現前者，《莊嚴論》云，不住生死及涅槃者，觀慧現前，故名現前地，又進窮證第六分實相金剛智慧到彼岸故。

七、細相現行障，即生滅細相現行故。此生滅相即是二愚。一、細相行愚，執有流轉細生故。二、純作意求無相愚，即執有細還滅故。若斷此一障二愚，即證得法無差別真如，以了種種教法冥同真際故。若證得此真如已，即入菩薩第七遠行地。言遠行者，《十住論》云，去三界遠，近法王位，故名遠行地，又進窮證第七分實相金剛智慧到彼岸故。

八、無相加行障，即無相中猶有加行，故未能現相及土。此障有二愚故。一、於無相功用愚，二、於想自在愚，令於相中不自在故。由斷此一障二愚，即證得不增減真如，謂此真如由不隨染淨及增減故。若證得此真如已，得入菩薩第八不動地。言不動者，無分別智任運相續，相用煩惱不動故，名不動地耳，又進窮證第八分實相金剛智慧到彼岸故。

九、利他不欲行障，即四無礙障，成二愚故。一、名於無邊所説法名句文字後後慧辨陀羅尼自在愚，二、辨才自在愚，即第四樂説無礙障。若斷此一障二愚，即證得智自在所依真如，謂若證此真如已，即入菩薩第九善慧地。言善慧者，由得最勝無礙智，故名善慧地，又進窮證第九分實相金剛智慧到彼岸故。

十、未得法自在障，即十地大法智雲及所起事業障。即此一障有二愚故。一、障所起，名神通愚。二、障大智，即不能悟入微細秘密愚。若斷此一障二愚，即證得業自在所依真如，謂此真如具總持定門及受位智波羅密諸行業故。若證得此真如已，即入菩薩第十法雲地。言法雲者，法身虚空智慧如大雲。又由菩薩諸三昧門，諸陀羅尼門，攝一切聞薰因，偏滿如來藏中，以此聞薰習雲偏週法界，雨大法雨，充足無量衆生，是名法雲地，又進窮證第十分實相，故云斷十障，證十如，而研窮永證實相金剛智慧到彼岸故。

又此十障皆不越《起信論》中生、住、異、滅四相，三細六粗。四相者，生、住、異、滅。三細者，一業相，二轉相，三現相。六粗者，即一智相，二相續相，三執取相，四名字相，五造業相，六業繫苦果相。于此三細六粗，總不越生住異滅，分三賢、十地、等妙二覺斷之。謂地前及小果聲聞俱斷滅異二相。何則？由賢位進初地，破第六七識中執取名字相，故第六七識及身口意三業永捨分别二執，決不造也，故地前破滅異二相。四果聲聞，初果破第六識中十種見惑，初捨我法，永不造業，永不招苦果，故斷滅相。二三四果，因破第七轉識，爲第六意識根，故名爲意根。此第七識，由恒審思量我相隨，若依六識分别前塵好惡之境，故有執取名字，及起惡造業招果。

今第六識念念修戒定慧解脱，解脱知見，故帶令第七識，亦念念成戒定等故，破執取名字我法之執，異見相也。又令第六七所起現行，薰入第八識中，我法種子亦皆拔去，故破欲界第七識中九品思惑種子。又聲聞修無漏定慧時，于第七識内緣賴耶識性，永捨不計。將第八識中，我痴、我慢、我見、我愛四惑，最極計我法微細種子拔去，故頓斷色無色界七十二品思惑煩惱。破思惑煩惱者有二。一、由凡夫色無色界天味八定故，即成障礙無漏道果，故未脱分段生死，報盡還入輪趣。今羅漢不味不取，永捨定味，名八背捨。二、由不計賴耶識性，永捨我法，頓斷我見痴愛，涅槃尚不計取，况計取賴耶識性，故永捨生死，不隨輪迴，成無生殺賊果也。外道由計定味，及計識性，妄取涅槃性見，妄證無生，故我法賊種未曾殺盡，豈越生死者乎。

問，小乘向不知有第八識，今又何故云

有第八識耶。答，小乘雖不知有，然斷分段煩惱習種，總在八識中斷。若地前賢位入通達得見道分者，亦與羅漢位見齊。但羅漢未知心外無法，當處出生，當處寂滅，不可破壞，唯是一心，證大無生，成圓覺果。若羅漢能知能了頓空色心二法，自性圓明，即得越超諸地，得入無生。復次，斷住相無明者，謂初地捨異生障後，未至第六現前地時，還有染淨二相，生滅流轉未曾脱盡。若已入第六地，粗相生滅現行，方能永捨，故斷住相中相續相也。又菩薩六地未入七地時，還有無相觀智未曾脱盡，故住相中智相未破。若入七地時方能永斷，初證無生，六粗永捨，但三細未除，故未入大無生忍。若第八地證入大無生忍，頓破第八識中現相，所謂即親疎二相是也。又八地將入九地時，于第八識中見分微細我執未曾脱盡，故八地未進九地時，四無礙智未得自在。若進九地，第八識中見分轉相，始得永捨，更證無生。以上續智二粗，現轉二細，爲之住相無明，後之種子爲之生相無明。所以云生相者，謂見相二分計微細二執爲之枝葉無明，見相二分種子業相爲之根本無明，故三細六粗合配賢聖分生住異滅四相，又配五六七八識而破除之，始進十地堦級之位，以至等妙二覺中更有業相種子細中之細無明未盡，故未證妙圓覺海之果德耳。

問，十障中只有生住二相，并無異滅二相。答，初地捨異生障，豈非斷滅異二相。是故執取名字業相，業繫苦相，皆收異生障内。若能捨去，即斷滅異二粗相也。向後十地脱業相種子，亦該等妙二覺所斷，金剛道後異熟果空，生滅與不生滅種子，故又復分等妙二位而斷之也。

迥無異熟之相

註：《宗鏡録》云，第八識本無賴耶之名，由第七識執第八見分爲我，若不執持，但名

異熟識。此是善惡果位，以善惡業爲因，即招感得此因果也。故前世業爲因，因是善惡，今世感第八識，是無記異熟果。以世出世間分段及變易生滅之相總不能盡，直至金剛道後異熟果空，斷十障，證十如，迥無異熟之相，似心月孤圓，究竟絶言詮故。

轉八識而成四智

註云：八識者，一眼識，二耳識，三鼻識，四舌識，五身識，六意識，七轉識，八藏識。四智者，一成所作智，二妙觀察智，三平等性智，四大圓鏡智。謂前二智緣俗諦境多，後二智緣真諦境多。所言轉前眼、耳、鼻、舌、身五識爲成所作智，謂在凡夫之中，墮在聲色五塵根境用事，今在佛果位中能應能化，及于山河之身隨機示現，故云成所作智。二、轉前第六識成妙觀察智者，謂在凡夫位中，于第六識恒審思量，能鑑五塵比量差別之境，所謂以帶質、真帶質之相，今在佛果位中轉成妙觀察智，鑑機差別而能隨根説法者，故名妙觀察智。三、轉前第七識成平等智者，謂在凡夫位中，第七原名末那，此云分別識，亦名染淨識，分別有無二相，起染汚故。今于佛果位中轉成平等性智，永絶二邊相，深知寂滅無生忍境，故名平等性智。四、轉第八識成大圓鏡智者，謂此凡夫位中，原名阿賴耶識，此云含藏識，以能含藏諸法有漏種子，由此三義故，所謂一、能藏，如寶藏庫，以能含藏有漏諸法故。二、所藏，前七識一切善、惡、無記三性故。三、執藏，以七識見分執第八識相分，亦執第八見分，起我痴、我慢、我見、我愛，四惑相應而不離故。今在佛果位中，轉成大圓鏡智，以喻得名，所謂如大圓鏡，週徧法界，照用自在，離諸相故。六祖偈云，大圓鏡智性清淨，平等性智心無病，妙觀察智鑑非功，成所作智同圓鏡。以四智圓融妙偈之論，攝歸自性真如，證有爲無漏不落數故。不落數者，所謂斷障證真，入大圓覺，到彼岸耳。

修道具五位人

註云：一、資糧位，二、加行位，三、通達位，四、修習位，五、究竟位，是爲五位。資糧者，十住、十行、十向爲賢，亦名資糧位。資者，助也。糧者，或食，或鈔也。以修信、住、行、向之糧鈔而資十地福慧之基址，故名資糧位也。加行者，三賢已後，修煖頂忍世，名入四加行位也，即精進之别名耳。通達者，前通三賢，後通十地等妙二覺，名通達位也。修習位者，即修十地真如，了六度而即一心，悟萬行而即一體，名修習位也。究竟者，越十地進等妙二覺，斷最細無明，名究竟位。

色界四天

註云：一、初禪三天，一梵衆天，二梵輔天，三大梵天。二禪三天，一少光天，二無量光天，三光音天。三禪三天，一少淨天，二徧淨天，三無量淨天。四禪九天，一無雲天，二福生天，三廣果天，四無想天，即外道天，六識粗想不行，妄計涅槃，名無想天，五無煩天，六無熱天，七善見天，八善現天，九色究竟天。以上五天名那含天，梵語那含，此云不來果，即三果聖人，斷九品思惑盡，不來欲界受生，寄住色界天耳。

無色四空天

註云：一、空無邊處天，二、識無邊處天，三、無所有處天，四、非想非非想處天。前色界無煩天，以至超越非非想定。若不計我即證無生，若計我取證，即墮外道見，不能斷惑證真。又三地菩薩，亦由四禪八定之力而得發起無邊妙慧光故，即進四地果德，而佛遊履者，示軌後徒故。

四禪四空八定之力

註云：一、初禪，具三義。一、離障，即欲惡不善法。二、修行對治，即有覺有觀。

三、修行利益，即名離生喜樂地耳。二禪亦有三。初、離障，即滅覺觀。二、修行對治，即内治一心，無覺無觀。三、修行利益，名定生喜樂地。三禪亦具三義。一、離障，即喜心。二、修行對治，具三支心。一、住捨，捨喜心故。二、正念，不隨喜心故。三、正智，得成淨妙樂故。以上三義，即對治心也。三、得利益，名離喜妙樂地。四禪亦具三義。一、離障，即斷樂先除苦喜憂滅。二、修行對治，不苦不樂。三、得利益，名捨念清淨地。

次明四空天，即無色界天也。一、由前欲界天厭欲歸色，是定果色，離欲界染污相，是淨妙色，如水月空花，無實色故。今此天復又厭色歸空，故此天名空無邊處天。二、厭空歸識，方滅色空二境，無第七識粗相，故此天只有半分末那，名識無邊處天。三、厭識歸賴耶，謂第七末那識見分不行，賴耶性漸除，名無所有處天。四、厭賴耶識性則覺有礙，故還厭之，研窮識性皆無，頓入寂靜之處，豈不快哉。但此天粗想雖滅，細想未除。粗想滅者，此天以盡識性故。細想未除者，還計執有涅槃性。故云名非非想處天。

三輪體空

註云：身、口、意三輪，以大士了自身如實相，觀身如是，觀佛亦然，故内外三輪空寂。又布施，與者、受者、中間財物，以當體全空，故曰三輪空寂。

止觀二門

註云：一、止門，二、觀門。今初止門者，有五。一、戒行止，以菩薩三聚戒，所謂攝律儀戒、攝善法戒、饒益有情戒，纖毫無毁犯故。故梵語毗尼，此翻云滅，滅諸非故，是名戒行止。二、依處止，謂大士勤修最上一乘，必須遠離憒鬧名聞利養，在蘭若處，名爲依處止。三、定行止，謂古德專教人看一話頭，綿綿密密，親親切切，必竟如何是本來面目。如此看來看去，疑來疑去，參來參去，參到一個無參處，疑到一個無可疑去，行也如此，坐也如此，臥也如此，睡也如此，穿衣也如此，喫飯也如此，乃至無一時一刻刹那之際，究竟無不參之，無不疑之。所謂參到無可參處，疑到無可疑處，忽然疑團脱落，坐斷古今，囫地一聲，原來一段現成公案，所謂觸處逢真，照體獨立，名定行止。四、斷惑止，古人謂大事未明，如喪考妣，大事已明，還更要如喪考妣。若見道之後，必須教觀印證心地，或習唯識真勝義性。所云真勝義性者，以坐斷真際現量之見。所謂法不得有無，始證無生際，了無少法可得，得入菩薩通達位，見素法身，捨異生障，證偏行真如，頓入真如大海，更無餘法。故得了六度而即一心，斷生、住、異、滅四相，無明永爲斷絶，方證大圓覺地。所謂證無證相，智無智相。唯證者，蕩無纖塵，名爲斷惑止。五、不二止，有三。初、體真止，二、方便隨緣止，三、息二邊分别止。初、體真止者，以當處出生，當處寂滅，毫無轉處留情，了一切法從本以來離言説相，離心緣相，不可破壞，唯是一心，名體真止。二、方便隨緣止，運無量大悲心，念念利生，修六度萬行，而隨來隨息，如紅爐點雪，當下銷鎔，是名方便隨緣止。三、息二邊分别止，謂大士入初地，進二地、三地、四地時，得無攝受真如，念念得入真諦，捨俗諦時，是息俗諦止。又菩薩入俗諦時，以至入七地、八地，頓入無生法忍，證不增不減真如，捨無相觀智現行障，坐斷涅盤心淨，況有生死者，是名息真諦止。次又從八地進九地、十地，以至等妙覺地，證無一異之相，而能隨緣不變，不變隨緣，非一非多，非生非滅者，名入妙圓覺海，是爲息二邊分别止。又初是見道分，次修道分，後證道分。所云證道分者，即真而俗，放之則徧週法界而無外，即俗而真，卷之則退藏毫末以無內。《妙法蓮花》至于斯矣，是爲不二止也。二、觀行者，有三。一、空觀，《起信論》云，恒念苦、空、無常、無我、不淨法者，是爲事行觀。復次觀空者，了一切法無我，無人，無衆生，無壽者，以法體如如無自相也，所謂一空一切空故。二、假觀，以觀一切法，過去如光影，未來如光影，現在如光影。又觀一切聖凡、世出世間因果報應之法，如夢、如影、如幻、如像，如水月空華相似，無實體故，乃至真如亦是假名。何以故。真如性者，以無性爲性，是故亦如幻也，所謂一假一切假故。三、中觀者，謂即全性起修，全修即性，了六度而即一心，悟妙行而即一體，非一非多，如淨滿月，獨無伴侶，不可得而思議也，所謂一中一切中故。是以空、假、中全體圓融，圓融無礙，是爲真如活潑之地耳。故三觀而即三止，三止而即三觀，乃至非止非觀，能止能觀者，得入大光明藏法界海耳。

三性三無性等

註云：一、徧計性者，謂周徧計度一切法非法相，如執夢幻之境以爲實有，即我法二執也，故云徧計性。二、依他起性者，謂從體起用，如水成波，執波相以爲實有者，是徧計性也。不執波相者，即依他本位性也。若攝用歸體者，即依他無性，即圓成性也。三、圓成實性者，謂在凡不減，在聖不增，無欠無餘者名之爲圓，而持諸法性相名之爲成，由對徧計虛妄之性名之爲實，三法各有其體，不能改易，名之爲性，故名圓成實性耳。又徧計性情有理無，依他性相有性無，圓成實性理有情無，故云三性三無性等。

三千大千世界

註云：謂四天下足滿一千，名爲小千世界。又小千數一數至一千，名爲中千世界。

中千數一數至一千，爲大千世界。三次言千，故名三千大千世界。

二十四個不相應

一衆同分，二命根，三得，四異生，五無想定，六滅盡定，七名身，八句，九文，十生，十一老，十二住，十三無常，十四流轉，十五定慧，十六次第，十七時，十八相應，十九勢違，二十不淨，二十一薄皮，二十二數，二十三數和合，二十四不和合，共二十四數。所云不相應者，離色心外無別法故，是假名者，名不相應，以不與心相應，不與色相應，故云不相應耳。

三心

註云：一、直心，正念真如法故。二、深心，樂修一切諸善法故。三、大悲心，普救一切諸衆生故。又，直心，即攝十住。二、深心，即攝十行。三、大悲心，即攝十回向。若三心齊修，即攝十地妙行。若三心滿足無餘，即攝等妙二覺之位，總不越乎三心耳。

故三十一種色法

一、形色十種，長、短、方[二]、圓、粗、細、高、下、正、不正。二、表色八種，取、捨、屈、伸、行、住、坐、臥。三、顯色十三種，青、黄、赤、白、光、影、明、暗、雲、烟、塵、霧、空。

如來三十二相

一、足下平如奩底，二、足下千福輪相，三、手足指長勝餘人，四、手足柔軟，五、手足指合縵網，六、足跟滿足，七、足趺高好，八、伊尼延鹿王腨，九、立手摩膝，十、陰藏如馬王，十一、身縱廣等，十二、身毛上生，青色柔軟，十三、毛上向右旋，十四、金色光，十五、身光面各一丈，十六、皮膚細滑，不停塵水，十七、兩足下兩手肩七處滿，十八、兩腋下滿，十九、身如師子王，二十、身端直，二十一、肩圓好，

二十二、四十齒具足，二十三、齒白淨齊密根深，二十四、四牙白而大，二十五、頰車如師子，二十六、得味中上味，二十七、舌薄覆面至髮際，二十八、梵音深遠如頻伽鳥，二十九、眼色如金精，三十、眼睫如牛王，三十一、眉間白毫如兜羅綿，三十二、頂上肉髻成相等。

校勘記

〔一〕「方」，底本作「万」，據文意改。

（李勁整理）

〇二七三

金剛經如是經義（一）

金剛經如是經義卷上

清行敏述

金剛般若波羅蜜經

金性堅剛，能破萬物，如人有智慧，能斷絶貪、嗔、癡一切諸相。梵語般若，華言智慧，性體昭融，善破一切煩惱，轉爲妙用。梵語波羅蜜，華言到彼岸。衆生作業受苦、生死輪迴之地，謂之此岸，諸佛菩薩究竟超脱、清淨安樂之地，謂之彼岸。凡夫即此岸，佛道即彼岸，一念惡即此岸，一念善即彼岸。六道如苦海，無舟不能渡，以般若六度爲舟航，渡六道之苦海，故云到彼岸。言人之智慧如金之剛，便可脱離業障，至佛地位，故曰般若波羅蜜。經，徑也，學佛之捷徑，即成佛之道路。凡人欲到此路，當内修般若以至究竟。若但能誦説，心不依行，是身外覓佛，向外求經，終不悟理見性。故佛號爲《金剛般若波羅蜜經》，總是要人從凡悟聖，永息迷心也。

〇法會因由分第一

説法聚會，由此起因。分者，分也。梁昭明太子以經文浩繁，故分爲三十二分，使人便於講誦也。

如是我聞：

阿難自言如是之法我從佛聞，明非自説。如者，衆生之性，萬别千差，動静不一，無可比類，無可等倫。是者，即是衆生之性，離性更無别法。法非有無謂之如，皆是佛法謂之是。聞者，聽聞也。聽非無聞，亦非有聞，了無取舍，名爲真聞。故云：水不離波波是水，鏡水塵風不到時，應現無瑕照天地。又頌曰：

猿啼嶺上，鶴唳林閒。斷雲風卷，水激長湍。最愛晚秋霜午夜，一聲新雁覺天寒。

一時，佛在舍衛國祇樹給孤獨園，

一時者，當日説法之時。佛，梵語，華言覺，謂能覺悟自性，併覺悟羣生也。孔子曰：西方有大聖人，不治而不亂，不言而自信，不化而自行，正指佛也。生於周昭王時，號曰釋迦。舍衛，波斯匿王所居之國。祇樹，乃匿王太子祇陀所施。舍衛國有名須達拏者，常施孤獨貧人，因稱給孤獨長者。曾往護彌長者家求婚，其家請佛説法，須達拏聞之，心開意解，欲請佛歸。佛令先歸求地，惟祇陀太子有園，遂往求之。太子戲曰：爾布金滿園，我即與汝。須達隨運金布之。太子見其意誠，却金許地，同建精舍，請佛説法，故名給孤獨園。佛在此將以説經。

與大比邱衆千二百五十人俱。

梵語比邱，比，破也，邱，煩惱也，言能破除煩惱。華言僧，亦名乞士。上乞法於諸佛，以明己之真性，下乞食於世人，以爲世人種福。大比邱，乃得道之深者，佛欲講真空無相妙理，非成材達德之大比邱安能言下頓悟，故與之俱處於園中。其衆有千二百五十人，具見信從之多。

爾時世尊食時著衣持鉢至次第乞已還至本處。

爾時，言彼時。佛爲三界之尊，舉世恭敬，故稱世尊。正當喫食之時，著柔和忍辱之衣，持四天王所獻之鉢，乞食於人。佛爲王太子，而乃持鉢乞食，欲使後世比邱不植資産，不生驕慢之意。次第乞者，不擇貧富貴賤，巡門而乞，大慈平等。乞畢，復歸於園。

飯食訖，收衣鉢，洗足已，敷座而坐。

食畢，收衣鉢，無繫戀也。洗足，欲清淨也。敷座，陳設講座也。此説法常儀。智者禪師頌曰：法身本非食，應化亦如然。爲長人天福，慈悲作福田。收衣息勞慮，洗足離塵緣。

欲證三空理，跏趺示入禪。

○善現起請分第二

善現，須菩提之別名。初生時，其家盡空，相師占之，唯善唯吉，故又名善吉。於大衆中起身，請問佛法。

時長老須菩提在大衆中至而白佛言希有世尊。

長老，年高德尊之稱。從座而起，將以請佛說法。偏袒右肩，乃執役服勞之禮、懺悔謝過之儀。右膝著地，右是正道，左是邪道，此用正道以歸依也。合掌，心合於道，道合於心，所以收斂起敬。總是整理威儀，以伸問詞。希有者，讚佛爲舉世所罕見。

如來善護念諸菩薩，善付囑諸菩薩。

此一段須菩提請問之詞，而首稱佛曰如來。如者，寂然不動，真性之本體。來者，感而遂通，真性之應用。心常空寂，湛然清淨，無所從來，亦無所去，故稱佛爲如來。善護念者，令諸學人以般若智慧煉自身心，不令妄起憎愛，沾染六塵，墮生死苦海，惟其善護念故。又善委付囑托諸菩薩，教之奉法而行，念念精進，勿使斷絕。須菩提說此二句，欲佛說法以教人，使人得證佛果。菩薩，即受如來教法之人，爲修行者之通稱。在講座者甚衆，故曰諸菩薩。

世尊善男子善女人至應云何住云何降伏其心。

善男子，正定心也。善女人，正慧心也。謂能決斷定慧，永無退轉也。阿，無也，無諸垢染也。耨多羅，上也，三界無能比也。三，正也，正見也。藐，徧也，一切有情，無不徧有。三菩提，知也，知一切有情皆有佛性。梵語阿耨多羅三藐三菩提，華言無上正等正覺，謂真性也。得此性者，所以爲佛，超脱三界，不復輪迴。住，謂止而不遷。降伏，謂能制之御之。須菩提發問曰：若善男子、善女人發求正覺之心，應當於何所安住。

一切衆生躁擾不停，猶如飄風動摇隙塵，念念相續，無有間歇。若欲修行，當以何道降伏其意。欲世尊指示用功法則。川禪師云：這問從甚處出來。頌曰：你喜我不喜，君悲我不悲。雁思飛塞北，燕憶舊巢歸。秋月春花無限意，箇中只許自家知。

佛言善哉善哉須菩提至善付囑諸菩薩。

佛讚須菩提所説如來二句甚善，能知我意，善教諸人不起妄念，心常精進，勿令染著諸法相也。

汝今諦聽當爲汝説至應如是住如是降伏其心。

諦，詳審也。若善男子、善女人發正覺之心，即是當止之地，就此而住，不可暫離，設或妄心萌動，當以此爲制御之方。兩如是，言只這裏便是，不必他求。凡夫之心動而昏，聖人之心静而明。凡夫多被境礙心，事礙理，不知心空境自空，理寂事自寂。心境兩忘，乃是真法。忘境猶易，忘心最難。若不忘心，但欲忘境，境不能忘，反增紛擾。故萬法惟心，若能見性，不生妄念，便是降伏其心也。龐頌曰：世人重珍寶，我貴刹那静。金多亂人心，静見真如性。

唯然，世尊，願樂欲聞。

唯然者，領諾之詞。須菩提聽佛所説而欣然領諾，願佛廣説，令中下根機皆歡喜聽受，盡得開悟也。

〇大乘正宗分第三

乘，載也。載度一切衆生，乃正大之宗派。

佛告須菩提：諸菩薩摩訶薩應如是降伏其心，

摩訶，大也。摩訶薩雖未成佛，實高菩薩一頭地。菩薩念慮清淨，慈悲喜捨，種種方便，化導衆生。摩訶薩雖在塵勞，心常清淨，能化所化，心無所著，乃大悟人也。人心妄念最易潛滋暗長，故佛告須菩提等，又單提一句應如是降伏其心，言當以此清淨智慧降伏其妄心也。下文度衆生而無一毫著相，正是降伏心處。

所有一切衆生之類至若非有想若非無想。

一切含靈謂之衆生，俱有佛性，非獨人也。卵生，禽鳥之類。胎生，人獸之類。濕生，從濕而生，蚊螢之類。化生，變化而生，蠶蛾之類。色是色身，想是思慮。有色者，溺於情識，執有之心，妄見是非之輩。無色者，離情絶欲，執著空相，不修福慧之輩。有想者，眼見耳聞，常起妄念，口説佛法，心不依行。無想者，持靜坐禪，能除一切妄念，猶如木石，不習智慧方便。非有想非無想者，一念寂然不動，似非有想，而實又虚中能照，不是無想，有無俱遣，語默雙忘，無取舍愛憎之心。歷數九類，正所謂一切衆心也。

我皆令入無餘涅槃而滅度之。

我，佛自稱也。令入，使悟入也。無餘者，功行圓滿，清淨自然，全無習氣煩惱，其中安樂無有餘欠漏隙。涅槃，圓滿清淨之義。《楞嚴經》云：涅槃清淨，不生不死之地。一切修行者所依歸，乃超脱輪迴，出離生死，即如來究竟到彼岸地位。滅者，滅盡一切習氣。度者，渡脱生死苦海。佛謂一切衆生皆因妄念蔽錮，不能作佛。我盡使他同歸覺悟，造到無餘涅槃處，令一切衆生皆受化渡，總見佛心平等，普願與一切衆生同入圓滿清淨無餘涅槃，同渡生死苦海，同諸佛所證也。

如是滅度無量、無數、無邊衆生，實無衆生得滅度者。

一切衆生皆從業緣中現出，或生而爲人，或生於天上，或生爲畜類，或生於地獄，無非自業緣而生，是本無此衆生也。故佛言我雖如此滅度衆生，良由衆生本性原有佛，原自能度，特不能覺悟而名爲衆生。即使度盡無限量、無數目、無邊際，如此其多，皆不過還其本然而已，何可言我度他，故曰實無衆生得滅度者。《六祖壇經》云：自性自度，名爲真度。《淨名經》云：一切衆生本性常滅，不復更滅。文殊菩薩問世尊，實無衆生得滅度者如何。世尊曰，性本清淨，無生無滅，故無衆生得滅度，無涅槃可到。此皆歸之衆生自性耳。《華嚴經》云：若人欲了知，三世一切佛。應觀法界性，一切惟心造。《造化因心偈》曰：賦象各由心，影響無欺詐。元無造化工，羣生自造化。

何以故須菩提至衆生相壽者相即非菩薩。

佛呼須菩提問曰：何以故度衆生實無有可度者。菩薩若見有度，便覺爲己私計，誇功示能，爲貪惡業，是有我相。有我即有人相對，分别爾汝，較量賢愚，爲嗔惡業，是有人相。既見有人，未免分别箇種種衆生，觸類生情，偏向執著，爲癡惡緣，是衆生相。因有人見衆生見，便不肯平等，自求福利，思量長生於世，爲愛惡緣，是壽者相。有此四者形相，則吾心智慧從而昏蔽，却與衆生同一迷途，便不是菩薩地位中人。此所以雖度衆生而實無度也。能除四相，即名降伏其心。

○妙行無住分第四

奥妙之行，本無住著。

復次須菩提菩薩於法至應如是布施不住於相。

須菩提原從座而起請問，故佛命之復位次，使之定則生慧也。佛言：心無四相，此心何所住著。當如雲行於天，水流於地，無所絆礙。俱胝和尚凡見僧來問話，唯豎一指頭。佛鑒禪師頌曰：不用將心向外求，箇中消息有來由。報言達磨西來意，祇在俱胝一指頭。菩薩了悟人法二空，心無取捨，能知聖凡一體，空色一般，善惡一等，内破一切執著，住無所住。龍濟和尚頌曰：心境頓消融，方明色於空。欲識本來面，青山白雲中。是於佛法應當無住，非勉強也。凡夫不識自佛，只向外求，住相迷真，分別他境，不能助道，但求福利，似箭射空，如人入暗。菩薩有此無住之念，行於布施。凡形色、聲音、馨香、滋味，與情所感觸，法所化導，名爲六塵，皆是我與衆生共具。要去布施，不見有我爲能施人，不見有他爲受施者，不見中閒有物可施，三體俱無染著。是以智慧性，照見一切皆空，不求果報。菩薩但應如是布施而不可住於相。修行人有六度而布施第一，能除我人衆生壽者四相煩惱、妄想取舍憎愛之心，清淨行施，不生執著，是不住相布施也。傅頌曰：禪河隨浪靜，定水逐波清。澄清生覺性，亡慮滅迷情。徧計虚分別，由來假立名。若了依他起，無別有圓成。

何以故。若菩薩不住相布施，其福德不可思量。

菩薩何以不住相布施。葢菩薩若是無住，遇緣即施，緣散即寂，心中清淨，利益一切。雖不徼福，自然離生死苦，受大快樂，歷千劫而不古，超三界以長今。其福德自致，不可思惟而量度也。夫佛貴無相，緣何説福得。葢憫衆生被六塵染著，未可遽化，故以福德無限姑誘之。

須菩提於意云何至亦復如是不可思量。

於意云何，佛將欲問之而教他心中酌量何如。不也，世尊，須菩提謂其言不然。佛舉東南西北四維上下十方，言宇宙莫大於虚空，不可思量，菩薩無住相布施所得福德，徧滿虚空，亦如十方廣大，不可得而思量也。川禪師云：可知禮也。頌曰：虚空境界豈思量，大道清幽理更長。但得五湖風月在，春風依舊百花香。

須菩提，菩薩但應如所教住。

佛呼須菩提，言此心所應止處，但當如上所説不住相之教，安住其心。要知不住相，即是降伏。若能降伏，心便止而不遷，故曰應住。《三昧經》云：如來所説法，悉從於無住。我從無住處，是處禮如來。

○經中言語雖多，總是説真空無相妙理，以化度衆生，必衆生能安住、降伏，不生我、人、衆生、壽者四相，纔可到涅槃地位。説布施者，不過使修行者易於入門，原不甚重。一經大義已盡於此，下文不過反覆辨明無相之意，恐人一著有相，便不能安住、降伏也。

○如理實見分第五

真如之理，乃真實見解。

須菩提於意云何至所説身相即非身相。

上言安住、降伏能成佛果，恐人疑實有佛身可見，不知吾心中自有如來，故問須菩提可以身相見如來不。須菩提已解佛意，曰不也。色身有相，從地、水、風、火假合成形，法身無相，乃般若真性，有何形體相貌。色身是凡夫，法身是如來。凡夫但見色身，不見法身，故不可以身相得見如來。其故謂何。如來説法時現此身相，原是幻形，非真實身相也，豈得以此見如來。凡夫謂色身是有，執著修行，不見佛性，生死轉重。如來法身無相，本無生滅，猶若虚空，於何有迹，故言所説身相，即非身相。寶積如來頌曰：凡相滅時性不滅，真如覺體離塵埃。了悟斷常根果別，此名佛眼見如來。川禪師云：且道只今行立坐臥是什麽相，休瞌睡。頌曰：身在海中休覓水，日行山嶺莫尋山。鶯啼燕語皆相似，莫問前三與後三。

佛告須菩提凡所有相至若見諸相非相即見如來。

佛言：不特如來無身相可得，即世間凡一切涉於相者，皆是虚而不實，妄而不真。色身是相，中有真實之體，故云皆是虚妄。法身非相，却是真如本體，備乎其中。人若能識破此諸相非真實相，是見色身中有法身，自性中有如來，而如來豈可外求。迴光返照，得見身相，無形可得，是能具智慧性，即爲見如來矣。傳頌曰：如來舉身相，爲順世間情。恐人生斷見，權且立虚名。假言三十二，八十也虚聲。有身非覺體，無相乃真形。川禪師云：山是山，水是水，佛在甚麼處。頌曰：有相有求俱是妄，無形無見墮偏枯。堂堂密密何曾間，一道寒光爍太虚。

○正信希有分第六

生真正信向心，此人最爲希有。

須菩提白佛言至得聞如是言説章句生實信不。

須菩提前言如來無相，恐衆生不親見佛身，徒聞此章句所説佛法，未必能真實信向，故有此問。

佛告須菩提莫作是説至能生信心以此爲實。

佛恐阻衆生修進之心，故答曰：須菩提，莫作是説。雖如來没後，至後五百歲最遠之時，

亦必有持守佛戒、修行善事的人，能於此經中聞得一章一句，信心油然而生，把此經信得鑿鑿，皆是真實語者，不因時遠遂無人也。傳頌曰：因深果亦深，理密奥難尋。當來末法世，惟恐法將沉。空生情未達，聞義恐難任。如能信此法，定是覺人心。川禪師云：金佛不度爐，木佛不度火，泥佛不度水。頌曰：三佛儀形總不真，眼中童子面前人。若能信得家中寶，啼鳥山花一樣春。

當知是人不於一佛二佛至乃至一念生淨信者。

種諸善根，謂一於諸佛所、諸菩薩所、一切尊長之處，恭敬供養，承順教命。一於貧苦衆生，起慈愍心，隨力惠施。一於對諸惡類，自行柔和忍辱，令彼發歡喜心。一於六道衆生，不行欺毁，不加殺害。信心者，謂信般若波羅蜜，能除一切煩惱，能成就一切出世功德，能出生一切諸佛。信自身佛性本來清淨，無有染污，與諸佛性平等無二。

信六道衆生本來無相，信一切衆生盡得成佛。可見心爲衆善之根本，是人若非清淨其心，何能遽信佛之所說。當知他不止在一二諸佛善人及四五諸佛善人處培植善根，必已曾於無限量諸佛善人處培植衆多善根，故纔聞是經，便覺心耳相契，從一念清淨不染中真實聽信。蓋有發生而不可遏者，在五百歲後，尚且必有是人，況近代乎。

須菩提，如來悉知悉見，是諸衆生得如是無量福德。

悉，皆也。是人能生淨信心，心便與如來相合，進之可以爲如來矣。雖是世遠，一切衆生當得如是無可量度的大福德，豈能逃如來所知所見。言理之必然也。川禪師頌曰：一佛二佛千萬佛，各各眼横兼鼻直。昔年曾種善根來，今日依前得善力。須菩提，須菩提，著衣吃飯尋常事，何須特地却生疑。

何以故是諸衆生無復我相至無法相亦無非法相。

衆生何以得無量福。皆因生淨信心時，無復有我、人、衆生、壽者四相，故於佛法初不泥紙上陳言，不著一法相，亦不離佛氏宗旨，不著一非法相。心生則一切法生，心滅則一切法滅。心既清淨，諸法俱空，故無聖賢等見。一切善惡諸法相，諸相盡空如此，故得福如虛空廣大，不可思議也。

何以故是諸衆生若心取相至法尚應捨何況非法。

衆生何以諸相皆無也。心本虛圓活潑，不可少有執著。佛與衆生惟此一心，無形無相，不生不滅，當下便是，動念即乖，猶如虛空，無有邊際。若執取一形相，是著相外求，求之轉失，不離我、人、衆生、壽者四相。此取法相而偏於有法，取非法相而偏於無法，所取雖不同，俱是著於我、人、衆生、壽者四相。此無智慧者，如何得成佛道。人心不可取相如此。是故不當執取有法，亦不當執取無法。以是不當取之故，佛常常與汝等説，當知我所説之法，譬如渡水之船筏，然人未濟度，須用以渡之，既登彼岸，即棄之而不用。喻人未了悟真性，不可無佛法，既了悟真性，即不須佛法也。夫佛法尚當捨之而不用，何况非佛法者，此其所以不當取也。不然，焉能悉無諸相而得福德也哉。慈受禪師云：順天門外古招提，爛熳春光照錦谿。物物更無心外法，箇中能有幾人知。川禪師頌曰：得樹攀枝未是奇，懸崕撒手丈夫兒。水寒夜冷魚難覓，留得空船載月歸。

○無得無説分第七

法體空寂，本無所得，亦無所説。

須菩提於意云何至如來有所説法耶。

不應取非法，人所易知。若併不應取法，何以漸進佛果。故佛以有所得、有所説法而設疑以詰之。

須菩提言如我解佛所説至亦無有定法如來可説。

有定者，執一而無變通也。須菩提曰：若我解悟世尊所説之義，豈是世尊真謂佛有所得、有所説法耶。心本無得，亦不言不得，但爲衆生所見不同。如來因彼根性，種種方便，開誘化導，指示一切衆生使其離諸執著。凡妄心生滅，不停逐境界，前念瞥起，後念隨覺，覺既不住，見亦不存。可見法原在心中，惟具智慧性者，自能變而通之。原無有定法可名爲無上正等正覺，亦原無定法使如來可得而説。《法華經》云：諸根利鈍，精進懈怠，隨其所堪，而爲説法。是故法無定相，迷悟懸殊。若未悟時，似無所得，若悟了時，似有所得，得與不得，皆是妄見。但不可執著，自契中道，豈有定法可説耶。川禪師云：寒即言寒，熱即言熱。頌曰：雲起南山雨北山，驢名馬字幾千般。請看浩渺無情水，幾處隨方幾處圓。

何以故。如來所説法，皆不可取，不可説，非法，非非法。

法之所以無有定者，何也。如來所説之法，都是了悟真空妙理，可以性修而不可以色相取，可以心傳而不可以口舌説。凡人執著如來所説文字章句，不悟無相之理，妄生知解，故言不可取。如來爲化種種衆生，應機隨量，所有言説，亦何有定。學人不解如來深意，但誦所説衆法，不了本心，終不成佛，故言不可説。説爲無法而法未嘗無，説爲有法而法未嘗有，極是處圓不滯，不可説他非法，非非法。法原無一定可執，況可得而處之乎。傅頌曰：菩提離佛説，從來無得人。須依二空理，當證法王身。有心俱是妄，無執乃名真。若悟非非法，逍遥出六塵。川禪師云：是什麽。頌曰：恁麽也不得，不恁麽也不得。廓落太虚空，鳥飛無影迹。咄，撥轉機輪却倒迴，南北東西任往來。

所以者何。一切賢聖皆以無爲法而有差别。

無爲者，以正覺還我真性。本來無假作爲，即是無住，無住即是無相，蕩然空寂，鑒覺無礙，乃真是解脱佛法。須菩提又言，所以知如來所説不可取者，何也。觀彼一切賢人若菩薩等，聖人若如來諸佛等，莫不皆用此無爲之法而得證果。但悟深者則爲佛，悟未深者即爲菩薩，其閒微有差等分别，而無爲却同，所以如來未嘗取一法以爲説也。川禪師頌曰：正人説邪法，邪法悉歸正。邪人説正法，正法悉歸邪。江北成枳江南橘，春來都放一般花。

○依法出生分第八

諸佛所依之法，皆從此經生出。

須菩提於意云何至是人所得福德甯爲多不。

前言法不可取，又恐人不受持經典，故以布施獲福較之。三千大千，總形容世界之多。七寶，金銀、琉璃、珊瑚、瑪瑙、珍珠、玻璃。七寶滿世界已是無限，況曰大千世界，又曰三千大千世界，如是七寶之多，用以布施，此人所得福德，多耶，不多耶。蓋布施供養，身外之福，受持經典，性內之福。身福是衣食，性福是智慧。凡人雖有衣食，性中愚迷，是前生布施供養，不持經典者。亦有聰明智慧，而貧無衣食，是前生持經聽法，不布施供養者。可知內外雙修，方爲全德。

須菩提言甚多世尊至是故如來説福德多。

七寶布施是住相布施，希求福利，獲福雖多，而於明心見性了無所得。惟依般若波羅蜜多修行，令自性不墮諸有，是名福德性。故人本來性體中原無一物，何嘗有此福德。今以施寶之故而遂得此福德，是故如來説福德多。傅頌曰：寶滿三千界，齋持作福田。惟成有漏業，終不離人天。川禪師頌曰：寶滿三千及大千，福緣終不離人天。若知福德原無性，買得春花不用錢。

若復有人於此經中至爲他人説其福勝彼。

聽聞此經，不可徒以言受，須念念不違其教，方爲受而持之。受者，當下承受。持者，時刻不忘。受之不忘於心，持之不厭其久，曉明經義，依教而行，如船入海，無所不通，是名受持。四句偈，不必指那四句，上有乃至二字，下有等字，特舉以該括全部經耳。古今論四句偈者不一，或指聲、香、味、觸、法，或指經中二偈，或云若見諸相非相即見如來，或云眼、耳、鼻、舌，或云有爲無爲、非有爲非無爲句，或云有諦無諦、真諦俗諦，各執己見，初無定論。惟天親菩薩請益彌勒如何是四句偈，彌勒云：無我相、人相、衆生相、壽者相。六祖大師復以摩訶般若波羅蜜多是。若果執此兩轉語，便爲倒根，何異數他人珍寶，於自已無半文分。幸而傅大士云：若論四句偈，應當不離身。可見四句偈不假外求，總在心地了悟也。上既説明布施者必得福，佛遂引人受持此經，悟明真理，乃至四句偈等，拳拳持守而不失，又能爲他人講説經偈之義，所獲之福較七寶布施之福尤勝。

何以故須菩提一切諸佛至所謂佛法者即非佛法。

何以知其得福尤勝。觀彼一切諸佛及諸佛所證無上正覺之法，莫不皆由悟此《金剛般若》而成正覺，是知此經之義，方且出生一切諸佛，豈僅得布施之福而已哉。蓋諸佛惟此一心，何法不從心所立，猶如大地，何物不生。故從此經出者，非謂言説章句，乃指般若心性。一切衆生愚迷顛倒，不知覺悟，種種修行多向身外，無有是處。菩薩於諸佛法都無染著，見如不見，聞如不聞，心境空寂，自然清淨。故般若之法雖名佛法，本來無有，佛亦不過假此以開悟衆生，非實有佛法也。人若誤認受持二字謂實有佛法，則著相而不明性，何以福德之勝於布施乎。川禪師云：且道此經從甚處出。須彌頂上，大海波中。頌曰：佛祖垂慈實有權，言言不離此經宣。此經出處還相委，便向雲中駕鐵船。又云：能將蜜菓子，换汝苦葫蘆。頌曰：佛法非法，能縱能奪，有收有放，有生有殺。眉間常放白毫光，癡人猶待問菩薩。

○一相無相分第九

此言四果，似乎有一相，然本自無形，何有得果之相。

須菩提於意云何須陀洹至是名須陀洹。

須陀洹，梵語，華言入流，與下斯陀含、阿那含、阿羅漢，俱從聲聞而悟道者。上言佛法無相，恐人遂疑佛果難成，故舉四無心得果者發之。須陀洹，知身是妄，欲入無爲之理，斷除人我執著之相，以無取心，契無得理。無取則心空，無得則理寂。雖能捨麤重煩惱，未能離微細煩惱。此人不入地獄，不作修羅、餓鬼、異類之身，謂學人悟初果也。夫煩惱者，菩提之根本。若人照了練習，可爲出世之法。譬如高原陸地，不生蓮花，蓮花生於淤泥濁水中。愈見煩惱不損菩提，如日月翳於烟雲中而日月原無損，珠玉落乎泥滓中而珠玉亦無損。故云：莫管煩惱障，但存菩提心。佛恐諸菩薩不知以無念爲念，尚萌所得之念，故設此問呼須菩提曰：須陀洹之果謂能作此念而得之不。須菩提曰：不也。凡人報緣未謝，於人間世上有許多交涉，應須隨緣處之，令中虛外順，雖在鬧市沸湯中，亦恬然安穩。若有纖毫見戀，即便打不過。所謂須陀洹者，雖居塵囂世界，厭喧求靜，六塵無染，初入其門，得預聖人之流。然特名爲入流，而實無心得此入流之果者也。

但因其遇有色、聲、香、味、觸、法等事，了不相入，故虛名爲須陀洹耳。多尊者頌曰：萬行周通能覺性，驅除煩惱更勤修。七生七死方成道，初等陀洹入聖流。

須菩提於意云何斯陀含至是名斯陀含。

梵語斯陀含，華言一往來，是第二果，視入流又高一級。漸修精進之業，操持更密，念念不住六塵境界。然終未盡能清淨，但前念纔著，後念即覺，猶有此一番生滅念，故言一往來。然色身雖有來去，而法身湛然不動，心既無我，誰云往來。特名爲一往來，而實無心得此一往來之果者也，是虛名之爲斯陀含耳。傅頌曰：捨凡初入聖，煩惱漸輕微。斷除人我執，創始證無爲。緣塵及身見，今者乃知非。一返人天後，趨寂不知歸。

須菩提於意云何阿那含至是故名阿那含。

梵語阿那含，華言不來，是第三果，修持又密于二果人。六塵竟不來侵，了悟人法俱空，漸修精進，已斷欲界思惑，直生兜率天宮，更不來生欲界，是爲得不來果，故名爲不來。然心空無我，又何爲不來。所以名爲不來，而實無心得此不來之果者也。惟其實無不來，是故虚名爲阿那含耳。川禪師云：諸行無常，一切皆苦。頌曰：三位聲聞已出塵，往來求靜有疏親。明明四果元無果，幻化空身即法身。

須菩提於意云何阿羅漢至即爲著我人衆生壽者。

梵語阿羅漢，華言無生。諸漏已盡，無復煩惱，已悟不生不滅之理，是第四果，比三果又進一級。佛言修行者至於阿羅漢，道將得矣。亦自謂能作此念而得之不。須菩提曰：不也。所謂阿羅漢者，已悟無生之理，無煩惱可斷，無貪嗔可離，情無逆順，心境俱空，故雖得道，而心實未曾執一様法，特虚名爲阿羅漢耳。若作我已得阿羅漢道之念，即著我人等相，與阿羅漢地位相隔，何以稱是名哉。

○四果人，俱說他無心可見聖賢，皆以無爲法全不住相。但四果只是了一身，不度衆生，佛門謂之小乘。

世尊佛說我得無諍三昧至我是離欲阿羅漢。

塵念欲起，我念欲遣，彼此各不相下，謂之諍。心無生滅去來，惟有本覺常照，謂之無諍。此就是脱離人欲，故云離欲阿羅漢。三昧，梵語，華言正定，亦云正受，謂入定之法正，而定中所受境界非是妄想。須菩提曰：我說四果人，無心得果，非是我摹擬之見。但據我自身看來，佛嘗稱我得無諍之道，渾然若太虚無著，不徒是三昧中人，乃三昧中人最爲第一，是第一離欲阿羅漢。然佛雖如此稱我，我實不作得是離欲阿羅漢之念也。川禪師云：把定則雲横谷口，放行則月落寒潭。頌曰：喚馬何曾馬，呼牛未必牛。兩頭都放下，中道一時休。六門迸出遼天鶻，獨步乾坤總不收。

世尊我若作是念至名須菩提是樂阿蘭那行。

阿蘭那，華言無諍。須菩提言：我若作是思念而得此道，即爲不離欲，即是有諍心，佛則不於諸弟子中獨稱説善現是好樂無諍之行者。惟我終日修行，實無心得此無諍之行，故世尊加我名曰須菩提是樂阿蘭那行者，所以説我爲第一。我無心而得果如此，則四果之人無心得果，不益信乎。傅頌曰：無生即無滅，無我復無人。永除煩惱障，長辭後有身。境忘心亦滅，無復起貪嗔。無悲空有智，翛然獨任真。川禪師云：認著依前還不是。頌曰：蚌腹隱明珠，石中藏碧玉。有麝自然香，何必當風立。活計看來恰似無，應用頭頭皆具足。

○莊嚴淨土分第十

齋莊嚴飾，是清淨心地。

佛告須菩提於意云何至於法實無所得。

然燈佛即定光佛，生時身光如燈，後至成佛，故名然燈，是釋迦佛受記之師。上雖言無心得佛果，畢竟得字不曾去，終著一分相。故佛問曰：我昔日於本師處聽法，於法有所得不。須菩提曰：不也，世尊，如來在然燈佛所，於法雖因師開示，良由自性本來清淨，本無塵勞，寂然常照，覺悟成佛，實非於師處聽聞而得之也。若有所得，甯免有心之累。傅頌曰：昔時稱善慧，今日號能仁。看緣緣是妄，識體體非真。法性非因果，如理不從因。謂得然燈記，甯知是舊身。

須菩提於意云何至即非莊嚴是名莊嚴。

佛土，即菩提心。莊嚴者，心常清淨，不向外求，任運隨緣，一無所得，行住坐臥，與道相應。無妄念，皆清淨之謂。我既無所得，是外不染六塵，内無私欲邪心之累，則菩薩修行時節，是何可以有心求莊嚴。故問須菩提曰：爲菩薩者果成莊嚴佛土不。須菩提曰：不也。性如太虛，原無所謂莊嚴。今以黄金爲地，七寶爲林，皆外飾之事，非莊嚴也。至于真性中自有六度萬行，布施、戒定慧等一切善法皆是莊嚴，只不可使有妄念夾雜，是虛名爲莊嚴耳，豈可有心以求之乎。傅頌曰：掃除心意地，名爲淨土因。無論福與智，先且離貪嗔。莊嚴絶能所，無我亦無人。斷除俱不染，頴脱出囂塵。川禪師云：娘生袴子，青州布衫。頌曰：抖擻渾身白勝霜，蘆花雪月轉爭光。幸有九臯翹足勢，更添朱頂又何妨。

是故須菩提諸菩薩摩訶薩至應無所住而生其心。

佛言：心不可知有莊嚴佛土，是故汝等諸修行人當知此心常自空寂，無諸妄念，不生不滅，不動不摇，如此清淨。凡修六度萬行者，應如是生清淨心，不當有所執著而生其心。若住著色、聲、香、味、觸、法六塵上而生其心，非清淨也。凡夫無明起滅，妄想顛倒，取捨聖凡善惡等見，是名濁亂心。因境來觸，遂生其心，如猿猴捉月，病眼見花。一切萬法皆從心生，心有所住，即是妄念。六塵競起，譬如浮雲，往來不定。若悟真空，即無所住，即是智慧，無諸煩惱。可見諸菩薩欲得阿耨多羅三藐三菩提者，豈應如是生住著於六塵的心，惟應於無所住著處生心，則此心生生而不容已，一真如無染之心也。豈不清淨。既曰清淨，何等莊嚴。譬如天平，盤中無物，其心自正。説一生字，便見佛法，雖重無相，何嘗教人槁木死灰。川禪師云：雖然恁麼，爭奈目前何。頌曰：見色非干色，聞聲不是聲。色聲不礙處，親到法王城。又云：退後退後，看看頑石動也。頌曰：山堂靜夜坐無言，寂寂寥寥本自然。何時西風動林野，一聲寒雁唳長天。

須菩提譬如有人至佛説非身是名大身。

此譬喻心之大也。人心能生萬變萬化，既從此出，故以須彌山王喻之。須彌山，高廣三百三十六萬里，日月遶山而行，以爲晝夜。由此而分四面爲四天下，其上有三十三天，可謂至大，爲衆山之王。人身豈有如是之大者。佛說人心充滿六虚，遊於清淨，誠足以塞天地、貫古今，是託名之爲大身，非實說有大身也。人不求之清淨而求有得、求莊嚴，得母反小視其心乎。川禪師云：設有，向甚處著。頌曰：擬把須彌作幻軀，饒君膽大更心麤。目前指出千般有，我道其中一也無。便從這裏入。傅頌曰：須彌高且大，將喻法王身。七寶齊圍繞，六度次相鄰。四色成山相，慈悲作佛因。有形終不大，無相乃爲真。

○無爲福勝分第十一

持經度人，無假作爲，其福最勝。

須菩提如恒河中所有沙數至尚多無數何況其沙。

西土有河，名曰恒河，周圍四十里，與佛說法處相近，故佛取之爲喻。恒河中沙，極細而多。將一粒沙比一河，則有無量恒河。再將無量恒河中所有沙總而算之，則多多無盡矣。故須菩提曰：諸恒河尚且極多，無可算數，何況其中之沙乎。川禪師云：前三三，後三三。頌曰：一二三四數恒沙，沙等恒河數更多。算盡目前無一法，方能靜處薩婆訶。

須菩提我今實言告汝至而此福德勝前福德。

實言者，言非虚謬，欲人信也。以諸河中之沙，一粒沙算一三千大千世界，極形容世界之甚多也。受持四句偈等，雖不比施七寶之多，實智慧心生於我矣。又能爲他人解說，則人人俱得證佛果，成無上道，故所獲福報尤勝于布施。可見人必當持經，爲人解說。或有云布施爲六度之首，此言福德不如持經者，何也。蓋七寶布施，雖無吝惜，畢竟有七寶方遂心，若無七寶，便不能布施。然要知七寶雖多，不過人間有限之物，布施以此，但受人間有限之福。財施有盡，法施無窮。財施不出欲界，法施能超三界。若於此經中受其義理而持守之，則已不爲惡業所縛，可以悟明真性，又爲他人解説，使人亦得聞此至理，共明真性，久而善根皆熟，可以脱離輪迴，永超生死。是持經度人，窮亦可，達亦可，日日可行，處處可行，無窮無盡，福德豈不溥哉。智者禪師頌曰：恒河數甚多，沙數更難量。舉沙齊七寶，能持智慧漿。有相皆爲幻，徒言智慧强。若論四句偈，此福未爲長。川禪師云：真鍮不换金。頌曰：入海算沙徒費力，區區未免走塵埃。爭如運出家中寶，枯木生花别樣春。

〇尊重正教分第十二

佛教正大，受持者，天、人皆生敬重。

復次須菩提隨説是經至皆應供養如佛塔廟。

須菩提歷歷與佛辨析，不敢安坐受教，故佛又命之復位次而告之曰：爲人解説，不必有揀擇。隨所在之處，見人即便演説此經，心無分别，雖至四句偈等甚少，當知此説經之處，即是如來説法之地。令諸聽者生清淨心，無諸妄念，悟得本來佛性，即此幻身便是法身。中有如來全身舍利，感得天上之神、世間之人、八部鬼神中之惡類阿修羅等，皆當以華香、瓔珞、幢幡、繒蓋、香油、蘇燈恭敬供養，如藏佛遺體舍利之塔，設立殊特佛像之廟。傅頌曰：恒沙爲比量，分爲六種多。持經取四句，七寶詎能過。法門遊歷處，供養感修羅。經中稱最勝，尊高似佛陀。

何況有人盡能受持讀誦至即爲有佛若尊重弟子。

止於此地講説經中四句偈，尚能有感動，何況有人盡能持誦全經者乎。應知此人所成就之法，乃最上第一希有之法也，甯不愈感天人等恭敬耶。經典感通之妙如此，則知經在之處即如佛在其處，即是佛與弟子菩薩等俱在其處。人若見經，即自見佛，安得不持誦講説。凡人自心誦得此經，自心解得經義，自心體得無相無著之理，所在之處常修佛行，念念無有間歇，心常清淨，不生不滅，無諸妄念，便可立地成佛。可見即心是佛，故言所在之處即爲有佛。尊重弟子，謂菩薩等能悟無相妙理，有可尊重也。川禪師云：合如是。頌曰：似海之深，如山之固。左旋右轉，不去不住。出窟金毛獅子兒，全威哮吼衆狐疑。深思不動干戈處，直攝天魔外道歸。杲禪師頌曰：即心是佛無餘法，迷者多于心外求。一念廓然歸本際，還如洗脚上船頭。僧問首山：如何是佛。山答：新婦騎驢阿家牽。鼓山珪禪師爲作頌云：阿家新婦兩同條，咫尺家鄉路不遥。可笑騎驢覔驢者，一生錯認馬鞍橋。

○如法受持分第十三

依佛所説之法，承受而持守之。

爾時須菩提白佛言世尊至是名般若波羅蜜。

須菩提見如來讚美經典，因請此經當屬何名，使我等奉事此經而持守之。佛曰：明此經者，其智慧如金之剛利，能斷絶一切有相之物，除一切邪妄之念，直至諸佛菩薩之彼岸，名爲《金剛般若波羅蜜》。以是名字，汝當奉而持之，只在自心，行住坐卧，勿令分别，便能斷一切疑執。然法性即空，不可執此爲相。悟明本性，湛若太虛，體尚且無，何名之有。如來恐人生斷滅見，不得已而强安是名，故虛名爲《般若波羅蜜》，以接引衆生，隨説隨掃，惟恐人住于相也。歸宗禪師云：有座主來參，值宗鋤草，見一蛇，斬之。主云：久向歸宗，元來是箇麤行沙門。宗云：

是爾麤，我麤。且道這僧過在什麼處。昭禪師爲作頌曰：盧嶽宗師接上機，斬蛇特地施慈悲。癡迷座主生驚怖，却道麤心惹是非。

須菩提於意云何至白佛言世尊如來無所說。

本心原淨，諸法原空，更有何法可說。二乘之人執著人法是有，即有所說。菩薩了悟人法皆空，却無所說。佛蓋强名爲《金剛經》，未嘗實指經中曰此是何等法，安得爲真有般若波羅蜜之法。寒山子云：吾心似秋月，碧潭光皎潔。無物堪比倫，教我如何說。川禪師云：低聲，低聲。頌曰：入草求人不奈何，利刀斷了手摩挲。雖然出入無踪跡，文彩全彰見也麼。

須菩提於意云何三千大千至非世界是名世界。

怎見得法無可說。今三千大千世界，以無量因緣乃成，一切衆生豈外此而別有世界。悟者處此，迷者亦處此。悟者之心，清淨心也，以此心處此世界，即清淨世界。迷者之心，塵垢心也，以此心處此世界，即微塵世界。世界許多，而微塵亦不勝其多。使一切衆生皆生清淨心，非微塵所可汚，故云非微塵。得出世間法，非世界所能囿[三]，故云非世界。在世離世，在塵離塵，可見實非有微塵之定形也，不過虚名爲微塵。如來説世界，亦非實有世界之定形也，一切山崖會有崩裂，一切江河會有枯竭，不過虚名爲世界云耳。若必説佛有法，是微塵實有微塵，世界實有世界。只此一念，便不清淨，何以究竟作佛。故古德云：一念不生全體見，六根纔動被雲遮。傅頌曰：積塵成世界，析界作微塵。界喻人天果，塵爲有漏因。塵因因不實，界果果非真。果因知是幻，逍遥自在人。

○圜悟禪師上堂云：十方同聚會，箇箇學無爲。此是選佛場，心空及第歸。大丈夫，具決烈志氣，慷慨英靈，踏破化城，歸家穩坐。外不見一切境界，内不見有自己，上不見有諸聖，下不見有凡愚。淨躶躶，赤洒洒，一念不生，桶底子脱，豈不是心空。到這裏，還容棒喝麼，還用元妙理性麼，還容彼我是非麼。直不如紅爐上一點雪相似，豈不是選佛場。然雖如是，猶涉階梯在，且問涉階梯句作麼生道。千聖會中無影迹，萬人叢裏奪高標。

須菩提於意云何可以三十二相至是名三十二相。

三十二相者，謂眼、耳、鼻、舌、身五根中，具修六波羅蜜，謂布施、持戒、忍辱、精進、禪定、智慧是也，于意根中修無住無爲，是三十二相清淨行。即心成佛，原不在相好莊嚴上。若據如來妙相，本性湛然空寂，一相尚不可得，豈可以三十二相而求見。欲見如來，即我有覺悟心是也。故如來三十二相，雖若異於衆生，然亦與衆生幻形同歸有盡，非是真實相也，但名爲三十二相耳。川禪師云：借婆衫子拜婆年。頌曰：你有我亦有，君無我亦無。有無俱不立，相對嘴盧都。

須菩提若有善男子善女人至爲他人說其福甚多。

世人所重者，莫過於身命。若知身是幻相，即以身命布施，不認爲己有，固較之施七寶者不同。然畢竟不明本性，如生豪貴之家，驕奢縱恣，難免造業，反受業報。縱使捨身如沙數之多，爭如受持四句偈等而解說之，使人我同登彼岸，其福豈不甚多。夫捨身尚不如持經度人，人何可不以持經爲急務。傅頌曰：施命如沙數，人天業轉深。既掩菩提相，能障涅槃心。猿猴探水月，莨菪拾花鍼。愛河浮更没，苦海出還沉。又頌曰：經中稱四句，應當不離身。愚人看似夢，智者見唯真。法性無前後，無中非故新。蘊空無實相，憑何見有人。川禪師云：兩彩一賽。頌曰：伏手滑槌不換劍，善使之人皆總便。不用安排本現成，箇中須是英靈漢。囉囉哩，囉哩囉，山花笑，野鳥歌。此時如得意，隨處薩婆訶。

○離相寂滅分第十四

脱離一切形相，則真心寂靜，妄念消滅。

爾時須菩提聞説是經至未曾得聞如是之經。

須菩提是阿羅漢，於五百弟子中解空第一，大徹悟真空無相義趣，傷其〔三〕覺悟之晚，不覺涕淚悲泣曰：希有，世尊，佛説如是甚深經典，我從昔來，雖有得於慧眼，實未曾得聞是經。蓋具慧眼，但知得萬法皆空，今併其空亦遣之，所以感極而涕零也。傅頌曰：聞經深解義，心中喜且悲。昔除煩惱障，今能離所知。遍計于先了，圓成證此時。宿乘無閡慧，方便勸人持。川禪師云：好笑，當面諱了。頌曰：自小生來慣遠方，幾回衡嶽度瀟湘。一朝踏著家鄉路，始覺途中日月長。

世尊若復有人得聞是經至成就第一希有功德。

須菩提言：我得慧眼者，今日纔聞此經，世之衆生，豈有聞而遂信者。如人聞此經，信于心，使心中常是清淨，則萬法當前，自然了徹，真實之相即從此無相中生發出來，譬如鑑空，即能照也，當知是人決定成就諸佛功德，莫有過之者，豈非第一希有。變福言功者，功成果滿，福不足道也。傅頌曰：未有無心境，曾無無境心。境亡心自滅，心滅境無侵。經中稱實相，語妙理能深。證知惟有佛，小聖詎能任。

○佛説無相，但去妄念，不去天理。若併天理去了，未免行尸走肉，虛生世間。故説出生實相三字，亦慮人之流于枯槁也。世儒不去細究，反言佛氏虛無寂滅，豈不罪過。

世尊，是實相者，即非相，是故如來説名實相。

雖曰實相，其實無相，但就無相中能生照心，比之頑空者不同，故言爲非，不是竟言無。如龜毛兔角，只説龜無毛，兔無角，不説無龜毛兎角，只説實相無相，不説無實相。達磨曰：若解實相，即見非相。正猶水中鹽味，色裏膠青，决定是有，不見其形。是故如來虚名之爲實相。傅頌曰：衆生與壽者，藴上立虚名。如龜毛不實，似兎角無形。川禪師云：山河大地，甚處得來。頌曰：遠觀山有色，近聽水無聲。春去花猶在，人來鳥不驚。頭頭皆顯露，物物體元平。如何言不會，只爲太分明。

世尊我今得聞如是經典至離一切諸相即名諸佛。

須菩提言：我今得聞如是經典，幸有如來現在，得之於耳提面命，故信其言，解其義，信受而持守之，何難之有。獨以世尊滅度後，歷五百歲之久，去聖人遼遠，衆生之中若能信解受持，心常清淨，不著諸相，悟住無所住心，了得無所得法，此是第一流人，可謂絶無而僅有。何故而獨能信解受持此經。其人必無我人等四相，所以能悟《般若波羅蜜》甚深經典，信解受持也。又須知是人所以能持是經而無四相者，何也。彼能知四相本來不生，即非四相義也。何以知四相非相也。所造之地，有智慧心，能離一切諸相，解悟三空，契合實相，究竟涅槃，三世如來同證此理，即稱諸佛矣。傅頌曰：空生聞妙理，如蓬值在麻。凡流信此法，同火出蓮花。恐人生斷見，大聖預開遮。如能離諸相，定入法王家。川禪師云：若不得後語，前話也難圓。頌曰：難難難，如平地上青天。易易易，似和衣一覺睡。行船盡在把梢人，誰道波濤從地起。又云：行住坐卧，著衣吃飯，更有什麼事。頌曰：冰不熱，火不寒。土不濕，水不乾。金剛脚踏地，幡竿頭指天。若人信得及，北斗面南看。又云：心不負人，面無慚色。頌曰：舊竹生新筍，新花長舊枝。雨催行路客，風送片帆歸。竹密不妨流水過，山高豈礙白雲飛。

佛告須菩提如是如是至當知是人甚爲希有。

須菩提所解空義，契合如來之旨，故深然之。不驚，無駭愕心。不怖，無懼怯心。不畏，無阻難心。佛恐世遠，僅存言教，人或有此三心，則信解受持未必堅固，故稱是人甚爲希有。傅頌曰：如能發心者，應當了二邊。涅槃無有相，菩提離此緣。無乘及乘者，人法兩俱捐。欲達真如理，應當識本源。川禪師云：祇是自家的。頌曰：毛呑巨海水，芥子納須彌。碧漢一輪滿，清光六合輝。踏得故鄉田地穩，更無南北與東西。

何以故須菩提如來説第一至是名第一波羅蜜。

何以言其希有。是經爲萬法之綱，三世諸佛皆從此成，爲第一彼岸。波羅蜜有十種：一布施，二持戒，三忍辱，四精進，五禪定，六智慧，七慈，八悲，九方便，十不退。今言第一波羅蜜，以布施資生衆善，直至菩提，登彼岸，豈真有哉，特立是名以證持經有益耳。傅頌曰：波羅稱彼岸，於中十種名。高卑緣妄識，次第爲迷情。焰裏尋求水，空中覓響聲。真如何得失，今始號圓成。川禪師云：八字打開，兩手分付。頌曰：是名第一波羅蜜，萬别千差從此出。鬼面神頭對面來，從此莫道不相識。

須菩提忍辱波羅蜜至是名忍辱波羅蜜。

不但持經可登彼岸，修行人亂真性者莫如辱，能忍耐不起嗔心，則亦可登彼岸。然忍僅是藏蓄之意，工夫一懈，終不能忍，又不如與忍俱忘。蓋真性中原無辱可忍，不過虚名以勸人。太陽禪師舉火，問僧云：會麽。僧云：不會。師云：起則遍周沙界，滅則了無所得。龐居士問馬祖云：不與萬法爲侶，是什麽人。祖云：迴光自照看。待你一口吸盡西江水，然後向你道。

何以故須菩提如我昔爲至無衆生相無壽者相。

梵語歌利王，指無道極惡君。佛昔修道

山中，有諸宫女從王出獵，因王倦寢，諸宫女見佛，以爲仙也，遂環集佛所禮拜。王覺，大怒，將刀割截佛之身體。天怒，雨石，乃免。何以見無心忍辱。佛言：我遭此凌辱之時，惟無我人等四相，故忘其辱，亦忘其爲忍辱，縱被割截，無所顧慮。若使我於往昔被歌利王欲將我身磔裂時，有一毫我人等相，則嗔恨之心必有不容遏者，亦何能忍辱如此。不但於歌利王如此，猶思憶過去五百世時，知此身原是假合，因單修忍辱之道，作忍辱仙人，我已脱離四相久矣，所以忍辱而不住忍辱之相。傅頌曰：暴虐唯無道，時稱歌利王。逢君出遊獵，仙人横被傷。頻經五百世，前後極時長。承仙忍辱力，今乃證真常。川禪師云：智不責愚。頌曰：加刀斷水，似火吹光。明來暗去，那事無妨。歌利王，歌利王，誰知遠烟浪，别有好商量。又云：目前無法，從教柳緑花紅。耳畔無聲，一任鶯啼燕語。頌曰：四大元無我，五藴悉皆空。廓落虚無理，乾坤萬古同。妙峯嶷嶷常如故，誰管顛號刮地風。

○肇法師曰：五藴身非有，四大本來空。將頭臨白刃，一似斬春風。歌者，即慧之别名。利者，刀也，非謂世間之刀。王者，心也。是用慧刀，割截無明煩惱之身體也。應生嗔恨者，謂色身與法身不同。當知割截之時，即不見有身相，亦不見有我人等四相，何處更有嗔恨也。

○圜悟禪師云：大凡爲善知識，應當慈悲柔和，善順接物，以平等無諍自處。彼以惡聲色來加我，非理相干，訕謗毁辱，但退步自照，勿與較量，亦不嗔恨，久之魔孽自消。若與之較，即惡聲相反，豈有了期。且見性之人聞人毁謗，如飲甘露，心自清涼，不生煩惱，則能成就定慧之力，不被六賊盗竊家寶，功德法財遂從此增長。今人或被言語小嫌，或爲錢財得失，往往毀情爭鬭，搆訟經年累[四]月而成讐敵，覩此甯不猛省。

是故須菩提菩薩應離一切至若心有住即爲非住。

口非住，住字作止字看，餘皆言染著也。佛言：據我忍辱不住相看來，今諸菩薩欲求無上道果、發無上道心者，又豈可少住相。當離一切相以發正覺心，然後可以成佛，不可住於聲、色、香、味、觸、法而生心也，蓋真心中初無色、聲等。故六祖云：我於此法，無住爲本。《華嚴》云：一切境界，不生染著。淨身、口、意，住無礙行，滅一切障。世間受生，皆由著我，若離此著，則無生處。《涅槃經》云：凡夫著色，乃至著識，以著識故，則生貪染心，故爲所[五]縛，乃至爲識之所繫縛。以繫縛故，則不得免生老病死憂悲大苦一切煩惱。於此能生無所住著之心，便是居塵出塵，纔合於阿耨多羅三藐三菩提法。不然，心便不能脱灑，即非菩薩之所當止。色、聲等人人皆有，但一沉溺於中，却生出許多煩惱貪吝心，便不能全智慧，得證佛果，佛所以屢屢戒之。察禪師《心印頌》曰：問君心印作何顔，心印何人敢授傳。歷劫坦然無異色，呼爲心印早虚言。須知體似虚空性，意似紅爐火裏蓮。莫謂無心云是道，無心猶隔一重關。川禪師云：是即此用離此用。頌曰：得之於心，應之於手。雪月風花，天長地久。朝朝雞向五更啼，春來處處山花秀。

○圜悟禪師云：在家菩薩修出家行，如火中生蓮。蓋名位、權勢、意氣，卒難調伏，而況火宅，煩擾熬煎，百端千緒。除非自己直下明悟本性妙圓，到大寂大定休歇之場方能放下，廓爾平常，徹證無心。觀一切法如夢幻泡，空豁豁地，隨時應節，消遣將去，隨自己力量，轉化未悟，同入無爲無事法性海中，則出來南閻浮提打一遭，必不爲折本也。

是故佛説菩薩心至利益一切衆生故應如是布施。

六塵中一箇色字最易染著。色即是空，空即是色，識得他破，無過於佛。故又獨摘出言之，惟不應住六塵而生心念。是故，菩薩的心，謂六度以布施爲首，亦不應住於色而行布施。何也。衹爲一切衆生，不可令彼羸此絀，須均被其澤，始有以利益之，應當如此不住色布施也。其餘聲、香、味、觸、法之不應住又可推已。故《華嚴經》云：不爲自身求歡樂，但爲救護諸衆生。傅頌曰：菩薩懷深智，何時不帶悲。投身憂虎餓，割肉恐鷹饑。精勤三大劫，曾無一念疲。如能同此行，皆得作天師。川禪師云：有佛處不得住，無佛處急走過。三十年後，莫言不道。頌曰：朝遊南嶽，暮往天台。追之不及，忽然自來。獨坐獨坐無拘繫，得寬懷處且寬懷。如來説一切諸相至又説一切衆生即非衆生。

若説是諸相原有相，無怪乎人之有住也。如來所説諸相，以凡有相者終有敗壞，皆是虚妄。人身中原自有真常不滅之相，並不見有真實形迹，故云即是非相。但人迷即衆生，悟即是佛。若能斷諸妄念，見自佛性，即非衆生，非原有衆生之定名也。川禪師云：别有長處，不妨拈出。頌曰：不是衆生不是相，春暖黄鶯啼柳上。説盡山雲海月情，依前不會空惆悵。空惆悵，萬里無雲天一様。

須菩提如來是真語者至不誑語者不異語者。

真語，無一毫僞。實語，無一毫虚。如語，契真如之語。不誑語，不誑惑人。不異語，不作怪誕語。蓋如來一言一語皆從清淨心中流出故。言此五者，令人生信心，毋疑心。傅頌曰：衆生與蘊界，名别體非殊。了知心似幻，迷情見有餘。真言言不妄，實語語非虚。始終無變異，性相本來如。川禪師云：知恩者少，負恩者多。頌曰：兩箇五百是一貫，阿爺原是丈夫漢。分明對面報渠言，爭奈好心無好報。真語者，實語者，呵呵呵，喏喏喏。

須菩提，如來所得法，此法無實無虛。

欲言其實，無形可觀，無相可得。欲言其虛，時時呈露，處處周圓。此真空無相之妙法也。然如來法無所得，何故説一得字。蓋如來所得之法，正是此無實無虛心法，不可以言得也，所以人不可著相求。傅頌曰：證空便爲實，執我乃成虛。非空亦非有，誰有復誰無。對病應施藥，無病藥還祛。須依二空理，顓脱入無餘。川禪師云：水中鹽味，色裏膠青。頌曰：硬似鐵，軟如酥。看時有，覓時無。雖然步步常相守，要且無人識得渠。咦。

須菩提若菩薩心住於法至日光明照見種種色。

佛言：設若修行人求證佛果，其心於法尚有所執住，縱然能行布施，亦未能了徹真空。故如人入暗室中，茫無所見。若心一無住著，則隨布施隨渾忘，此心圓融，何微弗徹。譬如人本有眼目，加以日光，有不照見種種形色者乎。

須菩提當來之世至皆得成就無量無邊功德。

將來之世後五百歲濁惡之時，如來雖没，若有人知本心無相，能于此經受持讀誦，心常精進，則不著相處，慧性漸開，應當了悟人法二空，不被一切善惡、聖凡諸境惑亂，即與如來智慧同矣。任他無量無邊功德，是人皆能當下頓悟。若以佛之智慧照之，無不悉知悉見，共能成就，豈以五百歲後，遂難其人真爲第一希有耶。川禪師云：因地而倒，因地而起，向你道甚麼。頌曰：世間萬事不如常，又不驚人又久長。如常恰似秋風至，無意涼人人自涼。

〇持經功德分第十五

受持此經，功德無量。

須菩提若有善男子善女人至受持讀誦爲人解說。

佛恐人執著如來忍辱之説，徒以身布施，而于自己性與他人性無纖毫利益。故于十三分言之，至此復言，屢救其失。初日分謂早辰，中日分謂中午，後日分謂晚間。一日三時，以恒河沙等身命布施，如是捨身，直至歷無量劫，世間原無此事。佛不過慮未來衆生以布施求福，反染煩惱之因，故設化假喻，極言布施之多且遠也。終不若《金剛經》，有聞之者，一心信向，無所違逆，只此一念，聞經悟道，我人頓盡，言下即佛，將捨身有漏之福，比持經無漏之慧，實不可及，故其福德勝彼捨身者。何況更能書寫此經，受持之，讀誦之，且爲人解説，流傳今古，自種善根，又啓人之善心，日見增長，愈久而愈盛，此爲出世間福，其得福也不尤多乎。川禪師云：人天福報即不無，佛法未夢見在。頌曰：初中後發施心同，功德無邊算不窮。爭似信心心不逆，一拳打透太虛空。

須菩提以要言之至不可稱量無邊功德。

信心于此經得福，非私造之説也。今舉經中要領言之，所説原要人生智慧心，不可住相，非他經之溺于口耳文字者比。不可以心思口議，不可以稱算量度，功德之大，無有邊際，亦復如此，所以一生信心，遂能獲福。如來爲發大乘者説，爲發最上乘者説。

乘，車也。阿羅漢獨了生死，不度衆生，謂之小乘，如車乘之小者，能自載而已。緣覺之人半爲人半爲己，謂之中乘，如車乘之適中者也。菩薩智慧廣大，善能建立一切法，普度衆生，故爲大乘。佛又能化度菩薩，不見垢法可厭，不見淨法可求，不見衆生可度，不見涅槃可證，不作度衆生心，亦不作不度衆生心。在大乘之上不復有乘，故爲最上乘。佛言：人固當信經，然是經非根器淺薄者可得聞。當日如來于無可説中而幻爲之説者，爲欲度衆生爲菩薩，使之空諸色相，啓發有大乘心者説也。爲欲度菩薩爲佛，使之得空空相念，啓發有最上乘心者説也。人若是與法兩相合，然後纔生信心。川禪師云：如斬一握絲，一斬一切斷。頌曰：一拳打倒化城關，一脚趯翻元妙寨。南北東西信步行，休覔大悲觀自在。大乘説，最上説。一棒一條痕，一掌一握血。長沙云：百丈竿頭不動人，雖然得入未爲真。百丈竿頭須進步，十方世界現全身。

若有人能受持讀誦至阿耨多羅三藐三菩提。

今受持讀誦，能自覺矣。廣爲人説，能覺人矣。令其深悟，不生毁謗，大得忍力、大智慧力、大方便力，使諸學者自悟無相之理，得見本性如來，成無上道，便與如來相印合，豈不悉知悉見是人決定可以成就無盡藏的功德。背負曰荷，在肩曰擔，言此等人，欲使己與衆生皆了悟此經，開發心中智慧光明，離諸塵勞妄念，皆成就佛道。把如來無上覺悟事都以一身負任之，豈非荷擔如來阿耨多羅三藐三菩提耶。川禪師云：擘開大華手，須是巨靈神。頌曰：堆山積岳來，一一盡塵埃。眼裏瞳人碧，胸中氣若雷。出邊沙塞静，入國貫英才。一片寸心如海大，波清幾見去還來。

〇《心佛頌》曰：佛即心兮心即佛，心佛從來皆妄物。若知無佛復無心，始是真如法身佛。佛佛佛，没模樣，一顆圓光含萬象。無體之體即真體，無相之相即實相。非色非空非不空，不動不静不來往。無異無同無有無，難取難捨難指望。内外圓明到處通，一佛國在一沙中。一粒沙含大千界，一箇身心萬箇同。知之須會無心法，不染不淨爲淨業。善惡千端無有無，便是南無大迦葉。

何以故須菩提至聽受讀誦爲人解説。

所以稱其荷擔如來無上正覺者，何也。

其人真能有大乘最上乘之心也。設使是人所樂者是小乘教法，必愚鈍之量局于見聞之小，不能聽信廣大無上菩提，只修福慧六道輪迴因果之法，縱能强學，執著多聞，不免有我人等見之私，即不能聽受、讀誦、爲人解説此經之義，豈能得正法如荷擔乎。勇禪師云：顔色規模恰似真，人前拈弄越光新。及乎入火重烹試，到了歸終是假銀。川禪師云：仁者見之謂之仁，智者見之謂之智。頌曰：不學英雄不讀書，波波役役走長途。娘生寶藏無心用，甘作無知餓死夫，爭怪得別人。

須菩提在在處處至以諸華香而散其處。

在在處處，所在之處不一。自身持誦，復爲人解説，隨其所在之處皆有此經，如摩尼寶珠，瑞光輝焕，足以感天地，動鬼神。一切世間，凡在天道、人道、阿修羅道者，所應供養。當知此有經之處，即是如來境界，宛然如真身舍利寶塔在前，無不生恭敬心，圍繞作禮以歸依，將諸花香列其處，無所不用其恭敬。若非受持真經，必不可得。傅頌曰：所作依他性，修成功德林。終無趨寂意，唯有濟羣心。行悲悲廣大，用智智能深。利他兼自利，小聖詎能任。川禪師云：鎮州蘿蔔，雲門糊餅。頌曰：與君同步又同鄉，起坐相從歲月長。渴飲饑餐常對面，不須回首更思量。

○能淨業障分第十六

心能清淨，凡諸罪業皆消，不足爲障。

復次須菩提若善男子至得阿耨多羅三藐三菩提。

先世，指前生，亦可就現在論。如昔日作惡，今日向善，在世上改换一番，亦爲先世。佛言：持此真經，應爲天人恭敬，今或有疾患貧窮，反爲人輕賤憎惡，便謂讀經無益，福報爲虚語，遂生疑惑，有退轉心。殊不知非經無功德，蓋是人先世曾作無量罪業，應墮惡道，不得令終，今藉此持經之力，不過遭人輕賤，先世罪業悉皆冰消火滅，不復墮落惡道。豈止僅僅滅罪而已，將來必得佛果菩提，誰謂持經不大有益耶。張無盡云：四序炎涼去復還，聖凡只在刹那間。前人罪業今人賤，倒却前人罪業山。傅頌曰：先身有報障，今日受持經。暫被人輕賤，轉重復還輕。若了依他起，能除遍計情。常依般若觀，何慮不圓成。川禪師云：不因一事，不長一智。頌曰：讚不及，毀不及。若了一，萬事畢。無欠無餘若太虛，爲君題作波羅密。

〇人往往爲邪淫悖逆事，若論天理，應該自身受譴，兒孫受殃。嘗見有此等人，一旦追悔前非，歸依經教，學做好人，雖先前罪過不免人之指觸輕賤，今已實心向善，不復爲惡干犯刑憲，貽害後代。自新者如此獲福，況未嘗作惡者，又能持經，豈不更得福慶。須菩提我念過去無量至算數譬喻所不能及。

梵語阿僧祇，華言無數。那由他，華言一萬萬。佛言：我思念過去無量無數的世界遭其劫難，皆因經教不明。故我于然燈佛前授記時，得遇萬萬不可勝算諸佛，悉皆供養承事，無一佛使虛過者，惟慮無以闡明佛法而垂之經也。然我身猶幸遇諸佛，是法盛時節，猶可易及。至于後末世將復受劫之時，教法凌夷，僅存一綫。于此得持經之人，悟無生理，息希望心，遠離衆生顛倒知見，即到波羅彼岸，永出三塗，證無餘涅槃，真是砥柱中流，衍佛教于不斷者也。凡人終日供養，只求福田，不求出離生死苦海。自性若迷，福何可救。以此人較量功德，我雖有供佛功德，百分、百千萬億分尚不及其一分也。即使强爲算數，强爲譬喻，彼却功德甚大，安能及之。川禪師云：功不浪施。頌曰：億千供佛福無邊，爭似常將古教看。白紙上邊書黑字，請君開眼目前觀。風寂寂，水漣漣，謝家人祇在漁船。

須菩提若善男子善女人至果報亦不可思議。

具，詳也。末世衆生德薄垢重，嫉妒彌深，衆聖潛隱，邪見熾盛，故上文只概言功德之大，引人精進。若還詳說其大，又恐愚人聞之，心生狂亂，狐疑不信，反阻向道之心，所以但使人知功德之大而不詳言。要之，是經所說原都是說無相，其義趣原不可心思口議。人依此經修行，所得功德之果報亦豈可容思議哉。果者如花成實，報者如響應聲，理之必然也。川禪師云：各各眉毛眼上横。頌曰：良藥多苦，忠言逆耳。冷暖自知，如魚飲水。何須他日待龍華，今朝先受菩提記。

金剛經如是經義卷上

校勘記

〔一〕底本據《卍續藏》。

〔二〕「囿」，底本作「間」，據文意改。

〔三〕「其」，底本作「共」，據文意改。

〔四〕「累」，底本作「骨」，據文意改。

〔五〕「所」，疑爲「色」。

金剛經如是經義卷下

○究竟無我分第十七

究竟佛法，本無我體。

爾時須菩提白佛言世尊至無有一衆生實滅度者。

上說修行人不可思議，須菩提遂轉憶初問安住、降伏，未免猶著思議，故再問之。佛言：菩提之心人人皆有，等爲物欲所蔽，時生妄想貪嗔取舍一切不善心。人欲還其本有，當生這箇菩提心，猶如虛空，無染無雜。大日輪照四天下，日升之時，明徧天下，虛空不曾明。日没之時，暗徧天下，虛空不曾暗。明暗之境，自相凌奪，虛空之性，廓然不變，自然發生，不礙真性，與安住、降伏著實用功者不同。一切衆生原無不善心，因貪財色，恩愛情重，方有此心。性頑鈍者，總在夢中，有利根者，一撥即轉。故我應度一切衆生，不過以無我心，將忍辱以降伏，令邪惡不生，不起能度之一念，亦不見所度之衆生，故我即度脱衆生成佛已盡，而實無有一衆生是我滅度者也。川禪師云：有時因月好，不覺過滄洲。頌曰：若問云何住，非中及有無。頭無纖草蓋，足不履閻浮。細似鱗虚析，輕如蝶舞初。衆生滅盡知無滅，此是隨流大丈夫。

何以故須菩提至阿耨多羅三藐三菩提心者。

滅度衆生已了，不見是我滅度者，無四相也。蓋人有四相，即見有衆生可度，仍有能度衆生心，謂涅槃可證可求，反是煩惱根本。菩薩心常空寂，澹然虚靜，本無四相。所以無四相者，何也。萬法皆從心生，究其實，真性中蕩蕩空空，一法不立，一塵不染，何曾有法以發此菩提心。是故人能自然發生其心者，即當化度，而非菩薩之實能度也。傅頌曰：空生重請問，無心爲自身。欲發菩提者，當了現前因。行悲疑似妄，用智最言真。度生權立我，證理即無人。川禪師云：少他一分又爭得。頌曰：獨坐翛然一室空，更無南北與西東。雖然不借陽和力，爭奈桃花一樣紅。

須菩提於意云何至如來得阿耨多羅三藐三菩提。

佛言：不但衆生實無法名菩提心，汝試云，我於師處，有法得之，名爲無上正等正覺不。須菩提深解無相之理，謂若有般若了悟心在，即是有法，尚有所得之心，故言不也。其言契合于佛心，故佛稱如是如是，深然之也。川禪師云：若不同牀睡，怎知紙被穿。頌曰：打皷弄琵琶，相逢兩會家。君行楊柳岸，我宿渡頭沙。江上晚來初雨過，數峰滄翠接天霞。

須菩提若有法如來得至如來者即諸法如義。

授記者，命之了悟真性以成佛也。來世，猶言後日。梵語釋迦，華言能仁，謂心性無邊，能含容廣度一切也。牟尼，華言寂默，謂心體清淨，動靜不干也。佛言：若于法有所得，是爲執相，即有心在，便同凡夫，然燈焉得與我授記。惟其無得，心上無纖毫停留，自性清淨，故方授記于來世得成佛也。其故謂何。以如來之所以得名者，即能了諸法空相，得如如之義。一切諸法本來清淨，由取捨分別，所以濁亂，不得自如。心若清淨，自然如中天杲日，歷歷分明，于諸法上都無取舍分別，真性徧虗空世界，如常自如，故謂之如。既空諸法，自然有感即通，故謂之來。非性中原有法也，但于六塵中不生分別，而本體湛然，不染不著，曾無變異，如空不動，圓通瑩徹，歷劫長存，是名諸法如義。使謂實有所得，纔可成佛，何以稱名爲如來。慈受禪師云：一顆靈丹大似拳，服來平地便升仙。塵緣若有絲毫在，蹉過蓬萊路八千。龍牙和尚云：深念門前樹，能爲澹泊棲。來者無心唤，去者不慕歸。若人心似樹，與道不相違。傅云：人與法相待，二相本來如。法空人是妄，人空法亦祛。人法兩無實，受記可非虗。一切皆如幻，誰言得有無。又云：法性非因果，如理不從因。謂得然燈記，甯知是舊身。川禪師云：貧似范丹，氣如項羽。頌曰：上無片瓦，下無立錐。日往月來，不如是誰。噫。又云：住，住，動著則三十棒。頌曰：上是天兮下是地，男是男兮女是女。牧童撞著看牛兒，大家齊唱囉囉哩，是何曲調萬年歡。

若有人言如來得阿耨多羅至於是中無實無虗。

凡言得者皆自外來，真性豈外來之物。若有人言佛得無上正等正覺之真性，是爲妄語。當知佛所得菩提果，原是本來真性正覺之法，本非性中所有，何處可執著。萬行悉備，恒沙德用，何處不發現，故無實無虗。人惟當心悟此法，何可言有所得哉。川禪師云：富嫌千口少，貧怨一身多。頌曰：生涯如夢若浮雲，活計都無絶六親。留得一雙清白眼，笑看無限往來人。

是故如來説一切法至是故名一切法。

法惟無所得，是故如來説世間一切諸法，將謂爲實，向甚處摸索。若以爲虚，何處不分明。但能色相俱空，不著不染，從此脱離，皆可稱爲佛法。然性體本空，所謂一切法者，其實非有一切法也。人不得不假此以修行，故虚名之爲一切法耳。川禪師云：明明百草頭，明明祖師意。頌曰：會造逡巡酒，能開頃刻花。琴彈碧玉調，爐煉白丹砂。幾多伎倆從何得，須信風流出當家。又云：上大人，邱乙己。頌曰：是法非法不是法，死水藏龍活鱍鱍。是心非心不是心，逼塞虚空古到今。祇者是，絶追尋，無限野雲風捲盡，一輪孤月照天心。

○馬祖云：一切衆生，從無量劫來，不出法性三昧，長在法性中，著衣吃飯，言談祇對，六根運用，一切施爲，盡是法性。不解返源，所以隨名逐相，迷情妄起，造種種業。若能一念迴光返照，全體聖心，何處不是佛法。

須菩提譬如人身長大至即爲非大身是名大身。

佛言：譬如人之一身，雖長且大，意謂人若心不菩提，此身空自長大，以顯一切衆生法身不二，無有限量。須菩提與佛一心，嘗聞佛説此語，故不待譬喻完，即答云：如來説人身長大，是法身無相，廣大無邊。若色身有相，内無智慧，即爲非大身，故非真實有大身，但虚名之耳。知大身之非身，則知一切法者，誰是一切法，豈可謂其實有所得。又豈可謂實能滅度衆生耶。川禪師云：喚作一物即不中。頌曰：天産英靈六尺軀，能文能武善經書。一朝識破娘生面，方信閒名滿五湖。

須菩提菩薩亦如是至無我無人無衆生無壽者。

豈惟佛哉，即菩薩亦不可知有滅度。菩薩到處皆行方便，不可以有心爲之。夫色身長大，爭奈有生滅、有限量，即非大身。二乘之人，有煩惱妄想不能除滅，即同凡夫。滅色取空，不了色性，即非菩薩。若造作此言，我當化度衆生，未免有心，不知色性自空，非色滅空，如病眼人見空中花，無有是處，何以名爲菩薩。其故謂何。蓋心迷即衆生，心悟即成佛。一切空寂，本來不生，不見有生死，不見有涅槃，不見有善惡，不見有聖凡，不見一切法。正見之時，了無可見，故滅度而實無有滅度之法。所以得名爲菩薩，惟其實無有法。是故，佛於無可說中說一切法皆是真空無相，絶無有我、人、衆生、壽者四相。夫法本無相，安得以滅度爲己功乎。傅云：名因共業變，萬象即微生。若悟真空色，翛然獨有名。川禪師云：喚牛即牛，呼馬即馬。頌曰：借婆衫子拜婆門，禮數周旋已十分。竹影掃堦塵不動，月輪穿海水無痕。

須菩提若菩薩作是言至即非莊嚴是名莊嚴。

自認滅度，心不清淨可知。設有有心要求清淨，說我當莊嚴佛土，即便著相，不可稱爲菩薩。何也。佛土者，自心淨土也，本來清淨，無相可以莊嚴，惟有妙莊嚴之理存乎其中，故所說莊嚴佛土者，非實有莊嚴也，但虚名而已，豈有菩薩而猶著於相耶。

須菩提，若菩薩通達無我法者，如來說名真是菩薩。

知有我即非菩薩，究竟何以名菩薩，必把我一身看得十分透徹，知身非我有，法非我得，人與法雙忘，纔是真正名爲菩薩。《楞伽經》云：二無我，謂人無我、法無我。人無我者，謂人無本體，因業而生。法無我者，謂法無本體，因事而立。若作富貴之業，則生于富貴中，作貧賤之業，則生于貧賤中，是人無本體也。如因欲渡水，則爲舟楫之法，因欲陸行，則爲車輿之法，是法無本體也。一切法因事而立，皆爲假合，假合即是虛妄。若信此理而悟解之，是真菩薩。菩薩不可執一我相，況如來菩提之心，誰謂有法以發之。川禪師云：寒即普天寒，熱即普天熱。頌曰：有我原無我，寒時燒軟火。無心似有心，半夜拾金針。無心無我分明道，不知道者是何人。呵呵。

○一體同觀分等十八

萬法歸一，更無異觀。

須菩提於意云何至如是世尊如來有佛眼。

前説無我，是説無妄心，非并説無覺性也。故言佛有覺性，而先舉清淨五眼問之。化身觀見于世間，開化衆生。見色身起滅，内外空寂，謂之肉眼。見自真性，是法平等，普照大千，謂之天眼。見自性中般若智燭常明，照徹衆生性靈深淺，謂之慧眼。見諸色相，心不動摇，了諸法空，遍充三界，謂之法眼。見前際無煩惱可斷，中際無自性可守，後際無佛可求，三際清淨，本性常覺，破諸空妄，謂之佛眼。凡夫與如來同具此五眼，但爲物欲所蔽，不能常明。如來真空無我，性體湛然清淨，自無纖毫障翳。傅頌云：天眼通非閡，肉眼閡非通。法眼唯觀俗，慧眼直緣空。佛眼如千日，照異體還同。圓明法界内，無處不含容。川禪師云：盡在眉毛下。頌曰：如來有五眼，張三袛一雙。一般分皂白，的的别青黄。其間些子爻訛處，六月炎天下雪霜。

須菩提於意云何至若干種心如來悉知。

有一世界，必有一佛設化，故曰佛世界。佛以恒河之沙喻世界之廣，更舉無窮之沙喻衆生種種妄念。若干種心如來悉知者，眼耳鼻舌身意，凡起心動念處即是國土，于國土中所有衆生若干種種差别之心，心數雖多，總名妄心，既覺是妄，故云悉知。如來惟具足五眼，是覺性常具足矣，故能無不悉知其心。川禪師云：曾爲浪子偏憐客，慣愛貪杯識醉人。頌曰：眼觀東南，意在西北。將謂猴白，更謂猴黑。一切衆生一切心，盡逐無窮聲與色。喝。

何以故如來說諸心皆爲非心至未來心不可得。

諸心即若干種心，吾心本一，何得有若干種心。如來所以能悉知者，何也。以諸心總是妄心，但因其從心而起，不得不名之爲心，原非真實之心也。所以識其非心者，何也。此心太空，毫無所累，說不得他有過去、現在、未來心。所以說若干種心，皆是非心，而如來無不知之也。要知三心只一心，本來無有，因事而起，事過即滅。如言語時是現在，未出口謂之未來，一出口即爲過去。又如人思食之時則欲食之心爲未來，得食之時則欲食之心爲現在，食畢放箸則欲食之心爲過去，不甚相遠。傅頌曰：依他一念起，俱爲妄所行。便分六十二，九百亂縱横。過去滅無滅，當來生不生。常能作此觀，真妄坦然平。圓悟禪師頌曰：欲識平常道，天真任自然。行船宜舉棹，走馬即加鞭。若遇饑來飯，還應困即眠。盡從緣所得，所得亦非緣。川禪師云：病多諳藥性。頌曰：一波纔動萬波隨，似蟻循環豈了期。咄。今日與君都割斷，出身方號丈夫兒。又云：低聲，低聲，直得鼻孔裹出氣。頌曰：三際求心心不見，兩眼依前對兩眼。不須遺劍刻舟尋，雪月風花常見面。

○法界通化分第十九

佛法充滿世界，無不通達感化。

須菩提於意云何若有人滿至如來說得福德多。

總是說心無相。以是因緣得福者，以布施的緣故，得福是有漏有礙之寶，非清淨無爲功德，蓋福由心造。佛言：若心中果實有此福德，則福德非外來，何以言得。惟是本無一物，本無此福德藏在心中，故如來不止言得，而更言多。若有菩薩以盧舍那身中七寶菩提持齋禮讚，從其心燈，化生功德，不生不滅，堅如金剛，乘香花雲，入無邊界，起光明臺，供十方一切諸佛，此無爲功德，見性之施，化爲菩薩。頌曰：廣將七寶持爲施，如來不説福德多。若用心燈充供養，威光遍照滿婆娑。

○離色離相分第二十

色相皆妄，離之即見性。

須菩提於意云何至是名具足色身。

色身者，皮肉形軀也。具足者，無少欠缺也。佛恐衆生不悟佛心無相，即心可以成佛，但見此具足色身便爲如來，故復問之。不知此乃是幻身，究竟還歸烏有，佛全不在此，故云即非具足色身。明禪師云：養就家欄水牯牛，自歸自去有來由。如今隱坐深雲裏，秦不管兮漢不收。川禪師云：官不容針，私通車馬。頌曰：請君仰面看虚空，廓落無邊不見蹤。若解轉身些子力，頭頭物物總相逢。

○僧問趙州：狗子有佛性麽。州云：無。進云：蠢動含靈，皆有佛性，爲什麽狗子無佛性。州云：爲他有業識在。夫有業識之人，種種著于有，起諸妄想者，名顛倒知見。種種著于空，都無所悟者，名斷滅知見。宿有善根之人，無此二病，洞曉空趣，此名真正知見。若悟此理，乃可隨時著衣吃飯，長養聖胎，任運過時，更有何事。

須菩提於意云何至是名諸相具足。

具足色身，佛猶與人同。三十二相，獨如來有之。若執此求如來，祇見化身，不知如來離色離相，以淨行則具足三十二，以智慧則具足八萬四千，其實覺性猶虚空，故再辨之。傅頌曰：八十隨形好，相分三十二。

應物萬般形，理中非一異。人法兩俱遣，色心齊一棄。所以證菩提，實由諸相離。

○四祖謂牛頭融禪師云：百千妙門，同歸方寸。恒沙功德，總在心源。一切定門，一切慧門，一切行門，悉皆具足。神通妙用，只在你心。業障煩惱，本來空寂。一切果報，性相平等。大道虚曠，絶思絶慮。如是之法，無欠無餘，與佛無殊，更無別法。但只令心自在，莫懷妄想，亦莫歡欣，莫起貪嗔，莫生憂慮，蕩蕩無礙，任意縱横。不作諸善，不作諸惡。行住坐卧，觸目遇緣，皆是佛之妙用。

○非説所説分第二十一

法無可説，所説者非性之真。

須菩提汝勿謂如來作是念至不能解我所説故。

如來不在身相，人猶易曉，然佛法是如來所説，恐人復執此以求如來，故曰：汝勿以如來曾作此説法念也。何也。非法無以談空，非人無以説法，此謂不同生滅之心，故有法可説。如來雖説法，未嘗執取一樣法。若以有生滅心而爲説法，是教一切人不能得見自性，即爲謗毁如來，不能解悟我所説如來無相之義，我故曰莫作是念。川禪師云：是即是，大藏小藏，從甚處得來。頌曰：有説皆爲謗，無言亦不容。爲君通一線，日出嶺東紅。

須菩提，説法者無法可説，是名説法。

本來無法，特爲衆生去除外妄，不得已而説法，然不過隨感隨應，實無有一定法可説，但虚名爲説法而已。若衆生既悟，并法亦無可用，安得謂如來實有所説法耶。傳云：相寂名亦遣，心融境亦亡。去來終莫見，語默永無妨。智入圓成理，身同法性常。證真還了俗，不廢是津梁。川禪師云：兎角杖，龜毛拂。頌曰：多年石馬放毫光，鐵牛哮吼入長江。虚空一喝無踪跡，不覺潛身北斗藏。

且道是説法不是説法。

○顔丙曰：終日吃飯，不曾咬著一粒米，終日著衣，不曾掛著一莖絲。所以我佛横説竪説四十九年，未嘗道著一字，唯同道方知。若言如來有所説，即爲謗佛，不能解會我所説。直饒説得天花亂墜，也落在第二著。若能坐斷十方，打成一片，非言語可到，是名真説法也。所以道，地壁瓦礫，説禪浩浩。前輩頌曰：也大奇，也大奇，無情説法不思議。若將耳聽終難會，眼處聞聲方得知。

爾時慧命須菩提白佛言至説非衆生是名衆生。

言慧命者，以須菩提具智慧性故稱之，即如稱長老一般。無法可説，後世衆生便難信解，故須菩提問：生信心不。佛言：人無定品，皆具真一之性，與佛同源，詎可以衆生目之。因彼背真逐妄，自昧其靈，又不可以不是衆生目之。豈謂生信心者，後世遂無其人。何也。衆生之爲衆生，特因未悟而名之耳。若悟了，亦即是佛，如來何嘗説他是真實衆生，不過虚名之而已。智者禪師頌曰：不言無所説，所説妙難窮。有説皆爲謗，至道處其中。多言無所解，默爾得三空。智覺刹那頃，無生無始終。川禪師云：火熱風動，水濕地堅。頌曰：指鹿豈能成駿馬，言烏誰謂是翔鸞。雖然不許纖毫異，馬字驢名幾百般。

○無法可得分第二十二

真性全空，故無法可得。

須菩提白佛言世尊至是名阿耨多羅三藐三菩提。

須菩提既明無法可説，遂悟佛所得菩提之道，内覺身心空，外覺境緣空，破諸色相，勿令執著，無有秋毫之障、微塵之染，故以爲無所得。佛言如是如是者，深許其言之當也。無有法加一少字，絲毫亦不有也。言我於此理亦無少法可得，菩提亦是虚名。草堂清和尚云：擊石乃出火，火光終不然。碧潭深萬丈，直下見青天。川禪師云：求人不如求己。頌曰：滴水生冰信有之，緑楊芳草色依依。春花秋月無窮事，不妨閒聽鷓鴣啼。

○祺禪師云：念念釋迦出世，步步彌勒下生。分別現文殊之心，運用動普賢之行。門門而皆出甘露，味味而盡是醍醐。不出旃檀之林，長處華藏之境。若如此也，行住坐臥，觸目遇緣，雖應用千差，且湛然清淨。

○淨心行善分第二十三

以清淨心，行諸善法。

復次須菩提是法平等無有高下至三藐三菩提。

法即是菩提心，佛與衆生皆具此性，無增無減，均平相等，無有高下，然實無形也，特强名爲無上正等正覺。黄蘗禪師云：若觀佛作清淨光明解脱之相，觀衆生作垢濁暗昧生死之相，作此解者，歷恒河沙劫，終不能得阿耨菩提。又云：心若平等，不分高下，即與衆生諸佛，世界山河，有相無相，偏十方界，一切平等，無彼我相，此本源清淨心，常自圓滿，光明徧照也。傅頌曰：水陸同真際，飛行體一如。法中何彼此，理上豈親疎。自他分別遣，高下執情除。了斯平等性，咸共入無餘。

以無我無人無衆生無壽者至即非善法是名善法。

所以名爲無上正等正覺者，以真性中本無我、人、衆生、壽者四相，乃從妄緣中現，而真性則平等，不可使他或得或失。若以無四相之心，修行一切無我真空的善法，於一切事無染無著，於一切境不動不摇，於一切法無取無捨，於一切時常行方便，隨順衆生，令皆歡喜，而爲説法，令悟菩提真性，勿使虧欠，則覺性便不失墜，未有不得也。然所謂善法者，本來無此善法，但假此名，直教一切善惡凡聖無取捨愛憎之心，平常無事，故云即非善法，以開悟衆生，本不是住於相。川禪師云：山高水深，日生月落。頌曰：僧是僧兮俗是俗，喜則笑兮悲則哭。若能於此善參禪，六六從來三十六。又云：面上夾竹桃花，肚裏侵天荆棘。頌曰：是惡非惡，從善非善。將逐符行，兵隨印轉。有時獨上妙高峯，却來端坐閻王殿。見盡人間祇點頭，大悲手眼多方便。

○福智無比分第二十四

持經者福智最多，無可比並。

須菩提若三千大千世界中至算數譬喻所不能及。

上言性中無善法，恐人以經文爲空言，不知受持，故此又較量施寶福德。以大千世界中，所有須彌山王，上至忉利天，下至崑崙際，若有將七寶如此之高持用布施，其獲福雖百千萬億分，僅爲住相布施，終無解脱之時，總不如受持讀誦此經乃至四句偈等所得無住相淨妙功德之一。可見佛若不設經救，一切衆生無由入悟，憑何修行得到佛地。傅頌曰：施寶如沙數，惟成有漏因。不如無我觀，了妄乃名真。欲證無生忍，要假離貪嗔。人法知無我，逍遥出六塵。川禪師云：千錐剳地，不如鈍鍬一捺。頌曰：麒麟鸞鳳不成羣，尺璧寸珠那入市。逐風之馬不並馳，倚天長劍□□比。乾坤不覆載，劫火不能壞。凜凜威光混太虚，天上人間總不如。噫。

○化無所化分第二十五

雖化度衆生，心無化度。

須菩提於意云何至如來即有我人衆生壽者。

如來設立經教，雖曰以度衆生爲事，然未嘗有度衆生之心，故誡云：汝等勿謂也。

衆生具無盡煩惱妄想，於一切善惡凡聖等見，取捨分別，迷情蓋覆菩提之性，業障深重。佛一出世，教令覺悟，降六賊，斷三毒，除人我，令能回光返照，即見自性，更不停留纖毫凝滯。聞經徹悟，自然歸於化度，不過還其本有智慧心而已，實無有衆生如來度者。若言衆生是如來化度，則如來便有我人等四相之私矣。傅頌曰：夜夜抱佛眠，朝朝還共起。起坐鎮相隨，語默同居止。纖毫不相離，如身影相似。欲識佛去處，只這語聲是。川禪師云：春蘭秋菊，各自馨香。頌曰：生下東西七步行，人人鼻直兩眉横。哆唎悲喜皆相似，那時誰更問尊堂。還□記得在麽。

○圜悟禪師云：赤肉團上，人人古佛家風，毗盧頂門，處處祖師巴鼻。若也恁麽返照，凝然一段光明。非色非心，非内非外。行棒也打他不著，行喝也驚他不得。直得淨躶躶，赤洒洒，是箇無生法忍不退轉輪。截斷兩頭，歸家穩坐。正當恁麽時，不須他處覔，祇此是西方。

須菩提如來説有我者至即非凡夫是名凡夫。

如來既無我人等相，何又云我。須知假名稱我，對所度衆生隨世説我，而自性中當體空寂，原不著有我相。惟凡夫妄認之以爲有我，其實三世諸佛皆無所有。惟有自心既明，因果無差，乃知心外無法，非有我也。就是所稱爲凡夫者，欲離生死而求涅槃，欲捨煩惱而求滅度，執著一邊，不了中道，究竟皆不著□□可成佛，豈真有實凡夫哉，但虚名耳。凡夫自能成□，雖謂之自度可也，如來曾何功耶。智者禪師頌曰：衆[一]生修因果，果熟自然圓。法船自然度，何必要人牽。恰[二]似捕魚者，得魚忘却筌。若道如來度，從來度幾船[三]。川[四]禪師云：前念衆生後念佛，佛與衆生是何物。頌曰：不[五]見三頭六臂，却能拈匙放筯。有時酒醉罵人，忽爾燒[六]香作禮。

手把破沙盆，身披羅錦綺。做模打樣百千般〔七〕，驀鼻牽來祇是你。嗄。

○法身非相分第二十六

清淨法身，非屬相貌。

須菩提於意云何至不應以三十二相觀如來。

身相不可觀如來，須菩提前已言過不也，何故此處言如是如是，亦謂此相爲如來所獨具也。不知觀如來者，但當契清淨本來心，若以三十二相觀如來，則執相之見猶未除，故言轉輪聖王亦有三十二相〔八〕，□泥形相，彼將亦是如來矣，豈若是乎。轉輪聖王□□四天王，管察世間善惡。正、五、九月照南閻浮提，二〔九〕、六〔一〇〕、十月照西瞿耶尼，三、七、十一月照北鬱單越，四、八〔一一〕、十〔一二〕二月照東拂婆提。常如輪之轉，故名轉輪聖王。□□云：臨池喚影終無益，觀鏡攀花未是奇。□□□□□實相，相忘心滅却依誰。川禪師曰：錯。頌曰：泥塑木雕〔一三〕兼綵畫，堆青抹緑更裝金。若將此是如來相，笑殺南〔一四〕無觀世音。又云：有相身中無相身，金香爐下鐵崑崙〔一五〕。頭頭盡是吾家物，何必靈山問世尊。

如王秉劍。

爾時世尊而説偈言至是人行邪道不能見如來。

我，謂佛性也，乃真性之佛，無形無相，不可以形色見，亦不可以音聲求。世尊因見須菩提疑信相半，故於爾時説偈言曰：如來只在自心，法體清淨，猶若虚空，無有染礙，不落一切塵境。視之不見，言其有色相不可，聽之不聞，言其有音聲不可。若欲以此二者求見我，是不見正覺常住之真佛性，不能返觀内照，即性而修。此等人舍正路而不由，不能見如來於方□□聞，蓋因其不反求本心也。川禪師云：直饒不作色見〔一六〕聲求，亦未見如來在，且道如何得見。不審不審。頌曰〔一七〕：見色聞聲世本常，一重雪上一重霜。

君今要見黄龍[一八]面，走入摩耶腹内藏。噫，此語[一九]三十年後。

○無斷無滅分第二十七

性體具足，不生斷滅。

須菩提汝若作是念至得阿耨多羅三藐三菩提。

此二節説具足相，論清淨法身不可以相貌取，□□其詞而語須菩提曰：此性如來與衆生皆有，本無少欠，故名具足相，不可以色見聲求。然溺於無相，又恐淪於空寂。蓋性含萬法，應用徧知，去來自由，無所罣礙，原非一味空寂。惟以此具足之性有正覺，故得證菩提果。若作是念，謂如來不以具足性得菩提果，未免入於槁情滅念，何以爲如來。故又正其詞而謂之曰：莫作是念。智者禪師頌曰：相相非有相，具足相無憑。法法生妙法，空空體不同。斷滅不斷滅，知覺悟深宗。若無人我念，方知是至公。

須菩提汝若作是念至於法不説斷滅相。

此二節，佛恐衆生執於無法，沉迷空寂，□□□□□□其詞而語須菩提曰：若[二〇]作有相觀，即□□□□。若作無相觀，亦是一邊見。人豈可泥於相，但説□□盡，當斷絶消滅，此便非清淨心，何可作是念。其□□何。蓋既悟之後，法亦歸空，未悟之前，必當依□□□修行，於法不可有斷滅相。譬如渡水，渡後固□□舟[二一]楫，未渡之前，非舟楫何由以濟。故又正其辭而語之也。川禪師云：翦不齊兮理還亂，拽起頭來割不斷。頌曰：不知誰解巧安排，捏聚依然又放開。莫謂如來成斷滅，一聲還續一聲來。

○不受不貪分第二十八

不受福德，無所貪著。

須菩提若菩薩以滿恒河沙等至是故説不受福德。

通達一切法，無能所心，是名爲忍。説箇忍字□□□制之意，初住菩薩如此，後來得成無我地位，却□□兩空，不必强制。故曰：無我□成於忍，佛□□□□□修行之法，未免有我施彼□之相。若□□□□□□不生，無我得成於忍，所得福德更勝於前菩□□□七寶布施等福所能比，何也。不受福德故□□□受，蓋受則有貪戀之意，如眼對色，謂之見□□□□之聞，見聞是根，聲色是塵。凡夫被妄心所覆□□□轉，即有生滅，故塵起即心起，塵滅即心滅，不知所□生滅心皆是妄念。菩薩了悟真性，活潑潑地，洞然同於太虛。色聲未對之時，我性常見常聞，未曾暫滅。色聲相對之時，我性未嘗暫生，所作福德不爲自己受享，世間福利全爲利益一切衆生，積福□□□□□□已，故不應有所貪戀住著也。以此□□□□□□□其不受，豈同於布施著相者。□□□□□□□□□□□有爲相，三生却被吞，七寶多行□。□□□□□，□□諸有欲。旋豈愛情恩，苦□無貪相。應到□□□。川禪[二二]師云：耳聽如聾，口説如啞。頌曰：馬下人因馬上君[二三]，有[二四]高有下有疏親。一朝馬死人歸去，親者如同陌路人[二五]。只是舊時人，改却舊時行履處。又云：裙無腰，袴無口[二六]。頌[二七]曰：似水如雲一夢身，不知此[二八]外更何親[二九]。箇中不許容[三〇]他物，分付黄梅路上人。《永嘉証[三一]道歌》：住相布施生[三二]天福，猶如仰箭射虚空。勢力盡，箭還墜，招得來生不[三三]如意。蓋言人天福報，便是三生業緣，少有□□□□得受福力，不明其本，愈冀□添。以此世福，□□□□臨命終時，福盡業在，列□惡道，受種種□□□□□來生不如意也。

〇威儀寂靜分第二十九

四歲□□□□□□□□□動於相。

須菩提若有人言至亦無所去故名如來。

釋來去坐臥，本文分明不釋□□□□□□□□□虗，作同字看。所，處所也。無所從□□□□□□□□無所去，猶言無處所去□□□□□□□□□□□□□□□□□□□□詳確惟□□□。

○一合理相分第三十

須菩提若善男子善女人至但凡夫之人貪著其事。

○知見不生分第三十一

須菩提若人言佛説我見至即非法相是名法相。

○應化非真分第三十二

須菩提若有人以滿無量至皆大歡喜信受奉行。

金剛般若波羅蜜經如是經義卷下終

《金剛般若》一經，乃捨法證性之妙道，無住生心之極功，義理深微，未易明了。雖有諸家註釋，各是其是，使後之學者無所適從。心都子曰：亡羊由於路歧，失道由於多方，有以哉。休幼時聞諸長老云，惟《如是經義》一書，所解直捷痛快，三根普被，堪爲斯世津梁。於是徧搜諸方，五十年未獲。今秋道山師得殘本於普陀惜字簍中，携來雲林。休閒假之暫閱，見其文理洞徹玄微，般若於是乎顯，真末世金錍也。蓋般若靈光，頭頭披露，衆生埋没已久，此解能開發道眼，故龍天珍惜秘藏，不肯磨滅，特默授與饑窘之士。如是妙法，如是慧燈，若不刊刻流通，則湮没竟無傳矣。恨歲久册頁剥落，後缺三分，遂至拱璧不完。茲板而出之，如天下大道場及各庵院有珍藏《如是經義》者，請加刻其三分，以補足之。庶香飯醍醐，同霑法味，化城稚子，共悟無生，功德果報，又豈心思口議所可髣髴比量也哉。

祈懺弟子昉休謹啓

校勘記

〔一〕「衆」，底本作「□」，據《金剛經註解》（《卍續藏》本，下同）改。

〔二〕「人牽恰」，底本作「□□□」，據《金剛經註解》改。

〔三〕「幾船」，底本作「□□」，據《金剛經註解》改。

〔四〕「川」，底本作「□」，據道川《金剛經註》（《卍續藏》本，下同）改。

〔五〕「不」，底本作「□」，據《金剛經註》改。

〔六〕「燒」，底本作「□」，據《金剛經註》改。

〔七〕「百千般」，底本作「□□□」，據《金剛經註》改。

〔八〕「相」，底本作「□」，據文意改。

〔九〕「二」，底本作「□」，據《金剛經註解》改。

〔一〇〕「六」，底本作「□」，據《金剛經註解》改。

〔一一〕「八」，底本作「□」，據《金剛經註解》改。

〔一二〕「十」，底本作「□」，據《金剛經註解》改。

〔一三〕「木雕」，底本作「□□」，據《金剛經註》改。

〔一四〕「殺南」，底本作「□□」，據《金剛經註》改。

〔一五〕「鐵崑崙」，底本作「□□□」，據《金剛經註》改。

〔一六〕「作色見」，底本作「□□□」，據《金剛經註》改。

〔一七〕「頌曰」，底本作「□□」，據《金剛經註》改。

〔一八〕「黃龍」，底本作「□□」，據《金剛經註》改。

〔一九〕「語」，底本作「□」，據《金剛經註》改。

〔二〇〕「若」，底本作「□」，據文意改。

〔二一〕「舟」，底本作「□」，據文意改。

〔二二〕「川禪」，底本作「□□」，據《金剛經註》改。

〔二三〕「馬上君」，底本作「□□□」，據《金剛經註》改。

〔二四〕「有」，底本作「□」，據《金剛經註》改。

〔二五〕「同陌路人」，底本作「□□□□」，據《金剛經註》改。

〔二六〕「袴無口」，底本作「□□□」，據《金剛經註》改。

〔二七〕「頌」，底本作「□」，據《金剛經註》改。

〔二八〕「知此」，底本作「□□」，據《金剛經註》改。

〔二九〕「何親」，底本作「□□」，據《金剛經註》改。

〔三〇〕「箇中不許容」，底本作「□□□□□」，據《金剛經註》改。

〔三一〕「永嘉証」，底本作「□□□」，據文意改。

〔三二〕「住相布施生」，底本作「□□□□□」，據《永嘉證道歌》（《大正藏》本，下同）改。

〔三三〕「來生不」，底本作「□□□」，據《永嘉證道歌》改。

（李勁整理）